Heideggers *Ursprung des Kunstwerks*
Ein kooperativer Kommentar

Herausgegeben von
Günter Figal

Beirat
 Damir Barbarić (Zagreb)
 Thomas Buchheim (München)
 Donatella Di Cesare (Rom)
 Michael Großheim (Rostock)
 John Sallis (Boston)

Heidegger**Forum**

Heideggers *Ursprung des Kunstwerks*
Ein kooperativer Kommentar

Herausgegeben von
David Espinet und
Tobias Keiling

Vittorio**Klostermann**

Bibliographische Information der Deutschen Nationalbibliothek

Die Deutsche Nationalbibliothek verzeichnet diese Publikation in der
Deutschen Nationalbibliographie; detaillierte bibliographische Daten sind
im Internet über *http://dnb.d-nb.de* abrufbar.

© Vittorio Klostermann GmbH · Frankfurt am Main · 2011
Alle Rechte vorbehalten, insbesondere die des Nachdrucks und der
Übersetzung. Ohne Genehmigung des Verlages ist es nicht gestattet,
dieses Werk oder Teile in einem photomechanischen oder sonstigen
Reproduktionsverfahren zu verarbeiten, zu vervielfältigen und zu
verbreiten.
Gedruckt auf Alster Werkdruck der Firma Geese, Hamburg,
alterungsbeständig ⊗ ISO 9706 und PEFC-zertifiziert.

Satz: LAS-Verlag, Regensburg
Druck und Bindung: Hubert & Co., Göttingen
Printed in Germany
ISSN 1868-3355
ISBN 978-3-465-04132-0

Vincent van Gogh: Schuhe
Paris, September 1886/November 1886, Öl auf Leinwand, 38 × 45 cm, 11 V/1962
Van Gogh Museum, Amsterdam (Vincent van Gogh Stichting)

Inhalt

Vorwort 11

Themen

Francisco de Lara
Kunstwerke und Gebrauchsgegenstände
Ding, Zeug und Werk in ihrer Widerspiegelung 19

Diana Aurenque
Die Kunst und die Technik. Herstellung, ποίησις, τέχνη 33

David Espinet
Kunst und Natur
Der Streit von Welt und Erde 46

Tobias Keiling
Kunst, Werk, Wahrheit
Heideggers Wahrheitstheorie in *Der Ursprung des Kunstwerkes* 66

Manuel Schölles
Die Kunst im Werk. Gestalt – Stimmung – Ton 95

Matthias Flatscher
Dichtung als Wesen der Kunst? 110

Antonio Cimino, David Espinet, Tobias Keiling
Kunst und Geschichte 123

Philosophische Einflüsse

Michail Pantoulias
Heideggers Ontologie des Kunstwerks und die antike
Philosophie. Heraklit und Aristoteles 139

Sebastian Schwenzfeuer
Vom Ende der Kunst
Eine kurze Betrachtung zu Heideggers Kunstwerkaufsatz
vor dem Hintergrund des Deutschen Idealismus 160

Nikola Mirković
Heidegger und Hölderlin
Eine Spurensuche in *Der Ursprung des Kunstwerkes* 173

Antonia Egel
Das ‚eigene Mäh' der Kunst
Zu den literarischen Quellen in *Der Ursprung des Kunstwerkes* 186

Wirkungen im Werk Heidegger

Nikola Mirković
Schönheit, Rausch und Schein
Heideggers Auseinandersetzung mit der Ästhetik Nietzsches 200

Toni Hildebrandt
„Bildnerisches Denken". Martin Heidegger
und die bildende Kunst 210

Inhalt 9

Fredrik Westerlund
Heideggers Transformation der Phänomenologie
in *Der Ursprung des Kunstwerkes* 226

Jerome Veith
Dichten, Denken, Sagen
Wirkungen des Kunstwerkaufsatzes im späteren
Sprachdenken Heideggers 234

Philosophische Wirkungsgeschichte

Adrián Navigante
Adorno über Heideggers Ontologie des Kunstwerks 241

Emmanuel Alloa
Restitutionen. Wiedergaben des *Ursprung des Kunstwerkes*
in der französischen Philosophie 250

Morten Thaning
Rezeption in der Philosophischen Hermeneutik 266

Namensregister 284
Sachregister 287
Autorenverzeichnis 296

Vorwort

1. Ein Grundtext der Philosophischen Ästhetik

Heideggers *Der Ursprung des Kunstwerkes* darf neben Benjamins *Das Kunstwerk im Zeitalter seiner Reproduzierbarkeit* und der *Ästhetischen Theorie* Adornos als der wichtigste Beitrag zur philosophischen Ästhetik im 20. Jahrhundert gelten. Heideggers Werk gibt den Anstoß zu Gadamers Philosophischer Hermeneutik[1] und bildet einen der wichtigsten Bezugspunkte der Dekonstruktion – Traditionen, in denen Dichtung und Kunst eine herausragende Rolle spielen. Auch in den jüngsten Monographien ist der ‚Kunstwerkaufsatz' ein stets gegenwärtiger Diskussionsgegenstand in der philosophischen Debatte um die Kunst.[2]

Diese Aktualität und Wirkmächtigkeit im Nachdenken über Kunst ist kaum überraschend, wenn man sieht, wie viele Probleme der Ästhetik Heideggers kurzer Text zusammenführt, und man versteht, wie Heidegger sich so philosophisch positioniert: Mit der Behauptung andauernder geschichtlicher Relevanz von Kunstwerken und der Vorrangstellung der Dichtung unter den Künsten

---

[1] Neben dem Teil zur Wahrheit der Kunst in *Wahrheit und Methode*, vgl. aus der Tradition der Philosophischen Hermeneutik: Damir Barbaric, Wende zur Erde, in: Aneignung der Welt: Heidegger-Gadamer-Fink, Frankfurt 2007, 233–246; Günter Figal, Kunst als Weltdarstellung, in: Der Sinn des Verstehens. Beiträge zur hermeneutischen Philosophie, Stuttgart 1996, 45–63; Günter Figal, Erscheinungsdinge, Tübingen 2010; John Sallis, Transfigurements. On the True Sense of Art, Chicago/London 2008, 152–187.

[2] Vgl. zur Wirkung in der Philosophischen Ästhetik allein in den letzten Jahren etwa Hans-Robert Jauß, Ästhetische Erfahrung und Literarische Hermeneutik, Frankfurt 2007; Christoph Menke, Die Souveränität der Kunst. Ästhetische Erfahrung nach Adorno und Derrida, Frankfurt am Main 1991, 174–186; Dieter Mersch, Was sich zeigt. Materialität, Präsenz, Ereignis, München 2002; Jean-Luc Nancy, Les Muses, Paris 2001; Christoph Seel, Ästhetik des Erscheinens, Wien 2000, etwa 156–165; Jacques Taminiaux, Art et événement, spéculation et jugement des Grecs à Heidegger, Paris 2005.

nimmt Heidegger Themen der idealistischen Ästhetik auf, kombiniert sie mit Philosophemen der antiken Metaphysik und entwickelt sie in einer Theorie von Sprache und Dichtung weiter. Charakteristisch für Heideggers Überlegungen ist die Engführung von Kunst und Wahrheit, und es ist diese Verbindung, die Gadamer in *Wahrheit und Methode* zu einer Theorie der Geisteswissenschaften ausarbeitet.

Wenn Heidegger der Kunst aber einen eigenen Erkenntniswert zuspricht, eine Wahrheit, die von der Wahrheit der positiven Wissenschaften verschieden ist, dann bezieht er damit zugleich gegenüber der Ästhetik Kants eine entschieden moderne Position. Denn während für Kant die Analyse des unbegrifflich Schönen auf eine Darstellung des Sittlichen hinführt, liegt für Heidegger die Wahrheit der Kunst nicht in der Bestätigung der theoretischen und praktischen Vernunft, sondern in der radikalen Infragestellung der menschlichen Existenz, des menschlichen Erkennens und Handelns. Diese Wahrheit ist nicht Sache eines autonomen Subjekts, sondern zeigt sich in einem Geschehen, das durch seine besondere Stimmung einnimmt. Kunst steht nicht einfach neben wissenschaftlicher Erkenntnis, sondern ein Kunstwerk erschließt Erfahrungszusammenhänge ganz neu. So kann das Werk epistemisch und darin, dass es eine soziale Gemeinschaft stiftet, auch ethisch grundlegend sein. Dass Kunst stimmend und gemeinschaftsstiftend ist, sind Überlegungen, die zwar bei Nietzsche und Hölderlin vorgeprägt sind, aber Heidegger kann diese Gedanken in ganz neuen Zusammenhängen und für sein Denken fruchtbar machen.

Gerade wegen Heideggers Versuch, mit zahlreichen Denkern in ein Gespräch zu kommen, ist der Kunstwerkaufsatz aber auch kein einfacher Text. Die Verbindung seiner Themen und Thesen ist spannungsvoll und Heideggers sprachliche Anstrengungen spiegeln wider, wie schwer es ist, eine solche Vielzahl an Problemen und Argumenten in einem Text zu bündeln. Es ergibt sich eine zuweilen nicht leicht zu bestimmende, aber intensive und gewiss – sei es auch nur durch einen zunächst intuitiven Zugang – bereichernde Komplexität Heideggers eigener Gedanken durch deren Bezüge auf andere philosophische Positionen und zu anderen Problemfeldern der Philosophie. Diesen Bezugnahmen soll der zweite Teil des vorliegenden Kommentars nachgehen, der den Kunstwerkaufsatz im Verhältnis zur Philosophie der klassischen Antike und zur Ästhetik des deutschen Idealismus diskutiert, Heideggers Beschäftigung mit Nietzsche und Hölderlin zusammenfasst und sich auf die Suche nach den literarischen Quellen des Kunstwerkaufsatzes bei Goethe, Schiller, Hölderlin und Rilke macht.

Die dichte, spannungsvolle, manchmal irritierende Zusammenführung dieser Themen und Bezüge hat den Kunstwerkaufsatz für verschiedene Disziplinen und Theoriefelder interessant gemacht. Die Reichweite des Textes geht über die Philosophie hinaus, und auch das zeigt sich schon einem ersten Blick auf seine Wirkungsgeschichte: Der Kunstwerkaufsatz hat in der Literaturtheorie der Philologien gewirkt,[3] in der Kunstgeschichte und -wissenschaft,[4] der Musikwissenschaft und Architektur,[5] sogar in Soziologie und Geographie.[6] Wie kaum ein anderer Text des Freiburger Philosophen eignet sich *Der Ursprung des Kunstwerkes* deshalb auch als philosophischer Einstieg zum fächerübergreifenden Austausch. Die anhaltende, oftmals indirekte oder stark vermittelte Wirkung kann jedoch kaum der Gegenstand eines philosophischen Kommentars sein. Die Aufmerksamkeit, die dem Kunstwerkaufsatz in so unter-

---

[3] Zu Heideggers Rolle in der Hermeneutik und Rezeptionstheorie (Roman Ingarden, Wolfgang Iser und Hans-Robert Jauß) vgl. als Überblick: Terry Eagleton, Einführung in die Literaturtheorie, aus dem Englischen von Elfi Bettinger und Elke Hentschel, vierte Auflage, Stuttgart 1997, 19–58. Zu Heideggers Rolle in der Literaturtheorie Paul de Mans, vgl. Jonathan Culler, Framing the sign. Criticism and its institutions, Norman 1988, 110–113. Zur literaturtheoretischen Heidegger-Rezeption durch Blanchot und Derrida vgl. Timothy Clark, Derrida, Heidegger, Blanchot. Sources of Derrida's notion and practice of literature, Cambridge 1992.

[4] Etwa bei Gottfried Boehm, vgl. Gottfried Boehm, Im Horizont der Zeit. Heideggers Werkbegriff und die Kunst der Moderne, in: Walter Biemel/F.-W. von Herrmann (Hrsg.), Kunst und Technik. Gedächtnisschrift zum 100. Geburtstag von Martin Heidegger, Frankfurt am Main 1989, 255–285.

[5] So etwa beim Architekten Peter Zumthor, vgl. Peter Zumthor, Architektur Denken, zweite erweiterte Auflage Basel/Berlin 2006, besonders 7- 28.) Vgl. aus der Architekturtheorie etwa außerdem: Burkhard Biella, Eine Spur ins Wohnen legen. Entwurf einer Philosophie des Wohnens nach Heidegger und über Heidegger hinaus, Düsseldorf 1998; Eduard Führ (Hrsg.), Martin Heideggers Grundlegung einer Phänomenologie der Architektur, Münster 2000; Karsten Harries, The Ethical Function of Architecture; Karsten Harries, In Search of Home. Bauen und Wohnen/Building and Dwelling. Martin Heidegger's Foundation of a Phenomenology of Architecture, in: Eduard Führ (Hrsg.), Martin Heideggers Grundlegung einer Phänomenologie der Architektur , Münster 2000, 101–120 sowie Ludger Schwarte, Philosophie der Architektur, München 2009.

[6] Vgl. etwa Theodore R. Schatzki, Martin Heidegger. Theorist of Space, Stuttgart 2007, 22–32 und 52–67.

schiedlichen Bereichen zukommt, ist eher als ein Angebot zu verstehen, den Text aus der je eigenen Perspektive zu entdecken. Der vierte Teil dieses Kommentars beschränkt sich deshalb darauf, beispielhaft im Blick auf Adorno, auf die französische Phänomenologie und die Philosophische Hermeneutik, die Rezeption innerhalb der Philosophie darzustellen.

2. Werkästhetik

Die Konzentration von Problemen in der Auseinandersetzung mit der Kunst hat dazu geführt, dass mit dem *Ursprung des Kunstwerks* einer der Kristallations-, Wende- und Ausgangspunkte der Philosophie vorliegt, der von bleibender Bedeutung ist. Geht man einmal auf die drei schematischen Alternativen der Ästhetik zurück, so wird deutlich, dass nicht künstlerische Produktion oder die Rezeption von Kunst im Kunstwerkaufsatz im Vordergrund stehen, sondern das Kunstwerk selbst. Heidegger versucht, seine Überlegungen in der Mitte zwischen den Extremen der Kunstphilosophie zu halten. Das Werk ist das sachliche Gravitationszentrum des Textes. Zwar geht es Heidegger, wie der Titel wissen lässt, darum, den *Ursprung* des Kunstwerks zu erörtern, und dieser Ursprung ist nicht wieder das Kunstwerk, sondern „die Kunst" (GA 5, 1).[7] Gleichwohl möchte Heidegger die Frage nach dem Ursprung mit Blick auf das Kunstwerk klären, nicht im Ausgang vom Künstler und seiner Zeit (wie das in einer Produktionsästhetik oder Genieästhetik geschehen würde), noch ausgehend vom Erwartungs- und Erfahrungshorizont der Rezipienten (Rezeptionsästhetik). Das zeigt sich bereits in der Gliederung des Textes, in welcher der Begriff des Werks gleichsam als Scharnier funktioniert und auf Heideggers Bestimmung der Kunst als ‚Sich-ins-Werk-setzen' zuarbeitet: *Das Ding und das Werk, Das Werk und die Wahrheit, Die Wahrheit und die Kunst* lauten die Überschriften der drei Abschnitte des Kunstwerkaufsatzes. Die Bestimmung der Wahrheit des Werkes leitet also über zur Bestim-

---

[7] Der Kunstwerkaufsatz wird im laufenden Text zitiert, und zwar nach der *Gesamtausgabe* von Heideggers Werken. *Der Ursprung des Kunstwerkes* findet sich im fünften Band, in der Sammlung *Holzwege* (Martin Heidegger, *Holzwege*, Gesamtausgabe Band 5, herausgegeben von Friedrich-Wilhelm von Herrmann, Frankfurt am Main 1977). Für die Gesamtausgabe wird die Sigle GA verwendet. Die Kurztitel in den Fußnoten verweisen auf die Texte in den entsprechenden Bänden der Gesamtausgabe.

mung der Kunst, die wiederum der Ursprung des Kunstwerks ist: Die Kunst ist das „Sich-ins-Werk-Setzen der Wahrheit" (GA 5, 21). Auch für die Entwicklung von Heideggers gesamtem Denken ist die Bestimmung des Werkes entscheidend gewesen. Heideggers Philosophie versteht sich als Ontologie, als Fragen nach dem Sein, und auch auf dieses Fragen bezieht sich die Bestimmung des Kunstwerks: Im *Werk* klingt eine Anverwandlung der aristotelischen Ontologie und des griechischen ἔργον ebenso an wie Heideggers Fragen nach dem Seinsstatus von hergestellten Dingen im Unterschied zu natürlich Wachsendem und damit die Frage nach dem Verhältnis von Technik und Natur. Zugleich bringt der Ausgang von der Beschreibung der sinnlichen Erfahrung von Kunstwerken (und nicht von einer Ideengeschichte) Heideggers phänomenologische Grundannahme zur Geltung. Diese wurde bereits in *Sein und Zeit* formuliert: ein Phänomen ist, was sich an ihm selbst zeigt.[8] In *Sein und Zeit* konnte dieser Phänomenbegriff wegen der Orientierung an der Analytik des menschlichen Daseins nicht an einem Erfahrungsgegenstand ausgewiesen werden, der sich dem Menschlichen immer auch entzieht: Alle phänomenologischen Analysen führten auf Bestimmungen des Daseins zurück. Im Kunstwerkaufsatz hat Heidegger dagegen ein anderes Paradigma gefunden: Kunstwerke, die weder von der Produzenten- noch von Rezipientenseite her adäquat erläutert werden können, sind ausgezeichnete Bereiche von Phänomenalität. Sie sind dies nicht zuletzt deshalb, weil sie in elementarer Nähe zu den bloßen Dingen stehen, den Dingen der Natur und damit, wie Heidegger sagen würde, zur Erde.

Kunstwerke überraschen, verstören und erneuern den Blick auf uns selbst und die Welt. Was sich in ihnen zeigt, phänomenal wird, ist nicht der Blick, die Psyche, die biologische Konstitution des Betrachters oder die soziokulturelle und ökonomische Verfassung einer Epoche, sondern ein schwer fassbarer, aber unabweisbarer Sinnüberschuss. Diese aus dem Verborgenen kommende und in der Welt überraschende Emergenz neuen Sinns beschreibt Heidegger mit dem Begriff des Werks, der so die ontologischen und phänomenologischen Fragestellungen seines Denkens neu verknüpft und es Heidegger ermöglicht, an den intensiven und spontanen Phänomenen der Kunst den Weg in sein Ereignisdenken einzuschlagen. Alle Phänomene und Begriffe, die der Kunstwerkaufsatz entfaltet – Ding, Zeug, Welt, Erde, Wahrheit, Schönheit, Riss, Gestalt, Streit, Natur, Kunst,

---

[8] Vgl. Heidegger, Sein und Zeit, GA 2, 41.

Sprache – umschreiben verschiedene Aspekte der Korrelation von Dasein und Ereignis so, wie sie sich an Kunstwerken zeigen. Durch die Orientierung am Paradigma des Werks entwickelt Heidegger seine Position in der philosophischen Ästhetik. Die Interpretationen des Textes als ganzem, wie sie im ersten und umfangreichsten Teil dieses Kommentars zu finden sind, haben ein gemeinsames Zentrum in Heideggers Fragen nach dem Werk, dessen verschiedene Dimensionen sie freilegen.

3. Ein Palimpsest

Eine Beschäftigung mit dem Kunstwerkaufsatz erweist sich auch deshalb als schwierig, weil der Text ein Palimpsest ist, mehrmals verändert, neu- und umgeschrieben wurde. Dass man im Kunstwerkaufsatz verschiedene Lagen des Textes mit ganz eigener Schwerpunktsetzung unterscheiden kann, daran hat auch die engere Entstehungsgeschichte des Texts Anteil, denn Heidegger hat den Kunstwerkaufsatz in drei sukzessiven Ausarbeitungen vorgelegt: eine erste, die grob zwischen 1931 und 1935 entstanden sein muss,[9] eine zweite, bisher nur als Raubdruck veröffentlichte Fassung von 1935 und die in der Textsammlung *Holzwege* erst 1950 veröffentlichte dritte Ausarbeitung, datiert auf 1935/36. Diese enthält ein späteres, nicht genau datiertes Nachwort sowie einen Zusatz, den Heidegger anlässlich der Publikation des Textes 1960 bei Reclam verfasst hat.[10] Text und Zusatz der Reclam-Ausgabe wurden mit geringfügigen Änderungen 1977 in die *Gesamtausgabe* der Schriften Heideggers aufgenommen.[11] Der in dem Band *Holzwege* vorliegende Text ist die dritte Ausarbeitung und letzte Textfassung eines Gedankens, den Heidegger Ende 1935 auf 1931/32 datiert.[12] Ob damit auch schon die tatsächliche Ausarbeitung der ersten Fas-

---

[9] Vgl. Heidegger, Vom Ursprung des Kunstwerks (Erste Ausarbeitung), in: Heidegger Lesebuch, hrsg. von Günter Figal, Frankfurt am Main 2007, 149–170; zuerst veröffentlich in: Heidegger Studien Band 5 (1989), 5–22.

[10] Martin Heidegger, Der Ursprung des Kunstwerkes, Stuttgart 1960.

[11] Vgl. Heidegger, Holzwege, GA 5, 1–74.

[12] Vgl. Martin Heidegger; Elisabeth Blochmann (1918–1969), hrsg. von Joachim W. Storck, Marbach am Neckar, Brief vom 20. Dezember 1935, 54: „Zeitlich stammt es [die erste Ausarbeitung des Kunstwerkaufsatzes] aus der glücklichen Arbeitszeit der Jahre 1931/32 – wohin ich jetzt den gereifteren Anschluß wieder voll erreicht habe."

sung zeitlich zusammenfällt,[13] oder ob es sich dabei um eine rückblickende Datierung des Zeitpunkts handelt, in der Heidegger den Entschluss fasste, eine Philosophie der Kunst zu entfalten, ist nicht abschließend geklärt.[14]

Es wäre ein eigenes Projekt, nachzuzeichnen, wie die Frage nach dem Kunstwerk sich zwischen diesen Ausarbeitungen verändert, reicher wird, Frage- und Antwortstrategien sich abwechseln und verbinden.[15] Wir haben uns entschieden, diesen Details der Werkgenese nicht weiter nachzugehen. Vorliegender Kommentar bezieht sich auf die letzte Ausarbeitung,[16] die früheren Fassungen werden nur dann herangezogen, wenn der Rückgriff, vor allem zu sacherläuternden Zwecken in den thematischen Interpretationen im ersten Teil, im Zusammenhang eines Problems naheliegt. Denn interessanter als die genaue Datierung ist die Bedeutung des Kunstwerkaufsatzes als ein Wendepunkt in Heideggers Denken und als Kristallisationspunkt der Geistesgeschichte. Diese loten die Beiträge im dritten Teil des Kommentars aus: Mit dem Kunstwerkaufsatz erlangt die Kunst eine Bedeutung, die sie auch dann nicht verliert, wenn Heidegger sich

---

[13] So Friedrich-Wilhelm von Herrmann, Heideggers Philosophie der Kunst. Eine systematische Interpretation der Holzwege-Abhandlung ‚Der Ursprung des Kunstwerkes', Frankfurt am Main 1980, 7–9.

[14] Der Nachlassverwalter vermeidet eine genaue Datierung der ersten Ausarbeitung, vgl. Heidegger Studien 5 (1989), 5; jetzt auch abgedruckt in Martin Heidegger, Heidegger Lesebuch, hrsg. von Günter Figal, Frankfurt am Main 2007, 372. In Bezug auf Sprache, Stil und nicht zuletzt auch hinsichtlich der Begriffe von ‚Sprache' und ‚Erde', wie sie in der ersten Fassung bereits prägnant vorliegen, erscheint eine spätere Niederschrift im Vorfeld oder Zusammenhang von Heideggers Vorlesungen von 1934 bis 1935 (Heidegger, Logik als die Frage nach dem Wesen der Sprache (Sommersemester 1934), GA 38 und Heidegger, Hölderlins Hymnen ‚Germanien' und ‚Der Rhein' (Wintersemester 1934/35), GA 39) ebenso plausibel.

[15] Vgl. Jacques Taminiaux, L'origine de l'origine de l'œuvre d'art, in: Daniel Payot (Hrsg.), Mort de Dieu. Fin de l'art, Paris 1991, 175–194; Englisch: The Origin of ‚The Origin of the Work of Art', in: John Sallis (Hrsg.), Reading Heidegger. Commemorations, Bloomington 1993, 392–404.

[16] Heidegger selbst spricht im Vorwort der Reclam-Ausgabe von einer „ersten Fassung" in Bezug auf die zweite Ausarbeitung (1935), meint damit aber eine Vortragsfassung der zweiten Ausarbeitung (vgl. Heidegger, Der Ursprung des Kunstwerkes, Stuttgart 1960, 5). Wollte man Heideggers Terminologie folgen, müsste man drei Ausarbeitungen und zwei Vortragsfassungen annehmen: 1931–1935: erste Ausarbeitung, keine Vortragsfassung; 1935: zweite Ausarbeitung, erste Vortragsfassung; 1935/36: dritte Ausarbeitung, zweite Vortragsfassung.

anderen Themen widmet. Und zugleich nimmt der Text zu Problemen Stellung, die sachlich mit diesem verbunden sind, über die sich aber wenig im Text selbst findet. Das gilt etwa für Heideggers Sprachphilosophie, aber auch für die Entwicklung seines Denkens als Phänomenologie.

4. Danksagungen

In die Entstehung dieses Bandes waren viele eingebunden. Dank gebührt den Autoren für die Bereitschaft, in dem von uns abgesteckten Themenfeld zu arbeiten und auf unsere kritischen Rückfragen einzugehen. Für ihr Interesse und ihre Ratschläge möchten wir Christoph Jamme, Karsten Harries und John Sallis danken. Bei ihrer Mitarbeit in verschiedenen Stufen der Fertigstellung des Bandes haben Anastasia Urban sowie bei der Erstellung der Register Anna Hirsch, Alexander Schmäh und Lilja Walliser uns sehr geholfen.

Ebenfalls sei dem *Freiburg Institute for Advanced Studies* (FRIAS) und seinem Direktor Werner Frick sehr herzlich für die gewährte Unterstützung gedankt. Das FRIAS hat uns einen Zuschuss zu den Druckkosten gewährt und die FRIAS-Nachwuchstagung an der *School for Language and Literature* das Gelingen der Diskussion und gemeinsamen Arbeit an den Beiträgen zu diesem Kommentar erheblich gefördert. Dem *Van Gogh Museum* in Amsterdam, dem *Zentrum Paul Klee* in Bern sowie der Galerie *Erker* in St. Gallen gebührt Dank für die freundliche Erlaubnis, die Bilder in diesem Band abzudrucken.

Ohne die Initiative von Vittorio E. Klostermann und Günter Figal schließlich hätte es diesen Band nicht gegeben. Ihnen möchten wir für ihr Vertrauen und ihre Unterstützung herzlich danken.

Freiburg, im Mai 2011　　　　　　David Espinet und Tobias Keiling

Francisco de Lara

Kunstwerke und Gebrauchsgegenstände
Ding, Zeug und Werk in ihrer Widerspiegelung

Die in diesem Kommentarabschnitt erläuterten Begriffe – *Ding*, *Zeug* und *Werk* – sind Teil der Begriffskonstellation, die Heidegger in *Der Ursprung des Kunstwerkes* entfaltet. Der Aufsatz im ganzen ist insbesondere darum bemüht, eine immer schärfere und eigentlichere Bestimmung dessen zu gewinnen, was zum Werksein gehört, um auf diesem Wege die Frage nach dem *Ursprung* des Kunstwerkes zu beantworten. Der Werkbegriff kann daher nur durch die Klärung der ganzen begrifflichen Konstellation des Aufsatzes eine hinreichende Bestimmung gewinnen. Diese ersten Seiten über Kunstwerke und Gebrauchsgegenstände werden sich darauf beschränken, Heideggers Auffassung des Werkes im Unterschied zu Ding und Zeug darzulegen.

Die Aufhellung dessen, was Ding und Zeug wesentlich sind, spielt im Problemzusammenhang dieses Textes eine Rolle, die insofern als *methodisch* bezeichnet werden kann, als sie auf die rechte Bereitung des Weges zu einem angemessenen Zugang zum ‚Werkhaften' zielt. Dies lässt ersehen, warum die zwei Begriffe, die diese Funktion am deutlichsten übernehmen, *vor allem* am Anfang der Untersuchung erscheinen – sie dominieren den ersten Abschnitt des Heideggerschen Textes, der den Titel „Das Ding und das Werk" trägt. Dennoch ist die Möglichkeit einer sachgemäßen Erfahrung des Kunstwerkes mit diesen einleitenden Unterscheidungen nicht definitiv gesichert. Sie bedarf vielmehr der ständigen Bemühung, was eine Wiederaufnahme der zur Kontrast dienenden Begriffe von Ding und Zeug auch in den folgenden Abschnitten notwendig macht.[1]

---

[1] Zu einer umfassenderen Charakterisierung der methodischen Elemente und der Vorgehensweise Heideggers im Kunstwerkaufsatz vgl. Joseph J. Kockelmans, Heidegger on Art and Art Works, Dordrecht 1986, §16.

Heidegger versucht, das Wesen des Werkes bzw. seine *Seinsweise* herauszustellen. Die Bemühung richtet sich also darauf, eine *ontologische* Bestimmung des Werkes in Gang zu setzen.[2] Es handelt sich demnach nicht um einen ontischen Vergleich, der die positiven Eigenschaften von drei verschiedenen Gegenständen festzustellen und zu unterscheiden suchte. Ding, Zeug und Werk werden von Heidegger nicht so betrachtet, dass sie unbemerkt auf die gleiche ontologische Ebene gestellt und dann hinsichtlich ihrer jeweiligen Qualitäten differenziert werden. Für ihn handelt es sich gerade darum, eine *Differenzierung zwischen Seinsweisen* zu gewinnen. Zu diesem Zwecke versucht Heidegger in den ersten Schritten der Fragestellung, die neutrale und in diesem Sinne indifferente ontologische Bestimmung des Werkes zu erschüttern. Die rechte Erfahrung des Werkes, die er vorzubereiten sucht, soll das Werk *als Werk* sprechen lassen und das heißt, dieses in dem ihm eigenen *Seinscharakter* begegnen zu lassen. Dazu ist es notwendig, den Seinsbegriff fraglich werden zu lassen, also indirekt die Seinsfrage zu wecken und zwar durch eine Gegenüberstellung von verschiedenen Seinsweisen wie jenen des Dinges, des Zeuges und des Werkes.

1. Das Dinghafte am Werk

Der Begriff des Dinges leitet, so Heidegger, unausgesprochen das allgemeine Verständnis dessen, was Sein überhaupt heißt. Was seinerseits genau unter dem Wort ‚Ding' dabei verstanden wird, bleibt in einem alltäglichen Vorverständnis aber unklar. Das ist der Grund, warum Heidegger diesen das allgemeine und vage Seinsverständnis leitenden Begriff des Dings in der Erläuterung des Kunstwerkes in Betracht ziehen und diskutieren möchte. Damit versucht er zwei für sein Ziel fundamentale Schritte vorzubereiten. Der erste Schritt soll zeigen, wie verstrickt der Begriff des Dinges (und auch der des Zeugs) in unsere gewöhnliche Seinsauffassung ist. Der zweite soll dann die Seinsweise von Ding und Zeug gegenüberstellen und auch vom Seinscharakter des Werkes unterscheiden, um so schließlich diesen Charakter selbst freizulegen.

---

[2] Siehe dazu Andrea Kern, „Der Ursprung des Kunstwerkes". Kunst und Wahrheit zwischen Stiftung und Streit, in: Dieter Thomä (Hrsg.), Heidegger Handbuch, Stuttgart 2003, 162–174, hier 163–164.

Der konkrete Anlass zu dieser Explikation und Diskussion des Dingbegriffes ist durch die Frage nach der *Wirklichkeit* des Werkes gegeben. Die Betrachtung der Wirklichkeit des Werkes soll die geläufige ontologische These anklingen lassen, wonach Sein, Wirklichkeit und Ding gleichzusetzen wären, um sie danach ins Wanken zu bringen und so allererst die Möglichkeit der Klärung des Seinscharakters des Werkes zu schaffen.

„Wenn wir die Werke auf ihre unangetastete Wirklichkeit hin ansehen und uns selber dabei nichts vormachen, dann zeigt sich: Die Werke sind so natürlich vorhanden wie Dinge sonst auch." (GA 5, 3) Mit diesem Satz beginnt die Diskussion des Wirklichkeits- bzw. Dingcharakters des Werkes. Diese Dinghaftigkeit des Werkes wird dann durch die Beispiele Heideggers sowohl mit Zeug (Jagdgewehr, Hut, Putzzeug) und Waren (Kohle, Baumstamm, Kartoffeln) als auch mit der Materialität des Werkes (Stein, Holz, Farbe, Laut, Klang) verbunden. Auch die Frage, ob das Werk sich darauf zurückführen lässt oder ob es außer ‚Ding' in dieser zunächst verschwommenen Bedeutung noch etwas anderes sei, nämlich Allegorie oder Symbol, hinterfragt laut Heidegger nicht diese ontologische Gleichsetzung (vgl. GA 5, 3–4).

Es wird daher direkt gefragt, was ein Ding sei. Die Betrachtung dieses Problems wird durch eine Aufzählung dessen, was unter diesem Begriff fallen kann, in Gang gebracht. Heidegger vollzieht hier eine doppelte Bewegung: Zuerst wird der Begriff so sehr überspannt, dass er auf alles Seiende überhaupt zu passen scheint,[3] und dann wieder so sehr begrenzt, dass er nur für die Gebrauchs- und Naturgegenstände anwendbar ist.[4] Die erste dieser zwei Bewegungen lässt erkennen, dass in unserem alltäglichen Verständnis alles, was *ist*, in gewisser Hinsicht als ein Ding verstanden wird. In dieser Bedeutung meint das Wort ‚Ding' soviel wie Seiendes, wodurch klar wird, dass dieses Wort den Inbegriff dessen ausmacht, was wir als die gewöhnliche ontologischen Undifferenziertheit bezeichnen können. Die zweite Bewegung Heideggers zeigt, dass das verschwommene Seinsverständnis, das in diesem weiten Dingbegriff zusammentrifft, in einer Vermischung dessen besteht, was Heidegger in *Sein und Zeit*

---

[3] Vgl. GA 5, 5: „Im Ganzen nennt hier das Wort Ding jegliches, was nicht schlechthin nichts ist". Vgl. dazu auch Heidegger, Die Frage nach dem Ding, GA 41, 4–6.
[4] Vgl. GA 5, 6: „Die Natur- und Gebrauchsdinge sind die gewöhnlich so genannten Dingen".

Vorhandenheit und Zuhandenheit nennt. Dinge scheinen dann vor allem Naturgegenstände wie „der Stein, die Erdscholle, ein Stück Holz" (GA 5, 6) zu sein, weswegen sie auch als *bloße* Dinge bezeichnet werden. Die Gebrauchsgegenstände fallen aber ebenfalls in diese Kategorie, denn ‚Ding' und ‚Zeug' sind diesem Begriff zufolge synonyme Wörter.

Diese Verschlingung des Sinnes von Sein und Ding einerseits und von Ding, Naturding und Zeug andererseits wird von Heidegger durch die Diskussion der „überlieferten Auslegungen des Seienden" (GA 5, 6) ans Licht gebracht. Heidegger zufolge nahm die philosophische Tradition bei ihrem Versuch der Beantwortung der Frage nach dem Sein des Seienden, „schon von altersher [...] die Dinge in ihrer Dingheit [...] als das maßgebende Seiende" (GA 5, 6). Heidegger will daher explizieren, was in der abendländischen Tradition, die unser ungeprüftes Seinsverständnis prägt, als Ding bzw. als Sein gilt. Dafür unterscheidet er drei besonders wichtige Auslegungen der Dinglichkeit:[5] „Das Ding als den Träger von Merkmalen, als die Einheit einer Empfindungsmannigfaltigkeit und als den geformten Stoff." (GA 5, 15) Diese dritte Dingauffassung lässt am besten die Verwischung der Seinsweise von Ding und Zeug in der herkömmlichen Seinsauffassung erkennen und wird daher von Heidegger besonders hervorgehoben. Konkret zeigt er, dass die Auffassung des Dinges als ein Gefüge von Stoff und Form eigentlich auf die Seinsweise des Zeuges zugeschnitten ist (vgl. GA 5, 13).

Dieses Ausstrahlen des Seinscharakters des Zeuges auf den des Dinges und sogar des Werkes lässt sich laut Heidegger auf zwei Gründe zurückführen. Es geschieht vor allem deswegen, weil das Zeug von Menschen hergestellt und so ins Sein gebracht wird; wir sind deshalb mit dieser Art des Seienden am besten vertraut. Außerdem scheint das Zeug eine Zwischenstellung zwischen Ding und Werk einzunehmen, weswegen es in die Auslegung jener beiden Seinsweisen hineinspielt (vgl. GA 5, 14). So „ruht das Zeug als fertiges auch in sich wie das bloße Ding, aber es hat nicht wie der Granitblock jenes Eigenwüchsige. Andererseits zeigt das Zeug eine

---

[5] Diese drei Bestimmungen von Dinglichkeit haben ihr Vorbild in der griechischen Antike. Für einen Kommentar dieser Auslegungen siehe Karsten Harries, Art Matters. A Critical Commentary on Heidegger's ‚The Origin of the Worf of Art', Dordrecht 2009, Kap. 5 sowie Kockelmans, Heidegger on Art and Art Works, § 18 b.

Verwandtschaft mit dem Kunstwerk, sofern es ein von Menschenhand Hervorgebrachtes ist." (GA 5, 13–14)[6] Heidegger geht davon aus, dass diese Auslegung des Seienden als Stoff-Form-Gefüge in der abendländischen Tradition „eine besondere Vorherrschaft" (GA 5, 17) erlangt und die Auffassung sowohl des Dinges als auch des Werkes prägte. Deswegen versucht er in einem nächsten Schritt, das Wesen des Zeuges zu bestimmen.

2. Das Zeughafte des Zeuges

Zur Explikation des Wesens des Zeuges weist Heidegger wissenschaftlich geprägte Betrachtungsweisen zurück, die ein Zeug abstrakt und nur nach seinen allgemeinen konstitutiven Eigenschaften bestimmen möchten. Zeug ist vielmehr dann als solches anzutreffen, wenn es konkret gebraucht wird. Das Wort ‚Zeug' nennt, wie Heidegger schon eingeführt hatte, „das eigens zu seinem Gebrauch und Brauch Hergestellte" (GA 5,13), und Zeug ist daher vor allem bei solchem Gebrauch als es selbst da. Demzufolge könnte man erwarten, dass Heidegger die Explikation der Seinsweise des Zeuges so ausschöpft, dass er sich wie in *Sein und Zeit* auf den konkreten, nicht thematischen Gebrauch desselben konzentriert.

Heidegger nimmt aber nicht diesen Weg, sondern schlägt etwas Eigentümliches vor:[7] Wir sollen die Bestimmung des Zeugseins anhand der Erfahrung eines in einem Kunstwerk dargestellten Zeuges gewinnen. Diese besondere Vorgehensweise lässt hier wieder erkennen, worum es Heidegger letztlich geht: Es geht ihm nämlich nicht darum, das Zeug- und Dingsein eigens und für sich zu klären. Das, was das Werk vom Zeugsein erkennen lässt, ist nicht so sehr deswegen von Bedeutung, weil das Zeugsein dadurch besser ersichtlich würde, sondern weil sich *das Werksein selbst* dadurch offenbart.

Warum Heidegger zur Entdeckung des Zeugseins diesen eigentümlichen Weg über das Kunstwerk geht, lässt sich aber noch in

---

[6] Gleich danach erläutert Heidegger diese Zwischenstellung folgendermaßen: „So ist das Zeug halb Ding, weil durch die Dinglichkeit bestimmt, und doch mehr; zugleich halb Kunstwerk und doch weniger, weil ohne die Selbstgenügsamkeit des Kunstwerkes" (GA 5, 14).
[7] Siehe dazu Takako Shikaya, Kunstwerk als Ort. Heideggers „Ort"-Begriff in bezug auf die „Gegenwärtigkeit" des Kunstwerkes, in: Heinrich Hüni/Peter Trawny (Hrsg.), Die erscheinende Welt. Festschrift für Klaus Held, Berlin 2002, 509–526, hier 512.

einer anderen Hinsicht beschreiben. Die von Heidegger bis hierher (bis Seite 18) eingeführten Bestimmungen des Zeugs sind aus einer Betrachtung des alltäglichen Gebrauchs desselben gewonnen. Gewonnen wird dadurch konkret die Einsicht, dass das Zeugsein des Zeuges „in seiner Dienlichkeit besteht" (GA 5, 18). Diese Weise, Zeug zu bestimmen, ist freilich nicht falsch und trifft mehr als diejenige zu, die das Zeug als einen Gegenstand vor sich stellt und beschreibt. Die Erfahrung des Zeuges anhand des Kunstwerkes lässt uns aber einen weiteren und für Heidegger in diesem Zusammenhang fundamentalen Aspekt erkennen: Das Zeug kann nur deswegen dienlich sein, weil es *verlässlich* ist. Die Dienlichkeit gründet also in der Verlässlichkeit, die Heidegger als die Seinsweise des Zeuges bestimmt (vgl. GA 5, 19). Die Feststellung der Dienlichkeit als Seinscharakter des Zeuges entspricht für Heidegger einer noch äußerlichen Form, das Zeug zu betrachten. Denn durch sie wird das Zeug isoliert von allem, was es in sich trägt und das in seiner Verlässlichkeit impliziert ist: die ganze geschichtliche Existenz derjenigen, die sich auf das Zeug einfach verlassen. Die alltägliche Vertrautheit mit dem Zeug lässt diese Bezüge nicht mehr erscheinen, das Zeug wird in einem tieferen Sinne abgenutzt und verbraucht. Das Kunstwerk dagegen bringt die Verlässlichkeit des Zeuges aus „jener langweilig aufdringlichen Gewöhnlichkeit" (GA 5, 20) zurück. Deswegen soll sich die Besinnung nicht auf den alltäglichen Gebrauch des Zeuges, sondern vielmehr auf die Offenbarungskraft der Kunst konzentrieren. Auf diese Weise kann Heidegger sowohl zum Gedanken hinführen, dass das Werk diese Offenbarungskraft besitzt, als auch das bestimmen, was das Werk konkret offenbart: *Das Werk zeigt den eigentlichen Seinscharakter des Seienden*, indem es dieses Seiende aus seiner alltäglichen und selbstverständlichen Interpretations- und Begegnungsweise zurückholt. Das Werk zeigt, was Zeug als Zeug ist.

Das ist auch der Grund, weshalb Heidegger an dieser Stelle den durch das Werk erkannten Charakter der Verlässlichkeit als die Seinsweise des Zeuges hervorhebt. In anderen Kontexten dagegen betont er die alltäglichen Charaktere der Brauchbarkeit, Dienlichkeit und der Unauffälligkeit (vgl. GA 5, 32, 34, 46 und 52–53). Diese Aspekte können leicht mit denjenigen verknüpft werden, die Heidegger in *Sein und Zeit* darlegt, dessen erster Abschnitt ebenfalls eine Analyse des *alltäglichen* Bezugs des Daseins zu seiner nächsten Umwelt enthält.[8]

---

[8] Vgl. Heidegger, Sein und Zeit, GA 2, 66.

Sein und Zeit und *Der Ursprung des Kunstwerkes* sollten aber nicht nur im Hinblick darauf verglichen werden, welche Strukturen des Zeugs jeweils expliziert werden, sondern auch und vor allem in Bezug auf die Vorgehensweise Heideggers: Schon in *Sein und Zeit* ging Heidegger von der Zurückweisung der allgemeinen Charakterisierung des Seienden als Ding aus, um die Seinsweise des Zeugs dieser verschwommenen ontologischen Auslegung zu entreißen.[9] Die Gewinnung des Zugangs zum Seinscharakter des Zeugs sollte vor allem durch die „Abdrängung der sich andrängenden und mitlaufenden Auslegungstendenzen" geschehen. Und zwar deswegen, weil diese sowohl den alltäglichen Umgang mit dem Zeug als auch das Zeug selbst, so „*wie* es von ihm selbst her" in solchem Umgang begegnet, „verdecken".[10] Heidegger spricht in diesem Kontext von solchen Auslegungen als „verfänglichen Missgriffen",[11] entsprechend der Bezeichnung der im Kunstwerkaufsatz dargestellten Dinginterpretationen als ungeeigneten Vor- und Übergriffen (vgl. GA 5, 16 bzw. 17).

In *Sein und Zeit* wird „die Seinsart von Zeug, in der es sich von ihm selbst her offenbart",[12] *Zuhandenheit* genannt. Das Zeug ist als solches da, ist zuhanden, wenn es ohne weiteres Nachdenken gebraucht wird. Bei solchem ungestörten Gebrauch ist das Zeug *unauffällig*: Es fällt gerade nur dann auf, wenn es als Zeug nicht richtig dienen kann, weil es seinen Zweck unmöglich macht. Der Stuhl z. B. ist vor allem dann zuhanden, wenn man auf ihm sitzt, ohne auf ihn zu achten. Das Zeug ist in diesem Fall nicht nur unauffällig, sondern auch *unaufdringlich* (es fehlt nicht) und *unaufsässig* (es stört nicht).[13] Diese negativ charakterisierten Erscheinungsmodi – Unauffälligkeit, Unaufdringlichkeit und Unaufsässigkeit – sind laut Heidegger gerade das Positive des Zeuges und nichts, das dem Seienden fehlen würde, um ein Zeug zu sein.[14]

Wenn dem Zeug die genannten Charaktere nicht fehlen, es also tatsächlich Zeug ist, ist es dienlich. Diese *Dienlichkeit* ist ihrerseits natürlich immer auch Dienlichkeit zu etwas. Jedes Zeug erscheint im alltäglichen Gebrauch seiner Funktion entsprechend. Die Gebrauchs-

---

[9] Vgl. Heidegger, Sein und Zeit, GA 2, 67–68.
[10] Heidegger, Sein und Zeit, GA 2, 67.
[11] Heidegger, Sein und Zeit, GA 2, 67.
[12] Heidegger, Sein und Zeit, GA 2, 69.
[13] Vgl. Heidegger, Sein und Zeit, GA 2, 73–74.
[14] Vgl. Heidegger, Sein und Zeit, GA 2, 75.

gegenstände erscheinen nicht zunächst als etwas Vorhandenes, das wir dann zum Zuhandenen machen würden. Eigentlich sind sie nicht einmal als Gebrauchs*gegenstände* für uns da. Sie stehen uns nicht entgegen, so dass wir sie zuerst distanziert betrachten und danach etwas mit ihnen anfangen. Im unproblematischen und einfachen Umgang mit einem Zeug ist uns dieses Zeug schon als solches vertraut und wird dabei immer aus seinem Wozu verstanden.

Diese Vertrautheit mit dem Zeug ist aber nicht sozusagen atomistisch, d.h. vom Kontext losgelöst, zu fassen. Das Verstehen eines Gebrauchsdinges – das Umgehen-Können mit ihm – ist nicht vom Verstehen der anderen in der konkreten Situation implizierten Gebrauchsdinge zu trennen. Wir verstehen nicht *ein* isoliertes Zeug, vielmehr wird dieses immer in Zusammenhang mit den anderen Mit-Zuhandenem erschlossen.[15] Die Vertrautheit mit dem Zeug ist also letztendlich die Vertrautheit mit der ganzen Welt, in die das jeweilige Zeug hineingehört. In Heideggers Worten *verweist* das Zeug in verschiedene Richtungen: zunächst einmal in Richtung auf andere Mitmenschen („Mitwelt"), auf die Situationen, in denen wir uns meist bewegen („Umwelt") und auch auf die Natur, sofern sie im Gebrauch des Zeuges mit in Betracht gezogen ist („Umweltnatur").[16] In seiner Funktion, die dem Dasein in seiner Sorge um sich nützlich ist, verweist das Zeug aber nicht nur in Richtung auf die Mitwelt, Umwelt und Umweltnatur, sondern *auch auf das Dasein selbst als In-der-Welt-sein*.

Von dieser Darstellung der Charakterisierung des Zeuges in *Sein und Zeit* lässt sich klarerweise eine Parallele zur Diskussion des Zeuges im *Ursprungs des Kunstwerkes* ziehen. Gemäß der weltlichen Verfasstheit von Zeug bündelt sich in ihm ein Verweisungszusammenhang, der sowohl auf die Natur als auch auf die ganze Umwelt hindeutet, in der das Dasein beheimatet ist, und so auch auf dieses Dasein selbst und seine Möglichkeiten. Diese Bezüge sind dasjenige, das laut Heidegger die besondere Darstellungsform des Kunstwerkes aufzeigt. Das Werk ermöglicht die von Heidegger genannten *Erde* und *Welt* des Daseins zu erfahren. Das als Beispiel gewählte Werk van Goghs öffnet die Welt und die Erde der Bäuerin, die in Heideggers Beschreibung des Bildes ihre Arbeit verrichtet und sich dabei auf die Schuhe verlässt (vgl. GA 5, 18–19).

---

[15] Vgl. Heidegger, Sein und Zeit, GA 2, 68.
[16] Vgl. Sein und Zeit, GA 2, 70–71

3. Zeug und Ding in der Wahrheit des Werkes

Diese letzte Feststellung Heideggers ist nicht so sehr deswegen von Bedeutung, weil dadurch das Wesen des Zeuges – seine Verlässlichkeit – endlich erkannt und demzufolge die Gegenüberstellung von Zeug und Werk leichter durchführbar wird. Eine solche Gegenüberstellung ist vielmehr an diesem Punkt nicht mehr notwendig, als durch die Besprechung des Zeuges *das Werksein* selbst indirekt zu Gesicht gekommen ist, was das eigentliche Ziel der ganzen bisherigen Betrachtungen war. Ein Werk – van Goghs Gemälde in diesem Fall – hat das Zeug in seinem Seinscharakter offenbart: Es hat gezeigt, wie das Zeug „in Wahrheit *ist*" (GA 5, 21). Dadurch hat das Werk indirekt auch seine eigene Seinsweise ersichtlich gemacht. Das Werk ist derart, dass es etwas in seiner Wahrheit offenbart. Das Werk lässt Seiendes in einer ganz besonderen Hinsicht begegnen: in seinem Seinscharakter. Das Werk ist also eine der Formen, in denen *Wahrheit* – von Heidegger als *Unverborgenheit* des Seienden verstanden – geschieht (GA 5, 21).

Dieses Vorgehen und sein Ergebnis sind bemerkenswert: Die Bestimmung der Seinsart von Zeug gelang allein dadurch, dass durch das einzelne Werk van Goghs das Schuhzeug aus den Funktions- und Nützlichkeitszusammenhängen des Umgangs herausgerissen wurde. Die Schuhe haben für den Maler, aber auch für den Betrachter des Gemäldes, ihre Zuhandenheit verloren. Das Zeug, das sie sind, geht nicht mehr im Bezugsgeflecht der Welt auf, sondern bietet einen phänomenalen Widerstand, der sich von Auffälligkeit, Aufdringlichkeit und Aufsässigkeit wesentlich unterscheidet. Dass durch das Werk verstandene Zeug wird andererseits durch diese Unselbstverständlichkeit nicht zum Vorhandenen, zum bloßen Ding. Vielmehr erweist sich durch das Werk van Goghs, dass die Gegenüberstellung von Zeug und Ding, Zuhandenheit und Vorhandenheit, unangemessen ist. Zeug ist nicht allein durch Zuhandenheit, sondern durch Verlässlichkeit ausgezeichnet, und Dinge sind nicht bloß vorhanden, sondern müssen, wie das Werk zeigt, das ja auch ein Ding ist, in einem noch zu klärenden positiven Sinn verstanden werden. Die drei Seinsweisen von Seiendem sind in ihrem Unterschied und in ihrer Gemeinsamkeit unselbstverständlich geworden, und damit beginnt der Versuch, diese genauer zu bestimmen.

Die Begriffe Ding und Zeug haben so ihr Ziel erreicht, denn durch sie wird ein erster Blick auf das Werksein gewonnen. Trotzdem werden diese Begriffe nicht einfach beiseite gelegt. In den folgenden

Abschnitten des Kunstwerkaufsatzes wirken sie immer noch als Kontrastbegriffe zur Seinsweise des Werkes. Wichtig ist aber festzuhalten, dass von diesem Punkt an Zeug und Ding aus dem Werk her betrachtet werden und dass sich daraus eine reichere und verwandelte Bestimmung derselben ergibt. Dieser Bezug von Zeug und Ding zum Werk als Sich-ins-Werk-Setzen der Wahrheit soll abschließend gezeigt werden.

4. Werk und Zeug

Das Kunstwerk hat das Zeug in seinem wesentlichen Charakter gezeigt: seiner Verlässlichkeit. Die von van Gogh gemalten Schuhe sind nicht einfach dienlich und zuhanden, wie eine alltägliche Betrachtungsweise derselben behaupten würde, sondern erweisen sich laut Heidegger als Teil der Welt, in der die Bäuerin wohnt, ohne zu ihr Distanz zu nehmen. Weder eine Charakterisierung des Zeugs als Ding im Sinne des Stoff-Form-Gefüges noch als dienliches Instrument treffen auf die konkreteste und zugleich am tiefsten verborgene Seinsweise des Zeuges: seine Zugehörigkeit zu einer Weise des Menschen, auf der Erde und in der Welt zu wohnen. Der Verlässlichkeit des Zeuges entspricht die unreflektierte und unmittelbare Verwurzelung des Menschen in seiner Welt. In Heideggers Worten gesprochen gibt das Zeug „in seiner Verlässlichkeit dieser Welt eine eigene Notwendigkeit und Nähe" (GA 5, 31). Das Zeug gehört zum unscheinbaren und dennoch bestimmenden Zusammenhang dessen, was Heidegger *Welt* nennt: die Weise des Wohnens des Menschen auf und in Bezug zu einer Erde.

Diese Entdeckung mag das Zeug in seiner eigenen Seinsweise beleuchtet haben, sie will dennoch auf keinen Fall diese Seinsweise mit jener des Werkes gleichsetzen. Der Unterschied ist klar, da die Aufhellung der Seinsweise des Zeuges nur dank des Kunstwerkes erfolgt ist: Das Kunstwerk lässt etwas in seiner Wahrheit erscheinen, was beim Zeug nie der Fall ist. Im Gegenteil und gerade um als Zeug zu funktionieren, darf dieses weder sich selbst noch etwas an ihm hervorheben. Die Verlässlichkeit des Zeuges ruht in dieser Unauffälligkeit. Die Qualität des Zuhandenen besteht gleichsam in einer effizienten Transparenz, in der es seine Arbeit verrichtet, ohne Aufmerksamkeit auf sich zu ziehen.

Diese Unauffälligkeit des Zeuges erstreckt sich selbstverständlich auch auf das, was traditionell seine materielle bzw. stoffliche

Seite genannt werden kann. Der Stein, das Holz, das Leder usw., aus welchen das jeweilige Zeug hergestellt ist, sollen nicht als solche auffallen, sondern in der Brauchbarkeit desselben gleichsam verschwinden. Das Kunstwerk dagegen macht nicht nur das Zeugsein selbst in seinem Wesen ersichtlich, indem es dieses Zeug darstellt, sondern lässt auf eine besondere Art sogar die Elemente erscheinen, aus denen es selbst als Werk hervorgebracht ist, wie zum Beispiel die Farben im genannten Bild van Goghs oder der Stein im Beispiel des griechischen Tempels (vgl. GA 5, 27). In dieser Hinsicht unterscheidet Heidegger zwischen dem Gebrauch des Steines, der im Werk gemacht wird – ein Gebrauch, durch welchen der Stein selbst hervorgehoben und relevant wird – und das Verbrauchen desselben „in der Anfertigung eines Zeuges", in denen der Stein „in der Dienlichkeit verschwindet" (GA 5, 32). Das Werk „lässt, indem es eine Welt aufstellt, den Stoff nicht verschwinden, sondern allererst hervorkommen und zwar im Offenen der Welt des Werkes" (GA 5, 32). Dabei handelt es sich dann aber genauer besehen um keinen bloßen Stoff mehr, sondern um die schon erwähnte *Erde*. Das Werk bindet sich an die Erde zurück und stellt eine Welt auf, womit gleichzeitig diese Erde selbst in Heideggers Worten ‚her-gestellt' wird.[17] Heidegger versteht daher das Brauchen der Erde vonseiten des Werkes – im Gegensatz zum Verbrauchen derselben im Zeug – als ein Befreien der Erde „zu ihr selbst" (GA 5, 52).

Dieser Unterschied im Brauch der Erde bedeutet letztendlich auch einen Unterschied in der Schaffensweise des Handwerkers und des Künstlers. Laut Heidegger soll nur diese letzte Art der Hervorbringung – das Werkschaffen mit dem, was er Erde nennt – als ein *Schaffen* bezeichnet werden, während die Hervorbringung von Zeug eher mit dem Namen der Anfertigung angemessen gekennzeichnet wird. Die Anfertigung hat die Unauffälligkeit und Zuhandenheit des Zeugs zum Ziel. Die Faktizität des Zeuges – das einfache Faktum, dass es ist – soll nicht relevant werden, um so einen unachtsamen Gebrauch desselben zu ermöglichen. Das Werk dagegen bekundet in seiner Einzigartigkeit eine besondere Seinsweise, die nicht indifferent erfahren werden kann. Das Werk führt durch sein einfaches Sein – schlicht dadurch, dass es ist – einen *Stoß* mit sich (vgl. GA 5, 53). Es

---

[17] Vgl. Heidegger, Der Ursprung des Kunstwerkes, GA 5, 33: „Die Erde her-stellen heißt: sie ins Offene bringen als das sich Verschließende". Zu einer Erörterung des Bezugs Welt-Erde im Kunstwerkaufsatz vgl. Michel Haar, L'œuvre d'art. Essai sur l'ontologie des œuvres, Paris 1994.

lässt unsere alltägliche Verständnis- und Umgangsweise nicht unberührt, sondern erschüttert sogar die für uns so ‚natürliche' Tatsache, dass etwas überhaupt *ist*.

5. Werk und Ding

Mit diesem Hinweis kommen wir zum letzten Grundbegriff, den es hier zu erläutern gilt: zum Begriff des *Dinges*.

Es wurde schon gezeigt, wie in einem ersten Moment die Bezeichnung von etwas als Ding besonders für die Naturgegenstände passend scheint. In dieser Hinsicht, als Naturding gedacht, wird ein Ding als etwas Insichruhendes und Eigenwüchsiges verstanden (vgl. GA 5, 5, 9, 11 und 17). Auch das Zeug steht laut Heidegger in sich, insofern es fertig ist (vgl. GA 5, 13), aber es handelt sich dabei selbstverständlich nicht um etwas, das von sich aus wächst, sondern um etwas Hervorgebrachtes. Das Kunstwerk dagegen – obwohl auch hervorgebracht – „gleicht durch sein selbstgenügsames Anwesen eher wieder dem eigenwüchsigen und zu nichts gedrängten bloßen Ding" (GA 5, 14). Diesen Gedanken wird Heidegger im zweiten Abschnitt dadurch vertiefen, dass er versucht, den eigentlichen Sinn dieser Selbstgenügsamkeit des Werkes – sein Insichstehen und Insichruhen – zu klären. Deshalb könne „über das Dinghafte am Werk nie befunden werden, solange sich das reine Insichstehen des Werkes nicht deutlich gezeigt hat" (GA 5, 25). In diesem Sinne wird das Insichruhen des Werkes von Heidegger einerseits als eine Art Unabhängigkeit gegenüber dem es schaffenden Künstler aufgefasst (vgl. GA 5, 26) und andererseits – und das ist wichtig – als die Einheit zwischen dem, was er in diesem Zusammenhang das *Aufstellen* einer Welt und dem, was Heidegger das *Herstellen* der Erde nennt. Diese Einheit „geschieht in die Bestreitung des Streites" zwischen Welt und Erde, worin das Werk letztendlich besteht (vgl. GA 5, 35–36). Wären Kunstwerke nicht dinglich, könnten sie nicht diese dynamische Einheit von Welt und Erde herstellen, vielmehr ginge die Seite der Erde verloren (wie im Zeug, das die Erde als ‚Stoff' verbraucht). Wären Werke dagegen ‚bloße' Dinge, wie die Naturdinge, könnten sie keine Welt eröffnen.

Das Insichruhen und die Ruhe des Werkes haben die Form einer besonderen Bewegung, jener des „Streites". Das Werk ist fertig und erscheint als etwas in sich, dennoch nicht als etwas Gleichgültiges wie das Zeug, sondern als der Träger eines Geschehnisses. Im Werk geschieht etwas, das keine Gleichgültigkeit ihm gegenüber zulässt, nämlich Wahrheit als ein Streit zwischen Manifestation und Entzug. Wie schon erwähnt wurde, fasst Heidegger das Wesen des Werkes als ein Sich-ins-Werk-Setzen der Wahrheit, d. h. als ein Geschehen derselben. Die Wahrheit ist ‚am Werk' *im Werk*. Das Werk ist also so etwas wie der Ort dieses Geschehnisses und nicht (oder nicht nur) das in sich strittige Geschehnis selbst. In diesem Zusammenhang geht Heidegger auf die Dinghaftigkeit des Werkes zurück und zwar diesmal in Anknüpfung an die erste Bestimmung des Dinges als etwas Tragendes, als ein Träger (von Eigenschaften). Das Werk wird hier konkret als der Träger des Geschehens der Wahrheit angesprochen (vgl. GA 5, 45). Die Wahrheit steht nicht einfach da, sondern wird getragen und zwar vom Werk.

Diese Überlegung bringt Heidegger dazu, die Frage nach der Wirklichkeit des Werkes noch einmal aufzugreifen. Damit schließt sich die Kreisbewegung, die mit der Gleichsetzung von Wirklichkeit und Dinghaftigkeit des Werkes zu Beginn des Aufsatzes begonnen wurde. Der Dingcharakter des Werkes ist bis jetzt als dessen Insichstehen und Tragendsein umgedeutet worden. Nun gilt es noch, die Grundbestimmung des Dinghaften als das Wirkliche zu betrachten, und zwar durch eine Klärung des Sinnes, in dem das Werk etwas Hervorgebrachtes ist. Dazu dient die schon genannte Unterscheidung zwischen der Anfertigung von Zeug und dem Schaffen von Werken. Das Schaffen soll nicht vom Handwerk her gedacht werden, denn laut Heidegger bringt dieses – obwohl es so genannt wird – keine eigentlichen Werke hervor (vgl. GA 5, 46). Auch sollte das griechische Wort τέχνη nicht dazu verleiten, Handwerk und Kunst als identisch zu verstehen, denn das Wort meint laut Heidegger keine Form der Hervorbringung, der Produktion, sondern eine Weise des Wissens (vgl. GA 5, 46–47).[18] Das Hervorbringen ist vielmehr nur dann ein Schaffen, wenn das von ihm Hervorgebrachte ein Ort der Offenheit des Seienden, der Wahrheit im erläuterten Sinne eines Streites zwischen Entbergung und Verbergung, ist (vgl. GA 5, 50).[19]

Es erweist sich so als notwendig, das Ding vom Werk her zu denken, im Gegensatz zu dem, was am Anfang so natürlich erschien: das

---

[18] Vgl. auch Heidegger, Die Herkunft der Kunst und die Bestimmung des Denkens, in: Denkerfahrungen, Frankfurt am Main 1983, 135–149, hier 136–137.
[19] Zu Hervorbringen in diesem Sinne siehe z. B. Heidegger, Sprache und Heimat, GA 13, 171.

Werk aus seiner Wirklichkeit und Dinghaftigkeit zu betrachten. Dies verleite dazu, das Werk als einen Gegenstand – etwas indifferent Entgegenstehendes – vorzustellen. Nun aber, nach einer Bestimmung des Werkes und des Zeuges vom Werk her, ist Heidegger imstande, die Frage umzukehren und das Ding als das „Erdhafte des Werkes" aufzuzeigen. „Für die Bestimmung der Dingheit des Dinges" reicht laut Heidegger keine der leitenden Interpretationen des Dinges als Träger von Eigenschaften, Einheit einer sinnliche Mannigfaltigkeit oder Stoff-Form-Gefüge, sondern „der maß- und gewichtgebende Vorblick für die Auslegung des Dinghaften der Dinge muss auf die Zugehörigkeit des Dinges zur Erde gehen" (GA 5, 57).

Wie dies beim Zeug auch der Fall war, wird das Wesen des Dinges schließlich vor allem dank und anhand des Kunstwerkes erfahren. In dieser Erfahrung verschwindet die alltägliche Flachheit von Zeug und Ding. Diese werden vielmehr in Bezug zum Spiel von Welt und Erde, d. h. in Bezug zur Wahrheit gebracht. So kann werkgeschichtlich der Begriff des Dinges immer wichtiger für Heidegger werden und zwar konkret in dem Zusammenhang, in dem der Streit von Welt und Erde als das *Geviert* von Himmel, Erde, Göttlichen und Sterblichen uminterpretiert wird. Nicht bloß im Werk, schon in jedem Ding versammelt sich und erscheint die Zusammengehörigkeit dieser Vier, wobei das Ding ebensogut ein Zeug – wie der Krug aus dem Vortrag *Das Ding* – oder auch ein Bauwerk – wie die Brücke aus *Bauen, Wohnen, Denken* – sein kann.[20] Der Einblick in das Sein von Zeug und Ding vom Kunstwerk aus, der im Kunstwerkaufsatz eingeleitet wird, scheint für diese Umdeutung von einiger Wichtigkeit zu sein.

---

[20] Vgl. Heidegger, Das Ding, GA 7, 168–179 bzw. Bauen, Wohnen, Denken, GA 7, 154–161.

Diana Aurenque

Die Kunst und die Technik
Herstellung, ποίησις, τέχνη

Sowenig Heideggers Kunstdenken eine Ästhetik der schönen Künste sein möchte, so wenig lässt sich seine Auffassung der Technik unter einem instrumentell-anthropologischen Gesichtspunkt aus verstehen. Kunst und Technik, vorgreifend gesagt, stellen für Heidegger zwei unterschiedliche Seinsverständnisse dar, das heißt bestimmte Weisen, wie man etwas erfahren und verstehen kann. Als solche kommen sie darin überein, dass sie sich auf das Sein beziehen. Eine angemessene Klärung des Verhältnisses zwischen Kunst und Technik anzubieten, wie es im *Ursprung des Kunstwerkes* angestrebt wird, muss über diesen gemeinsamen Bezugspunkt erfolgen.

Es besteht kein Zweifel, dass Heidegger sich ab Mitte der dreißiger Jahre auf die Frage nach dem Verhältnis von Kunst und Technik konzentriert.[1] Aber nicht nur chronologisch, sondern auch philosophisch betrachtet, gehören beide, wie wir sehen werden, wesentlich zusammen.[2]

1. Herstellung, ποίησις, τέχνη

Um das Verhältnis zwischen Kunst und Technik zu klären, bezieht sich Heidegger sowohl im Kunstwerksaufsatz als auch im Vortrag *Die Frage nach der Technik* auf das griechische Verständnis der beiden Begriffe ποίησις und τέχνη. Die Griechen hatten „für

---

[1] Vgl. Heidegger, Einführung in die Metaphysik, GA 40, 168–169.
[2] Vgl. Günter Figal, Martin Heidegger. Phänomenologie der Freiheit, Frankfurt am Main 1988, 388.

Handwerk und Kunst" dasselbe Wort, nämlich τέχνη (GA 5, 46).[3] Heidegger betont, dass die τέχνη „nie die Tätigkeit eines Menschen" (GA 5, 47) bedeutet und sich deshalb nicht auf ein handwerkliches Tun reduzieren lässt. Vielmehr ist die τέχνη, dem platonisch-aristotelischem Verständnis folgend, eine bestimmte „Weise des Wissens", das sich auf ein „Vernehmen des Anwesenden als eines solchen" (GA 5, 46) bezieht. Dieses Vernehmen ist das Erscheinenlassen des Anwesenden, des Seienden also, wie dieses sich an ihm selbst zeigt. Da die τέχνη das Anwesende „als ein solches" zu vernehmen vermag, verkörpert sie eine ausgezeichnete Weise des Wissens. Ein Seiendes wird nicht einfach hingenommen, wie es ist, sondern man entwickelt eine Vorstellung davon, was es *ist*: ein Seinsverständnis. Das Wissen der τέχνη, in der sich ein Erschließungsstreben artikuliert, nennt Heidegger ein *Wollen*. Das wollende Wissen der τέχνη „ist das ekstatische Sicheinlassen des existierenden Menschen in die Unverborgenheit des Seins" (GA 5, 55). Damit das Seiende als ein solches erfahren wird, muss also ein Wille da sein, der das freie Sicheinlassen des Menschen auf das Seiende und auf dessen Offenbarkeit ermöglicht.

Diese Möglichkeit der τέχνη, des handwerklichen Herstellens und Kunstschaffens, geht für Heidegger auf deren Wesen als *Hervor-bringen* zurück: „Das Fertigsein des Zeuges und das Geschaffensein des Werkes kommen miteinander darin überein, daß sie ein Hervorgebrachtsein ausmachen." (GA 5, 52) Wenn wir die τέχνη, wie Heidegger meint, ‚griechisch' denken, entdecken wir sie als „ein Hervorbringen des Seienden", das „das Anwesende als ein solches *aus* der Verborgenheit *her* eigens *in* die Unverborgenheit seines Aussehens *vor* bringt" (GA 5, 47). Damit ist die τέχνη eine Bewegung im Wissen und im Sein, die für die Offenbarkeit des Seienden verantwortlich ist. Und insofern wird sie von Heidegger als eine *Wahrheitserfahrung* interpretiert. Denn „Wahrheit" bedeutet für ihn ursprünglich die primäre Entdeckung des Seienden, die durch dessen eigenes Sichzeigenlassen geschieht.

Nicht zufällig bestimmt Heidegger das Kunstwerk nicht primär über den Charakter der Schönheit, sondern über die wahrheitsstiftende Funktion des Werkes. Heideggers Auffassung der Kunst als „das Sich-ins-Werk-Setzen der Wahrheit" (GA 5, 25) weicht so vom traditionellen auf die Schönheit und das Schöne bezogenen Verständnis der Kunst ab. Insofern für Heidegger die traditionelle Teilung der Philosophie in Disziplinen unwesentlich ist, darf ein

---

[3] Vgl. auch Heidegger, Die Frage nach der Technik, GA 7, 14.

Die Kunst und die Technik 35

Nachdenken über die Schönheit und das Schöne genauso wenig der Ästhetik vorbehalten werden, wie die Wahrheit der Logik. Gelten die Unterteilungen der Disziplinen nicht mehr, dann müssen Schönheit und Wahrheit aus einer gemeinsamen ursprünglichen Quelle gedacht werden: aus der Unverborgenheit des Seins.

Ähnliches gilt für das Wesen der Technik: es ist grundsätzlich auch als eine Weise zu verstehen, wie Sein unverborgen ist. Doch trotz des gemeinsamen Wesens als Hervorbringen stellen Kunst und Technik das Seiende *unterschiedlich* in die Unverborgenheit. Sowohl das Schaffen des Werkes als auch das Anfertigen des Zeuges sind Modi, mit denen die Wahrheit des Seienden erfahrbar ist. Der Künstler und der Handwerker teilen, dass „sowohl das Her-stellen von Werken als auch das Her-stellen von Zeug in jenem Hervor-bringen geschieht, das im vorhinein das Seiende von seinem Aussehen her in sein Anwesen vor-kommen läßt" (GA 5 47). Doch der Unterschied ihrer Tätigkeiten liegt darin, dass das Schaffen von Werken nicht wie das Anfertigen von Zeug im Sinne des hylemorphischen „Stoff-Form-Gefüges" (GA 5, 14) beschrieben werden kann. Während sich das klassische Stoff-Form-Modell lediglich an der handwerklichen Herstellung und dem Primat der *Dienlichkeit* orientiert, sind Kunstwerke zwar auch hergestellt, aber gleichwohl hinsichtlich eines möglichen Gebrauchs funktionslos. Und während das Fertigstellen von Zeug den Stoff verbraucht, verbraucht das Kunstwerk den Stoff *niemals*, sondern lässt diesen vielmehr selbst – als Erde – hervorkommen. Die Nähe des Kunstwerks zum hergestellten Zeug, erlaubt es Heidegger, die hylemorphische Dingbestimmung, die sich am Zeugmodell orientiert, zu hinterfragen. Wird in der metaphysischen Tradition die hylemorphische Zeugbestimmung nicht als solche erkannt, sondern unbemerkt in eine allgemeine „Dingbestimmung" (GA 5, 17) übertragen, so zeigt sich beim hergestellten Kunstwerk, dass das Herstellungsmodell gerade nicht mehr trägt. Stoff und Form können beim Kunstwerk gerade nicht mehr in ein zweckorientiertes Modell integriert werden. Vielmehr artikuliert sich im Hervorbringen des Werkes eine eigenständige Form der Erschlossenheit der Dinge.

Das „Hervorbringen" des Werkes entspricht also einer Wahrheitserfahrung, die sich nicht am zweckorientierten Stoff-Form-Gefüge orientiert. Für Heidegger wird im Kunstwerk nicht nur das Seiende ins Offene – als dieses oder jenes in die Anwesenheit – hervorgebracht, sondern zugleich wird die Offenheit des Werkes selbst eröffnet. Das Werk ist dasjenige „Hervorgebrachte", das „eigens die

Offenheit des Seienden, die Wahrheit, bringt" (GA 5, 50). Somit ist das Schaffen des Werkes zugleich ein Geschehen der Wahrheit. Für Heidegger „[hat] das Geschaffensein des Werkes [...] gegenüber jeder anderen Hervorbringung darin sein Besonderes, daß es in das Geschaffene mit hineingeschaffen ist" (GA 5, 52). Damit ist gemeint, dass das Werk keine Nachahmung eines Anderen – wie etwa die der Natur – ist, in der das Werk hinter dem Nachgeahmten verschwindet. Vielmehr bringt sich das Werk selbst hervor, *indem* es ein Geschaffenes ist. Oder anders ausgedrückt: Während das Herstellen eines Zeuges hinter dem dienlichen Charakter des Zeuges verschwindet, zeigt sich das Werk – wenn wir dieses recht verstehen als zweckloses und funktionsloses – in seiner dynamischen, hervorbringenden Selbstbezüglichkeit, die nichts anderes als sich selbst hervorbringt. Gerade diese dynamische Qualität des Werkes, nämlich die Tatsache, dass das Werk selbst ein *Geschehen* der Wahrheit, der Unverborgenheit ist, fehlt dem Zeug. Denn die Anfertigung des Zeuges ist nicht „unmittelbar die Einwirkung des Geschehens der Wahrheit" (GA 5, 52); durch die Anfertigung wird lediglich das „Fertigsein des Zeuges" erreicht, wobei das Zeug dann „in der Dienlichkeit" aufgeht" (GA 5, 52). Während im Kunstwerk das Seiende als das aus der Verborgenheit her gebrachte Unverborgene vernommen wird, und somit die Wahrheit des Seienden als ein solches erfahren und im Werk gehalten wird, wird in der Fertigung des Zeuges weder das Zeug noch die Wahrheit bewahrt.

Der Hauptunterschied zwischen dem Schaffen des Werkes und der Anfertigung des Zeuges besteht nun darin, dass im Fall des künstlerischen Hervorbringens eine *Gelassenheit* zur Geltung kommt. „Die Kunst läßt die Wahrheit entspringen." (GA 5, 65) In der Kunst lässt sich eine *gelassene Haltung* gegenüber dem Anwesenden und dessen Wahrheit erkennen. Wir lassen uns auf das Werk ein, welches Sicheinlassen die offene und empfangsbereite Dimension der Gelassenheit darstellt. Diese Gelassenheit betrifft eigentlich die Rezeptionsseite, wie Heideggers Überlegungen zum *Bewahren* der Kunst deutlich machen: „das Werk ein Werk sein lassen, nennen wir die Bewahrung des Werkes." (GA 5, 54)

Bereits Ende der zwanziger Jahre ist Heideggers Ansatz aus *Der Ursprung des Kunstwerkes* darin präsent, dass eine durch Gelassenheit bestimmte Wahrheitserfahrung in der Kunst geschieht.[4] Zwar kommt durch das Anfertigen des Zeuges und durch das Schaffen

---

[4] Vgl. Heidegger, Einleitung in die Philosophie, GA 27, 102.

Die Kunst und die Technik 37

(und Bewahren) des Kunstwerkes jeweils gleichermaßen ein Anwesendes, das zuvor nicht da war und das ohne das Hervorbringen nicht da wäre, zum Vorschein. Im Kunstwerk allein verweilt aber das Anwesende als das nackte „Daß' des Geschaffenseins" (GA 5, 53), als die einfache Tatsache, dass dieses *ist*. Das Anfertigen des Zeuges begnügt sich nicht mit dem Hervorbringen des Seienden in die Unverborgenheit; die einfache Anwesenheit des Zeuges löst sich beim alltäglichen Gebrauch in eine funktionale Zweckmäßigkeit auf.

2. Kunst und moderne Technik

Bei aller Unterschiedenheit von Kunst und Technik fällt auf, dass Heidegger im Kunstwerkaufsatz eine noch weitgehend deckungsgleiche Terminologie verwendet, dies gilt selbst für den Begriff des *Gestells*. Auch dieser bezeichnet einen gemeinsamen Grundzug von Technik und Kunst. Dass das Zeug und das Kunstwerk als Hergestellte vorhanden sind, bedeutet, dass sie sich offenbaren beziehungsweise sich zeigen. Das Kunstwerk offenbart sich in der Weise der Herstellung unter dem Titel des *Schaffens*, das das „Festgestelltsein der Wahrheit in die Gestalt" (GA 5, 51) bringt. Anhand Heideggers Beschreibung der „Gestalt" als etwas, das „stets aus *jenem* Stellen und Ge-stell [...] zu denken [ist], als welches das *Werk* anwest" (GA 5, 51), kommt das Verhältnis zwischen Kunst und Technik erneut zur Geltung. Da der Begriff des „Gestells" in Heideggers späterem Nachdenken über die Technik – es bezeichnet dort den Grundzug der modernen Technik selbst[5] – eine zentrale Rolle spielt, erläutert Heidegger, auch um Missverständnissen vorzubeugen, in seinem *Zusatz* zum Kunstwerkaufsatz: „Wir müssen uns einerseits beim Hören der Worte Fest-stellen und Ge-stell im ‚Ursprung des Kunstwerks' die neuzeitliche Bedeutung von Stellen und Gestell aus dem Sinn schlagen und dürfen doch zugleich andrerseits nicht übersehen, daß und inwiefern das die Neuzeit bestimmende Sein als Ge-stell aus dem abendländischen Geschick des Seins herkommt und nicht von Philosophen ausgedacht, sondern den Denkenden zugedacht ist." (GA 5, 72) Um diese Behauptung nachzuvollziehen, müssen wir uns zunächst mit Heideggers Verständnis der Technik vertraut machen.

[5] Vgl. Heidegger, Die Frage nach der Technik, GA 7, 21.

Das Radikale in Heideggers Verständnis der Technik besteht in dem Gedanken, dass das Wesen der Technik nichts Technisches ist.[6] Das Wesen der Technik ist das Hervorbringen, das als solches nicht technisch sein muss. Somit vertritt Heidegger weiterhin die These, dass „die τέχνη [...] zum Her-vor-bringen, zur ποίησις [gehört]".[7] Nur weil sie in der ποίησις, dem Hervorbringen, begründet ist, kann „die Technik [...] eine Weise des Entbergens"[8], „eine Weise des ἀληθεύειν" sein.[9] Heidegger geht jedoch in *Die Frage nach der Technik* einen Schritt weiter als im Kunstwerkaufsatz und interpretiert die vier Ursachen des Aristoteles nicht wie gewöhnlich als Vorstufen von Kausalität, sondern als ein „Ver-an-lassen", das „das noch nicht Anwesende ins Anwesen ankommen" lässt.[10] Somit verbindet sich das Ver-an-lassen mit jenem Bringen, das das Anwesende ins Anwesen erscheinen lässt, also einem Her-vor-bringen.

Das paradigmatische Hervorbringen ist aber für Heidegger weder das handwerkliche Anfertigen noch das künstlerische Werk, sondern die φύσις: „Auch die φύσις, das von-sich-her Aufgehen, ist ein Her-vor-bringen, ist ποίησις. Die φύσις ist sogar ποίησις im höchsten Sinne."[11] Die φύσις, die Natur also, ist die höchste Weise der ποίησις, weil – im Unterschied zum handwerklichen oder künstlerischen Hervorgebrachten – der „Aufbruch des Her-vor-bringens" in ihr selbst liegt.[12] Die φύσις ist diejenige Bewegung, die weder des Handwerkers noch des Künstlers bedarf. Dagegen „entbirgt" die τέχνη „solches, was sich nicht selber hervor-bringt und noch nicht vorliegt, was deshalb bald so, bald anders aussehen und ausfallen kann".[13] Genau betrachtet entspricht das ursprüngliche Wesen der τέχνη als Hervorbringen deshalb nicht völlig dem Wesen der modernen Technik. Zwar ist die moderne Technik auch „ein Entbergen", doch kommt sie nicht im Sinne der antiken τέχνη als Hervorbringen zum Vorschein, sondern eher als ein *Herausfordern*.[14] Die moderne Technik bezieht sich zwar auf die τέχνη; doch zugleich bedeutet sie die äußerste Wandlung der

---

[6] Vgl. Heidegger, Das Ge-stell, GA 79, 33–34.
[7] Heidegger, Die Frage nach der Technik, GA 7, 14.
[8] Heidegger, Die Frage nach der Technik, GA 7, 12.
[9] Heidegger, Die Frage nach der Technik, GA 7, 14.
[10] Heidegger, Die Frage nach der Technik, GA 7, 12.
[11] Heidegger, Die Frage nach der Technik, GA 7, 12.
[12] Heidegger, Die Frage nach der Technik, GA 7, 12–13.
[13] Heidegger, Die Frage nach der Technik, GA 7, 14.
[14] Vgl. Heidegger, Die Frage nach der Technik, GA 7, 15.

griechischen τέχνη. Denn bereits in der τέχνη als dem Anfertigen des Zeuges lässt sich die Tendenz erkennen, dass der technische Grundzug der τέχνη sich mit dem Hervorbringen des Seienden in die Unverborgenheit nicht begnügt. Im Verhältnis der modernen Technik zur Natur zeigt sich dies am deutlichsten. In der modernen Technik wird die Natur nicht mehr wie bei den Griechen als φύσις verstanden, das heißt als „das Ent-stehen, aus dem Verborgenen sich heraus- und dieses so erst in den Stand bringen",[15] sondern als eine „Energiequelle für die moderne Technik und Industrie",[16] die nur für Verbrauch und Speicherung vorhanden ist. Die moderne Technik bringt das Anwesende nicht bloß hervor, sondern sie stellt es her als etwas, das nur für unser Bestellen und unseren Nutzen da ist. Das bei der modernen Technik hervorgebrachte Anwesende nennt Heidegger „Bestand".[17] Dies schließt nicht nur die *natura naturata*, sondern *alles* Wirkliche ein, das als dem menschlichen Leben uneingeschränkt zur Verfügung stehend verstanden wird. *Bestand* ist somit der Ausdruck für die äußerste Vergegenständlichung des Seienden, die paradoxerweise zur Gegenstandslosigkeit führt: Im Zeitalter der modernen Technik „verschwindet" das Seiende, paradigmatisch die Natur, „in das Gegenstandlose des Bestandes",[18] denn die Dinge in ihrer *Selbstständigkeit*, und das heißt auch im Hinblick auf ihre konkrete Phänomenalität, sind für die moderne Technik nicht relevant. Gerade die *Eigenständigkeit* der Dinge ist sogar das, was die moderne Technik völlig zu vernichten droht.[19] Die Dinge gelten entweder als Gebrauchsdinge, die in der Dienlichkeit verschwinden, oder als „Bestand", als eine abstrakte und phänomenal nicht erfahrbare Energie- oder Ressourcenquelle. Das „Dinghafte der Dinge", das „Eigenwüchsige" der Naturdinge oder das „Insichruhende" des bloßen Dinges (GA 5, 9), ist im Zeitalter der modernen Technik zutiefst bedroht. Und gerade dadurch drückt sich das Seinsverständnis der modernen Technik aus: Die moderne Technik ist Bestandssicherung, „Verwahrlosung des Dings als Ding"[20] und Verstellung von Unverborgenheit; dagegen ist Kunst gerade Offenheit, Befreiung der Erde,

---

[15] Heidegger, Einführung in die Metaphysik, GA 40, 17.
[16] Heidegger, Gelassenheit, GA 16, 523.
[17] Heidegger, Die Frage nach der Technik, GA 7, 17.
[18] Heidegger, Die Frage nach der Technik, GA 7, 19.
[19] Vgl. Andreas Luckner, Heidegger und das Denken der Technik, Bielefeld 2008, insbesondere S. 107–115.
[20] Heidegger, Die Gefahr, GA 79, 47.

Zurückgewinnung der Eigenständigkeit des Dinges und Eröffnung von Welt. Während im technischen Verständnis das Ding *stets* zum dienlichen Zeug wird, so dass das Ding als Ding verschwindet, vermag gerade das künstlerische Seinsverständnis das Ding in ihrer Eigenständigkeit und mithin in ihrer konkreten Sinnlichkeit stärker zu machen.

Im Unterschied zur τέχνη weist die moderne Technik den totalitären Zug auf, alles was ist, auf *eine* bestimmte Sichtweise des Vernommenwerdens zu verpflichten. Da „das Ge-stell [...] in seinem Stellen universal [ist]",[21] bleibt der technischen Haltung nichts fremd, fern oder unantastbar. Das Gestell gefährdet so auch „den Menschen in seinem Verhältnis zu sich selbst und zu allem, was ist".[22] Da das Gestell „jede andere Möglichkeit der Entbergung [vertreibt]", beschränkt es das Seiende – ohne Rücksicht auf dessen eigene noch verborgene Möglichkeiten. Denn das Gestell verbirgt vor allem „jenes Entbergen, das im Sinne der ποίησις das Anwesende ins Erscheinen her-vor-kommen läßt".[23] So verdeckt das Gestell die im Hervorbringen erfahrene Wahrheit auf radikale Weise. Zur technischen Sichtweise gehört ein totalitärer Zug, in dem der Bereich des Möglichen und damit des Ungewöhnlichen, Unerwarteten und Ereignishaften verschlossen bleibt.

Obwohl das Wesen der modernen Technik als Gestell kein menschlich Gemachtes ist, sondern sich dem „Geschick des Seins",[24] das heißt dem in der Seinsgeschichte dem Menschen jeweils zugeworfenen Seinsverständnis verdankt, sieht Heidegger auch in ihrem Wesen die Möglichkeit einer Rettung. In seinem Technikdenken geht es nicht darum, die Technik als „Teufelswerk zu verdammen".[25] Vielmehr soll das Wesen der modernen Technik als Gefahr erfahrbar werden. Zeigt sich die moderne Technik in ihrem Wesen als Gefahr, dann liegt darin bereits die Möglichkeit zur Abstandnahme im Umgang mit der Technik, das heißt zu einem freieren Verhältnis dieser gegenüber. Wie Hölderlin, den Heidegger mit den Versen zitiert „Wo aber Gefahr ist, wächst / Das Rettende auch",[26] denkt dieser, dass die Technik als Gefahr selbst eine Möglichkeit der Freiheit ist

---

[21] Heidegger, Das Ge-stell, GA 79, 44.
[22] Heidegger, Die Frage nach der Technik, GA 7, 28.
[23] Heidegger, Die Frage nach der Technik, GA 7, 28.
[24] Heidegger, Brief über den Humanismus, GA 9, 335.
[25] Heidegger, Die Frage nach der Technik, GA 7, 26.
[26] Vgl. Heidegger, Die Frage nach der Technik, GA 7, 29.

und damit schon in sich die Rettung darstellt. Die Dualität Gefahr-Rettung, die die Technik in sich trägt, beruht in ihrem zweideutig-gegenwendigen Wesen.

3. Gestell, ποίησις und θέσις

Heidegger gewinnt die doppelte Wesensbestimmung der Technik als Gestell (moderne Technik) und als Kunst aus ihrem gemeinsamen Ursprung in der ποίησις. Bereits im Wort „Gestell" schwingt das zweideutige Wesen der Technik mit: „Das Wort ‚stellen' meint im Ausdruck ‚Ge-stell' nicht nur das Herausfordern, es soll zugleich den Anklang an ein anderes ‚Stellen' bewahren, aus dem es abstammt, nämlich an jenes Her- und Dar-stellen, das im Sinne der ποίησις das Anwesende in die Unverborgenheit hervorkommen läßt."[27] Selbst wenn es im Wesen der modernen Technik, im Ge-stell, ein Herausfordern gibt, das das Verhalten zu den Dingen und zur Welt führt, bezieht sich dieses also immer noch auf die Wahrheit. Das Verhältnis zwischen Gestell und Stellen zeigt sich jedoch nicht nur in Bezug auf die ποίησις, sondern auch auf die θέσις. Dies wird im *Zusatz* zum Kunstwerkaufsatz erwähnt: „Das Ge-stell als Wesen der modernen Technik kommt vom griechisch erfahrenen Vorliegenlassen, λόγος, her, von der griechischen ποίησις und θέσις." (GA 5, 72) Dass Heidegger hierbei das Verhältnis zwischen ποίησις und θέσις einführt, soll dazu dienen, den wesentlichen Zusammenhang zwischen Kunst und Technik zu klären. Während ποίησις als Hervorbringen verstanden wird, übersetzt Heidegger θέσις als „stellen".[28] Dazu kommt noch ein drittes, nämlich die φύσις. Sie ist, wie bereits erwähnt, die höchste Weise der ποίησις, da sie „das aus sich lichtend aufgehende Her-vor-bringen" ist.[29] Dabei sind φύσις, ποίησις und θέσις Weisen des λόγος, der Sprache, in dem von Heidegger im Kunstwerkaufsatz erörterten Sinn. Zugleich vertritt Heidegger die These, dass φύσις und θέσις wesentlich zueinander gehören.[30] Heidegger versteht jedoch das griechische Wort θέσις nicht nur als „Stellen", sondern auch als „Setzen", als „Stehen" (GA 5, 70) und als „Vorliegenlassen" von etwas „in seinem Scheinen und Anwesen"

---

[27] Heidegger, Die Frage nach der Technik, GA 7, 21–22.
[28] Heidegger, Die Gefahr, GA 79, 63.
[29] Heidegger, Die Gefahr, GA 79, 64.
[30] Vgl. Heidegger, Die Gefahr, GA 79, 64.

(GA 5, 71). Und gerade die φύσις als aufgehendes Hervorbringen kann in ausgezeichneter Weise als ein „Vorliegenlassen" verstanden werden. Somit sind φύσις und θέσις aufgrund ihrer vorliegend*lassenden* Qualität wesentlich verbunden.

Der entscheidende Unterschied zwischen dem der φύσις zugehörigen „Stellen" oder „Setzen" (θέσις) und dem Stellen des Gestells zeigt sich darin, dass nur im ersten Fall das Stellen als ein Sich-selbst-stellen des Seienden – und das heißt grundsätzlich anders als das subjektive Stellen als Setzung der modernen Technik – geschieht. Im Fall der φύσις stellt sich daher das Ding von selbst, *eigenwüchsig* also, und das heißt nicht dem Wunsch eines Menschen folgend. Da es aber das Verhältnis zwischen ποίησις und θέσις sowohl im Wesen der modernen Technik als Gestell als auch im künstlerischen Hervorbringen gibt, denkt Heidegger, dass gerade in der Kunst ein Ausweg aus dem am „Bestand" orientierten Modell gefunden werden kann.

Ein Kunstwerk ist das „Festgestelltsein der Wahrheit in der Gestalt" (GA 5, 51). Dieses „Festgestelltsein" darf keineswegs mit einer Verfestigung der Wahrheit verwechselt werden, sondern ist ein Feststellen, in dem „sich im Geschehen*lassen* ein Sichfügen und so gleichsam ein Nichtwollen, das freigibt [bekundet]" (GA 5, 70). Das zweideutige Wesen der Technik leitet Heidegger dementsprechend aus der Bedeutung der griechischen τέχνη als „ποίησις der schönen Künste"[31] ab. Gerade die Gemeinsamkeit von Kunst und Technik im Stellen lässt uns das Wesen der Technik erfahren. Wenn wir das Wesen der Technik einmal eingesehen haben und dieses wirklich eine Gefahr ist, müssen wir die Technik von einem anderen Bereich aus betrachten. Dieser muss „einerseits mit dem Wesen der Technik verwandt und andererseits vom ihm doch grundverschieden"[32] sein. Heidegger hält dazu fest: „Ein solcher Bereich ist die Kunst."[33] Das Wesen der Technik im Zusammenhang mit der Kunst zu denken, ist erforderlich, weil nur so eine Rettung möglich ist. Das Wollen, das in jedem Hervorbringen liegt und im Gestell auf die Spitze getrieben wird, ist die Gegenbewegung zu jenem Wollen der τέχνη, welches das im Hervorbringen gegründete Wissen bedeutet. Jenes Wollen will nicht das Seiende wissen und es in seiner Anwesenheit vernehmen, sondern will es bestimmen und letztlich beherrschen. Somit erscheint das Gestell mit dessen Entbergung des Seienden als

---

[31] Heidegger, Die Frage nach der Technik, GA 7, 35.
[32] Heidegger, Die Frage nach der Technik, GA 7, 36.
[33] Heidegger, Die Frage nach der Technik, GA 7, 36.

Die Kunst und die Technik

„Bestand" als die paradigmatische Gegenbewegung zum künstlerischen Seinlassen. Denn das Kunstwerk ist gerade das, was „*die Erde eine Erde sein [läßt]*" (GA 5, 32), und das heißt, dass im Kunstwerk der Stoff nicht verbraucht wird, sondern erst als *anderer* Stoff, als *Erde*, frei gelassen wird. Somit ermöglicht die Kunst eine von der technischen Sicht unterschiedene Zugangsweise zum Stofflichen, die keineswegs sich am Verbrauch und Nutzen orientiert, sondern auf die Freilassung des Stoffes geht.

4. Die Rettung durch die Kunst

Zwar traut Heidegger der Kunst in *Die Frage nach der Technik* eine Rettung im Zeitalter der modernen Technik zu. Doch lässt dieser offen, wie diese Rettung verstanden werden soll. Eine Antwort darauf deutet sich im Kunstwerkaufsatz, der rund 20 Jahre vor *Die Frage nach der Technik* entstanden ist, nur an.

In der „Bewahrung des Werkes" geht es um den Erhalt von dessen Eigenständigkeit: Die Bewahrung soll das „Innestehen in der im Werk geschehenden Offenheit des Seienden" (GA 5, 54) zulassen. Doch das Kunstwerk wird nur bewahrt, wenn wir auf das im Werk hervorgebrachte Seiende in dessen eigenem Sichzeigen Rücksicht nehmen. Das Werk wird also erst dann bewahrt, wenn wir die allein im Werk gegebene Erfahrung des Seienden nicht zu einem abstrakten Gesetz machen, sondern ausschließlich in deren Bezug zum Werk verstehen. Mit der Achtsamkeit auf das aktive Sichzeigen des Seienden, auf seine Phänomenalität, können wir „das Werk sein lassen" (GA 5, 54). Und das Werk so zu bewahren, bedeutet, sich auf das Seiende *einzulassen*. Nur anhand eines Seinlassens des Seienden wird eine echte Zuwendung zu diesem gestiftet, die sich von der vergegenständlichenden Betrachtung des Seienden radikal unterscheidet. Die Rettung durch die Kunst, die nur aus der Gelassenheit zum Werk möglich ist, erlaubt somit den Ausweg aus dem gemeinschaftslosen menschlichen Leben und aus der unbekümmerten und nivellierenden Zuwendung zum Seienden, der im technischen Zeitalter dringend gesucht wird.

Das Anwesende, das durch das Schaffen des Werkes ins Licht tritt, zeigt sich in einer vom technischen Vorstellen gänzlich unterschiedenen Weise. Dieses ist nicht wie das Zeug verfügbar und vertraut, denn im Werk „ist dieses, daß es als solches ist, das Ungewöhnliche" (GA 5, 53). Das Seiende ist im Kunstwerk nicht deshalb ungewöhnlich, weil es ein Produkt der künstlerischen Phantasie darstellt. Beim Schaffen des Kunstwerkes spielt der Künstler nicht die Hauptrolle. Vielmehr besteht die Ungewöhnlichkeit des seienden Kunstwerks einzig darin, dass dieses so ist, wie es das Werk stets fordert. Gerade „im Hervorbringen des Werkes liegt dieses Darbringen des ‚daß es sei'" (GA 5, 53). Das künstlerische Hervorbringen öffnet das Seiende so, dass dieses in seiner Einzigkeit und in seiner Eigenständigkeit offenbar wird.

Durch das Hervorbringen als das Schaffen des Werkes kann das Seiende so auf äußerst ungewöhnliche Art erfahren werden. Das Kunstwerk „eröffnet auf seine Weise das Sein des Seienden" (GA 5, 25). Diese außergewöhnliche sinnhafte Eröffnung des Seins ist aber nur möglich, weil dem Kunstwerk ein Zug zum Ungewöhnlichen innewohnt: „In der Nähe des Werkes sind wir jäh anderswo gewesen, als wir gewöhnlich zu sein pflegen." (GA 5, 21) Das Hervorbringen als das Schaffen des Künstlers bringt ein Werk zustande, das eigentlich nicht zur Welt gehört. „Wohin gehört ein Werk? Das Werk gehört als Werk einzig in den Bereich, der durch es selbst eröffnet wird." (GA 5, 27) Insofern das Kunstwerk selbst ein Geschehen der Wahrheit ist, bezieht sich dieses Werk einzig und allein auf das, was durch es selbst hervorgebracht wird. Das vom Künstler Hervorgebrachte genügt sich selbst, indem es ist. Wenn das Werk selbst in der durch es selbst eröffneten Offenheit des Seienden steht, „rückt es uns in diese Offenheit ein und so zugleich aus dem Gewöhnlichen heraus" (GA 5, 54). Im bewahrenden Umgang mit dem Kunstwerk geschieht somit eine radikale und dennoch subtile Wandlung. Im Kunstwerk verwandeln sich „die gewohnten Bezügen zur Welt und zur Erde" so, dass wir „in der im Werk geschehenden Wahrheit […] verweilen" können (GA 5, 54). Das durch die Kunst hervorgebrachte Anwesende weist nicht auf ein von uns schon gehabtes Verständnis des Seienden hin, sondern lediglich auf das, was im Werk steht. Somit geschieht eine wichtige Veränderung; etwas, das früher nur da war und uns nah lag, erscheint nun im Kunstwerk voller Rätselhaftigkeit und in einer ganz anderen Präsenz.

Wenn wir beim Kunstwerk verweilen, bricht die Selbstverständlichkeit des Seienden zusammen. Das künstlerische Hervorbringen bedeutet somit eine Störung der trivialen Sicht, mit der wir das Seiende erblicken. Das künstlerische Hervorgebrachte unterbricht das Gewöhnliche auf radikale Weise, so dass dieses das Geschehen der Wahrheit ermöglicht. Denn die Wahrheit als „die Eröffnung des Offenen und die Lichtung des Seienden" wird „aus dem Vorhan-

Die Kunst und die Technik

denen und Gewöhnlichen [...] niemals abgelesen" (GA 5, 59). Und dieser Störungscharakter verursacht eine Unterbrechung im eintönigen und einfarbigen Weltbild, das dem Zeitalter der modernen Technik eigen ist. Dadurch wird jener Abstand ermöglicht, der uns Rettung ist. Die Rettung durch die Kunst heißt somit im Grunde eine Zurückgewinnung des Seienden, des Dinges als Ding, das durch den verdinglichenden Blick als „Bestand" längst in Vergessenheit geraten ist.

David Espinet

Kunst und Natur

Der Streit von Welt und Erde

1. Kunst und Natur im Spiegel von Welt und Erde

Dass die schöne Kunst die Natur nachahme, ist ein Topos, der in der ästhetischen Reflexion kaum geläufiger sein könnte: „Jamais de la nature il ne faut s'écarter"[1] lautet ein Alexandriner aus Nicolas Boileaus *Art poétique*. Weshalb die Kunst nicht von der Natur abweichen sollte, hatte bereits 150 Jahre vor Boileaus Lehrgedicht der von Heidegger selbst zitierte Albrecht Dürer in seinen Traktat *Vier Bücher von menschlicher Proportion* erläutert: „Denn wahrhaftig steckt die Kunst in der Natur, wer sie heraus kann reißen, der hat sie."[2] Heideggers Kunstdenken greift den Nachahmungstopos auf, modifiziert diesen aber wesentlich. Während im Gedanken der Nachahmung die Verbundenheit von Natur und Kunst tragend ist, beschreibt Heidegger das Kunstwerk derart, dass die *Verbundenheit* mit der Natur und das von der Natur abweichende – weil zu dieser auf *Abstand* gehende – Herausreißen der Kunst aus der Natur, als ein *differenziertes* Zusammenspiel von Natur und Kunst zu begreifen sind. So erscheinen in Heideggers ästhetischer Reflexion zum Kunstcharakter des Kunstwerks Natur und Kunst gleichursprünglich als verbunden *und* getrennt.

---

[1] Nicolas de Boileau-Despérau, L'art poétique, in: Œuvres Complètes, ediert und kommentiert von Françoise Escal, Paris 1966, 157–185, hier 179.
[2] Albrecht Dürer zitiert nach Heidegger, Der Ursprung des Kunstwerkes, GA 5, 58. Vgl. Albrecht Dürer, Vier Bücher von menschlicher Proportion, in: Das Gesamtwerk, Digitale Bibliothek Band 28, herausgegeben von Mark Lehmstedt, Berlin 2000, 1205–1608, hier 1326.

Kunst und Natur 47

Die Bestimmung des Kunstwerks als einer in sich ausdifferenzierten, das heißt *differentiellen Einheit* von Natur und Kunst verfolgt Heidegger nun weniger unter dem traditionellen Titel ‚Natur und Kunst', sondern in den Bestimmungen dessen, was er ‚Erde' und ‚Welt' nennt. Dezidierter als im Begriffspaar φύσις–τέχνη/ποίησις (Natur-Kunstfertigkeit/Hervorbringung) betont Heidegger mit Erde und Welt primär die paradox anmutende Struktur einer wesentlich differentiellen Einheit, die „in der Gegenwendigkeit beider" (GA 5, 57) besteht; eine in sich gespannte und gegenstrebige Einheit, die Heidegger deshalb auch als „Streit" (GA 5, 35) bezeichnet. In einer ersten Annäherung an die beiden weit über den Kunstwerksaufsatz hinaus zentralen Begriffe von Erde und Welt darf festgehalten werden: Erde tritt an die Stelle von Natur, in deren Begriffsgeschichte Heidegger problematische, weil sachverstellende semantische Verschiebungen ausmacht,[3] die er mit dem Begriff der Erde abbauen möchte. Die Bedeutungskonnotation einer noch genauer zu bestimmenden Materialität ist dabei durchaus beabsichtigt, ohne indes gleichbedeutend mit den gängigen Vorstellungen von Natur als Stoff (und mithin der physikalisch-chemischen Materie) zu sein. Als Welt entfaltet Heidegger einen Gesamtzusammenhang der Erfahrung, in dem menschliche Strukturen der Bedeutungsproduktion, -rezeption und -organisation eingegliedert sind. Analog zum Begriff der Erde soll der Weltbegriff überlieferte Modelle einer einseitig theoretisch und rational einholbaren Totalität, in der sich Verstehen vollzieht und strukturiert, hinterfragen.

2. Das Welten von Welt

Welt sei „nicht die bloße Ansammlung der vorhandenen abzählbaren oder unabzählbaren, bekannten oder unbekannten Dinge" (GA 5, 30), nicht eine summierbare Totalität, die in einer unverbundenen Ansammlung vorhandener, mehr oder weniger umfangreich vorliegender Dinge bestünde. Sogleich wehrt Heidegger aber auch die entgegengesetzte Annahme ab: Welt sei auch „nicht ein nur eingebildeter [...] Rahmen" (GA 5, 30), ein subjektiv ausgemalter Zusammenhang, welcher der Einbildungskraft entsprungen wäre, keine, wie man hinzufügen darf, vernunftgenerierte Idee der

---

[3] Vgl. Heidegger, Vom Wesen und Begriff der Φύσις, GA 9, 239–301, insbesondere 300; vgl. Heidegger, Heraklit, GA 55, 88–90.

Alleinheit, sondern in Heideggers Worten: „*Welt weltet*" (GA 5, 30). In dieser für Heidegger charakteristischen – reflektiert tautologischen[4] – Formulierung soll der Grundcharakter der Welt so zur Geltung kommen, dass sie von nichts anderem her verstanden wird als von ihr selbst her. Die Welt, so darf man die Verbalisierung „Welt *weltet*" verstehen, ist für Heidegger eine sich selbst offenbarende Sache. Im Unterschied indes zu allen anderen sich von selbst zeigenden Dingen kann die Welt selbst aber „nie" zu einem „Gegenstand, der vor uns steht" (GA 5, 30) werden, wie Heidegger betont. Das heißt beispielsweise, dass man auf seine eigene oder eine vergangene Welt nicht zeigen kann, wie man mit dem Finger auf dieses oder jenes Ding in der Welt, auf einen Tisch oder einen Tempel, zeigt. Das ist deshalb so, weil Welt „das immer Ungegenständliche" (GA 5, 30) ist, dem wir in unserem Erfahren und Handeln – mit Heideggers Worten in „Geburt und Tod, Segen und Fluch" – meist unbemerkt „unterstehen" (GA 5, 30). So hat Welt als unthematischer Hintergrund immer schon alle Weisen der Erschlossenheit – Wahrnehmen, Handeln, Wünschen, Bewerten, Gestimmtsein oder Verstehen – mitbestimmt. Weil Welt als Erschlossenheitsrahmen nicht wie bestimmte Dinge, worauf sich unsere intentionalen Bezugnahmen richten, gegenständlich wird, kann sie allererst als der umfassende Hintergrund aktueller Verstehensvollzüge fungieren. Darin ist sie gemäß Heidegger „seiender als das Greifbare und Vernehmbare" (GA 5, 30), als alles, worauf wir uns gerade beziehen.

Die Pointe von Heideggers Weltbegriff ist nun nicht, dass Welt eine bloße Funktion wäre, die in den einzelnen Verstehensakten wie eine ideale *mathesis universalis* fest vorläge und nur mit Inhalten ausgefüllt zu werden brauchte, um aktual zu werden. Das Welten von Welt wird vielmehr als ein eigener Prozess der Möglichkeitseröffnung gefasst, die aktuale Verstehensprozesse erlaubt. Diese sind keineswegs allein auf das rationale Denken im engeren Sinne eingeschränkt, sondern betreffen die Fülle aller möglichen Erfahrung. Wie schon der geläufigen Bedeutung von Welt zu entnehmen ist (‚die Welt der Griechen', ‚der Inkas', ‚des Mittelalters'), an die sich Heidegger bei aller begrifflichen Eigenwilligkeit doch anlehnt, handelt es sich beim Welten von Welt um einen geschichtlich-dynamischen Gesamtzusammenhang, der alle Bereiche und Modi

---

[4] Vgl. dazu Stephan Grotz, Vom Umgang mit Tautologien. Martin Heidegger und Roman Jakobson, Hamburg 2000.

Kunst und Natur

des Welterschließens umfasst: Politik, Kunst, Religion, Philosophie und, für Heidegger mit Einschränkungen, auch die positiven Wissenschaften[5] – nicht nur in der rein rationalen Transparenz dieser Weisen der verstehenden Welterschließung, sondern auch durch deren jeweils gleichursprünglich stimmungsmäßige Erschlossenheit.[6] Diese konstituiert sich in Staats-, Kunst- und Denkentwürfen, auch in Religionsstiftungen, die Heidegger im Kunstwerkaufsatz, anders als in *Sein und Zeit*, nicht vornehmlich vom Daseinsvollzug, sondern dezidierter vom daseinsumgreifenden Welten der Welt her versteht. „Entwerfen" erweist sich hier für Heidegger als etwas, das nicht mehr primär von der „Seinsart des Daseins" abhängt.[7] Vielmehr ist der welteröffnende „Entwurf" nun „wesentlich Zuwurf",[8] wie Heidegger in der ersten Ausarbeitung des Kunstwerkaufsatzes in Bezug auf das uns vorgängige und darin schicksalhafte Welten von Welt schreibt. Allen Entwurfsweisen ist gemeinsam, dass sie ihren Ort und ihre Zeit haben, und das heißt geschichtlich sind: „Wo die wesentlichen Entscheidungen unserer Geschichte fallen, [...] da weltet Welt." (GA 5, 31) Die spezifische „Geräumigkeit" (GA 5, 31), die sich im Welten von Welt als der Gesamtspielraum von Erfahrung bildet, wird Heidegger später je nach Zusammenhang als „Geviert"[9] von Erde, Himmel, Sterblichen und Göttlichen, oder als eine „Gegend" umschreiben, die Heidegger als die „offene Weite" versteht, „worin etwas seinen Aufenthalt nimmt".[10]

---

[5] Im Kunstwerkaufsatz heißt es zwar, dass „Wissenschaft kein ursprüngliches Geschehen der Wahrheit" (GA 5, 49) sei, gemeint ist hier das Forschen innerhalb eines bestimmten Paradigmas, nicht aber die Grundlagenforschung als Klärung der Voraussetzungen einer bestimmten Wissenschaft als anfängliche Stiftung des ihr eigenen Fragehorizonts. Zu einer differenzierten Analyse des mathematischen Weltentwurfs als „ein grundstürzender Wandel des Daseins, d. h. der Lichtung des Seins" vgl. Heidegger, Die Frage nach dem Ding, GA 41, 92–106, hier 106.
[6] Vgl. dazu Heidegger, Sein und Zeit, GA 2, 178–197.
[7] Heidegger, Sein und Zeit, GA 2, 193.
[8] Martin Heidegger, Vom Ursprung des Kunstwerks (Erste Ausarbeitung), in: Heidegger Lesebuch, hrsg. von Günter Figal, Frankfurt am Main 2007, 149–170, hier 166–167.
[9] Heidegger, Das Ding, GA 7, 175.
[10] Heidegger, Heraklit, GA 55, 335. Vgl. auch Heidegger, Feldweg-Gespräche, GA 77, 112–157.

3. Die Offenheit von Welt

Deutlicher als in der Phase um *Sein und Zeit* bringt Heidegger im Kunstwerkaufsatz unter dem Titel des Weltens von Welt die Eröffnung einer allumfassenden und daseinsübergreifenden Offenheit zur Sprache, die kein objektiver Raum ist, das heißt weder durch geometrische Abstraktion noch physikalische Induktion des Raumes gewonnen wird. Das Welten von Welt ist die Eröffnungsbewegung einer „Geräumigkeit" (Heidegger schreibt zuweilen *Da-sein*, um den situativen Orts- und Zeitcharakter des *Da*-seins zu betonen),[11] in der Erfahrung nicht nur logisch möglich ist, sondern faktisch statthat. Während Erfahrungsgegenstände in der Regel für sich selbst keinen Ort stiften, sondern sich nur an einem Ort befinden, intensiviert das Kunstwerk die Räumlichkeit der Erfahrung. Deshalb kann Heidegger vom Kunstwerk sagen: „Indem das Werk Werk ist" – und damit eine Welt aufstellt – „räumt es jene Geräumigkeit ein. Einräumen bedeutet hier zumal: freigeben das Freie des Offenen" (GA 5, 31). Ist diese Offenheit der Welt, wenn sie kein objektiver Raum sein soll, nun aber nicht beim Wahrnehmenden, der sich auf das Werk einlässt – oder liegt sie beim Werk, das seine Welt gleichsam selbst eröffnet, wie Heidegger doch erläutert? Hierbei handelt es sich für Heidegger tatsächlich nicht um Alternativen, sondern um komplementäre Bedingungen.

Einerseits wäre die Annahme einer Welt ohne Subjekt oder Dasein, das diese Welt erfährt, ein widersinniger Gedanke. Welt ist ein Erfahrungsbegriff, der eine Erfahrungsinstanz voraussetzt. Nicht zufällig spielt Heidegger auch im Kunstwerkaufsatz auf den von ihm 1929/30 geprägten Begriff der *Weltbildung* an:[12] „Der Stein ist weltlos. Pflanze und Tier haben gleichfalls keine Welt; aber sie gehören dem verhüllten Andrang einer Umgebung […]. Dagegen hat die" von Heidegger in Van Goghs Schuhen ausgemalte „Bäuerin eine Welt, weil sie sich im Offenen des Seienden aufhält" (GA 5, 31). Im Unterschied zu Pflanzen und Tieren ist der Mensch weltbildend und damit welteröffnend. Andererseits aber verkennt man gemäß Heidegger die Welt als *selbst* weltende, will man sie als eine bloß subjektimmanente Konstitutionsleistung verstehen. Dies kommt in der Formulierung, wonach die „Bäuerin eine Welt hat, weil sie sich

---

[11] Vgl. beispielsweise Heidegger, Die Frage nach dem Ding, GA 41, 49.
[12] Vgl. Heidegger, Die Grundbegriffe der Metaphysik, GA 29/30, 261–264, 397–532.

im Offenen des Seienden *aufhält*", deutlich zum Ausdruck. Heidegger möchte eine vom Menschen unterschiedene Offenheit beschreiben: ein Offenes, *in* dem wir uns *aufhalten* können, weil wir diese Offenheit nicht schon selbst sind. Die Ambivalenz im Verhältnis von eröffnender Weltbildung und der welteigenen Offenheit, eine Zweideutigkeit, die Heidegger keineswegs ausschalten möchte, weil sie wesentlich zu unserem Bezug zur Welt und zu dieser selbst gehört, besteht nun darin, dass diese zwar nicht subjektiv eingebildet oder rational konstruiert würde, aber sich doch *nur in der Erfahrung eines Daseins zeigt*. Der Augenblick, in dem sich eine offene Stelle bildet – die „Lichtung der Offenheit" –, und das Durchmessen dieser offenen Stelle – die „Einrichtung in das Offene" – sind korrelativ – das heißt, das Offene ist nie ohne die Eröffnung da und umgekehrt: „Lichtung der Offenheit und Einrichtung in das Offene gehören zusammen." (GA 5, 49) Das Offene, das Heidegger beschreibt, besteht also nicht in der „Leere eines Behältnisses"[13] (paradigmatisch angenommen im newtonschen Raum als eines realen unendlichen Behälters) und ist damit auch keine raumzeitliche, letztlich physikalische Ausdehnung (Descartes' *res extensa*). So erweist sich Welt weder als reale noch als ideale Geräumigkeit.[14]

Gleichwohl bliebe damit die reale Seite der Erfahrung unterbestimmt. Wenn die Weltoffenheit nicht allein von uns her zu verstehen ist, dann muss diese doch von etwas her bestimmt werden können, das von sich aus offenbar ist. Heideggers Weltbeschreibungen hatten vor dem Kunstwerkaufsatz stets den Schwerpunkt auf die Welterschließung durch das Dasein gelegt; beim Nachdenken über das Kunstwerk gewinnt für Heidegger die Dingseite der Erfahrungskorrelation an Bedeutung.[15] Die dem Kunstwerk eigene Geräumigkeit,

---

[13] Heidegger, Heraklit, GA 55, 335.
[14] Vgl. dazu Karsten Harries, Art Matters. A Critical Commentary on Heidegger's „The Origin of the Work of Art", Dordrecht 2009, 109–112.
[15] Ein sicheres Indiz dafür bietet auch die Tatsache, dass Heidegger im Wintersemester 1935/36 zeitgleich zur dritten Ausarbeitung des Kunstwerkaufsatzes der *Holzwege* eine Vorlesung zu Kants Bestimmung des Gegenständlichen hält, die in 1962 unter dem Titel „Die Frage nach dem Ding" veröffentlicht. Hier zeigt sich deutlich, dass für Heidegger die Kunsterfahrung in einen größer angelegten Perspektivwechsel gehört, der das Ohrenmerk von der Daseins- zur Dingontologie wendet: „Die Möglichkeit und Notwendigkeit des Kunstwerks ist nur *ein* Beweis dafür, dass wir um das Seiende erst dann wissen, wenn es uns eigens gegeben wird." (Heidegger, Die Frage nach dem Ding, GA 41, 210.)

auf welche die Offenheit des Betrachters antwortet, ist nicht auf eben diese Offenheit des Betrachters reduzierbar. Das Werk würde ohne jede Eigenständigkeit zum bloßen „Erlebniserreger" für subjektive ästhetische Erfahrungen degradiert (vgl. GA 5, 55 und 67). Vielmehr braucht der Betrachter oder Zuhörer das Werk, um seine eigene Offenheit eigens zu erfahren, eine Offenheit, die ohne offenbares Gegenüber kaum mehr wäre als ein flüchtiger Eindruck einer zudem eingebildeten Weite. In einer dezidiert werkästhetischen Wendung, die das Kunstwerk gleichermaßen entschieden vom Produktions- wie Rezeptionsprozess unterschiedet, hält Heidegger fest: „Das Werk stellt als Werk eine Welt auf. Das Werk hält das Offene der Welt offen." (GA 5, 31)

4. Was das Offene der Welt offen hält

Wenn wir diese Wendung in eine Heidegger fremde Terminologie übersetzen, bedeutet dies, dass das Subjekt sich in der Offenheit des Seienden durch einen eigenständigen Objektpol erfährt: Indem ich *etwas* erfahre, erfahre ich stets auch mich selbst. Was Heidegger für die Korrelation von daseinsvollzüglicher Offenheit und selbst Offenem für die Erfahrung an Kunstwerken hervorhebt, gilt für die gesamte Erfahrung, indes beim Kunstwerk in eigentümlicher Prägnanz: Indem ich einen *Ton* vernehme, erfahre ich mich als *hörend*, ohne dass dies thematisch werden müsste.[16] Lasse ich mich auf die Betrachtung von Van Goghs Gemälde der vermeintlichen Bauernschuhe (wie Heidegger auf einer Vortragsreise, die ihn Anfang der 1930er Jahre nach Amsterdam in eine Van Gogh-Ausstellung führte),[17] so erfahre ich mich als ein weltbildendes Wesen, das (sich durch) die spezifische Offenheit versteht, die durch das Werk hervorkommt.

An dieser ursprünglichen Korrelation von Subjekt und Objekt wird ein Vierfaches deutlich: (1) Die Konstitution des Objekts unterliegt nicht einseitig der subjektiven Konstitution, sondern Subjekt- und Objektpole bedingen sich gegenseitig. (2) Welt *allein* reicht

---

[16] Zur Einführung in den Sachverhalt der Konstitutionskorrelation und zur vor-reflexiven Gegebenheit aus phänomenologischer Sicht vgl. Dan Zahavi, Husserl's phenomenology, Stanford 2003, 72–78 und 86–93.
[17] Vgl. Otto Pöggeler, Bild und Technik. Heidegger, Klee und die Moderne Kunst, München 2002, 168.

für den Aufenthalt in der Offenheit des Seienden *nicht* hin. (3) Das Offene der Welt wird *an etwas erfahren*, das ich nicht selbst bin und das meine Welt übersteigt.[18] (4) Dieses Offene der Welt muss *durch etwas offen gehalten* werden, das weder von mir, noch aus meiner Welt kommen kann. Dieses vom Erfahrenden unterschiedene, eigenständige und gleichsam eigenwüchsige *Etwas* ist das Kunstwerk, genauer: Was uns im Kunstwerk auf intensivierte Weise welteröffnend begegnet, ist eine außergewöhnliche Dinglichkeit, die Heidegger als *Erde* fasst. Indem das Kunstwerk an Erde rückgebunden ist, eröffnet und hält es Welt offen.

5. Das natürliche Erscheinen von Erde als φύσις

Erde ist somit weder ein bloßer Zusatzbegriff zur Welt, noch ein formaler Kontrastbegriff; vielmehr erweist sich Erde als sachhaltiger Gegenbegriff bei der phänomenologischen Bestimmung der Offenheit von Welt selbst. Nicht nur begrifflich, sondern auch faktisch könnte Welt als Offenheit ohne Erde keinen Bestand haben. Was aber ist Erde nun? Wie bereits angesprochen, ersetzt Erde für Heidegger den Begriff der Natur. Aus begriffsgeschichtlichen Gründen wird die Vokabel ‚Natur' im Kunstwerkaufsatz selten gebraucht und diese dort nur einmal mit Erde eher flüchtig als direkt gleichgesetzt, nämlich als Heidegger – sich auf Dürers Anweisung beziehend, die Kunst aus der Natur zu reißen – von einem vorgängigen „Bezug zu den Dingen der Erde, zur Natur" (GA 5, 58), handelt. Erde als Natur bezeichnet Heidegger im Ausgang von Heraklit mit φύσις.[19] Im Kunstwerkaufsatz erläutert Heidegger φύσις als das eigenwüchsige „Herauskommen und Aufgehen selbst und im Ganzen" (GA 5, 28; vgl. auch 47). Was derart selbstbewegt aus der Erde hervorkommt und aufgeht, umfasst für Heidegger nicht nur die organische und belebte, sondern auch die anorganische, unbelebte Natur, das heißt alles, was aus der Verborgenheit der Erde in die Offenheit reicht und so als Erscheinung ‚aufgeht'. In diesem Sinne ‚geht' für Heidegger auch ein Fels ‚auf', wenn er aus der Brandung des Meeres herausragt

---

[18] Hier ließe sich – auf modifizierte Weise – an Husserls Intentionalitätsbegriff anschließen, wonach Bewusstsein immer Bewusstsein von etwas sei.
[19] Altgriechisch für Natur. Es handelt sich um das Verbalsubstantiv von φύειν (‚wachsen') mit deutlich prozessualem Anklang, weshalb Heidegger φύσις häufig mit ‚Aufgehen' übersetzt.

oder, wenn er, so Heideggers eigenes bekanntes Beispiel, im sichtbar ruhenden Tempelbauwerk als der unsichtbar-tragende Grund erscheint. Allgemeiner und begrifflicher gesprochen darf φύσις als der sinnliche Erscheinungscharakter dessen, was sich von sich selbst her zeigt, verstanden werden: „das Massige und Schwere des Steines", „das Feste und Biegsame des Holzes", „die Härte und" der „Glanz des Erzes", „das Leuchten und Dunkeln der Farbe", „der Klang des Tones und die Nennkraft des Wortes" (GA 5, 32). Als solchermaßen vorphysikalische φύσις sind die zahllosen sinnlichen Qualitäten die zugängliche Erscheinungsseite der Erde.

Heideggers aufzählende Beschreibung, die um Konkretion bemüht ist, macht deutlich, dass Erde nicht als eine amorphe Stoffmasse verstanden werden sollte, die wir bestenfalls als die bloße Sinnlichkeit reiner Farben und Klänge vorstellen könnten. Entgegen einer von der konkreten Erfahrungssituation abstrahierenden Betrachtung hebt Heidegger hervor, dass die unendliche Vielfalt an Farben, Klängen und Oberflächenstrukturen gleichsam an der Oberfläche der Erde immer schon in einer „abgehobene[n] Gestalt [...] zum Vorschein" (GA 5, 28) kommen: als „Sturm", als „das Leuchten des Gesteins", als „das Lichte des Tages", als „die Weite des Himmels", als „der Baum und das Gras", als „der Adler und der Stier" usw. In diesem Sinne einer tatsächlich zugänglichen Welt (genauer: der erfahrbaren sinnlichen Oberfläche eines verborgenen Grundes) „lichtet" φύσις jenes, „worauf und worin der Mensch sein Wohnen gründet. Wir nennen es die *Erde*. Von dem, was das Wort hier sagt, ist sowohl die Vorstellung einer abgelagerten Stoffmasse als auch die nur astronomische eines Planeten fernzuhalten." (GA 5, 28) Erde erweist sich so als der Grund, welcher nicht als ungeschichtlicher, sondern genauer als *jederzeit* geschichtlicher und darin *trans*geschichtlicher Grund zu bezeichnen ist,[20] weil er auf seiner Oberfläche alle Geschichte trägt und so verborgen durchzieht, ohne doch in einer bestimmten Historie aufzugehen. Auf diese Weise sollte auch Heideggers Auffassung von Heimat verstanden werden. Heimat beinhaltet die konkrete Rückbindung von Welt an eine bestimmte Gegend. Erde ist aber älter als jede Heimat oder Nation. Keineswegs sollte man Erde deshalb im Sinne einer Blut-und-Boden-Ideologie missverstehen. Erde als der tragende Grund ist noch kein geographischer Ort, den man auf der Landkarte markieren könnte. Überall ist

---

[20] Vgl. dazu Michel Haar, Le chant de la terre. Heidegger et les assises de l'histoire de l'Être, Paris 1985, 128.

Heimat möglich, weil überall dort, wo wir wohnen können, auch eine Erde trägt. Heimat kann für Heidegger, der nicht im Schwarzwald geboren ist, durchaus eine Wahlheimat sein.[21]

6. Die Verborgenheit der Erde

Wie meist, wenn Heidegger einen Begriff einführt und durch andere erläutert, erfolgt auch von der φύσις zur Erde eine sinnverschiebende Umakzentuierung. Während φύσις den Erscheinungscharakter der Erde meint, bringt Heideggers weitere Bestimmung der Erde selbst ihre Verborgenheit zur Geltung. Erde ist das „wesenhaft Unerschließbare" (GA 5, 33). Genauer, mit Erde wird ähnlich wie beim unerkennbaren Ding an sich kantischer Prägung das Unzugänglichkeitsmoment des beschriebenen Erscheinungscharakters der φύσις umrissen, die im Erscheinen des sinnlichen Stoffes immer verborgen bleiben muss. Erde ist dabei nicht etwas ganz anderes als φύσις, aber sie ist die Weise, in der sich φύσις verbirgt, wie Heidegger mehrfach Heraklits Wort von der φύσις, die sich zu verbergen liebe,[22] deutet.[23] So bestimmt Heidegger Erde nicht nur als die sinnlich erscheinende Seite der Erfahrung: „Die Erde in ihrer sich verschließenden Fülle ist […] ebenso sinnlich wie unsinnlich."[24] Während Heidegger unter dem Titel der φύσις meist die Verborgenheit unter dem Blickwinkel des Aufgehens und Erscheinens beleuchtet, beschreibt *Erde* das Aufgehen von der Verborgenheit her, aus der φύσις erscheint. Die Figur der Erde in ihrem Bezug zur φύσις steht für eine *Verborgenheit, die sich als*

---

[21] Zur Gefahr, die gleichwohl Heideggers Wendung „zurück zur Erde" birgt vgl. Karsten Harries, Verwahrloste Welt. Philosophie, Politik und Technik, in: Karsten Harries/Christoph Jamme (Hrsg.), Kunst – Politik – Technik, München 1992, 203–221, hier 216. Man darf aber mit Dieter Thomä vermuten, dass Heidegger nach seinem Rektorat 1933 „die ‚Erde' von ihrer Verstrickung in den nationalsozialistischen Aufbruch", von dem sich Heidegger hatte mitreißen lassen, im Kunstwerkaufsatz befreien wollte (Dieter Thomä, Die Zeit des Selbst und die Zeit danach. Zur Kritik der Textgeschichte Martin Heideggers 1910–1976, Frankfurt am Main 1990, 707).
[22] Φύσις κρύπτεσθαι φιλεῖ (Heraklit, VS 22 B 123; die Fragmente Heraklits werden zitiert nach: Hermann Diels/Walther Kranz, Die Fragmente der Vorsokratiker, siebte Auflage, Berlin 1954, Band 1–3).
[23] Vgl. z. B. Heidegger, Vom Wesen und Begriff der Φύσις, GA 9, 301.
[24] Heidegger, Vom Ursprung des Kunstwerks (Erste Ausarbeitung), 159.

solche zeigt:[25] „Die Erde ist das, wohin das Aufgehen alles Aufgehende und zwar als ein solches zurückbirgt. Im Aufgehenden west die Erde als das Bergende." (GA 5, 28)

7. Das Seinlassen der Erde im Kunstwerk

Heidegger erläutert diesen Charakter anwesender Abwesenheit des Bergenden im Aufgehenden am Beispiel der Schwere des Steines. Diese können wir erfahren, aber nicht freilegen: „Der Stein lastet und bekundet seine Schwere. Aber während diese uns entgegenlastet, versagt sie sich zugleich jedem Eindringen in sie. Versuchen wir solches, indem wir den Fels zerschlagen, dann zeigt er in seinen Stücken doch nie ein Inneres und Geöffnetes." (GA 5, 33) Ähnliches gilt für Farben und Klänge: So wie die Erde als „Schwere" erfahren werden kann, diese selbst aber nicht messbar ist, so „leuchtet" die „Farbe", ist aber keine physikalische „Schwingungszahl" (GA 5, 33). Was sich an Stein, Farbe oder Klang zeigt, ist gleichsam eine Oberfläche, die stets außen bleibt, auch dann, wenn man in sie einzudringen versucht. Das Innere dieser Stoffe, aus welchen das Sinnliche ist, wird gemäß Heidegger gerade nicht gewonnen, indem man sie aufbricht, zerteilt oder naturwissenschaftlich analysiert. Dabei operieren wir lediglich mit Zahlen, Formeln und Modellen, die primär selbst keine Farben oder Klänge mehr sind, sondern diese abstrakt beschreiben. Was sich im Erscheinen der Erde zeigt, ist ein unzugängliches, durch eine äußere Oberfläche verborgenes Inneres, das nur als äußere Oberfläche zur Geltung kommen kann, soll es nicht gänzlich verschwinden. Unter allen Erfahrungsgegenständen nun nimmt das ausgezeichnete Sinnending Kunstwerk eine Schlüsselstellung im Aufgehen von Erde ein: „Indem das Werk eine Welt aufstellt, stellt es die Erde her. [...] Das Werk rückt und hält die Erde selbst in das Offene einer Welt. *Das Werk läßt die Erde eine Erde sein.*" (GA 5, 32)[26]

---

[25] Vgl. dazu Haar, Le chant de la terre, 122: „Elle doit se montrer comme ce qui se réserve." Vgl. dazu auch David Espinet, Phänomenologie des Hörens. Eine Untersuchung im Ausgang von Martin Heidegger, Tübingen 2009, 232–248.
[26] Zu den Schwierigkeiten, die Heideggers Begriff der Erde im Rahmen einer phänomenologischen Ästhetik mit sich bringt vgl. Günter Figal, Erscheinungsdinge. Ästhetik als Phänomenologie, Tübingen 2010, 200–206. Kunst- und medientheoretisch aufgenommen findet sich die Erde bei Dieter Mersch, Ereignis und Aura. Untersuchungen zu einer Ästhetik des Performativen, Frankfurt am Main 2006, 186.

Kunst und Natur 57

8. Die Sprachlichkeit von Welt und ihre Tendenz zur Sinnverstellung

Dass die Welt nicht hinreiche, um das Offene der Welt offen zu halten, liegt an der Offenheit von Welt selber. In ihrer intentionalen Medialität neigt Welt dazu, den spezifisch in der Sinnlichkeit zugänglichen Sinn zu verstellen. Anders formuliert: Welt als jeweils unsere ist immer schon durch Bedeutsamkeit bestimmt, in der Dinge und Zusammenhänge stets auf bestimmte Sinnstrukturen hin transparent sind. Diese Durchsichtigkeit macht jenes, was die intentionale Medialität *nicht* durchscheinen lässt – der Stoff des Sinnlichen und damit im Kunstwerk innig verbunden ein neuer, unerwarteter Sinn –, unsichtbar. Alltäglich lässt sich solche Transparenz so beschreiben: Ich sehe nicht rote Farbe und einen weißen Schriftzug, sondern das Stoppschild und halte den Wagen an. Ich höre nicht einfach ein Geräusch hinter mir, sondern sogleich die Straßenbahn, die gefährlich nahe ist. Nicht die Farbe oder das Geräusch sind thematisch, sondern deren Bedeutung.

Die Offenheit der Welt ist eine der verstehbaren Bedeutungen und damit die Bedeutungstransparenz, in der insbesondere das sinnlich Erfahrene auf bereits bekannte Sinnstrukturen hin durchschaut oder überhört wird. So hatte Heidegger in *Sein und Zeit* den Begriff der Welt entwickelt: Zunächst als ‚Bewandtniszusammenhang' einer Werkwelt, in der alles, was begegnet, auf seine bestimmte Funktionalität – in Heideggers Worten auf seine ‚Zuhandenheit' – hin ausgelegt wird. Dann in einem zweiten Schritt grundsätzlicher als der Zusammenhang, der durch Verstehen, Befindlichkeit und Rede/Sprache bestimmt wird.[27] Beide Bestimmungen zeigen, dass diese Offenheit von Welt grundsätzlich durch Bedeutung und Sinn ermöglicht wird, sei dieser direkt rational oder vermittelt durch Stimmungen (vgl. GA 5, 9) gegeben. Wie bereits in den früheren Ansätzen so ist es im Kunstwerkaufsatz letztlich die Sprache als die Artikuliertheit von Sinn, welche die Offenheit des weltbildenden Aufenthalts im Seienden bedingt: „die Sprache bringt das Seiende als ein Seiendes allererst ins Offene." (GA 5, 61)[28]

---

[27] Vgl. Heidegger, Sein und Zeit, GA 2, 174–221; So mündet Heideggers Erörterung des weltbildenden Wesens des Menschen in eine sprachphilosophische Untersuchung (λόγος ἀποφαντικός und entbergend-verbergend aufzeigender λόγος). Vgl. Heidegger, Die Grundbegriffe der Metaphysik, GA 29/30, 397–532.
[28] Inwiefern auch durch Stimmungen Welt verstanden wird, muss aus Gründen der sinnvollen Beschränkung hier unerläutert bleiben. Dass Heidegger

Mit der Identifikation von Welt und Sprache erreicht Heideggers Phänomenologie der Welt ihren Zielpunkt. Nicht zufällig aber führt Heidegger diesen Gedanken erst auf den letzten Seiten des Kunstwerkaufsatzes ein, also lange nachdem der Begriff der Erde entwickelt worden ist. In der Tat dient dieser als Korrektiv zur intentionalen Transparenz von Welt. Auf deren Tendenz zur durchschnittlichen Verständlichkeit hatte Heideggers bereits in *Sein und Zeit* in seinen berühmten Analysen des ‚Man' hingewiesen, welches im Hörensagen nachredet, was ‚man sagt', das nur hört, was es schon verstanden hat und in einer indifferenten Verständlichkeit denkt, ‚was man denkt'.[29] Indem man auf diese Weise bestehende Bedeutungsmuster perpetuiert, wird unerwarteter, unerhörter und kaum absehbarer Sinn überdeckt. Hierin ist die Welt in ihrer Erschlossenheit tendenziell sinnverstellend. Auch die erläuterte Umformulierung des daseinsvollzüglichen In-der-Welt-sein zum daseinsumgreifenden Welten von Welt kann nicht überzeugend beschreiben, wie Welt *allein* von ihr her auch sinneröffnend sein kann – im Gegenteil, die Problematik verschärft sich noch, da die Annahme eines Weltens von Welt die Dominanz sinnverschließender Deutungsmuster, die der jeweiligen Erfahrung vorgängig sind (als Welt), noch zu verstärken droht. Was durch die intentionale, aber verstellende Transparenz von Welt verstummt, ist das sinnlich Erfahrbare selbst, die Erde. So schiebt sich Verständlichkeit häufig zwischen unser Hinhören und Hinsehen und jenes, was sich zeigt, das wir dann mit festen Deutungsmuster überlagern – ein unerwarteter, tatsächlich unerhörter und darin unrepräsentierbarer Sinn. Erst so wird ein „nichtrepräsentationales Sehen" oder Hören möglich, das sich jeweils dem unverstandenen Sinn öffnet, „sich an das Andere preisgibt" und „sich von ihm berühren läßt".[30]

---

die Verständlichkeit aus einer wie auch immer gearteten Sprachlichkeit denkt, zeigt sich schon daran, dass Befindlichkeit und Stimmung zugunsten der Sprache zusehends in den Hintergrund treten. Zwar fasst Heidegger Sprache derart, dass sie die logische Rationalität neuzeitlicher Prägung sprengt und damit bis zu vermeintlich irrationalen Strukturen von Sprachlosigkeit und Gefühlen vordringt; gleichwohl ist es die Sprache, die der Dreh- und Angelpunkt des Heideggerschen Denkens bleibt, als der das Ganze versammelnde λόγος.

[29] Vgl. Heidegger, Sein und Zeit, GA 2, 153–173.
[30] Dieter Mersch, Was sich zeigt. Materialität, Präsenz, Ereignis, München 2002, 97.

Kunst und Natur 59

9. Wie Erde Welt im Streit gegenwendig offen hält

An dieser Stelle wird deutlich, dass Erde nicht einseitig der Verborgenheit und Welt nicht einseitig der Offenheit (jeweils dem Entzug und der Lichtung des Seins) zugeordnet werden können: Die „Welt ist nicht einfach das Offene, was der Lichtung, die Erde ist nicht das Verschlossene, was der Verbergung entspricht" (GA 5, 42). In der Erfahrung des Kunstwerks zeigt sich, dass Erde der gleichsam offene Grund ist, an dessen Oberfläche sich Phänomenalität freisetzt, und Welt eine sich verschließende Offenheit ist, die durch den Stoß des wirklichen, dinglichen und damit erdhaften Werkes gleichsam aufgestoßen wird. So darf in der Erfahrung des Kunstwerks die Erde keineswegs als der zwar tragende, aber ganz unerkennbare Grund verstanden werden, der in steter Verschlossenheit als bloßer Unterbau für einen phänomenalen Formüberbau (in der Kunst symbolisch oder allegorisch, d. h. mimetisch) dienen würde. Ebenso darf Welt nicht als die für sich bestehende Offenheit verstanden werden, die nicht auch dazu tendierte, sich selbst sinnverstellend zu verschließen: „Die Erde kann das Offene der Welt nicht missen, soll sie selbst als Erde im befreiten Andrang ihres Sichverschließens erscheinen. Die Welt wiederum kann der Erde nicht entschweben, soll sie als waltende Weite und Bahn alles wesentlichen Geschickes sich auf ein Entscheidendes gründen." (GA 5, 35–36) Eine bodenlose Welt, die in durchschnittlicher, und damit letztlich indifferenter, weil dem Gerede des Tages folgender Verständlichkeit der Erde entschwebte, wäre eine sinnverschlossene Welt ohne „waltende Weite", eine Welt, in der „Nichtbewältigtes, Verborgenes, Beirrendes" übergangen würde, worauf jede Form der „Entscheidung" – d. h. Erschlossenheit –, die eigene Voraussetzungen niemals vollständig zu durchdringen vermag, „gründet" (GA 5, 42).

Auf der Gegenseite des Erfahrungsgeschehens ist die Erde „nicht einfach das Verschlossene, sondern das, was als Sichverschließendes" – in der Kunst als Klänge, Farben und Oberflächenstrukturen aller Art – „aufgeht" (GA 5, 42). „Nur als diese", als gegenwendige Spieler, die einander nicht einfach fremd, aber doch auf unvereinbare Weise verbunden sind, „treten sie in den Streit der Lichtung und der Verbergung" (GA 5, 42). Die so beschriebene Gegenwendigkeit erweist sich nicht nur im Kunstwerk als unsynthetisierbar, dort aber ist der Streit von Erde und Welt besonders offenkundig. An der „offene[n] Stelle, die das Kunstwerk „inmitten des" vertrauten

„Seienden" aufreißt (GA 5, 41), zeigt sich auf aufgezeichnete Weise das „Gegeneinander von Welt und Erde" (GA 5, 35).

Damit schließt Heidegger an die herakliteische παλίντροπος ἁρμονίη[31] an, die eine strukturelle Gegenwendigkeit innerhalb von allem, was als wohlgefügte Einheit erscheint, beschreibt. Wie Heraklit, der die differentielle Gegenwendigkeit als einheitsstiftendes Prinzip begreift, liegt auch für Heidegger die Bestimmung der „Einheit des Werkes" gerade in „der Bestreitung des Streits" (GA 5, 36). Heidegger gebraucht in diesem Zusammenhang auch mehrmals den Begriff des „Urstreits" (vgl. GA 5, 42 und 48), der anzeigt, dass es sich nicht um einen vorübergehenden Zustand handelt, der sich wieder beruhigen könnte.[32] Kunstwerke, die diesen Urstreit austragen und diesen nicht „in einem faden Übereinkommen [...] schlichte[n]" (GA 5, 36), dadurch dass sie den Erwartungshorizont des Rezipienten bloß bedienen, aber nicht herausfordernd öffnen, halten die Welt in Bewegung und die Erde gegenwärtig. Kunstwerke stellen eine Welt auf, wieder und wieder; sie stellen eine Erde her, unablässig und unbeirrt davon, dass diese sich in jedem Augenblick ihres Erscheinens entzieht. Sinn- und Sinnlichkeitserfahrung werden so auf intensivierte Weise verflochten. In anderen Worten, das Werk stellt die Differenzbewegung aller Erfahrung heraus, derart dass diese, während sie sonst meist verdeckt bleibt, im Kunstwerk gerade *als* Differenz hervorkommt. Heidegger beschreibt diesen Vorgang als eine eigentümlich nutzlose Zweckmäßigkeit: „dieses geschieht [...], *damit* der Streit ein Streit bleibe" (GA 5, 36; meine Hervorhebung, D. E.). Die Finalkonjunktion ist hier von Heidegger nicht zufällig gewählt. Ähnlich wie in Kants „Zweckmäßigkeit ohne Zweck", die eine „Gesetzmäßigkeit ohne Gesetz",[33] also eine wohlgefügte Struktur ohne vorgängigem äußeren Ordnungsprinzip, meint, will Heidegger darauf hinweisen, dass der Streit von Erde und Welt nicht im Vorhinein als festgelegte Struktur vorliegt, die wie ein bestehendes Gesetz nur appliziert zu werden bräuchte. Der Sinn des Kunstwerks ist keiner, den der Künstler bereits vor dem Malen oder

---

[31] Heraklit, VS 22 B 51. Vgl. dazu auch die πόλεμος-Fragmente, Heraklit, VS 22 B 53 und 80.
[32] Zur „Dialektik von Erde und Welt" vgl. Dieter Mersch, Posthermeneutik, Berlin 2010, 109–112.
[33] Immanuel Kant, Kritik der Urteilskraft, in: Gesammelte Schriften, hrsg. von der Preußischen Akademie der Wissenschaften, Band 5, Berlin 1908, 165–485, hier 83.

Kunst und Natur 61

Komponieren hätte wie der Schreiner den Bauplan des Tisches.[34] Was das Werk ist, kann deshalb auch nicht in einer Bildbeschreibung oder Abbildung einfach wiedergegeben werden, sondern muss vom Rezipienten in der Begegnung *mit dem Werk selbst* erfahren werden. Diese sich stets nur vom Werk her vollziehende Strukturierung lässt sich mit Günter Figal als „dezentrale Ordnung"[35] verstehen. Diese fügt sich nicht in einen vorgängigen Plan, sondern hält Spielräume, Fugen, Risse zurück, aus welchen das „Nichtaufgehende"[36] hervorkommen kann. Zweckmäßigkeit ohne Zweck ist Sinnhaftigkeit ohne zentralen leitenden Sinn.[37] Für Heidegger ist jenes, was in der Sinnstruktur der Welt nicht restlos aufgeht, die Ereignishaftigkeit des Werkes, bei dem, wenn die Begegnung mit ihm gelingt, „alles anders ist als sonst" (GA 5, 59).[38]

In größtem Gegensatz zur mimetischen Kunstbestimmung, die Wirklichkeit nur abbildet, denkt Heidegger die Gestalt des Werkes so von diesem ursprünglich klaffenden Riss her, aus dem Wirklichkeit erst hervorgeht. Für Heidegger gilt, dass dieser Riss als „Kunst [...] das Feststellen der sich einrichtenden Wahrheit in die Gestalt" (GA 5, 59) ist. Entgegen des gängigen Verständnisses von ‚Aufriss' als einer fest umgrenzten Figur bezeichnet „Riß" für Heidegger den „Streit von Maß und Unmaß", von Bestimmtheit und Unbestimmtheit, der „durch den schaffenden Entwurf ins Offene gebracht wird" (GA 5, 58). Die Gestalt als Riss ist eine sich selbst bildende Form, eine „forma formans",[39] eine stets nur teilweise fertige Form, eine differenzielle Fuge, aus der die Gefügtheit des Werkes entspringt, anders gesagt, ein Möglichkeitsbereich der Wirklichkeiten eröffnet.[40] Selbst für die Zeichnung gilt, wie Jean-

---

[34] Zur Funktion des Zufalls und des unkontrollierbar chaotischen Moments im Schaffensprozess, vgl. Gilles Deleuze, Logique de la sensation, Paris 2002, 90–103.
[35] Vgl. dazu Figal, Erscheinungsdinge, 72–76.
[36] Figal, Erscheinungsdinge, 73.
[37] Zur Differenzbewegung des Werkes, die die Zweckmäßigkeit vom Zweck abhebt, vgl. Jean-Luc Nancy, Le Plaisir au dessin, Paris 2009, 111–120, hier insbesondere 112–113.
[38] Entsprechend wird die Schönheit im Kunstwerkaufsatz nicht eigentlich selbst bestimmt, sondern diese lediglich mit dem Wahrheits- und damit Ereignischarakter der Kunst identifiziert (vgl. GA 5, 43 und 69).
[39] Vgl. Nancy, Le Plaisir au dessin, 30–40.
[40] Zum Primat der Möglichkeit in Heideggers Bestimmung der Phänomenologie vgl. Heidegger, Sein und Zeit, GA 2, 51–52.

Luc Nancy in einiger sachlicher Nähe zu Heidegger zeigt, dass sie von „wesentlicher Unabgeschlossenheit" ist: „Die Zeichnung ist" nicht die Nachbildung einer fest umgrenzten Figur, sondern „die Eröffnung der Form."[41]

Zwar nimmt Heidegger keine explizite Gewichtung der beiden Gegenspieler Erde und Welt vor, doch liegt die Annahme nahe, dass (aus der Perspektive des weltbildend-sprachlichen Wesens, das wir sind, und der dazu korrelativen intentionalen Transparenz von Welt) Erde, die sich im Erscheinen dem Erkennen stetig entzieht, ein besonderes Gewicht im Streitgeschehen zukommt. Da wir nicht neutral dem Streit beiwohnen, sondern Teil dieses Geschehens sind, bezeichnet Heidegger mit Erde jenes für uns unbeherrschbare Element, das, weil es der Aneignung widersteht, *uns* als weltbildende Wesen eigens herausfordert.

Besonders deutlich wird dies mit Blick auf den Unterschied, der Kunstwerke von Gebrauchs- und Naturdingen abhebt. Anders als diese entzieht sich das Kunstwerk einem direkten Zugriff der Welt, gerade indem das Kunstwerk seine Erdhaftigkeit zeigt. Heidegger weist darauf hin, dass das Kunstwerk sich in Herstellung und Materialverarbeitung, die es vermeintlich auf eine Ebene mit anderen Gebrauchsdingen stellt, von diesen radikal unterscheidet. Während in allen anderen Weltzusammenhängen der Herstellung die „Dienlichkeit" (GA 5, 32) bestimmend bleibt, sind Kunstwerke zu nichts zu gebrauchen, der verarbeitete Stoff entzieht sich der direkten Funktionalisierung. Beim Schuhzeug beispielsweise gilt, dass der „Werkstoff" bei der Herstellung und im Gebrauch des Zeugs „umso besser und geeigneter" ist, „je widerstandsloser er im Zeugsein des Zeugs untergeht" (GA 5, 32). Das Kunstwerk „dagegen läßt [...] den Stoff nicht verschwinden, sondern allererst hervorkommen" (GA 5, 32). Im Unterschied zum alltäglichen Materialverbrauch also kann für Heidegger im Geschaffensein des Werkes etwas so zur Geltung kommen, dass seine Hervorbringung und das Hervorgebrachte von alltäglichen Produktionsverhältnissen radikal unterschieden bleibt: „Dieses Brauchen aber verbraucht und missbraucht die Erde nicht als einen Stoff, sondern befreit sie erst zu ihr selbst." (GA 5, 52) Diese Befreiung der Erde setzt im Werk einen „Stoß" frei, der das Werk (und damit uns, wenn wir uns darauf eigens einlassen) außerhalb der vertrauten Deutungsmuster versetzt: das Werk erscheint als

---

[41] Nancy, Le Plaisir au dessin, 9: „inachèvement essentiel"; „Le dessin est l'ouverture de la forme."

das „Ungewöhnliche", als „das Ereignishafte", dessen „Einzigkeit" (GA 5, 52) sich keiner Allgemeinheit, keinem bestehenden Weltverständnis fügt.

Im Werk wird so „das Ungeheure aufgestoßen und das bislang geheuer Scheinende umgestoßen" (GA 5, 54). Während alle anderen Dinge, mit welchen wir umgehen und die wir herstellen, uns an vertraute Verhaltens- und Denkweisen rückbinden, vermögen es Kunstwerke, *weil* sie zu nichts zu gebrauchen, aber dennoch intentional gemacht sind, uns in einen Zustand der Unsicherheit zu versetzen – und dies nicht nur nebenbei: „denn je reiner das Werk selbst in die durch es selbst eröffnete Offenheit des Seienden entrückt ist, um so einfacher rückt es uns in diese Offenheit ein und so zugleich aus dem Gewöhnlichen heraus. Dieser Verrückung folgen, heißt: die gewohnten Bezüge zur Welt und zur Erde verwandeln und fortan mit allem geläufigen Tun und Schätzen, Kennen und Blicken, ansichhalten, um in der im Werk geschehenden Wahrheit zu verweilen." (GA 5, 54) Grundsätzlicher als dieses oder jenes alltägliche Vorverständnis besteht für Heidegger im Horizont der Seinsfrage – vor allen anderen neuen Sinnbezügen, die das Werk noch eröffnen mag –, das Ungewöhnliche, Ungeheure und Ereignishafte des Werkes darin, „daß" es „als solches *ist*" (GA 5, 52). Dieses Staunen vor dem Werk selbst lässt sich auch so formulieren: Ein Kunstwerk als Kunstwerk ist durch keine Gebrauchsintention und keinen äußeren, auf unsere Lebenswelt einzuordnenden Grund zu erklären – und doch ist es einfach da! Das Kunstwerk ist erstaunlich darin, dass es auf unerklärliche Weise Kraft einer ihm inneren Notwendigkeit nicht anders sein dürfte, als es eben ist, ohne dass man äußere Gründe dafür angeben könnte. Unter ästhetischer Maßgabe reformuliert Heidegger so das Staunen, das in der Frage ausdrückt: „Warum ist überhaupt Seiendes und nicht vielmehr Nichts?"[42]

10. Natur als der Ursprung der Kunst?

Kunst als der Ursprung des Kunstwerks kann also nicht als ein einfaches Prinzip verstanden werden. Die Kunst entspringt aus der gegenstrebigen Einheit der Differenz von Erde und Welt, die zueinander, indem sie auseinander streben, und auseinander, indem sie zueinander streben. Wenn Heideggers reformulierter Naturbegriff

---

[42] Vgl. Heidegger, Einführung in die Metaphysik, GA 40.

als Erde (und φύσις) stimmig ist, kann das Herausreißen der Kunst aus der Natur im Sinne Dürers nicht als ein Prozess der einfachen Abstandnahme von der Natur verstanden werden. Kunst bleibt der Natur in der Gegenwendigkeit von Welt und Erde verbunden. Reißt der Künstler zu stark, entwurzelt er die Kunst und diese wird zur rein welthaften, konzeptuellen Sinnproduktion ohne sinnlich-erdhaften Rückhalt und mit der Tendenz zur Sinnverstellung, reißt der Künstler aber gar nicht an der Natur, bleibt sie der Welt verborgen, und die ‚Kunst' ein bloß artistisches Kunststück. Es zeigt sich, dass die Kunst darin besteht, Kunst und Natur in ein Verhältnis zu setzen, in dem beide Elemente jeweils für sich bestehen und sich doch am jeweils anderen zeigen können, der welthaft-sprachliche Sinn am Sinnlich-Verschlossenen, das Sinnliche in der Offenheit einer sprachlich erschlossenen Welt.

Es bleibt indes kritisch zu fragen, ob Heidegger selbst die Gleichrangigkeit von Erde und Welt, die sich zweifelsohne aus seinem Ansatz systematisch ergibt, in Bezug auf die Erde durchhält oder ob er, unter dem Erkenntnisparadigma der Sprache, das Kunstwerk letztlich welthaft überdeterminiert. Mindestens zweierlei spricht für dieses Ungleichgewicht: (1.) Heidegger bestimmt das Wesen der Kunst als Dichtung (vgl. GA 5, 59–64). Damit gibt er aber die sinnliche Fülle der Erde auf zugunsten der „Nennkraft des Wortes" (GA 5, 32). Waren zunächst im Kunstwerkaufsatz alle Bestimmungen von Erde gleichrangig – „das Massige und Schwere des Steins, […] das Feste und Biegsame des Holzes, […] das Leuchten und Dunkeln der Farben," der „Klang des Tones und […] die Nennkraft des Wortes" –, so übernimmt Letztere eine problematische Leitfunktion mit weitreichenden Folgen, beispielsweise einer geschichtsphilosophischen Überfrachtung der Kunst, die insbesondere durch Heideggers Sprachprimat geschichtlich eingebunden wird. So bestimmt Heidegger (2.) das Wesen der Kunst im Sinne des Weltens von Welt grundsätzlich geschichtlich.[43] Ist aber „die Welt der vorhandenen Werke […] zerfallen" (GA 5, 26) – ein Vorgang der gemäß Heidegger „nie mehr rückgängig zu machen" (GA 5, 26) ist – bleibe uns von den Werken lediglich ein bloßes „Entgegenstehen" (GA 5, 27), das der Beliebigkeit eines bodenlosen Sichverstellens und Vermarktens der Werke durch den „Kunstbetrieb" (GA 5, 27) entspreche. Wenn es aber stimmt, dass das „Werk […] als Werk einzig in den Bereich, der durch es eröffnet wird, [gehört]" (GA 5, 27), dann muss das Werk

---

[43] Vgl. Heidegger, Über die Sixtina, GA 13, 119–121.

auch transgeschichtlich über die Epochen hinweg ansprechen können.[44] Dass dies an der erdhaften Sinnlichkeit der Werke liegt, in der sie sich zu allen Zeiten zeigen können, zeigen uns die Werke selbst, die bei aller geschichtlichen Ferne und kulturellen Fremde in ihrer sinnlichen Gegebenheit mehr und anderes als stumme Hieroglyphen sind.

---

[44] Zur Kritik an Heideggers geschichtlicher Verengung des Weltbegriffs, vgl. Figal, Erscheinungsdinge, 43.

Tobias Keiling

Kunst, Werk, Wahrheit

Heideggers Wahrheitstheorie in *Der Ursprung des Kunstwerkes*

Heidegger führt die Wahrheitsthematik am Ende des ersten Abschnitts von *Der Ursprung des Kunstwerkes* ein. In der Beschreibung des Gemäldes von Van Gogh findet sich zum ersten Mal jene axiomatische Definition, die mehrmals wiederkehrt: Die Kunst ist das „Sich-ins-Werk-Setzen der Wahrheit" (GA 5, 21; vgl. 25, 44, 59, 62, 63, 65, besonders 70).

Heidegger geht, wenn er die ästhetische Wirkung des Gemäldes beschreibt, zur Neubestimmung von Kunst und Wahrheit über. Das Gemälde ist keine bloße Abbildung von Schuhen, sondern „Van Goghs Gemälde ist die Eröffnung dessen, was das Zeug, das Paar Bauernschuhe, in Wahrheit *ist*. Dieses Seiende tritt in die Unverborgenheit seines Seins heraus." (GA 5, 21) Was es heißt, dass „Seiendes" wie das Paar Schuhe in eine „Unverborgenheit" kommt, die die „Unverborgenheit" *dieses* Seienden in *seinem* Sein ist, wird erst am Ende des Textes ganz deutlich. Dann wird sich auch klären, wie genau Wahrheit hier als Unverborgenheit im Unterschied zum gängigen Wahrheitsbegriff der *Übereinstimmung* verstanden werden soll: Einer Auffassung von Wahrheit als Übereinstimmung, Adäquation oder Korrespondenz zufolge wäre ein Kunstwerk wie Van Goghs Gemälde etwas, das (wie ein Aussagesatz) wahr oder falsch sein könnte, weil es mit dem übereinstimmt, was der Fall ist. Das Bild würde, wenn es ‚wahr' im Sinne der Übereinstimmung wäre, die Wirklichkeit so abbilden, wie ein wahrer Satz einen Sachverhalt richtig wiedergibt.

1. Wahrheit und Geschichte

Heidegger beansprucht für diese uns selbstverständliche Wahrheitsauffasung eine philosophiegeschichtliche Kontinuität von der klassischen griechischen Philosophie bis heute: „adaequatio sagt das Mittelalter; ὁμοίωσις sagt bereits Aristoteles. Übereinstimmung mit dem Seienden gilt seit langem als das Wesen der Wahrheit" (GA 5, 22). Hier kommt eine Überzeugung zur Geltung, die Heideggers Denken prägt: Das Selbstverständliche ist historisch gewachsen. Diese Überzeugung ist relevant, um einen Aspekt von Heideggers Wahrheitsdenken im Kunstwerkaufsatz zu verstehen: Wahrheit als Übereinstimmung zu begreifen, wie wir es heute selbstverständlich täten, sei nur möglich, weil Wahrheit auch anders verstanden werden könne, und diese Verständnis sei in der griechischen Philosophie als ἀλήθεια, in Heideggers Übersetzung: als *Unverborgenheit* bestimmt worden.

Was mit diesem Wahrheitsverständnis gemeint ist, lässt sich am Wahrheitsparagraphen von *Sein und Zeit* erläutern. Dort findet sich eine prägnante Bestimmung der Wahrheit als Unverborgenheit: ἀλήθεια heiße bei Aristoteles noch „,die Sachen selbst', das, was sich zeigt, *das Seiende im Wie seiner Entdecktheit*".[1] Heute verstünden wir Wahrheit dagegen als Eigenschaft von Sätzen, wahr zu sein. Der Aussagesatz sei zum „Ort" der Wahrheit geworden.[2] Bereits in *Sein und Zeit* zieht Heidegger aus dieser Interpretation der Geschichte der Philosophie eine bestimmte Konsequenz: Die Philosophie müsse versuchen, zu jenem „ursprünglichen Phänomen der Wahrheit"[3] wieder vorzudringen, das die Griechen erfahren und als ἀλήθεια beschrieben hätten. Heideggers Wahrheitsbegriff in *Sein und Zeit* ist also eine an Aristoteles gewonnene Bestimmung des Phänomenalen,[4] des „Sich-an-ihm-selbst-zeigenden".[5] Wahrheit als Unverborgenheit ist das Sichzeigen der Phänomene.

---

[1] Heidegger, Sein und Zeit, GA 2, 290.
[2] Heidegger, Sein und Zeit, GA 2, 284.
[3] Heidegger, Sein und Zeit, GA 2, 290.
[4] Eine wichtige Vermittlung leistet auch für die Wahrheitsthematik Franz Brentano. Nicht nur Heideggers Interesse am Seinsbegriff, auch die Entdeckung der Wahrheitsthematik bei Aristoteles geht auf Heideggers Begeisterung für die Dissertation Brentanos, Von der mannigfachen Bedeutung des Seienden bei Aristoteles, zurück. Vgl. David Farrel Krell, The Manifold Meaning of Aletheia, in: Intimations of Mortality, University Park 1986, 67–79.
[5] Heidegger, Sein und Zeit, GA 2, 42.

Im Kunstwerkaufsatz, also knapp sieben Jahre nach *Sein und Zeit*, meint Heidegger, bereits Aristoteles habe Wahrheit als Übereinstimmung (ὁμοίωσις) und nicht mehr als das Sichzeigen der Phänomene verstanden, seine Interpretation der antiken Philosophie verändert sich also. Aber die Passage aus *Sein und Zeit* ist, wie die Gegenüberstellung von Wahrheit als Übereinstimmung und Wahrheit als Unverborgenheit im Kunstwerkaufsatz, ein gutes Beispiel für einen Argumentationstyp, den man als *geschichtliche* Weise transzendentalen Argumentierens bezeichnen kann.[6] Die Absicht, mit der Geschichte auf die Möglichkeitsbedingungen von Phänomenen zu stoßen, prägt Heideggers Versuche einer Philosophiegeschichtsschreibung: Die antike Philosophie beschreibe philosophisch relevante Phänomene so, wie es in der Moderne nicht mehr möglich sei, nämlich ursprünglich und voraussetzungslos. Die Bedingungen dafür, wie wir in verschiedenen Epochen Wahrheit verstehen, sind eminent geschichtlich.

In *Sein und Zeit* macht Heidegger von diesem Gedanken aber in einer Weise Gebrauch, die sich schon wenig Seiten später nicht mehr mit der geschichtlichen Argumentationsweise deckt: Heidegger führt die ἀλήθεια, das Sichzeigen der Phänomene also, auf das Dasein zurück. Die „*Entdecktheit*" des Seienden hänge vom Verstehen des Daseins ab, alles Wahre sei deshalb von „*daseinsmäßiger Seinsart*" und „*relativ auf das Sein des Daseins*".[7] Die ursprüngliche Wahrheitserfahrung, wie sie von Aristoteles als ἀλήθεια erfasst worden war, ist also, so wird jetzt klar, durchaus zugänglich und zwar durch eine Aneignung der griechischen Philosophie, wie Heidegger sie in *Sein und Zeit* unternimmt.

Auf diese Weise ordnet Heidegger sein geschichtsphilosophisches Argument wieder in die Analytik des Daseins und die Frage nach dem Sinn von Sein ein, die das Thema von *Sein und Zeit* sind. Das ist ein gutes Beispiel dafür, wie sich in Heideggers Denken Begründungsfiguren verschränken, die man als dessen Interpret besser trennen sollte. Ganz ähnlich wie in *Sein und Zeit* geschieht eine solche Verschränkung im Kunstwerkaufsatz: Die geschichtliche Argumentationsweise ist präsent, aber nicht dominant. Kennzeichnend für den Kunstwerkaufsatz ist, dass das geschichtliche Denken nicht

---

[6] Heidegger als Transzendentalphilosophen untersuchen – allerdings nicht in Hinblick auf die Geschichtsphilosophie – die Beiträge in: Steven Crowell/Jeff Malpas (Hrsg.), Transcendental Heidegger, Stanford 2007.
[7] Heidegger, Sein und Zeit, GA 2, 300.

mehr wie in *Sein und Zeit* der Analyse des menschlichen Daseins untersteht und damit den Bedingungen, unter denen das Dasein den Sinn von Sein versteht. Die geschichtsphilosophische Argumentation ist nicht länger integriert in das Fragen nach dem *einen* Sinn von Sein. Vielmehr wird der Gedanke einer geschichtlichen Veränderung des Wahrheitsbegriffs mit der Frage nach dem Wesen der Kunstwerke zusammengebracht.

Macht man sich klar, was dies für die Wahrheitstheorie Heideggers heißt, dann liegt darin einerseits eine Kontinuität: Wahrheit wird im Kunstwerkaufsatz immer noch als das Sichzeigen der Phänomene verstanden. Im Vergleich mit anderen Versuchen Heideggers, mit der Geschichte transzendental zu argumentieren, bewirkt die Unterordnung der Wahrheitsthematik unter die Frage nach dem Wesen der Kunst aber eine werkgeschichtliche Besonderheit, denn Heidegger geht es zunächst nicht um den Sinn oder die Wahrheit des Seins, sondern um die Wahrheit einzelner Kunstwerke und um das, was sie zeigen. Entsprechend ist die geschichtsphilosophische Argumentation in die Unterscheidung von Wahrheit als Übereinstimmung und Wahrheit als Unverborgenheit zurückgenommen.

Das wird werkgeschichtlich umso deutlicher, wenn man sich klarmacht, welche Vorarbeiten Heidegger in Vorlesungen geleistet hatte, auf die er nicht eingeht: Bis zur Ausarbeitung des Kunstwerkaufsatzes ist für Heideggers Untersuchung der Konzeption von Wahrheit als ὁμοίωσις und *adequatio* und die Geschichte der Wahrheit seine Interpretation des Höhlengleichnisses der *Politeia* maßgeblich. Entsprechend entwickelt Heidegger seine Wahrheitstheorie an diesem historischen Paradigma. In Vorlesungen aus den Wintersemestern 1931/32 und 1933/34, zusammengefasst in dem Vortrag *Platons Lehre von der Wahrheit*, entwickelt Heidegger auch seine eigene Konzeption von Wahrheit am Höhlengleichnis. Platon beschreibe alles, was ist (also die Schattenbilder und Figuren in der Höhle), nur anhand der Ideen von diesen Dingen: „Die Ideen sind das Seiende jedes Seienden."[8] Die Ideen hängen wiederum nicht von der unmittelbaren Erfahrung ab, die wir von den Dingen haben, sondern von ihrer eigenen Erkennbarkeit (der Sonne außerhalb der Höhle). Die Wahrheitserfahrung der ἀλήθεια, das Sichzeigen der Phänomene also, gerate so „unter das Joch der ἰδέα".[9] Seit Platon werde Wahrheit allein als ideale Erkennbarkeit verstanden, als Übereinstim-

---

[8] Heidegger, Platons Lehre von der Wahrheit, GA 9, 228.
[9] Heidegger, Platons Lehre von der Wahrheit, GA 9, 230.

mung des Erkennens mit der Idee von etwas, die enthält, was etwas in Wahrheit ist. Es gibt also einen „Wesenswandel der ‚Wahrheit'"[10] von Unverborgenheit zu Übereinstimmung bei Platon, und diesen gelte es zu verstehen.

Bis zum Kunstwerkaufsatz bleibt Heidegger mit seinen Platoninterpretationen dem geschichtlichen Argumentationstyp so eng verbunden, dass er diesen und die Ergebnisse der Interpretationen nicht in eine andere Fragestellung integrieren kann. Während die Entwicklung des transzendentalen Arguments in seiner geschichtsphilosophischen Form nahelegt, *vor* jenen geschichtlichen Wandel der Wahrheit zurückzugehen, grenzt sich Heidegger am Ende des zweiten Abschnitts des Kunstwerkaufsatzes ausdrücklich von dieser Vorstellung ab (vgl. GA 5, 37). Wahrheit als Unverborgenheit ist also keine Erfahrung, die nur in der Antike möglich war, auch wenn sie durch die Interpretation antiker Texte freigelegt werden kann. Unverborgenheit ist nicht als eine vergangene, sondern als eine stets gegenwärtige Möglichkeit zu verstehen. Wahrheit als Unverborgenheit, so Heideggers Neuansatz in *Der Ursprung des Kunstwerkes*, erfahren wir nämlich immer dann, wenn wir ein Kunstwerk erfahren. Deshalb ordnet Heidegger im Kunstwerkaufsatz das geschichtsphilosophische Argument der Frage nach dem Ursprung des Kunstwerks unter und geht diese Frage wiederum von der Kunst*erfahrung* her an. Erst auf diese Weise werden die Ergebnisse seiner Platoninterpretationen fruchtbar.

Das zeigt sich auch an den Details der Abfassung des Textes: In der ersten Fassung des Aufsatzes hatte Heidegger die Unterscheidung des Sinnlichen und des Idealen noch ausdrücklich auf Platon zurückgeführt,[11] in der letzten Fassung fehlt der Verweis auf Platon. Die Unterscheidung des Anschaulichen vom Idealen wird vielmehr systematisch exponiert als die Voraussetzung der zweiten Variante der These, Kunst sei Abbildung (nicht Unverborgenheitserfahrung). Mit der Widerlegung dieser These leitet Heidegger von Van Goghs Schuhen zum Gedicht von C. F. Meyer über: Das Kunstwerk stimme weder mit einem einzelnen Seienden überein, wie man es nach dem Wahrheitsbegriff der Übereinstimmung in dessen erster Form behaupten müsste, noch könne es die „Wiedergabe des allgemeinen

---

[10] Heidegger, Platons Lehre von der Wahrheit, GA 9, 218.
[11] Vgl. Heidegger, Vom Ursprung des Kunstwerks (Erste Ausarbeitung), in: Heidegger Lesebuch, hrsg. von Günter Figal, Frankfurt am Main 2007, 149–170, hier 160.

Wesens der Dinge" (GA 5, 22) sein. Das Problem dieser Variante
der Wahrheitstheorie der Übereinstimmung und der Kunsttheorie
der Abbildung, die aus ihr folgt, ist offenkundig: „Aber wo und wie
ist denn dieses allgemeine Wesen, so daß die Kunstwerke mit ihm
übereinstimmen?" (GA 5, 22)

Heideggers zweites Beispiel, das Gedicht *Der römische Brunnen*,
soll deutlich machen, dass die Trennung eines idealen Bedeutungs-
gehalts vom Sinnlichen in der Kunsterfahrung unmöglich ist. Das
Problem der Wahrheitstheorie der Übereinstimmung – dass in Erfahrungen wie der des Kunstwerks immer schon als eines erscheint, was
dieser zufolge erst nachträglich übereinstimmen soll – bleibt auch
dann bestehen, wenn man die Übereinstimmung als eine von Idee
und Sinnlichkeit versteht. Eine solche Kritik trifft auch Hegels
Bestimmung des Schönen als das „sinnliche *Scheinen* der Idee",[12]
im Unterschied zum Begreifen der Philosophie, in der die Wahrheit
der Idee im Begriff aufgeht. Während das Beispiel der Bauernschuhe
aufzeigen sollte, dass Kunst mehr als die Übereinstimmung zweier
empirischer Gegebenheiten, die kontingente Übereinstimmung von
Sachverhalt und Abbild, erkennen lassen kann, zeigt Meyers Gedicht
eine Grenze solcher Erkenntnis an der Kunst auf: Die Wahrheit der
Kunst kann nur am Werk erfahren werden, denn erst das Fließen,
Wogen und Plätschern der Worte fängt ein, was ein Brunnen ist.
Das Ideale und das sinnlich Erfahrbare, die den zusammenhängen-
den Thesen zufolge, Kunst sei Nachahmung und Wahrheit Übereinstimmung, erst nachträglich übereinstimmen, gehören je schon
zum Kunstwerk und dessen Wahrheit. Die Wahrheit der Kunst als
Unverborgenheit ist nicht ihr idealer Gehalt.

2. Wahrheit als Richtigkeit und Offenheit

Nicht die Geschichte vom Wesenswandel der Wahrheit, sondern die
zugleich sinnliche und ideale Kunsterfahrung ist im Kunstwerkaufsatz maßgeblich für die Bestimmung der Wahrheit als Unverborgenheit und damit für die Bestimmung des Phänomenalen. Heidegger
argumentiert für seine Bestimmung von Wahrheit als Unverborgenheit durch einen Rückgang auf die Kunsterfahrung, nur hilfsweise
durch eine Interpretation der antiken Philosophie. Kunsterfahrung

---

[12] Vgl. G. W. F. Hegel, Vorlesungen über die Ästhetik I, Werke, Frankfurt
am Main 1970, Band 13, 151.

beschreibt Heidegger aber als Erfahrung von Kunst*werken*. Um Heideggers eigenen Wahrheitsbegriff zu bestimmen, muss also jenes Verhältnis geklärt werden, das dem zweiten Abschnitt des Kunstwerkaufsatzes den Titel gibt: *Das Werk und die Wahrheit*.

Heidegger führt zu Beginn dieses Abschnitts ein drittes Beispiel an, das wieder gegen die Konzeption von Kunst als Abbildung (des Wirklichen oder des Idealen) gerichtet ist: „Ein Bauwerk, ein griechischer Tempel, bildet nichts ab." (GA 5, 27) Das Beispiel ist der Ausgangspunkt für Heideggers eigene beschreibende Bestimmung des Wahrheitsgeschehens im Kunstwerk: Erst durch den Tempel, der welteröffnend *da*steht, wird es möglich, *etwas* zu erfahren, denn „der Tempel gibt in seinem Dastehen den Dingen erst ihr Gesicht und den Menschen erst die Aussicht auf sich selbst." (GA 5, 29) Kunstwerke, so lässt sich diese Beschreibung verallgemeinern, sind die Bedingung von Intentionalität im Selbst- und Weltbezug.

Auf Anhieb dürfte es kaum überzeugend sein, dass unsere Erfahrung durch die Unverborgenheit der Kunst strukturiert und ermöglicht ist. Aber das liegt – so würde Heidegger entgegnen – gerade daran, dass wir einen uns selbstverständlich gewordenen Wahrheitsbegriff anlegen, der für die Kunsterfahrung gewissermaßen immer schon zu spät kommt. Das heißt nicht, dass wir eine Erfahrung nicht mehr machen können, weil diese nur in der Antike möglich gewesen ist, sondern es heißt, dass etwas uns hindert, die genuine Wahrheit des Kunstwerks zu erfahren: Die Auffassung von Wahrheit als Übereinstimmung überdeckt die Wahrheit als Unverborgenheit, wie sie am Werk geschieht. Heidegger wird deshalb im dritten Abschnitt des Kunstwerkaufsatzes die Wahrheitstheorie der Übereinstimmung als eine *Verstellung* der Wahrheit als Unverborgenheit charakterisieren (vgl. GA 5, 40). Wir verstellen die Unverborgenheit, wenn wir wegen unseres naiven Wahrheitsverständnisses den phänomenalen Charakter des Seienden übergehen: Alle „Dinge" scheinen uns als „unveränderliche Gegenstände vorhanden und bekannt zu sein" (GA 5, 28).

In dieser Formulierung steckt eine terminologische Unterscheidung, die für das Grundproblem der Ontologie, die Konstitution von Objektivität, entscheidend ist: Etwas erscheint als *Ding*, wenn dessen Erfahrung von einem Kunstwerk aus bestimmt wird; es erscheint als *Gegenstand*, wenn wir es als unveränderlich und, wie Heidegger mit *Sein und Zeit* sagt, als „vorhanden" nehmen. Auch wenn sich Heidegger dort Sorgen um das Kunstwerk im „Kunstbetrieb"[13]

---

[13] Heidegger, Der Ursprung des Kunstwerks (Erste Ausarbeitung), 150.

macht, kommt diese Unterscheidung ebenso wie die Erörterung der drei Dingbegriffe in der ersten Fassung des Kunstwerkaufsatzes von 1935 noch nicht vor. Sie geht vielmehr auf Heideggers Auseinandersetzung mit Kant und der neuzeitlichen Philosophie zurück, vor allem auf die Vorlesung *Die Frage nach dem Ding* (WS 1935/36) über Kants *Kritik der reinen Vernunft*: Die neuzeitliche und die kritische Philosophie fassten das, was ist, allein als Vorstellung unserer praktischen und theoretischen Vernunft. Für die Wissenschaften sei deshalb alles Seiende nur in mathematischer Abstraktion relevant. Das Seiende wird dann bloß als Gegenstand für unser Bewusstsein gedacht und *vorgestellt*, die mathematisierbare Objektivität bestimmt den neuzeitlichen Begriff von Sein. Die Epoche der Neuzeit ist deshalb für Heidegger die *Zeit des Weltbildes*, in der alles, was ist, repräsentationalistisch als vernunftgemäßes Abbild bestimmt werde. Diesen Gedanken entwickelt Heidegger in dem gleichnamigen Aufsatz, der in den *Holzwegen* auf den Kunstwerkaufsatz folgt.[14]

Heideggers eigenem, nicht repräsentationalistischen sondern phänomenalen Dingbegriff, der von der Selbstgegebenheit und nicht von der (mathematischen) Repräsentation der Dinge ausgeht, korreliert die Unverborgenheit als eine eigene Erfahrungsmöglichkeit. Die Erfahrung von Wahrheit als Unverborgenheit (wie sie in der Kunst geschieht) wirkt also primär dadurch in unsere Erfahrung hinein, dass sie die Erfahrung von Dinglichkeit ermöglicht und so unsere Vorstellung davon verändert, was phänomenal Objektivität ausmacht. Wir verstehen an der Kunst, dass es etwas ‚hinter' unseren wissenschaftlichen oder alltäglichen Repräsentationen des Seienden gibt. Im Kunstwerkaufsatz beschreibt Heidegger dies, wenn er die „Umkehr" diskutiert, die darin besteht, darauf zu achten, wie etwas als Ding erfahren werden kann. Eben dies macht das Kunstwerk möglich. Gegen die repräsentationalistische Vorstellung von Dingen als Gegenständen behauptet Heidegger: „Wir kommen dem, was *ist*, eher nahe, wenn wir alles umgekehrt denken". (GA 5, 29) Im Wort ‚Umkehr' ist zum einen περιαγωγή zu hören, eine Anspielung auf das platonische Höhlengleichnis, auf jenen Moment, an dem die in der Höhle Gefangenen die Schattenbilder als bloße Abbilder erkennen.[15] Auch hier ist also Heideggers Platoninterpretation wirksam. Am nächsten ist Heideggers Beschreibung aber der Phänomenologie seines philosophischen Lehrers. Mit dem Verlassen der „natürlichen

---

[14] Heidegger, Die Zeit des Weltbildes, GA 5, 75–114.
[15] Vgl. Heidegger, Platons Lehre von der Wahrheit, GA 9, 222.

Einstellung"¹⁶ fordert Husserl eine ähnliche Umkehr, das Achten auf die Gegebenheitsweise der Dinge. Mit Heidegger gesagt: den „Blick dafür [zu] haben, wie alles sich anders uns zukehrt". (GA 5, 29) Die Kunsterfahrung lasse „die gewohnten Bezüge zur Welt und zur Erde [sich] verwandeln und fortan mit allem geläufigen Tun und Schätzen, Kennen und Blicken an sich halten". Dabei handelt es nicht um einen willentlichen Einstellungswechsel oder einen Reflexionsakt, sondern um die Möglichkeit, „in der im Werk geschehenen Wahrheit zu verweilen" (GA 5, 54). Heidegger beschreibt den Zugang zur phänomenologischen Erfahrung also wie Husserl als Zugang zum Transzendentalen, zu dem, was unsere intentionale Erfahrung ermöglicht. Aber dieses ist kein anderer Seinsbereich, wie Husserl manchmal behauptet, sondern eine andere Wahrheitserfahrung. Phänomene sind als die Unverborgenheit der Dinge erfahrbar, wenn wir darauf achten, wie dasjenige möglich ist, das wir für selbstverständlich hielten: unseren Wahrheitsbegriff der Übereinstimmung, die Schattenbilder der Höhle oder unsere unkritisch genommene Erkenntnis. Eben dies geschieht durch Kunst.

Wieder macht sich Heidegger also seine Interpretationen der Geschichte der Philosophie zunutze, er schließt an Platon, Kant und Husserl an, um die Erfahrung transzendentaler Wahrheit zu beschreiben. Doch ordnet sich Heidegger dieser Geschichte nicht unter, sondern integriert sie kritisch in sein eigenes Denken: Gegen Platon wendet Heidegger ein, dass er das, was ist, wieder der Idee unterstelle und so das ideale Sein mit dem Sein überhaupt verwechsel; für Kant sei das Transzendentale *a priori* und könne nicht erfahren werden; Husserl laufe Gefahr, über Bewusstseinsakte und den Dingen korrelative Gegebenheitsweisen, aber nicht mehr über die ‚Sachen selbst' zu sprechen, was aber das Ziel der Phänomenologie sein müsse.¹⁷ Die phänomenologische Einstellung, so behauptet Heidegger dagegen, bringt nichts ein, wenn sie sich nicht auf das einlässt, das *ist*: „Das bloße Umkehren, für sich vollzogen, ergibt nichts." (GA 5, 29)

Heidegger bindet diese kritische Aufnahme der phänomenologischen Methode in die Wahrheitstheorie ein, wenn er die Auffassung

---

¹⁶ Edmund Husserl, Ideen zu einer reinen Phänomenologie und phänomenologischen Philosophie. Erstes Buch, Husserliana III/1, hrsg. von Karl Schuhmann, Den Haag 1976, 56.
¹⁷ Vgl. prägnant Martin Heidegger, Über das Prinzip ‚Zu den Sachen selbst', Heidegger Studies 11 (1995), 5–8.

von Wahrheit als *Richtigkeit* kritisiert: Diese Wahrheitserfahrung erschöpfe sich darin, dass Aussagen für richtig oder falsch gehalten werden. Das ist aber eine wesentliche Verkürzung, denn die Feststellung von Satzwahrheit lässt unberücksichtigt, wie ein Satz durch Übereinstimmung mit einem Sachverhalt wahr wird. Unverborgenheit, die Möglichkeitsbedingung von Übereinstimmung und Richtigkeit, bleibt in dieser transzendentalen Funktion unerfahren. Die ontologische Beschreibung der Konstitution von Objektivität folgt der Wahrheitstheorie vielmehr blind. Anstatt zu verstehen und zu beschreiben, wie die Richtigkeit von Aussagen durch das Sichzeigen der Phänomene möglich wird, nimmt die Auffassung von Wahrheit als Richtigkeit eine vorschnelle Analogisierung vor, die die Wahrheitsauffassung der Übereinstimmung bekräftigt. Die Wahrheitstheorie der Richtigkeit geht nämlich unkritisch davon aus, Dinge seien strukturiert wie Aussagen: „Der Bau des einfachen Aussagesatzes (die Verknüpfung von Subjekt und Prädikat) [ist] das Spiegelbild zum Bau des Dinges (zur Vereinigung der Substanz mit den Akzidenzien)" (GA 5, 8). Auch die neuzeitliche Philosophie, die das Ding auf das „durch die Empfindungen Vernehmbare", die „Einheit eines Mannigfaltigen des in den Sinnen Gegebenen" (GA 5, 10) reduziere, orientiert sich dabei am Aussagesatz und damit am Verständnis von Wahrheit als Richtigkeit: Nach dem repräsentationalistischen Begriff von Dinglichkeit stimmen in Satzsubjekt und Prädikat nicht Substanz und Akzidenz, sondern das vorstellende Subjekt und seine begrifflich bestimmte Vorstellung überein.

In den beiden philosohiegeschichtlichen Epochen, die Heidegger untersucht, bleibt die Analogie von Satz und Seiendem also unhinterfragt, die antike und die neuzeitliche Philosophie begehen deshalb beide einen zugleich logischen und ontologischen Fehler. Diese Überlegungen übernimmt Heidegger aus *Vom Wesen der Wahrheit* (1930) in den Kunstwerkaufsatz: „Die vorstellende Aussage sagt ihr Gesagtes so vom vorgestellten Ding, *wie* es als dieses ist. Das ‚sowie' betrifft das Vorstellen und sein Vorgestelltes. Vorstellen bedeutet hier [...] das Entgegenstehenlassen des Dinges als Gegenstand."[18] Ontologie und Logik spiegeln sich also in verschiedenen Epochen philosophischen Denkens genau, was sie eigentlich verbindet, nämlich die Wahrheitserfahrung der Unverborgenheit, wird übergangen. Wieso und wie Ontologie und Logik zusammenhängen, bleibt ungeklärt. Heideggers transzendentales Argument in der Wahrheitstheo-

---

[18] Heidegger, Vom Wesen der Wahrheit, GA 9, 184.

rie zielt darauf, diese Analogie zu hinterfragen und zu beschreiben, was sie möglich macht. Der antiken und der neuzeitlichen Logik und Ontologie geht mit der Unverborgenheit eine Möglichkeitsbedingung voraus, die der transzendentalphilosophische Rückgang auf die subjektiven Erkenntnisbedingungen noch nicht freigelegt hat. Insofern radikalisiert die Wahrheitstheorie das transzendentalphilosophische Projekt. Maßgeblich ist dabei das „Erscheinen des Dinges"[19] als ein geeignetes Modell, das, wenn man es unvorgeingenommen beschreibt, sowohl die Auffassung von Wahrheit als Richtigkeit als auch die Auffassung von Sein als Gegenständlichkeit verständlich und fraglich werden lässt, denn das Erscheinen von Dingen vollziehe sich „innerhalb eines Offenen, dessen Offenheit vom Vorstellen nicht erst geschaffen, sondern je nur als ein Bezugsbereich bezogen und übernommen wird".[20] Die erfahr- und beschreibbare Offenheit, so Heidegger in *Vom Wesen der Wahrheit*, ermöglicht das Erscheinen des Dings als Ding und seine wahre (und nicht bloß richtige) Erfahrung.

Ein ähnlicher Anspruch wird im Kunstwerkaufsatz für die Unverborgenheit erhoben, die Heidegger als Ermöglichung von Richtigkeit versteht: Das „uns geläufige Wesen der Wahrheit, die Richtigkeit des Vorstellens, steht und fällt mit der Wahrheit als Unverborgenheit des Seienden" (GA 5, 38). Die Unverborgenheit liege dem „Wesen der Wahrheit im Sinne von Richtigkeit als Unerfahrenes und Ungedachtes zugrunde" (GA 5, 38). Während die Analogie von Dingbau und Satzbau, die Parallelität von Subjektivität und Ding-an-sich, ihre eigene Möglichkeit nicht begründen kann, wird in der Wahrheit als Unverborgenheit die Ermöglichung von Erkenntnis selbst erfahrbar: Die Unverborgenheit ist nicht nur bislang nicht philosophisch bedacht worden, sie bleibt auch meist unerfahren, überdeckt von falschen Selbstverständlichkeiten hinsichtlich Sein und Wahrheit.

Weil es in der Phänomenologie Husserls ebenfalls nicht um eine Deduktion, sondern um eine beschreibbare Erfahrung von Wahrheit in ihrer transzendentalen Funktion geht, kann Heidegger hier anschließen, um zu bestimmen, wie in der Kunst eine solche Erfahrung geschieht. Die Wahrheitsbedingungen eines richtigen Satzes stehen, so kann man Heideggers Überlegungen reformulieren, notwendig in einer Beziehung zum Wahren, das sich zeigt,[21]

---

[19] Heidegger, Vom Wesen der Wahrheit, GA 9, 184.
[20] Heidegger, Vom Wesen der Wahrheit, GA 9, 184.
[21] Vgl. John Sallis, The Truth That Is Not of Knowledge, in: Double Truth, New York 1995, 57–70.

Kunst, Werk, Wahrheit

und diese Beziehung kann selbst erfahren werden: Die wahre (richtige) Bezugnahme eines Subjekt auf ein Objekt setzt nicht nur einen wahren (unverborgenen) Sachverhalt voraus, wie die richtige Aussage ‚Dies ist Gold' ein Stück Gold und Intentionen, die dieses in seinem Goldsein gegenwärtig werden lassen.[22] Vielmehr sind Aussagen auch von Wahrheitsbedingungen abhängig, die über die intentionale Bezugnahme auf einen gegebenen Sachverhalt hinausgehen, etwa wenn implizit entschieden ist, was überhaupt relevant ist, um die Richtigkeit eines Satzes festzustellen. Diese impliziten Wahrheitsbedingungen können die faktischen Möglichkeiten und normativen Kriterien sein, um zum Beispiel Gold als solches zu erkennen. Jede verantwortungsvolle Bezugnahme auf Wahres muss deshalb das Geschehen dieser Bezugnahme als ganzes überblicken, also eine Bestimmung des Phänomenalen geben, die dem jeweiligen Erscheinen eines Sachverhalts gerecht wird. Dies geschieht, wenn sich der Bezug auf Wahrheit der phänomenologischen Erfahrung des Transzendentalen aussetzt, wie wahre Aussagen möglich werden. In Heideggers Worten: „Nicht nur das, *wonach* eine Erkenntnis sich richtet, muß schon irgendwie unverborgen sein, sondern auch der ganze *Bereich*, in dem dieses ‚Sichrichten nach etwas' sich bewegt, und ebenso dasjenige, *für* das eine Anmessung des Satzes an die Sache offenbar wird, muß sich als Ganzes schon im Unverborgenen abspielen." (GA 5, 39) Ein einzelner, kategorial bestimmter Sachverhalt, auf den sich die Bedingungen für die Richtigkeit einer Aussage beziehen, kann zwar nicht zu hinreichender Verifikation nach ihm äußerlichen Maßstäben herangezogen werden. Aber ein einzelner Sachverhalt kann seine selbstgebende Unverborgenheit als dasjenige erschließen, das jede Verifikation erst möglich macht. Eben dies setzt jedoch eben eine besondere Aufmerksamkeit für die Dinglichkeit des Erscheinenden (im Unterschied zu seiner Gegenständlichkeit) und jene phänomenologische Umkehr voraus, wie sie etwa durch Van Goghs Gemälde geschieht: Das Gemälde erschließt sich als die Darstellung von Schuhen und ist zugleich die Eröffnung des Bereichs jeder möglichen Bezugnahme auf so etwas wie Schuhe. Das Gemälde bringt sozusagen seine eigenen, hinreichenden Wahrheitsbedingungen mit. Das wahre, also als Ding erscheinende Seiende, auf das sich Aussagen durch Wahrheitsbedingungen beziehen, ist also weiterhin das Paradigma der Analyse. Aber es ist seinerseits vom Sichzeigen eines Wahrheitsbereichs der Unverborgenheit abhängig,

---

[22] Vgl. Heidegger, Vom Wesen der Wahrheit, GA 9, 179 und 183.

der erst durch das Werk eröffnet wird. Etwas Wahres lässt sich nicht vollständig beschreiben, ohne auf Erfahrungen zurückzugehen, in denen die Ermöglichung von Wahrheitsbedingungen und somit von Richtigkeit selbst erfahrbar wird.

Für eben diese Wahrheitserfahrung jenseits intentionaler Richtigkeit ist, so Heideggers Position im Kunstwerkaufsatz, die Erfahrung von Kunst paradigmatisch. Die Phänomenologie Husserls würde den Anspruch auf eine transzendentale Erfahrung teilen, aber diese nicht in der Kunst suchen, und Heidegger wird im Verlauf des Kunstwerkaufsatz auch anderen Bereichen zusprechen, dass in ihnen die Wahrheit als Unverborgenheit erfahren werden kann. Heidegger macht aber gegen Husserl klar, dass nicht schon durch die anschauliche Erfüllung der Wahrheitsbedingungen eines Satzes und der diese begleitenden bewussten Intentionen das phänomenologisch maßgebliche Wahrheitsgeschehen der Unverborgenheit erfahren wird: Das Kunstwerk setzt keine Bewusstseinsintentionalität voraus, nach Maßgabe derer sich Intentionen erfüllen, sondern es begründet erst einen Bereich der Möglichkeit intentionaler Bezugnahme. Es bestimmt, was wie bewusst sein kann, und was sich dem Bewusstsein entzieht. Um wiederum zu zeigen, wie dies geschieht, wählt Heidegger den Bereich ontologisch selbstständiger Einzeldinge, die als Gegenstände oder als Dinge aufgefasst werden können. Bereits für Husserls Bewusstseinsanalysen gaben die Einzeldinge den ontologisch maßgeblichen Erfahrungsbereich vor, an dem sich die Konstitution von Objektivität beschreiben ließ. Heidegger verwandelt diese Analysen, wenn an die Stelle des Bewusstseins Wahrheit als Erschlossenheit (in *Sein und Zeit*), als Offenheit (in *Vom Wesen der Wahrheit*) und als Unverborgenheit (in *Der Ursprung des Kunstwerkes*) tritt: Unser Bezugnehmen auf die Welt wird durch die Wahrheit als Unverborgenheit möglich, die durch eine bestimmte raumzeitliche Konzeption von Sein den Bereich des Objektiven erschließt, jenen Bereich, „in dem dieses ‚Sichrichten nach etwas'", also die Richtigkeit oder Falschheit unserer Aussagen über intentional erfasste Sachverhalte, sich bewegt. Und ebenso konstituiert sich nur in der Unverborgenheit „dasjenige, *für* das eine Anmessung des Satzes an die Sache offenbar wird", in der Sprache der modernen Metaphysik: das Subjekt.

In *Vom Wesen der Wahrheit* hatte Heidegger noch behauptet, die Unverborgenheit erschließe sich allem menschlichen Verhalten als die jeweilige „Offenständigkeit des Menschen"[23] für etwas

---

[23] Heidegger, Vom Wesen der Wahrheit, GA 9, 184.

Wahres. Die menschliche Freiheit sei „*Freisein* zum Offenbaren eines Offenen" und dieses Freisein „Grund der Ermöglichung einer Richtigkeit".[24] Hier folgt Heidegger also noch *Sein und Zeit*, wo Wahrheit, Intentionalität und die Wahrheitserfahrung der ἀλήθεια auf das menschliche Dasein rückbezogen und als Erschlossenheit des Daseins verstanden werden. Ganz ähnlich geschieht dies noch in der ersten Fassung des Kunstwerkaufsatzes, in der das Kunstwerk dem Menschen sein Dasein eröffnet: Das „Da", heißt es dort, sei die „Mitte des Offenen",[25] die „Wahrheit als Offenheit" deshalb „immer Offenheit des Da".[26] In der letzten Fassung des Kunstwerkaufsatzes dagegen zentriert Heidegger das Offene, die erfahrbare Möglichkeit des wahren Sachverhalts und der richtigen Aussage, nicht mehr im Dasein,[27] sondern als „Lichtung" ist die Offenheit selbst die „offene Mitte". (GA 5, 40) *Lichtung* wird so, nach Erschlossenheit und Offenheit, der im Werk Heideggers letztgültige Name für die Phänomenalität, die allem einzelnen Seienden vorausgeht und sich als dessen Möglichkeit erweist. Die Lichtung ist „über das Seiende hinaus, aber nicht von ihm weg, sondern vor ihm her". „Vom Seienden her gesehen, seiender als das Seiende" (GA 5, 39), ist die Lichtung dasjenige, das das Sein jedes Seienden möglich sein lässt: „Das Seiende kann als Seiendes nur sein, wenn es in das Gelichtete dieser Lichtung herein- und hinaussteht." (GA 5, 40)

Wahrheit als Unverborgenheit ermöglicht also nicht nur Richtigkeit und Übereinstimmung als abgeleitete Formen von Wahrheit und damit des Erscheinens, des Sichzeigens der Phänomene. Als Lichtung des Seienden lässt sich Unverborgenheit ebenso von jedem einzelnen Seienden her erschließen, wenn man es nicht als Gegenstand vorstellt und so sein Erscheinen nicht gemäß einer vorgegebenen Ontologie nivelliert, sondern es als Ding in seinem Sein erscheinen lässt. Diese Konsequenz zieht Heidegger später in dem

---

[24] Heidegger, Vom Wesen der Wahrheit, GA 9, 186.
[25] Heidegger, Der Ursprung des Kunstwerks (Erste Ausarbeitung), 162.
[26] Heidegger, Der Ursprung des Kunstwerks (Erste Ausarbeitung), 166.
[27] Jacques Taminiaux situiert deshalb Heideggers ‚Kehre' zwischen den beiden Ausarbeitungen des Kunstwerkaufsatzes. Vgl. Jacques Taminiaux, L'origine de l'origine de l'œuvre d'art, in: Daniel Payot (Hrsg.), Mort de Dieu. Fin de l'art, Paris 1991, 175–194; Englisch: The Origin of ‚The Origin of the Work of Art', in: John Sallis (Hrsg.), Reading Heidegger. Commemorations, Bloomington 1993, 392–404.

Vortrag *Das Ding* (1950).[28] Heidegger verallgemeinert dort, was er im Kunstwerkaufsatz als etwas bestimmt, das nur aus der Erfahrung von Kunst hervorgehen kann: etwas erscheint unverborgen, als wahrer Sachverhalt, an den sich Aussagen anmessen können und auch ihre Wahrheitsbedingungen aus der Erfahrung dieses Sachverhalts übernehmen. Als Erscheindes in der Lichtung bestimmt, erscheint das Seiende als unverborgen Sichzeigendes, es erscheint phänomenologisch.

3. Wahrheit, Unwahrheit und Lichtung

Mit den Überlegungen zur Lichtung bringt Heidegger sein transzendentales Argumentieren in dessen radikalste Form: Transzendental sind weder die philosophische Erfahrung der Antike noch die subjektiven Erkenntnisbedingungen, sondern die Intentionalität ermöglichende Offenheit der Lichtung, die in der Wahrheit als Unverborgenheit (in der Kunst) erfahren wird und die derivative Wahrheit der Richtigkeit ermöglicht. Bis in einen der spätesten Vorträge, *Das Ende der Philosophie und die Aufgabe des Denkens* (1964), hinein, bleibt „Lichtung" die maßgebliche Bestimmung für die Möglichkeit der Phänomene.[29] Heidegger bleibt damit seiner Überzeugung treu, dass die Lichtung dasjenige sei, das „vor dem" Seienden geschehe. Dieser Gedanke führt ihn dazu, Lichtung in jenem späten Vortrag nicht mehr mit Wahrheit zu identifizieren, sondern als die Möglichkeit des Wesens der Wahrheit anzusetzen: Das „Freie"[30] der Lichtung sei es, „das erst Unverborgenheit gewährt".[31] Nicht das Geschehen der Unverborgenheit, sondern die Lichtung als „Ort der Stille"[32] wird zum „Urphänomen",[33] das die bisherige Philosophie über- und ein andere Denken herausfordere.

Heideggers Bestimmung der Lichtung als transzendentale Ermöglichung von Wahrheit als Unverborgenheit, mit der das Spätwerk über den Kunstwerkaufsatz hinausgeht, ist dadurch motiviert, dass

---

[28] Heidegger, Das Ding, GA 7. Vgl. auch Heidegger, ἀγχιβασίη. Ein Gespräch, GA 77, 1–159.
[29] Vgl. Günter Figal, Heidegger und die Phänomenologie, in: Zu Heidegger. Antworten und Fragen, Frankfurt am Main 2009, 43–54.
[30] Heidegger, Das Ende der Philosophie, GA 14, 82.
[31] Heidegger, Das Ende der Philosophie, GA 14, 84.
[32] Heidegger, Das Ende der Philosophie, GA 14, 83.
[33] Heidegger, Das Ende der Philosophie, GA 14, 81.

Heidegger der für Phänomenalität konstitutiven Abwesenheit gerecht werden möchte, die phänomenologisch als solche, als Abwesenheit, erfahrbar ist – im Unterschied zur philosophischen Tradition, die diese Erfahrung des Entzugs übergangen und Sein auf Anwesenheit reduziert habe. Als solches zeigen kann sich Abwesendes, so meint Heidegger nun, nur im Offenen der Lichtung: „Auch Abwesendes kann nicht als solches sein, es sei denn als anwesend im *Freien der Lichtung*."[34]

Dass die Lichtung „vor" dem Seienden da ist, heißt also nicht, dass sie zu einem unerfahrbaren *a priori* würde. Im Gegenteil kommt es eben gerade darauf an, die Erfahrung des Transzendentalen zu umreißen. Das geschieht auch dann nicht adäquat, wenn man die Lichtung als etwas ansieht, das geschichtlich allein *vor* unserer geschichtlichen Epoche erfahrbar gewesen wäre. Entsprechend kritisiert Heidegger noch deutlicher als im Kunstwerkaufsatz die geschichtsphilosophische Form seines transzendentalen Arguments: „Dann ist aber auch die Behauptung von einem Wesenswandel der Wahrheit, d. h. von der Unverborgenheit zur Richtigkeit, nicht haltbar."[35] Unverborgenheit und Übereinstimmung als Wahrheitsmodi und Dinglichkeit und Gegenständlichkeit als diesen entsprechende ontologische Grundbegriffe folgen also nicht geschichtlich aufeinander, sondern sind für die Phänomenologie zugleich da. Eben dies ist nur in der Lichtung möglich, die nicht von der geschichtlichen Weise abhängig ist, wie Wahrheit sich in ihr zeigt. Transzendental ist Erfahrung deshalb dann, wenn sie zu dieser voraussetzungslosen Erfahrung der Lichtung vordringt.[36]

Im Kunstwerkaufsatz bringt Heidegger den Entzug von erfüllender Präsenz in der Wahrheitstheorie anders zur Sprache, nämlich dadurch, dass er die Identität von Wahrheit und Unwahrheit behauptet. In der Systematik des Kunstwerkaufsatzes „gewährt" die Lichtung nicht die phänomenologische Wahrheit der Unverborgenheit, sondern gehört vielmehr gleichrangig mit dem Verbergen zur Unverborgenheit. Heidegger kritisiert deshalb in einer handschriftlichen Randbemerkung in seinem Exemplar der Reclam-Ausgabe (erschienen 1960) den

---

[34] Heidegger, Das Ende der Philosophie, GA 14, 82.
[35] Heidegger, Das Ende der Philosophie, GA 14, 87.
[36] Jeff Malpas hat diese Neubestimmung als die Wendung vom Transzendentalen zum Topologischen beschrieben. Vgl. Jeff Malpas, From the transcendental to the topological. Heidegger on ground, unity and limit, in: Jeff Malpas (Hrsg.), From Kant to Davidson. Philosophy and the idea of the transcendental, London/New York 2003, 75–99.

Kunstwerkaufsatz: „Der Versuch (1935/37) unzureichend zufolge des ungemäßen Gebrauchs des Namens ‚Wahrheit' für die noch zurückgehaltene Lichtung und das Gelichtete." (GA 5, 1)

Auch wenn Heidegger zuerst auf die Lichtung eingeht, um zu erörtern, wie die „Unverborgenheit selbst" (GA 5, 39) geschieht, so gehört zur Wahrheit als Unverborgenheit doch ein wesentliches Abwesenheitsmoment, dem der transzendentale Status der Lichtung noch nicht Rechnung trägt: Der Erfahrung der positiven Ermöglichung von intentional und logisch wahrer Erfahrung steht entgegen, dass Kunstwerke dinglich sind und der Erde im Streit mit der Welt zugehörig, so dass sie auch eine wesentliche Begrenzung des Erfahrbaren definieren. Kunstwerke ermöglichen also zwar eine Erfahrung des transzendentalen, aber weder eine unbegrenzte, noch eine reine Erfahrung. Würde sich das Transzendentale in der Erfahrung der Wahrheit als Unverborgenheit von dem lösen, das durch es möglich wird, müsste Heidegger sich seiner eigenen Kritik an der Wahrheit als Übereinstimmung aussetzen. Anstatt Erfahrung sozusagen in zwei Schichten, die transzendentale und die empirische, zu trennen und so die Spaltung der menschlichen Erkenntnis in zwei Stämme, von der Kant ausgeht, mitzumachen, behauptet Heidegger deren phänomenologisch einsichtige Einheit.

Phänomenologische Erfahrung ist vielmehr dann gegeben, wenn man die mit dem Begriff der Erde angesprochene Erfahrung einer Grenze von Erfahrung macht, die Erfahrung von Abwesenheit also. Diese verbindet sich im Kunstwerkaufsatz mit der Ermöglichung von Erkenntnis durch die Überlegung, zur Unverborgenheit gehöre nicht nur die Offenheit der Lichtung, sondern auch ein *Verbergen*: Wenn etwas tatsächlich *un*verborgen ist, dann ist es nicht einfach nur in der Lichtung da, sondern ist verborgen gewesen oder könnte immer auch verborgen sein, ihm gehört stets zumindest die Möglichkeit zu, sich vollständig zu entziehen. Mit dieser Überlegung nimmt Heidegger einen weiteren Gedanken seiner Interpretation der Geschichte der Philosophie auf: Die Deutung von ἀλήθεια als ἀ-λήθεια, als *Un-verborgenheit*. ἀλήθεια sei eine durch das α-Privativum angezeigte Privation von λήθη, dem griechischen Wort für Verbergen oder Vergessen.[37] Als λήθη geht das Verbergen der Unverborgenheit voraus.

---

[37] Als philologischen Überblick dazu vgl. Holger Helting, ἀ-λήθεια-Etymologien vor Heidegger im Vergleich mit einigen Phasen der ἀ-λήθεια-Auslegung bei Heidegger, Heidegger Studies 13 (1997), 93–108. Vgl. ebenso

Im Kunstwerkaufsatz ist dieser Gedanke dadurch zum Ausdruck gebracht, dass Lichtung und Verbergung im Verhältnis des *Streits* stehen, der in Bezug zum Streit von Welt und Erde sogar der „Urstreit" (GA 5, 42) ist: Lichtung und Verbergung bilden als Wahrheit und Unwahrheit eine untrennbare, aber dynamische Einheit. Der Gedanke ist bereits derselbe wie in *Das Ende der Philosophie und die Aufgabe des Denkens*, allerdings noch integriert in die Wahrheitstheorie: Soll nicht nur die positive Ermöglichung von Erfahrung in der Lichtung, sondern auch die Grenze von Erfahrung selbst erfahrbar sein, dann muss die Möglichkeit der Phänomene auch die Voraussetzung dafür bieten, dass das Verbergen als solches erscheinen kann. Das geschieht, terminologisch gefasst, im *Verweigern* von Wahrheit: „Das Wesen der Wahrheit, d. h. der Unverborgenheit, wird von einer Verweigerung durchwaltet. Dieses Verweigern ist jedoch kein Mangel und Fehler, als sei die Wahrheit eitel Unverborgenheit, die sich alles Verborgenen entledigt hat. Könnte sie dieses, dann wäre sie nicht mehr sie selbst. *Zum Wesen der Wahrheit als der Unverborgenheit gehört dieses Verweigern in der Weise des zwiefachen Verbergens.* Die Wahrheit ist in ihrem Wesen Un-wahrheit." (GA 5, 41)

Heidegger setzt, um dieses dem Wesen der Wahrheit ursprünglich zugehörige Verbergen zu bestimmen, am phänomenal Positiven, der „Offenheit der Lichtung" an, um zu zeigen, wie diese im Verhältnis des Streits mit dem Verbergen steht. Diese zeige „einen Wesenszug, den wir schon nannten. Zum Offenen gehört eine Welt und die Erde. Aber die Welt ist nicht einfach das Offene, was der Lichtung, die Erde ist nicht das Verschlossene, was der Verbergung entspricht." (GA 5, 42) Das Begriffspaar von Welt und Erde verbindet die Beschreibung des Kunstwerks also mit der Wahrheitstheorie, doch können die beiden Aspekte der dynamischen Phänomenalität des Erscheinens von Kunst – das *Aufstellen* der Welt und das *Herstellen* der Erde – nicht einfach mit den beiden Elementen der Unverborgenheit, mit Wahrheit und Unwahrheit, identisch sein. Das Verbergen ist eine originäre Erfahrung der Grenze von Wahrheit, die als solche erfahrbar ist, aber auch in einer selbst unwahren Weise erfahren werden kann: Wahrheit als Unverborgenheit muss auch die Möglichkeit einräumen, sich über sie selbst zu täuschen, also etwas für wahr zu halten, dass nicht wahr (im Sinne der Unverborgenheit) ist.

Matthias Flatscher. Logos und Lethe. Zur phänomenologischen Sprachauffassung im Spätwerk von Heidegger und Wittgenstein, Freiburg/München 2011.

Eine solche Täuschung geschieht etwa durch alle Dingbegriffe, die die Zugehörigkeit der Dinge zur Erde übergehen (vgl. GA 5, 57). Heideggers phänomenologischer Dingbegriff gibt deshalb den Ausschlag, um Welt und Erde den Phänomenen von Wahrheit und Unwahrheit zuzuordnen, und so erklärt sich Heideggers Unterscheidung des *„zwiefachen Verbergens"*.[38] Das gewissermaßen harmlose, wenn auch in der Geschichte der Philosophie wirkmächtige Verbergen ist das *Verstellen*, das „innerhalb des Gelichteten" (GA 5, 40) stattfindet, also nicht bis an dessen Grenze vordringt: „Das Seiende erscheint zwar, aber es gibt sich anders, als es ist. Dieses Verbergen ist das Verstellen." (GA 5, 40) Das Verstellen erklärt also die Möglichkeit von Selbsttäuschungen und Irrtümern, dass wir also etwas erkennen, aber es nicht als das erkennen, das es in Wahrheit (als Unverborgenheit) ist.[39]

Die Verwechslung von Gold und Falschgold ist ein Beispiel für das Verstellen: Falschgold ist kein Gold, sondern täuscht nur vor Gold zu sein. Die Eigenschaften, die Falschgold mit Gold gemeinsam hat, schieben sich sozusagen vor das, was das vermeintliche Gold eigentlich ist, nämlich Falschgold, und so kommt es, dass man sich täuscht. Entsprechend treffen wir richtige oder falsche Aussagen, die sich durch ihre Wahrheitsbedingungen auf Eigenschaften und das Vorliegen von bestimmten Sachverhalten beziehen. Eine solche verifikatorische Bezugnahme auf Gold oder Falschgold geschieht im Rahmen bestimmter mehr oder weniger ausdrücklicher ontologischer und epistemologischer Grundüberzeugungen – sie geschieht aufgrund der Voraussetzungen einer Welt: Wir hegen Vorstellungen von Gold im Unterschied zu Falschgold und benutzen diesen entsprechende Mittel, um etwas in seinem Sein zu bestimmen. Die Wahrheit des Goldes besteht in diesem Fall allein „in der Übereinstimmung mit

---

[38] Auch dieser Unterschied geht auf Heideggers Platon-Interpretation zurück: Platon stelle im *Theaitetos* ein bloß falsches und verstellendes Wissen (ψευδὴς δόξα) der ursprünglichen Entzogenheit des Vergessens (λήθη) gegenüber. Erst die Berücksichtigung der Erde in der Kunsterfahrung ermöglicht Heidegger aber einen phänomenologischen Ausweis des Anspruchs, das Versagen der λήθη sei ein „objektives Geschehen". (Heidegger, Vom Wesen der Wahrheit (1931/32), GA 34, 141). Auf die Sinnlichkeit der Erde gibt Heideggers Interpretation der αἴσθησις jedoch einen Vorblick. Vgl. Heidegger, Vom Wesen der Wahrheit (1931/32), GA 34, 131–144, 220, 246–322; Heidegger, Vom Wesen der Wahrheit (1933/34), GA 36/37, 224–229, 246–262.
[39] Vgl. Tilo Wesche, Wahrheit und Werturteile. Eine Theorie der praktischen Rationalität, Tübingen 2011.

dem, was wir mit Gold ‚eigentlich' im voraus und stets meinen".[40] Die Wahrheit des Goldes ist nicht aus seiner Phänomenalität, seinem Sichzeigen gewonnen.

Von dieser Überlegung aus fügt sich Heideggers Kritik an Richtigkeit und Übereinstimmung in die Systematik des Kunstwerkaufsatzes ein. Richtigkeit und Übereinstimmung, in den verschiedenen Formen, in denen sie in der Geschichte der Philosophie anzutreffen sind, sollen sich als Verstellungen des Wesens der Wahrheit in Wahrheit und Unwahrheit erweisen, die das Sichzeigen des Abwesenden, die Unwahrheit, übergehen: Die Verbindung von Satz und Sachverhalt durch Wahrheitsbedingungen und die Möglichkeiten der Verifikation können unterschiedlich gefasst werden, und das wurden sie in den verschiedenen Epochen der Philosophiegeschichte auch. Die Überzeugung, dass Wahrheit in der Übereinstimmung von Satz und Sachverhalt besteht, verstellt das Sichzeigen der Dinge als solcher, wird aber als solche nicht fraglich.

Das geschieht erst, wenn wir das *Versagen* von Wahrheit erfahren: Die kategoriale Bestimmbarkeit des Seienden ist nicht länger selbstverständlich. Wir erfahren, *dass* etwas ist, aber es ist nicht mehr zu sagen, was es ist: „Seiendes versagt sich uns bis auf jenes Eine und dem Anschein nach Geringste, das wir am ehesten treffen, wenn wir vom Seienden nur noch sagen können, daß es sei." (GA 5, 40) Ob etwas etwa Gold oder Falschgold ist, ist dann nicht mehr zu sagen. Unser bislang selbstverständliches Referenznetz ist als ganzes fraglich geworden, und die Möglichkeit der Bezugnahme ist entsprechend auf ein bloßes Zeigen reduziert.[41] Darin liegt zum einen die „jedesmalige Grenze der Erkenntnis" (GA 5, 40), da Erkennen im Unterschied zum Zeigen kategoriale Bestimmungen voraussetzt: Seiendes kann erkannt werden, von demjenigen, auf das wir nur mit einem Zeigen hinweisen können, prallen alle Kategorien ab. Dennoch ist dieses Sichzeigende, auf das wir zeigen, phänomenal da, es wird in der „Verbergung als Versagen" (GA 5, 40), als ein *Sich*versagen von Wahrheit also, erfahren. In dieser Erfahrung ist alles Seiende durch dieses Versagen fragwürdig geworden und in seiner theoretischen und lebensweltlichen Bedeutung und seinem Bestimmtsein gewissermaßen eingeklammert: Es ist nicht nur ein bestimmtes Sei-

---

[40] Heidegger, Vom Wesen der Wahrheit, GA 9, 179.
[41] Vgl. Heidegger, Die Frage nach dem Ding, GA 41, 24. Außerdem Günter Figal, Zeigen und Sichzeigen, in: Verstehensfragen. Studien zur hermeneutisch-phänomenologischen Phänomenologie, Tübingen 2009, 200–210.

endes verstellt, sondern alles Seiende ist den Möglichkeiten unserer erkenntnismäßigen Bezugnahme und damit in seiner Bestimmbarkeit entzogen. Dennoch ist es da.

In dieser Situation kann klar werden, dass wir auf der Suche nach verifizierbaren Wahrheitsbedingungen Voraussetzungen machen, die nicht aus der erscheinenden Sache selbst gedeckt sind. In der Erfahrung des Versagens liegt eine Erfahrung der Möglichkeit und des Mediums von Intentionalität, nämlich der Offenheit der Lichtung im Widerstreit mit dem Verbergen. Es zeigt sich, dass sich überhaupt etwas zeigen kann. Das ist zwar in jedem Erscheinen in der Lichtung vorausgesetzt. Aber im Versagen zeigt sich das Verbergen unverstellt und erweist sich so als der Lichtung gleichrangige Bedingung der Erfahrung von etwas Bestimmtem, als etwas, das nicht bloß abgeleitet, nur eine Privation von Wahrheit ist, sondern selbst ursprünglich phänomenal. Doch auch wenn das Versagen eine Grenzerfahrung ist, da es alle bisherigen Bestimmungen fraglich werden lässt, so setzt diese Wahrheitserfahrung auch einen „Anfang der Lichtung des Gelichteten" (GA 5, 40). Dieser Anfang geschieht durch eine „Entscheidung" darüber, was Sein sei, und über den Sinn von Kategorien, kurz: über das Sinnganze der Welt. Eine solche weltstiftende Entscheidung kommt nicht aus dem Nichts, sondern aus der Erfahrung des Versagens, sie „gründet sich auf ein Nichtbewältigtes, Verborgenes, Beirrendes, sonst wäre sie nie Entscheidung" (GA 5, 42), mit anderen Worten: Die Entscheidung über den Anfang, die Entscheidung darüber, was wir aus der Erfahrung des Versagens von Wahrheit in der Unwahrheit machen, gründet auf Phänomenen, die das sichverschließende Wesen der Erde aufweisen. Da sie diese Phänomene konfrontiert, stiftet eine solche anfängliche Entscheidung eine Welt, in der die Möglichkeiten unserer intentionalen Bezugnahme gesichert, das Seiende als Seiendes bestimmt und erkennbar wird.

Das Verstellen, das innerhalb der Welt geschieht, ohne sie in Frage zu stellen, ist eine Privation der Lichtung, gewissermaßen eine bloße Abschattung: Alles liegt als Teil unserer Welt offen zu Tage, auch das Verborgene ist zugänglich geworden, wenn auch als etwas, das es nicht ist. So kommt es zu Selbsttäuschungen und Irrtümern. Im Versagen erweist sich dagegen dasjenige, das im Bereich der Lichtung als intentional und kategorial erfassbar erscheint, als einer Verborgenheit abgerungen, die mit der positiven Möglichkeit ihrer Erkennbarkeit gleichen Ursprungs ist. Der Entzugscharakter des Versagens ermöglicht es Heidegger, eine Verbindung von Unwahrheit zu den Begriffen Welt und Erde zu ziehen, die für die welthafte

Bedeutung und die sinnliche Erfahrung der Natur im Kunstwerk stehen: Das jeweils „Gelichtete" gehört zur Welt, aber durch ihre „ständige Herkunft" (GA 5, 41) in der Verbergung zeigt die Lichtung ihre Zugehörigkeit zur Erde, die „alles Eindringen" in sie „versagt" (GA 5, 33). Das Wesen der Erde ist, wie beim Zerschlagen eines Felsens deutlich wird (vgl. GA 5, 33), das Sichzeigen von etwas, das sich verbirgt, in diesem Verbergen – aber dass es so ist, ist nur in solchen Phänomenen erfahrbar, die sich als solche der Verbergung auch ausweisen: „Die Erde ist nicht einfach das Verschlossene, sondern das, was als Sichverschließendes aufgeht." (GA 5, 42) Sich als Abwesendes zu zeigen, kann wiederum nur in der Offenheit der Lichtung geschehen, die als eine Welt Gestalt annimmt. Damit aber ist die Erfahrung des Versagens täuschungsanfällig geworden und es ist gut möglich, dass wir, mit Heideggers Begriffen gesagt, ein Verstellen schon für ein Versagen, oder ein Versagen von Wahrheit für ein triviales Verstellen, für eine begrenzte Täuschung oder einen Irrtum halten. Das beste Beispiel dafür sind unsere Schwierigkeiten, der Natur in Geistes- und Naturwissenschaften epistemisch gerecht zu werden: Hier verstellt leicht eine Abstraktion den Blick auf die begrenzte Gegebenheit des Phänomens der Natur.

Das Verstellen kann so mit Heideggers eigenen Begriffen genauer bestimmt werden als etwas Weltliches, das die Erfahrung von etwas verstellt, das den sich sichverschließenden Charakter der Erde hätte, wenn man ihm erlauben würde, sich als das zu zeigen, das es ist, es also nicht in die kategoriale Bestimmtheit einer Welt zwingen würde. Auch eine nach allen, dem Sachverhalt äußerlichen, Kriterien richtige Aussage verbirgt also dadurch, dass sie etwas in seinem unverborgenen Sosein, in seiner An- und Abwesenheit, verstellt. Wie das geschieht, ist aus Heideggers Aufnahme der phänomenologischen Methode und der phänomenologischen Bestimmung von Objektivität klar: Unsere bloß implizite oder auch ausdrückliche Ontologie verstellt das sichverschließende Wesen der Erde dann, wenn wir etwas als Gegenstand vorstellen und nicht als Ding nehmen. Tun wir dies aber, erscheint die Erde in der Welt als etwas, das dieser als ihr Grund und ihre Möglichkeit zugrunde liegt, ihr darin aber fremd und unheimlich ist. Die Erde wird dann nicht durch Selbstverständlichkeiten verstellt, sondern verbirgt *sich* frei und kann gerade so ihr eigenes Wesen zeigen. Diese Erfahrung muss das Versagen von Wahrheit sein, es ist mit den Kategorien einer Welt nicht zu fassen. Beide, Welt und Erde, sind wahr darin, dass sie zugleich unverborgen sein lassen und verbergen.

Die Erfahrung von Kunstwerken ist dafür ein treffendes Beispiel und so wundert es kaum, dass Heidegger sich an diesem Modell orientiert: Aussagen über Kunstwerke lassen sich nur dann verifizieren oder falsifizieren, wenn sie ihre ontologischen und kategorialen Vorannahmen nicht aus der Erfahrung des Kunstwerks selbst entnehmen. Dann aber ist nicht über die Wahrheit des Werks selbst, sondern allein über die Richtigkeit der Aussagen über das Werk nach dem Werk äußerlichen Kriterien entschieden – etwa wenn man herausfindet, wie groß oder wie schwer ein Kunstwerk ist, wer es aus welchen Materialien gemacht hat oder zu welchen geschichtlichen Epochen und sozialen Verhältnissen es gehört. Offenkundig übergehen wir damit aber die Erfahrung des Kunstwerks als Kunstwerk und verstellen sie sogar. Die sinnliche, kategorial unbestimmte Erfahrung, die wir vom Kunstwerk als etwas vom Charakter der Erde haben, wird unzugänglich, das der bestehenden Welt Fremde wird übergangen. Weder die Wahrheit noch die Unwahrheit des Kunstwerks werden erfahren. Geht es darum, ein Kunstwerk *als solches* zu beschreiben, dann kann eine solche Beschreibung nur noch dieser strukturierten, aber dennoch unfasslichen Erfahrung des Werks mehr oder weniger angemessen sein. Anstatt mit Erkenntnis- und Erfahrungsnormen zu messen, die nicht aus dem Werk, sondern aus der es umgebenden Welt kommen, sind wir ganz auf unsere Erfahrung zurückgeworfen, für die nicht alles offenbar ist und in der das Werk gerade deshalb als es selbst erscheint. Es ist eine eigene Entscheidung, über diese sich entziehende Erfahrung zu sprechen, darüber, was das Werk mit einem selbst und der Welt ‚macht'.

Wegen des an ihr erfahrenen Versagens kommt der Erde bei dem im Kunstwerk ins Werk gesetzten Streit mit der Welt ein wahrheitstheoretischer Vorrang zu: Wenn wir im Kunstwerk Unverborgenheit als Wahrheit *und* Unwahrheit erfahren, erweist sich eine gegebene Welt als täuschungsanfällig und als Phänomene verstellend. Die Kategorien einer Welt und der ihr zugehörige Sinn von Sein werden fraglich, so dass „durch das Werk alles Gewöhnliche und Bisherige zum Unseienden" (GA 5, 60) wird – es geschieht also dasjenige, das durch die phänomenologische ἐποχή veranlasst werden soll. Die Erde dagegen, obwohl deren Wesen gerade das Verbergen ist, gewinnt an Phänomenalität, sobald man das Verbergen als wesentlich zur Wahrheit zugehörig erfährt: *„Das Werk läßt die Erde eine Erde sein."* (GA 5, 32)[42]

---

[42] Dies markiert den wesentlichen Unterschied zu Gadamers Verbindung von Kunst und Wahrheit: Gadamer bestimmt die Wirkung der Kunst auf

Auch Heideggers Kritik der antiken und neuzeitlichen Ontologie lässt sich auf den Gedanken beziehen, Wahrheit und Unwahrheit hätten als Lichtung und Verbergung ihren gemeinsamen Ursprung in der Unverborgenheit. Denn von einem das Seiende als Gegenstand vorstellenden (richtigen) Urteil gilt dasselbe wie von den platonischen Ideen: „Die Ideen beseitigen die Verborgenheit."[43] Aber diese Beschränkung der antiken und neuzeitlichen Philosophie auf die Beschreibung von Anwesenheit, die Heidegger in *Nietzsche II* (1961 erschienen) als „Geschichte des Seins"[44] herausarbeiten wird, ist wahrheitstheoretisch nichts anderes als ein Fall von Verstellung: Ein Seiendes schiebt sich vor ein Seiendes, ein ideales Seiendes oder eine bewusste und vernünftige Vorstellung geben sich als etwas anderes aus, als in Wahrheit ist. Sich gegenüber der Seinsgeschichte frei zu verhalten heißt dann nicht so sehr, an einen geschichtlich bestimmten Anfang zurückzukehren, als vielmehr Aussagen und Ideen als Unverborgenheitsphänomene zu interpretieren: Als solche sind sie nie schlicht anwesend. Aussagen und Ideen und die ihnen entsprechenden Überzeugungen sind weder ganz gewiss noch allein propositional in Gänze bestimmbar, sondern tragen in ihrer Gegebenheit eine Erkenntnisgrenze.

Aber nicht nur durch eine solche sytematisierende Relektüre der Geschichte der Philosophie, die die Wahrheitstheorie in *Der Ursprung des Kunstwerkes* erlaubt, auch durch die Engführung des Streits von Welt und Erde mit dem Streit von Lichtung und Verbergung bei der Bestimmung phänomenologischer Wahrheit weist der Kunstwerkaufsatz über sein Thema hinaus: Die phänomenalen Charakteristika von Welt und Erde, mit denen Heidegger Kunstwerke beschreibt, lassen sich auch außerhalb der Kunst antreffen und erlauben so eine Erweiterung des Wahrheitsdenkens der Unverborgenheit über den Bereich der Kunst hinaus. Was sich im Werk als der Entzug von weltlicher, selbstverständlicher Anwesenheit zeigt, ist die vielleicht maßgebliche, aber nicht einzige Möglichkeit, Unverborgenheit als Streit von Lichtung und Verbergung zu erfahren. Am Kunstwerk gewinnt Heidegger die Einsicht, dass alles, was sich zeigt, einer ursprünglichen Verborgenheit abgerungen ist und sich nur des-

---

alle Phänomene – auch auf die der Welt – als „Zuwachs an Sein". Vgl. Hans-Georg Gadamer, Wahrheit und Methode. Grundzüge einer philosophischen Hermeneutik, Gesammelte Werke Band I, Tübingen 1986, 145.
[43] Heidegger, Vom Wesen der Wahrheit, GA 34, 70.
[44] Heidegger, Nietzsche, GA 6.2, 363.

halb als solches, und, wenn man es zulässt, auch in seinem Versagen zeigt, und dass ein solches sich auch verbergendes Sichzeigen die maßgebliche Bestimmung von Phänomenalität ist. Dass sich etwas zugleich zeigen und entziehen kann und nur dann wahrhaft erfahren wird, ist in der Kunst zwar besonders anschaulich, aber auch verallgemeinerbar. Heidegger kann deshalb bereits im Kunstwerkaufsatz Kunst, Religion, Politik und Philosophie als verschiedene Weisen bestimmen, „wie Wahrheit west" (GA 5, 49). Welt und Erde, Lichtung und Verbergung sowie Verstellen und Versagen gibt es auch in anderen Bereichen, es sei denn ungeprüfte Voraussetzungen verstellen deren ursprüngliche Erfahrung – wie dies in Wissenschaften der Fall ist, die ihre Grundkategorien nicht bedenken (vgl. GA 5, 49–50). Wissenschaften sind also, wenn auch verstellungsanfällig, so doch keineswegs irrelevant für die Phänomenonologie, noch ist Kunst der einzig mögliche Gegenstand einer Philosophie, die die Phänomenalität der Unverborgenheit zu beschreiben sucht.

Heidegger erläutert die Unterschiede der verschiedenen Erscheinungsweisen von Wahrheit im Kunstwerkaufsatz nur indirekt, und zwar dadurch, dass er das Wesen der Wahrheit in der Kunst umreißt. Dieses zeichnet sich zum einen durch Schönheit aus: *„Schönheit ist eine Weise, wie Wahrheit als Unverborgenheit west."* (GA 5, 43) So positioniert sich Heidegger gegenüber der Ästhetik Kants, in der die Beurteilung des Schönen als Bezugnahme auf „Erkenntnis überhaupt"[45] bestimmt wird. Durch die Wahrheitstheorie, wie Heidegger sie bis hierher entwickelt hat, ist zwar klar, dass Kants Analyse zu kurz greift: Unverborgenheit ist durch die Analyse von Urteilen nicht hinreichend zu bestimmen, ihre Erfahrung ist nicht propositional. Aber Kant sieht, dass Schönheit keine begrifflich oder schematisch bestimmbare Erfahrung sein kann und trotzdem höchst erkenntnisrelevant ist, weil sie die menschliche Erkenntnisfähigkeit zugleich in Frage stellt und bestätigt: Als Erfahrung geht Schönheit, mit Heidegger gesagt, vor die kategoriale Bestimmtheit des Seienden in einer Welt auf dessen Grund in der Erde zurück.

Schön kann für Kant aber auch die Natur als solche sein. Heidegger nimmt zur Wahrheit der Schönheit der Natur nur indirekt Stellung, dadurch, dass er Schönheit für keine hinreichend spezifische Differenz der Kunst hält. Für Heidegger konfiguriert allein das Kunstschöne, das vom Menschen gemachte Schöne, Lichtung und Verbergung als Streit von Erde und Welt *im Werk*. Nur das Werk

---

[45] Immanuel Kant, Kritik der Urteilskraft, B 28.

kann dasjenige sein, „worin die Offenheit ihren Stand und ihre Ständigkeit nimmt" (GA 5, 48). Nicht im Naturschönen, allein an diesem Dastehen der Kunst im Werk entzündet sich der Streit von Lichtung und Verbergung in der für die Kunst spezifischen Weise. Ob Heidegger der Natur Schönheit und somit Wahrheit zugesteht, oder ob die Natur eine ganz eigene Wahrheit hat, ist also nicht klar. Die Erfahrung der Grenzen der Erkenntnis, die Erfahrung von Wahrheit als Unverborgenheit im Streit von Lichtung und Verbergung kann aber sicherlich auch außerhalb der Erfahrung des Schönen vorkommen, was wiederum Kant ausschließt. Das Werk, das Spezifikum der Wahrheit der Kunst, ist etwas Bleibendes, ein Ort, an dem Wahrheit und Unwahrheit verbunden erscheinen, aber die beiden Weisen des Verbergens phänomenologisch unterscheidbar sind. In anderen Weisen, in denen auch Wahrheit als Unverborgenheit geschieht, aber den phänomenologisch maßgeblichen Bereich des Dinglichen verlässt, etwa im Politischen, sind Versagen und Verstellen schwieriger zu unterscheiden. Dennoch geschieht Unverborgenheit auch dort.

4. Ereignis

Nach der Veröffentlichung des Kunstwerkaufsatzes fasst Heidegger die sozusagen urphänomenologische Erfahrung der Unverborgenheit, von Wahrheit *und* Unwahrheit, in ein Wort zusammen, das er an einigen Stellen seines Handexemplars in den Kunstwerkaufsatz nachträgt: *Ereignis*. Auf seine eigene Frage: „Was ist die Wahrheit selbst, daß sie sich zu Zeiten als Kunst ereignet?" kann Heidegger so die bündige Antwort geben: „Wahrheit aus Ereignis!" (GA 5, 25) Die „Unverborgenheit als solche in Bezug auf das Seiende im Ganzen", (GA 5, 43) dasjenige, das „über das Seiende hinaus" und „vor ihm her" (GA 5, 39) geschehe, sei Ereignis ebenso wie der „Urstreit" von Lichtung und Verbergung, „in dem jene offene Mitte erstritten wird, in die das Seiende hereinsteht und aus der es sich in sich selbst zurückstellt" (GA 5, 42). Unverborgenheit, so machen diese späteren Anmerkungen deutlich, ist keine „starre Bühne", weder mit offenem, noch mit geschlossenem Vorhang, sondern, wie Heidegger schon in der veröffentlichten Fassung sagt, „Geschehnis" (GA 5, 41; vgl. 24, 27, 45, 48, 58–62) oder eben, in seiner späteren Terminologie, „Ereignis" (GA 5, 41). Heideggers Hinzufügungen machen deutlicher, dass *Werk* einen wesentlichen Doppelsinn hat, der sich durch die Wahrheitstheorie des Kunstwerkaufsatzes beschreiben lässt: Das Kunstwerk ist der Ort für das Ereignis des „am Werk"-Seins der Wahrheit (GA 5, 27, 43, 44, 48, 57), ist aber nicht selbst dieses Geschehen. Die beiden Aspekte des Werks – „Werksein" (GA 5, 20 u. ö.; vgl. besonders 30–36) und „am Werk"-Sein –, sind phänomenologisch zu unterscheiden, aber, als Ort und Geschehen von Wahrheit, nicht zu trennen (vgl. GA 5, 56–59).

Die Kunst, untersucht am Leitfaden des Zusammenhangs von Ding und Werk, führt Heidegger durch den Ereignisbegriff in der Relektüre des Kunstwerkaufsatzes über die bipolare (wenn auch nicht dualistische) Wahrheitskonzeption der Unverborgenheit als Streit von Lichtung und Verbergung hinaus. Statt eines gegenwendigen Wahrheitsprinzips ist das „Ereignen" zwar synonym mit dem „Lichten" (GA 5, 39), aber beides bildet keine prinzipielle Einheit. Aus dem Verbergen steht vielmehr das absolut Individuelle, die „Einzigkeit" (GA 5, 53) des Ereignisses heraus, die sich nicht auf ein oder zwei Prinzipien reduzieren lässt oder wie die Lichtung als Ermöglichung von Phänomenalität bestimmen. Das Ereignis ist vielmehr dasjenige, das sich zeigt, ohne durch die notwendige Erkenntnisbedingung seines Erscheinens in der Lichtung schon hinreichend bestimmt zu sein. Das „Ereignishafte" der Kunst ist nicht nur, dass das Werk als der doppelte Streit von Lichtung und Verbergung und Erde und Welt „geschaffen" wurde und dasteht, sondern dass es „als dieses Werk ist" und so „das sich verbergende Sein gelichtet" (GA 5, 43) wird. Dies geschieht in der Kunst so, dass jedes Kunstwerk aus ursprünglicher Verborgenheit Seiendes als solches in seinem eigenen phänomenalen Sein erfahrbar werden lässt, wie Heidegger das zuerst am Gemälde von van Gogh beschreibt. In diesem Sinne Einzigartiges geschieht nicht nur in der Kunst, aber am Kunstwerk ist das Ereignis leicht lokalisierbar. Deshalb ist Unverborgenheit als Geschehen auch *am Werk* am leichtesten beschreibbar. Der Ereignisbegriff ersetzt die Bestimmung der Kunst als Sich-ins-Werk-Setzen der Wahrheit also nicht, sondern macht dessen Doppelsinn deutlich. Ereignisse, das am-Werk-Sein der Wahrheit, kann es auch ohne Kunstwerke geben, im Hinblick auf Kunstwerke werden sie aber phänomenologisch am leichtesten fassbar. Hierin besteht die Affinität der Phänomenologie zur Kunst.

Da Welt und Erde, Lichtung und Verbergung, Verstellen und Versagen in der Erfahrung des individuellen Kunstwerk zwar zu unterscheiden, aber nie zu trennen sind, ergeben sich aus dem Ereignisdenken Grenzen für jede Konzeption *einer* Wahrheit oder *eines* uniformen Erscheinens – einzig die Negativität des Versagens lässt

Kunst, Werk, Wahrheit 93

sich einheitlich, nämlich als abgründige Phänomenalität bestimmen.[46] Ihr gegenüber steht die Singularität einer ereignishaften Erfahrung. Erst durch die Ereigniserfahrung, die die Offenheit der Lichtung zugleich bestätigt und begrenzt, geht Heideggers Verbindung von Kunst und Wahrheit über eine bloße Negativitätserfahrung hinaus. Soll das Verbergen nicht als dialektisches Gegenstück eines universalen Erscheinungsgeschehens bestimmt werden (vgl. GA 5, 41), lässt sich Phänomenalität nicht als in sich strittige Wahrheit (Unverborgenheit, ἀλήθεια) beschreiben, sondern nur als individuell ursprünglich, als sich ereignend. Das erklärt, warum Heidegger den Versuch, Phänomenalität als (Un-)Wahrheit zu denken, letztlich ganz abgewiesen, aber an der Ermöglichung von Wahrheit in der Lichtung festgehalten hat: Die in der Lichtung mögliche Wahrheit lässt sich in ihrem Geschehenscharakter nur als Ereignis beschreiben. Als lichtendes ist das Ereignis zwar phänomenale Fülle, doch lässt sich diese Fülle weder als ein allgemeines Prinzip bestimmen, noch abstrakt definieren: Man muss ihre Erfahrung gemacht haben, um Wahrheit als Unverborgenheit zu verstehen.

Es gibt dann keine allgemeine phänomenologische Gegebenheit, sondern einfach die ‚Sachen selbst' und in der Kunst die Werke, an denen Ereignisse geschehen. Dementsprechend wächst Heideggers Skepsis gegenüber der phänomenologischen Methode. „Umkehren – wohin?" (GA 5, 29), so formuliert diesen Gedanken eine der Randbemerkungen. Und im *Zusatz* zum Kunstwerkaufsatz schreibt Heidegger, die Kunst gehöre „in das Ereignis" – sie ist von dem abhängig, was sich ereignishaft zeigt – und Heidegger nimmt seine eigenen Überlegungen von dieser Begrenzung nicht aus: Die Bestimmungen von Kunst im Kunstwerkaufsatz könnten nicht letztgültig sein, sondern seien allein „Weisungen für das Fragen" (GA 5, 73). Dennoch, und das bleibt der entscheidende Hinweis des Kunstwerkaufsatzes, lässt sich beschreiben, dass ein Ereignis am Werk geschieht, das als Ort und Geschehen ein individueller Ursprung ist: Die Kunst ist das „Sich-ins-Werk-Setzen der Wahrheit". Das von Heideggers Überle-

---

[46] Diesen Aspekt stellt Andrea Kern in das Zentrum ihrer Interpretation. Vlg. Andrea Kern, ‚Der Ursprung des Kunstwerks'. Kunst und Wahrheit zwischen Stiftung und Streit, in: Dieter Thomä (Hrsg.), Heidegger Handbuch. Leben – Werk – Wirkung, Stuttgart/Weimar 2003, 162–174. Ausgearbeitet wird Heideggers Theorie des Abgrunds in dem – interpretationsbedürftigen – Konvolut *Die Gründung* in den *Beiträgen zur Philosophie* (GA 65, 291–392).

gungen gewiesene Fragen nach der Wahrheit der Kunst muss also immer ein Fragen nach der Wahrheit des Werks sein.

Die Wahrheitstheorie weist den Kunstwerkaufsatz als Zentrum und Bruchstelle in Heideggers Werk aus: Weil sie mit Wahrheit als dem Sichzeigen der Phänomene verbunden werden, unterbrechen Heideggers Überlegungen zur Kunst die Vorläufe und Weiterentwicklungen seines Nachdenkens über das Wesen von Wahrheit und Phänomenalität. Bis in sein spätestes Denken bleibt es aber Heideggers Bemühen, dem Hinweis zu folgen, der den Kunstwerkaufsatz prägt: An den Werken der Kunst zu verstehen, wie es trotz des Versagens von Wahrheit Lichtung und Ereignis geben kann, wie also das Erscheinen der Phänomene zugleich durch die Lichtung ermöglicht und allein aus Verborgenheit, ereignishaft, geschehen kann. Das Fragen nach der Kunst wie nach der Wahrheit kann sich dann aber nicht nur an Heideggers Hinweisen, sondern muss sich immer auch an einzelnen Kunstwerken orientieren, um das Denken für Ereignisse und für ein von diesen ausgehendes Fragen zu öffnen. In der so genannten Athener Rede, *Die Herkunft der Kunst und die Bestimmung des Denkens*, fragt Heidegger, in einer der letzten Äußerungen zur Kunst: „Muß das Werk nicht als Werk in das dem Menschen nicht Verfügbare, in das Sichverbergende zeigen, damit das Werk nicht nur sagt, was man schon weiß, kennt und treibt?"[47]

---

[47] Heidegger, Die Herkunft der Kunst und die Bestimmung des Denkens, in: Denkerfahrungen, Frankfurt am Main 1983, 135–149, hier 148.

Manuel Schölles

Die Kunst im Werk
Gestalt – Stimmung – Ton

In Martin Heideggers *Sein und Zeit* finden wir nur einen Satz über das Wesen der Dichtung; er lautet wie folgt: „Die Mitteilung der existenzialen Möglichkeiten der Befindlichkeit, das heißt das Erschließen von Existenz, kann eigenes Ziel der ‚dichtenden' Rede werden."[1]

Die Befindlichkeit ist, gleichursprünglich mit Verstehen und Rede, eine der Erschlossenheitsweisen des Daseins, durch die es stimmungsmäßig „vor sein Sein als Da gebracht ist".[2] Das Dass seines Da, die Geworfenheit des Daseins, geht also wesentlich mit einem Wie-sein einher, worin jene – vor jedem Erkennen – erschlossen ist. Gemäß der Seinsverfassung des Daseins erschließt sich ihm in den Stimmungen überdies sein ganzes In-der-Welt-sein und mithin der weltliche Gesamtzusammenhang, aus dem allererst innerweltlich Seiendes begegnen kann. Heidegger bringt nun die dichterische Rede, über die er vor seiner Freiburger Vorlesung vom Wintersemester 1934/35 *Hölderlins Hymnen ‚Germanien' und ‚Der Rhein'*[3] nur wenig Aufschluss gibt, in eine enge Verbindung mit der Befindlichkeit – genauer: mit den „existenzialen Möglichkeiten der Befindlichkeit" –, welche sich „im Tonfall, der Modulation, im Tempo der Rede, ‚in der Art des Sprechens'"[4] bekundet. Als „Mitteilung" ergreift die dichterische Rede außerdem eigens das Mitsein und ist somit nicht nur ein Sprechen-über, sondern auch in ausgezeichneter Weise ein Sprechen-zu. Diese beiden für die Dichtung so wichtigen Grundphänomene, Befindlichkeit und Mitsein, sind bereits in der

---

[1] Heidegger, Sein und Zeit, GA 2, 216.
[2] Heidegger, Sein und Zeit, GA 2, 179.
[3] Heidegger, Hölderlins Hymnen ‚Germanien' und ‚Der Rhein', GA 39.
[4] Heidegger, Sein und Zeit, GA 2, 216.

Marburger Vorlesung vom Sommersemester 1924 *Grundbegriffe der aristotelischen Philosophie*[5] im Rahmen einer Auslegung der aristotelischen *Rhetorik* begrifflich vorgezeichnet, wobei der Pathos-Begriff eine wesentliche Rolle spielt. Er stellt die Keimzelle der Stimmungs-Philosophie Heideggers dar, die für seinen gesamten Denkweg von eminenter Bedeutung ist.

Heideggers Vortrag *Der Ursprung des Kunstwerkes* bildet davon eine erstaunliche Ausnahme: Die Kategorie der Befindlichkeit respektive Stimmung taucht in dem Text nur am Rande auf[6] und scheint keine systematische Rolle zu spielen. Im Folgenden soll gegen diesen ersten Anschein gezeigt werden, dass

1. Heideggers im Kunstwerkaufsatz formulierte Kunsttheorie erst mit Hilfe des Stimmungs-Begriffes an seinen eigenen Beispielen (van Goghs *Schuhe*, C. F. Meyers *Römischer Brunnen*, griechischer Tempel) plausibilisiert werden kann;

2. die Werkerfahrung im Rahmen Heideggers eigener Theorie ohne den Stimmungsbegriff nicht erklärt werden kann;

3. sich an der Art und Weise, wie sich der Stimmungs-Begriff im Kunstwerkaufsatz systematisch verorten lässt, Heideggers Kehre (im primär entwicklungsgeschichtlichen Sinne) zu verdeutlichen ist;

4. der Vorrang der Dichtung im engeren Sinne (im Folgenden: Poesie) sich besonders gut mit Hilfe des Stimmungs-Begriffes zeigen lässt.

1. Exkurs I: Weltgeladenheit

Bevor wir uns dem systematischen Ort des Stimmungsbegriffes in Heideggers Kunstwerkaufsatz widmen können, bedarf es einer Vergegenwärtigung der Rolle der Dichtung und ihres Verhältnisses zur Befindlichkeit im Rahmen der fundamentalontologischen Frage in *Sein und Zeit*. Bereits Friedrich-Wilhelm von Herrmann hat dies-

---

[5] Heidegger, Grundbegriffe der aristotelischen Philosophie, GA 18.
[6] Nämlich in GA 5, 9–10: „Vielleicht ist jedoch das, was wir hier und in ähnlichen Fällen Gefühl oder Stimmung nennen, vernünftiger, nämlich vernehmender, weil dem Sein offener als alle Vernunft, die, inzwischen zur ratio geworden, rational mißdeutet wurde. Dabei leistete das Schielen nach dem Irrationalen, als der Mißgeburt des ungedachten Rationalen, seltsame Dienste."

bezüglich auf eine Stelle in der Vorlesung *Die Grundprobleme der Phänomenologie*[7] von 1927 hingewiesen, an welcher Heidegger den Sachverhalt eingehender erläutert als im eingangs zitierten Passus.[8] Heidegger schreibt dort also: „Die Dichtung ist nichts anderes als das elementare Zum-Wort-Kommen, d. h. Entdecktwerden der Existenz als des In-der-Welt-seins. Mit dem Ausgesprochenen wird für die Anderen, die vordem blind sind, die Welt erst sichtbar."[9]

Die Existenz ist dem Dasein zwar je schon erschlossen, nicht jedoch *als solche*, und das heißt: als In-der-Welt-sein, da es sich im Modus der Alltäglichkeit nur aus dem innerweltlich Seienden her versteht. In der Dichtung nun werde die Existenz als In-der-Welt-sein entdeckt, womit die Sichtbarkeit der Welt auch „für die Anderen" einhergehe. Heidegger illustriert diesen Sachverhalt mit Hilfe eines Abschnitts aus Rilkes *Aufzeichnungen des Malte Laurids Brigge*:[10] In der dichterischen Beschreibung der Innenseite eines abgerissenen Hauses werden die Dinge in ausgezeichneter Weise aus ihrem Weltzusammenhang und in ihrem Bezug zum Menschen zum Scheinen gebracht: „Und aus diesem blau, grün und gelb gewesenen Wänden, die eingerahmt waren von den Bruchbahnen der zerstörten Zwischenmauern, stand die Luft dieser Leben heraus, die zähe, träge, stockige Luft, die kein Wind noch zerstreut hatte."[11]

Der Dichter Rilke dichtet die *Weltgeladenheit* der Dinge.[12] Diese sind nicht an sich vorhanden, sondern erscheinen je schon aus einem Bedeutsamkeitszusammenhang, der an die Existenzmöglichkeiten des Daseins gebunden ist.[13] In der dichtenden Rede kommt nun die

---

[7] Heidegger, Die Grundprobleme der Phänomenologie, GA 24.
[8] Vgl. Friedrich-Wilhelm von Herrmann, Subjekt und Dasein. Grundbegriffe von ‚Sein und Zeit', dritte, erweiterte Auflage, Frankfurt am Main 2004, 177–192.
[9] Heidegger, Die Grundprobleme der Phänomenologie, GA 24, 244.
[10] Vgl. Heidegger, Die Grundprobleme der Phänomenologie, GA 24, 244–246.
[11] Zitiert nach Heidegger, Die Grundprobleme der Phänomenologie, GA 24, 245–246.
[12] Vgl. Heidegger, Die Grundprobleme der Phänomenologie, GA 24, 244: „Auch das nur fragmentarisch Begegnende, auch das in einem Dasein nur primitiv Verstandene, die Welt das Kindes, ist als Innerweltliches gleichsam mit Welt geladen." Vgl. hierzu auch von Herrmann, Subjekt und Dasein, 183: „Der Dichter dichtet die Dinge, wenn er ihre *Weltgeladenheit* aufleuchten läßt."
[13] Vgl. hierzu besonders aufschlussreich Roberto Rubio, Zur Möglichkeit einer Philosophie des Verstehens. Das produktive Scheitern Heideggers, Tübingen 2006, 54.

sinnhafte Ganzheit dieser Bezüge eigens zum Scheinen: Die Farbspuren an den Wänden deuten darauf hin, dass diese vor dem Abriss Wohnungen umfassten, in denen Menschen eine Zeit ihres Lebens verbrachten. Aus ihnen steht „die Luft dieser Leben heraus", die je nach deren Existenzmöglichkeiten die Wände begegnen ließen und für ihren Wohnraum gebrauchten. Die Wände sind weltgeladen, das heißt: Sie sind je schon in den ganzheitlichen Weltbezug des Daseins sinnhaft eingebunden und so auf anderes innerweltlich Seiende verwiesen.[14] Was der Dichter also dichtet, um die Weltgeladenheit der Dinge hervorzubringen, ist das In-der-Welt-sein, und zwar auf solche Weise, dass dieses als In-der-Welt-sein in seiner Gänze sichtbar wird.

2. Exkurs II: Stimme des Seins

Heideggers Hölderlin-Vorlesung von 1934/35 gehört zu den Schlüsseltexten der sogenannten Kehre, der Überwindung des transzendentalphilosophischen Ansatzes von *Sein und Zeit* zugunsten einer Neukonzeption des Verhältnisses von Sein und Mensch mit dem Anspruch eines umfassenderen und fundamentaleren Fragehorizonts, in dem die Geschichtlichkeit und Anfänglichkeit des Seins gedacht wird. Dabei wäre es allzu kurz gegriffen, die Kehre nur als ‚Akzentverschiebung' vom Dasein zum Sein hin zu begreifen, obschon dies keine ganz falsche Feststellung wäre. Für unsere Aufgabe ist es jedoch im Kontext der Kehre vor allem von Bedeutung, dass Heidegger im Zuge seiner Auseinandersetzung mit Hölderlin die Notwendigkeit sieht, das Sein selbst zu unterscheiden (Seyn und Sein des Seienden); auf Basis dieser Unterscheidung ist nun nicht mehr von der Befindlichkeit die Rede, sondern von der *Grundstimmung*.

Bereits in der Grundbegriffe-Vorlesung 1929/30 werden die kulturphilosophischen Deutungen unserer Lage auf eine Grundstimmung zurückgeführt, nämlich die der *tiefen Langeweile*,[15] diese entbehrt jedoch der seinsgeschichtlichen Perspektive, die erst mit

---

[14] Vgl. von Herrmann, Subjekt und Dasein, 182: „Im Dichten des Dichters werden nicht nur die Dinge, sondern mit ihnen auch die Menschen in ihrer Verflochtenheit mit den Dingen sichtbar – so sichtbar, wie wir die Dinge und uns selbst ohne die Dichtung nicht sehen würden."
[15] Vgl. Heidegger, Die Grundbegriffe der Metaphysik. Welt – Endlichkeit – Einsamkeit, GA 29/30, 115.

Heideggers Hölderlinlektüren an Gestalt gewinnt.[16] Zwar handelt es sich bei der tiefen Langeweile um eine „Hauptstimmung unseres geschichtlichen Jetzt",[17] jedoch nicht um die Grundstimmung im emphatischen Sinne als „Stimme des Seyns".[18] Wir verzichten daher auf eine Auslegung der Grundbegriffe-Vorlesung und widmen uns sogleich der genannten Hölderlin-Vorlesung, zumal dort Wesen und Aufgabe der Dichtung im Zentrum der Betrachtung stehen. Diesbezüglich wäre nicht zuletzt auch eine Auseinandersetzung mit dem Begriff der Grundstimmung, wie er in den *Beiträgen zur Philosophie (Vom Ereignis)*[19] zum Tragen kommt, wünschenswert und für die Dichtungsthematik fruchtbar zu machen. Gleichwohl verschöbe dies den Fokus auf eine aufwendige Erörterung des ersten und anderen Anfangs des Denkens und muss für eine andere Gelegenheit aufbehalten werden.

Zuerst fällt ins Auge, dass die prägnante Bestimmung der dichtenden Rede aus *Sein und Zeit*, dass nämlich der Dichter die existenzialen Möglichkeiten der Befindlichkeit mitteile, und sich diese weiter in der „Art des Sprechens" bekunden, in der Vorlesung von 1934/35 nicht wiederkehrt. Statt der lautlichen Gestalt des Gedichtes ist jetzt vom „Schwingungsgefüge des dichterischen Sagens"[20] die Rede, welches „durch die Grundstimmung der Dichtung"[21] bestimmt sei. Dass es sich nicht nur um eine gewandelte Terminologie, sondern auch und vor allem um ein grundsätzlich gewandeltes Verständnis von Sprache und Dichtung handelt, wird einige Seiten später mit folgendem Satz zweifelsfrei bestätigt: „Nicht wir haben die Sprache, sondern die Sprache hat uns, im schlechten und rechten Sinne".[22] In *Sein und Zeit* hingegen gründet die Sprache noch als „Hinausgesprochenheit der Rede"[23] in der „bedeu-

---

[16] Der Einschätzung von Susanne Ziegler ist zuzustimmen, dass die Wandlung im Denken Heideggers ihren Grund in seiner Erfahrung mit Hölderlin habe: Vgl. Susanne Ziegler, Heidegger, Hölderlin und die Ἀλήθεια. Martin Heideggers Geschichtsdenken in seinen Vorlesungen 1934/35 bis 1944, Berlin 1991, 14.
[17] Vgl. Peter Trawny, Martin Heideggers Phänomenologie der Welt, Freiburg/München 1997, 262.
[18] Heidegger, Besinnung, GA 66, 320.
[19] Heidegger, Beiträge zur Philosophie (Vom Ereignis), GA 65.
[20] Heidegger, Hölderlins Hymnen ‚Germanien' und ‚Der Rhein', GA 39, 14.
[21] Heidegger, Hölderlins Hymnen ‚Germanien' und ‚Der Rhein', GA 39, 15.
[22] Heidegger, Hölderlins Hymnen ‚Germanien' und ‚Der Rhein', GA 39, 23.
[23] Heidegger, Sein und Zeit, GA 2, 214.

tungsmäßigen Gliederung der befindlichen Verständlichkeit des In-der-Welt-seins".[24]

Die Stimmung, die das Sagen des Dichters stimmt, ist die Grundstimmung der Dichtung: „Sie eröffnet das Seiende im Ganzen anders und in einer wesentlichen Weise."[25] Das Seiende im Ganzen ist die Welt,[26] „die im dichterischen Sagen das Gepräge des Seyns empfängt"[27]. Gepräge heißt: Das Wie des Seins des Seienden im Ganzen ist je und je geschichtlich bestimmt. Die Grundstimmung der Hymne *Germanien* sei nun nach Heideggers Auslegung der ersten Strophen „die heilig trauernde Bedrängnis als Bereitschaft".[28] Mit der Verlassenheit von den Göttern geht zugleich die Bereitschaft ihres Andrängens einher; es handelt sich also um eine Grundstimmung, die „uns zumal vor das Fliehen, das Ausbleiben und Ankommen der Götter"[29] bringt.

Entrückend, einrückend, eröffnend und gründend – dies sind die Charakteristika der Grundstimmung, die Heidegger folglich als „die Wahrheit eines Volkes"[30] bezeichnet – sie ist die *Wahrheit des Seyns*. Solange die Grundstimmung noch nicht ins Wort gehoben und das Seyn gestiftet wurde, lebt die jeweilige Gemeinschaft gleichsam blind in der Welt und empfängt weder die ihr wesentlich zukommenden Weisungen noch wird sie vor ihre eigentlichen Entscheidungen gestellt; sie ist *strictu sensu* gar keine Gemeinschaft. Gleichwohl vermag das Dichten seine geschichtlich prägende Welteröffnung nur dann zu entfalten, wenn es die Grundstimmung eigens zu *wecken* vermag. Dazu bedarf es einer *Umstimmung* „der jeweils noch herrschenden und sich fortschleppenden Stimmungen".[31] Weil die Dichtung somit ‚ihrer Zeit voraus' ist, und die Wahrheit des Seyns erst in unbestimmter Zukunft – wenn überhaupt – von den Anderen zur Bewahrung übernommen wird, können die ersten Dichter eines

---

[24] Heidegger, Sein und Zeit, GA 2, 216.
[25] Heidegger, Hölderlins Hymnen ‚Germanien' und ‚Der Rhein', GA 39, 82.
[26] Nach Susanne Ziegler, Heidegger, Hölderlin und die Ἀλήθεια, 58 werde der Terminus „das Seiende im Ganzen" in dieser Vorlesung zweideutig gebraucht, einerseits im Sinne von „alles, was ist", nämlich „Götter, Menschen, Erde" (GA 39, 83) oder „Natur, Geschichte und die Götter" (150), andererseits bezeichne er das Weltphänomen.
[27] Heidegger, Hölderlins Hymnen ‚Germanien' und ‚Der Rhein', GA 39, 80.
[28] Heidegger, Hölderlins Hymnen ‚Germanien' und ‚Der Rhein', GA 39, 103.
[29] Heidegger, Hölderlins Hymnen ‚Germanien' und ‚Der Rhein', GA 39, 140.
[30] Heidegger, Hölderlins Hymnen ‚Germanien' und ‚Der Rhein', GA 39, 144.
[31] Heidegger, Hölderlins Hymnen ‚Germanien' und ‚Der Rhein', GA 39, 146.

Die Kunst im Werk 101

künftigen Volkes zunächst ungehört und verkannt bleiben; Heidegger spricht in diesem Zusammenhang von der *Opferung der Erstlinge*, zu denen auch Hölderlin gehört.³² Die Seinsverlassenheit ist daher niemals vollständig, sondern es bleibt immer die Möglichkeit eines parallelgeschichtlichen Seitenwegs, der von den *Seltenen* und *Seltensten* gegangen wird.³³

Das ins Wort Fassen der Grundstimmung geschieht über den Blitz des Gottes: „Der Dichter zwingt und bannt die Blitze des Gottes ins Wort und stellt dieses blitzgeladene Wort in die Sprache seines Volkes".³⁴ In dem daraus entstehenden Sprachwerk als Schwingungsgefüge schwingt die Stimmung weiter. Weil die Sprache der Götter das *Winken* ist, nennt Heidegger das Schwingungsgefüge auch „das ins Wort gehüllte Winken";³⁵ der Dichter winkt in seinem Sagen die Winke des Gottes weiter in das Volk.

3. Urstimmung der Schönheit

Das strittige Verhältnis zwischen Welt und Erde, wie es im Kunstwerkaufsatz zur Darstellung kommt, ist im Grunde nichts anderes als jenes geschichtliche Wahrheitsgeschehen selbst, das Heidegger in der zuvor besprochenen Hölderlin-Vorlesung noch schlicht „Seyn" genannt hat;³⁶ der Streit von Welt und Erde, welcher sich im Kunstwerk vollzieht, sofern wiederum der Urstreit von Ver- und Entbergen geschieht, müsste demnach auch Momente dessen bei sich haben, was die Grundstimmung der Dichtung heißt und in Heideggers Hölderlin-Deutung die Welt als das Seiende im Ganzen „anders und in einer wesentlichen Weise"³⁷ eröffnet. Darüber hinaus werden von Heidegger in *Der Ursprung des Kunstwerkes*, obschon in den wesentlichen Passagen nirgendwo explizit von Stimmung oder Befindlichkeit die Rede ist, zumal im Rahmen der von Heideggers selbst gewählten Beispiele von Kunstwerken zahlreiche Stimmun-

---

³² Vgl. Heidegger, Hölderlins Hymnen ‚Germanien' und ‚Der Rhein', GA 39, 146.
³³ Vgl. etwa Heidegger, Besinnung, GA 66, 230.
³⁴ Heidegger, Hölderlins Hymnen ‚Germanien' und ‚Der Rhein', GA 39, 30.
³⁵ Heidegger, Hölderlins Hymnen ‚Germanien' und ‚Der Rhein', GA 39, 32.
³⁶ Vgl. Marion Hiller, ‚Erde' und ‚Welt' in Heideggers ‚Kunstwerkaufsatz', in: Günter Figal, Ulrich Raulff (Hrsg.), Heidegger und die Literatur, Frankfurt am Main (im Erscheinen). Vgl. hierzu auch GA 5, 42–43.
³⁷ Heidegger, Hölderlins Hymnen ‚Germanien' und ‚Der Rhein', GA 39, 82.

gen genannt. So werde die Wahrheit des Zeugseins der Bauernschuhe in van Goghs Gemälde durch folgende Stimmungen erfahren: die Mühsal der Arbeitsschritte, die Einsamkeit des Feldweges, das klaglose Bangen, die wortlose Freude, das Beben in der Ankunft der Geburt, das Zittern in der Umdrohung des Todes (vgl. GA 5, 19).

Und im griechischen Tempel erfahren wir „die Einheit jener Bahnen und Bezüge […], in denen Geburt und Tod, Unheil und Segen, Sieg und Schmach, Ausharren und Verfall – dem Menschenwesen die Gestalt seines Geschickes gewinnen" (GA 5, 27–28). Diese individual- und kollektivgeschichtlichen Vorzeichnungen des Geschickes des Menschen werden, wie anhand Heideggers Hölderlin-Vorlesung ausgeführt, von der Grundstimmung bestimmt, wobei sie ins Wort der Dichtung gehüllt und als Wink des Gottes oder der Götter vom Dichter ins Volk zur Umstimmung weitergewinkt wird. Ähnliches finden wir auch in Heideggers Beschreibungen des Sprachwerkes am Beispiel der Tragödie, welche in der Lage sei, das Sagen eines Volkes dahin zu verwandeln, „daß jetzt jedes wesentliche Wort diesen Kampf führt und zur Entscheidung stellt, was heilig ist und was unheilig, was groß und was klein, was wacker und was feig, was edel und flüchtig, was Herr und was Knecht (vgl. Heraklit, Fragm. 53)." (GA 5, 29)

In all diesen Beispielen zeigt sich deutlich, dass die Stimmung – als das jeweilige Wie des Ganzen aller welthaften Bezüge – für das Kunstwerk und seine Bewahrung eine entscheidende Rolle spielt, mehr noch, man dürfte nicht falsch damit liegen, dass Heideggers Beschreibungen des Wie der Welt im jeweiligen Kunstwerk gewissermaßen für den ganzen Vortrag tonangebend sind. Dementsprechend dürfte also eine erste These dieser Studie wie folgt zu formulieren sein: *Der Stimmung, auch wenn sie als solche ungenannt bleibt, eignet eine eminent wichtige systematische Bedeutung für Heideggers Kunsttheorie im Kunstwerkaufsatz.* Dies gilt ungeachtet dessen, dass die hier vorgeführte Parallelisierung zwischen *Der Ursprung des Kunstwerkes* und ‚*Germanien*' und ‚*Der Rhein*' außer Acht lässt, dass es sich bei der Hölderlin-Vorlesung um eine Dichterinterpretation Heideggers und beim Kunstwerkaufsatz um einen eigenständigen Entwurf handelt; der Umweg über die Hölderlin-Vorlesung sollte uns lediglich auf die Spur bringen, dass im Kunstwerkaufsatz Phänomene eine systematische Bedeutung haben, die andernorts unter Heideggers Grundwort der Stimmung fallen.

In einem bislang im Rahmen der Gesamtausgabe unveröffentlichen Text-Fragment aus dem Jahre 1937, das den Titel *Das Sein*

*(Ereignis)*³⁸ trägt, unternimmt Heidegger den Versuch, die Einheit der Grundstimmungen zu denken als „das ursprünglichste Geschehnis der Wahrheit selbst"³⁹, die *Urstimmung*: „Die Urstimmung als die Innigkeit von Jubel und Schrecken ist der Wesensgrund der Schönheit. Der Schrecken ist als höchste und reinste Befremdung (nicht als grober und wüster Terror) das Berückende, wodurch alles anders wird, denn sonst – das Sonstige der Gewöhnlichkeit und Üblichkeit wird erschüttert. Der Jubel aber (nicht die leere und oberflächliche lärmende Ausgelassenheit) ist das *Entrückende*, wodurch über das in der Befremdung erst als solches erscheinende Seiende hinweg die höchsten Möglichkeit des Verklärten aufleuchten."⁴⁰

Analog heißt es im Kunstwerkaufsatz: „In der Nähe des Werkes sind wir jäh anderswo gewesen, als wir gewöhnlich zu sein pflegen." (GA 5, 21) Ähnlich äußert sich Heidegger an späterer Stelle im Kontext der Bewahrung des Kunstwerkes: „[…] denn ein Werk ist nur als ein Werk wirklich, wenn wir uns selbst unserer Gewöhnlichkeit entrücken und in das vom Wesen Eröffnete einrücken, um so unser Wesen selbst in der Wahrheit des Seienden zum Stehen zu bringen" (GA 5, 62). Beide Stellen handeln von wesentlichen *Umstimmungen*, die das Verhältnis des Bewahrenden zum Sein (Seyn) entscheidend verändern, Umstimmungen, die den Charakter der *Urstimmung* tragen, welche mit dem Erscheinen von *Schönheit* einher geht, was uns zu einer dritten Parallele führt: Der aletheiologische Schönheitsbegriff des Kunstwerkaufsatzes (vgl. GA 5, 43 und 69) liegt auch in dem Textfragment *Das Sein (Ereignis)* zugrunde, wird in diesem jedoch ausdrücklich mit einer ausgezeichneten Stimmung in Verbindung gebracht: eben der Urstimmung als Innigkeit von Jubel und Schrecken.

Was die geschichtsbestimmenden Grundstimmungen der jeweiligen Kunstwerke in eine ursprüngliche Einheit fügt, ist folglich die in jedem ursprünglichen Wahrheitsgeschehen waltende Urstimmung, in welchem Wahrheitsgeschehen die Unverborgenheit als solche dem Menschen widerfährt und in eins damit der Streit von Welt und Erde in sein Höchstes und Äußerstes getrieben wird. *Die Kunsterfahrung ist also von Heidegger bereits im Kunstwerkaufsatz in allen*

---

³⁸ Heidegger, Das Sein (Ereignis), Heidegger Studien 15 (1999), 9–15. – Der Text gehört zu einem Manuskript, das für Band 73 der Heidegger-Gesamtausgabe vorgesehen ist.
³⁹ Heidegger, Das Sein (Ereignis), 10.
⁴⁰ Heidegger, Das Sein (Ereignis), 10.

wesentlichen Momenten als *Gestimmtsein von der Urstimmung der Schönheit* konzipiert. Warum Heidegger diese Konzeption nicht auch terminologisch einholt, bleibt ein Rätsel.

4. Gestalt

In *Sein und Zeit* wird das Stimmungsmäßige der Dichtung an der „Art des Sprechens" festgemacht: Tonfall, Modulation und Tempo.[41] In *Die Grundprobleme der Phänomenologie* verschwindet dieser Befund zugunsten einer Erörterung der *Weltgeladenheit* der Dinge, welche durch die Dichtung den anderen allererst sichtbar werde. Mit dem Kunstwerkaufsatz gesprochen liegt hier eine Konzentration auf das welthafte Moment des strittigen Verhältnisses des Wahrheitsgeschehens vor, während Heidegger in *Sein und Zeit*, zwar noch tastend und in keiner Weise hinreichend ausgeführt, auf das Erdhafte des dichterischen Wortes hinweist: auf die schwer zu fassende ‚Materialität' der Sprache, genauer: auf das *Tonphänomen*. Die vertiefenden, einseitig auf die Welt fixierten Analysen der Dichtung im Rahmen der fundamentalontologischen Frage in den *Grundproblemen* führen sonach mit einer gewissen Folgerichtigkeit zu einem Verschwinden der Relevanz des Stimmungsbegriffes für die Dichtung, welcher erst mit der *Kehre* in *Hölderlins Hymnen ‚Germanien' und ‚Der Rhein'* wieder auftaucht und mithin zu einem zentralen Theorem in Heideggers Kunstdenken avanciert. Die durch die Grundstimmung vorgängig bestimmte ‚Präfiguration' der *Gestalt* des dichtenden Wortes wird dort „Schwingungsgefüge" genannt,[42] schwingend, weil es einerseits aus dem gegenschwingenden Verhältnis von Zuspruch und Entsprechen hervorkommt und andererseits zwischen dem Ursprung und der endgültigen Gestalt des Gedichtes hin und her schwingt. Mit dem Schwingungsgefüge wird zugleich die Gestalt der Dichtung angesprochen, die zugleich

---

[41] Vgl. Heidegger, Sein und Zeit, GA 2, 216.
[42] Vgl. Heidegger, Hölderlins Hymnen ‚Germanien' und ‚Der Rhein', GA 39, 15: „[…] das Schwingungsgefüge des Sagens ist das erste, die Sprache erst ahnende schöpferische Schwingen, der ständig der Wortwendung schon vorausschwingende Ursprung nicht nur für Wortverteilung und -stellung, sondern auch für die Wortwahl. Das Schwingungsgefüge des Sagens jedoch ist von vornherein bestimmt durch die Grundstimmung der Dichtung, die sich im inneren Aufriß des Ganzen ihre Gestalt verschafft. Die Grundstimmung aber erwächst aus dem jeweiligen metaphysischen Ort der jeweiligen Dichtung."

Gestalt der Grundstimmung ist und „sich im inneren Aufriß des Ganzen"[43] herausbildet.

Der enge Zusammenhang von Riss, Gestalt und Stimmung kann nun auch im Streit von Welt und Erde aufgewiesen werden: Der Riss stellt gewissermaßen den Komplementärbegriff zum Streit in Hinsicht auf die Dynamik des Wahrheitsgeschehens dar; während es sich nämlich beim Streit um eine Bewegung handelt, welche die Streitenden allererst als solche hervortreten lässt, verweist der Riss auf die festen Grenzen, den *Umriss*, dieser Bewegung, der die Streitenden einig zusammenhält. Das Offene der Wahrheit wird nämlich erst dann von einem Seienden besetzt, wenn sich der Riss in die Erde zurückstellt und so von der Erde zurückgenommen wird (vgl. GA 5, 51). Mit dem Riss als „Fuge des Scheinens der Wahrheit" (GA 5, 51) wird der Streit in der Erde festgesetzt beziehungsweise festgestellt (*Grundriss*); er ist das Zurückstellen des Streites in die Erde (vgl. GA 5, 52), wodurch dieser in die Gestalt festgestellt wird (vgl. GA 5, 53), welche wiederum erdhaft ins Offene ragt (*Aufriss*). Im „Zusatz" zum Kunstwerkaufsatz merkt Heidegger an, dass in diesem Kontext mit „fest" an das griechische Wort πέρας zu denken sei: „,Fest' besagt: umrissen, in die Grenze eingelassen (πέρας), in den Umriß gebracht." (GA 5, 71) In diesem Sinne ist auch die Bemerkung zu verstehen, dass es sich auch beim Riss um einen Streit handelt, nämlich den „Streit von Maß und Unmaß" (GA 5, 58), worin nicht zufällig das pythagoreisch-platonische Gegensatzpaar πέρας – ἄπειρον anklingt. Zwar ist an der Gleichrangigkeit und Gleichursprünglichkeit im Streit von Welt und Erde prinzipiell nicht zu rütteln, das Moment des Festgestellt-Seins aber, das eine vernehmbare Gestalt in ihren Grenzen erst zum Vorschein bringt, ist hier in besonderer Weise mit der Erde verknüpft.

Es kann im Folgenden hilfreich sein, zum besseren Verständnis des Gestalt-Begriffes im Kunstwerkaufsatz auf Ernst Jüngers Konzeption von Gestalt zu rekurrieren, die er in *Der Arbeiter* entwickelt,[44] zumal sich Heidegger in den dreißiger Jahren und auch später intensiv mit Jünger auseinandergesetzt hat.[45] – Die Gestalt, so Jünger, sei „ein Ganzes, das mehr als die Summe seiner Teile umfasst".[46] Und weiter: „Das Sehen von Gestalten ist insofern ein revolutionä-

---

[43] Heidegger, Hölderlins Hymnen ‚Germanien' und ‚Der Rhein', GA 39, 15.
[44] Vgl. Ernst Jünger, Der Arbeiter, Sämtliche Werke 8, Stuttgart 1981, 37–52.
[45] Vgl. Heidegger, Zu Ernst Jünger, GA 90.
[46] Jünger, Der Arbeiter, 37.

rer Akt, als es ein Sein in der ganzen und einheitlichen Fülle seines Lebens erkennt."⁴⁷ Bei Herausbildung der Gestalt haben wir es also mit einem *Emergenzphänomen* zu tun, welches durch ein spezifisches *Mehr*, die *Fülle des Lebens*, gegenüber der bloßen Gesamtheit seiner Teile gekennzeichnet ist. Dieses Mehr gewährleistet erst die *Einheit* der Teile, die ein *Ganzes* ist und aus der *Vielheit* der Teile allein nicht hergeleitet werden kann. Zudem schließt die Einheit der Gestalt diese nicht zu einer toten, unfruchtbaren Struktur ab, sondern ist *lebendige*, das heißt immer bewegte und bewegende, Einheit. Im Gestalt-Begriff sind demnach zwei außerordentlich schwer zu fassende Gedanken verschränkt: das Rätsel der Einheit und das Rätsel des Lebens.

Indem die Gestalt immer mehr und wieder mehr ist als das, was sie enthält, ist sie unendlich bewegt und lebendig; indem diese Bewegung jedoch die Einheit der Gestalt nicht überschreitet und in ihrem Umriss kreisend verbleibt, ruht sie eingelassen in ihren Grenzen. Bei der eigentümlichen Bewegtheit der Gestalt, ihrer Lebensfülle, handelt es sich also um nichts anderes als die *Kreisbewegung*.⁴⁸ Diese ist das Emergenzphänomen *par excellence*.

Welche Bewandtnis hat es dann aber, um wieder zu Heidegger zurückzukehren, mit der Erde, wenn die Einheit von Ruhe und Bewegung der Gestalt als Kreisbewegung zu denken ist? Die Gestalt ist ja bestimmt als das Festgestellt-sein des Streites von Welt und Erde durch den Riss und dieser als Zurückstellen des Streites in die Erde. Diese sei dasjenige, „wohin das Aufgehen alles Aufgehende und zwar als ein solches zurückbirgt" (GA 5, 28); und als Aufgehende (φύσις) sei die Erde zugleich „das Sichverschließende" (GA 5, 33). In diesem ständig wiederkehrenden Herausragen und Einbehalten, Aufgehen und Sichverschließen „entfaltet sie sich in eine unerschöpfliche Fülle einfacher Weisen und Gestalten" (GA 5, 34), welche ferner als ein „in sich beruhte[r] Strom des Ausgrenzens, das jedes Anwesen in sein Anwesen begrenzt" (GA 5 , 33) zu denken sei. Aus diesen Bestimmungen folgt, dass die Erde im irreduziblen Zusammenspiel mit der Welt für die *ursprüngliche Grenze* und mithin Einheit und Einsheit jeder Gestalt zuständig ist; allein das unergründliche Einssein des irdischen Stromes vermag der jeweiligen Gestalt einen Grund zu bereiten, auf dem sie als *eine* von ande-

---

⁴⁷ Jünger, Der Arbeiter, 46.
⁴⁸ Vgl. Aristoteles, Physica 265a13–b16. Vgl. hierzu auch Thrasybulos Georgiades, Nennen und Erklingen, Göttingen 1985, 41–47.

Die Kunst im Werk

ren unterscheidbare zum Stehen gelangt. Die Einheit jeder Gestalt ist jener Beitrag der Erde an die gelichtete Ordnung der Welt, aus welcher das ursprünglich Eine und Einheitsstiftende wegen seiner Unergründbarkeit immer schon zurückgewichen ist, zurückgeborgen nämlich, um immer wieder von Neuem Quelle und Anfang sein zu können.

Im Gegensatz zur *Einmaligkeit* der Welt, was nicht ausschließt, dass es *viele* Welten gibt, handelt es sich bei der Erde um die immer nur *eine stets Wiederkehrende*, das unvordenkliche Kontinuum, und eben als solches um die einzige Instanz, welche jedem Seienden seine gediegene Einsheit verleihen kann, zu welcher nämlich aus dem intentionalen Verweisungszusammenhang der Welt allein kein Weg führt. *Jede Gestalt, jedes Ding ist nur eins, weil es erdhaft ist.*[49] Gelichtet ist das ursprüngliche Begrenzende indes nur in der Welt, im Ragen der Gestalt ins Offene, in welcher der kontinuierliche Strom der Erde in die Kreisbewegung gezwungen ist. Die Erde für sich genommen könnte keine Gestalten hervorbringen, da so im ständigen Auf- und Untergang immer nur das ‚absolut' Eine des irdischen Stromes ‚sein' könnte, aber kein gediegen Seiendes, das im Grund- und Aufriss auf das Eine gestellt ist und mithin eine gewisse Beständigkeit und Vernehmbarkeit besitzt.

Heideggers frühe Intuition in *Sein und Zeit*, dass das Stimmungshafte der dichterischen Rede – *avant la lettre* – mit dem Erdhaften zu tun hat, erweist sich nun von der Warte des Kunstwerkaufsatzes aus betrachtet als besonders hellsichtig. Beide, Erde und Stimmung, sind vor jedem Erkennen, diesem unzugänglich, beide stellen in diesem Sinne etwas ursprünglich Gegebenes dar,[50] welches der Verfügbarkeit des Einzelnen entzogen ist, beide gehen auf das Eine und Ganze in ursprünglicher Weise: Durch die Stimmung blitzt erst das Ganze des Seienden in seinem Wie auf, mit der Erde ist allem, was ist, sein unhintergehbares Einssein gegeben und mithin Ganzheit allererst möglich. Heidegger sagt ausdrücklich, dass im aufgehenden Sichverschließen

---

[49] Vgl. Eugen Fink, Sein und Mensch, Freiburg/München 1977, 293: „Alle Dinge gründen in der einen Erde; alle bestehen aus Erde, aber Erde nie aus Dingen; sie ist das unvordenklich Eine, aus dem das viele und besonderte Seiende aufgeht [...]." Zu diesem Zitat und Eugen Finks Auseinandersetzung mit der Erde im Allgemeinen vgl. Damir Barbarić, Wende zur Erde, in: Damir Barbarić, Aneignung der Welt. Heidegger – Gadamer – Fink, Frankfurt am Main 2007, 233–245.
[50] Zur Erde als unvordenklich Gegebene vgl. auch Hiller, ‚Erde' und ‚Welt' in Heideggers ‚Kunstwerkaufsatz'.

der Erde sich nicht nur die Gestalten entfalten, sondern auch die „unerschöpfliche Fülle einfacher Weisen" (GA 5, 34), die nur stimmungsmäßig zu denken sind: Einfache Weisen sind die Mühsal der Arbeitsschritte, die Einsamkeit des Feldweges, aber auch die Langeweile und, geschichtlich gewendet, die heilige Trauer über das Geflohensein der Götter. Schon Platon hat im *Timaios* die wesentlichen Stimmungen (πάθη) Lust und Schmerz, Mut und Furcht, Zorn und Erwartung sowie die vernunftlose Wahrnehmung und den Eros mit der sterblichen, vom unendlichen Strömen der Notwendigkeit affektierten Seele in Verbindung gebracht.[51]

5. Ton

Vor dem Hintergrund der Aussparung des Stimmungsbegriffes und der Absage an den Erlebnisgehalt der Kunst in *Der Ursprung des Kunstwerkes* ist es mit besonderen Schwierigkeiten verbunden, dasjenige, was landläufig als ‚Kunsterfahrung' bezeichnet wird, auf Grundlage von Heideggers Kunsttheorie überhaupt noch plausibel zu machen: Wie begegnet uns ein Kunstwerk, in welchem die Wahrheit ins Werk gesetzt ist, wie begegnet uns seine Gestalt, in welcher der Streit von Welt und Erde festgestellt ist? Wie kann in diesem Zusammenhang der Vorrang der Poesie gegenüber den anderen Künsten aufrecht erhalten werden? – Es wurde gezeigt, dass wir durch Heideggers Aussparung der Stimmung nicht genötigt sind, auf diesen Begriff zu verzichten, da es genügend Hinweise gibt, dass seine Stimmungskonzeption bis zur Ausarbeitung des Kunstwerkaufsatzes und danach mit dem Gesamtduktus des Textes kompatibel ist, ja, dort sogar systematisch verortet werden kann. Die Nähe der Stimmung zur Erde und ihre Relevanz für Heideggers Verständnis von Bewegung machen nun differenzierte Deutungen von Heideggers eigenen Beispielen von Kunstwerken in Hinsicht auf das konkrete Wie ihrer Widerfahrnis möglich: So kann der griechische Tempel nur deshalb die Einheit der geschickhaften Bahnen und Bezüge des Menschen fügen und den Gott, der zu ihm gehört, anwesen lassen, weil sich seine auf dem Felsgrund ruhende und zugleich ins Offene der Welt ragende Gestalt einem *Schwingungsgefüge* verdankt, welches im Maß des Hin- und Herschwingens durch eine das Ganze der Tempel-Welt durchstimmende Stimmung gefügt ist. Das Maß dieses Hin- und Herschwingens manifestiert sich in den

---

[51] Vgl. Plato, Timaeus 69c–d.

Die Kunst im Werk 109

kosmischen Rhythmen von Geburt und Tod, Unheil und Segen, Sieg und Schmach, Ausharren und Verfall, deren geschickhafter Zusammenhang zwar die Weite der Welt ist, deren Einheit und Ganzheit im ursprünglichen Sinne sich jedoch der Gründung auf der Erde verdankt. Geburt und Tod, Unheil und Segen, Sieg und Schmach, Ausharren und Verfall – die Einheit dieser Bezüge ist nur in der Urstimmung der Schönheit als Innigkeit von Jubel und Schrecken gefügt, welche alle Grundstimmungen auf sich versammelt. Wir verstehen nun besser die Duplizität von Stillgestelltsein und Bewegtheit im Kunstwerk: Jubel und Schrecken können nur zu einer Bewegung gehören, die den Hervorgang das Schönen auf seinem Untergang gründet. Das Schöne, die Gestalt des Kunstwerkes, resultiert also nicht aus der bloßen Verfügbarmachung der Erde, sondern aus ihrer einheitsstiftenden Integration in das Geschehen der Wahrheit: Ihr stetes ur-eines Wiederkehren schwingt stimmend ein in die *ruhende* Kreisbewegung der Gestalt, worin verborgen, verschlossen, gebändigt das immer Mehr und wieder Mehr des reinen *Strömens* waltet.

So kann auch der Vorrang der Poesie gegenüber den anderen Künsten (vgl. GA 5, 60–61) aus ihrer Stimmung, ihrer Gestalt und dem dieser Gestalt vorgängigen Schwingungsgefüge verstanden werden. Denn im Gegensatz zu einem Bild- oder Bauwerk zeichnet sich das *tönende* Kunstwerk wesentlich dadurch aus, dass es nicht als *beharrendes Ding* im Raum erscheint, sondern immerzu nur im Tönen *ist*.[52] Nur der Gesang und die instrumentale Musik stehen in dieser ausgezeichneten Beziehung zur Zeit und vollziehen im Widerspiel von Erklingen und Verklingen den Streit von Welt und Erde wie keine andere Kunst; mit anderen Worten: Das Tonphänomen ist wesentlich dadurch bestimmt, dass es nur im Vollzug da ist und in seinem kontinuierlichen Schwingen und Zittern in jedem Augenblick zugleich auf- und untergeht; daraus folgt vielleicht – die Formulierungen können an dieser Stelle nur einen vorläufigen Charakter haben –, dass die das Schwingungsgefüge bestimmende Stimmung des tönenden Kunstwerkes den weltlichen Gesamtzusammenhang und die Bewahrenden *reiner* zu stimmen vermag als Bauwerk oder Gemälde. Dass Heidegger nun dem Sprachwerk und nicht der Instrumentalmusik den Rang der höchsten Kunst zuerkennt, hat zweifelsohne seine Herkunft in der griechischen μουσική, in welcher der Gesang der menschlichen Stimme die eigentliche und ursprüngliche Musik gewesen ist. Dies noch eigens zu erörtern, wäre eine größere Aufgabe.

---

[52] Vgl. Georgiades, Nennen und Erklingen, 52.

Matthias Flatscher

Dichtung als Wesen der Kunst?

1. Hinführung

Das Verhältnis von der Kunst (im Singular) und den Künsten (im Plural) war immer wieder Gegenstand der philosophischen Reflexion. Die klassische Fragestellung nach dieser Relation beinhaltet eine nicht einfachhin auflösbare Spannung: Einerseits fragt die philosophische Ästhetik nach dem Wesen der Kunst; die einzelnen künstlerischen Ausdrucksformen zeugen jedoch andererseits von einer Mannigfaltigkeit von Verfahrensweisen und Medialitäten, die sich schwer auf einen einzigen Begriff reduzieren lassen. Die Verschiedenheit der Künste markiert damit ein Problem innerhalb der ästhetischen Reflexion, die nach dem Wesen der Kunst fragt. Ästhetiken, die mit der Grundunterscheidung zwischen sinnlich-materialer Ausgestaltung einerseits und geistigem Gehalt andererseits operieren, schreiben sich nachhaltig in diese Dichotomie ein. Insbesondere Hegels Auseinandersetzung mit der Kunst, die Heidegger als „letzte und größte Ästhetik des Abendlandes"[1] bezeichnet, sucht nach der geeigneten Vermittlung von Idee und Sinnlichkeit, um die Diskrepanz in ein ausbalanciertes Verhältnis zu bringen. Dabei wird die Frage nach der Mannigfaltigkeit von Künsten zugunsten des Wesens der Kunst in den Hintergrund gedrängt.

Heidegger unterwandert diesen Grundzug etablierter Herangehensweisen an das Themenfeld und verschiebt so die Gegenüberstellung zwischen *der* Kunst und *den* Künsten in einer höchst markanten Weise.[2] Auf die Frage nach dem Allgemeinen der Kunst

---

[1] Heidegger, Nietzsche I, GA 6.1, 83.
[2] Zum Verhältnis zwischen der Kunst und den Künsten innerhalb der Tradition der Ästhetik vgl. Georg Bertram, Kunst. Eine philosophische Einführung. Stuttgart 2005, 58–111.

Dichtung als Wesen der Kunst?

und den Besonderheiten der Künste scheint er auf den ersten Blick eine mehr als eigenwillige Antwort zu geben. Erst bei einer genaueren Nachbesichtigung der Erörterungen wird jedoch offenkundig, dass sich seine Überlegungen nicht in die traditionelle dichotomische Fragestellung einordnen lassen: „Wahrheit als die Lichtung und Verbergung des Seienden geschieht, indem sie gedichtet wird. *Alle Kunst* ist als Geschehenlassen der Ankunft der Wahrheit des Seienden als eines solchen *im Wesen Dichtung*." (GA 5, 59) Aufgrund der Vielschichtigkeit dieser Formulierung empfiehlt sich, diese auf die Grundaussage zuzuspitzen: „Wahrheit […] geschieht, indem sie gedichtet wird. *Alle Kunst* ist […] *im Wesen Dichtung*." (GA 5, 59)

Das Diktum verwundert und provoziert gleichermaßen: Hatte nicht Heidegger selbst – neben Meyers Gedicht *Der römische Brunnen* und Hölderlins Hymne *Der Rhein* – Belege aus der Malerei, wie van Goghs Schuhe, oder, mit dem Hinweis auf den griechischen Tempel, aus der Architektur angeführt? Von einer einseitigen Privilegierung der Literatur in *Der Ursprung des Kunstwerkes* kann bis zu diesem Zitat keine Rede sein. Zunächst scheint die Aussage klar: Wahrheit im Sinne der Unverborgenheit ereignet sich als Dichtung und sämtliche künstlerische Ausdruckformen, ja die Kunst überhaupt, sind lediglich als „Abarten der Sprachkunst" (GA 5, 60) zu begreifen.

Doch Heidegger selbst bezeichnet im Anschluss an die streitbare Stelle ein solches Unterfangen als „reine Willkür" (GA 5, 60) und weist gleichzeitig darauf hin, dass die Poesie – das, was man gemeinhin unter Dichtung versteht – „nur *eine* Weise des lichtenden Entwerfens der Wahrheit, d.h. des *Dichtens in diesem weiteren Sinne*" (GA 5, 60. Hervorhebung M. F.) darstellt. Dichtung qua Poesie darf nun gerade nicht simplifizierend als paradigmatische Kunstform missverstanden werden. Um dem nachzukommen, worauf Heidegger hinaus möchte, muss zunächst ein Verständnis der Dichtung in dem von ihm eingeforderten „weiteren Sinne" gewonnen und dem nachgegangen werden, in welchem Zusammenhang das Geschehen der Wahrheit als Un-Verborgenheit mit dem Geschehen der Sprache steht.

Im Folgenden wird daher der Versuch unternommen, Heideggers Diktum, dass *alle Kunst im Wesen Dichtung* sei, zu erörtern. Auf zwei unterschiedliche Spannungsverhältnisse soll dabei aufmerksam gemacht werden: Einerseits unterwandert Heidegger die klassische Dichotomie zwischen der Kunst und den Künsten, indem er das Wesen der Kunst von der Dichtung (im weiteren Sinne) her zu denken versucht. Andererseits wird dabei ersichtlich werden, dass neben der Berücksichtung sämtlicher künstlerischer Ausdrucksformen dennoch der Dichtung in einem – noch zu spezifizierenden – engeren Sinne insofern ein Vorrang gebührt, da hierin ein geteiltes Weltverständnis einer (Sprach-)Gemeinschaft gestiftet werden kann.

2. Heideggers Verständnis von „Dichten"

Was kann mit Heidegger unter Dichten verstanden werden? Polemisch grenzt er sich zunächst von denjenigen Vorstellungen ab, die unter Dichtung ein „Versgehüpfe und Reimgeklingel eines [...] Singsangs"[3] und ein „schweifendes Ersinnen des Beliebigen" (GA 5, 60) verstehen. Auf die Frage „‚Dichten' – was meint das Wort eigentlich?"[4] antwortet Heidegger in seiner ersten Vorlesung zu Hölderlin im Wintersemester 1934/35 mit einem wichtigen Hinweis auf die Etymologie: „[Dichten] kommt von ahd. tihtôn, und das hängt zusammen mit dem lateinischen dictare, welches eine verstärkte Form von dicere = sagen ist. [...] Dieses Wort ist stammesgleich mit dem griechischen δείκνυμι. Das heißt zeigen, etwas sichtbar, etwas offenbar machen, und zwar nicht überhaupt, sondern auf dem Wege eines eigenen Weisens."[5] Heidegger möchte die Dichtung also ausdrücklich aus jedem repräsentationalistischen Verständnis befreien, denn sie bildet seiner Auffassung nach nicht etwas Vorgegebenes ab und drückt auch keinen Gemütszustand aus, sondern lässt etwas in dem ihr spezifischen Zeigen bzw. Weisen – auf deren Eigentümlichkeit noch zurückgekommen werden muss – allererst ins Offene treten.

Heidegger schreibt der Dichtung die Kraft zu, dass mit und in ihr ein anderes Verständnis dessen aufbricht, wie gängigerweise Welt erfahren wird. In der Dichtung ereignet sich ein radikales Anderswerden etablierter Deutungsmuster, indem „alles Gewöhnliche und Bisherige zum Unseienden" (GA 5, 60) wird. Mit dieser nachhaltigen Erfahrung geht ein grundlegender Wandel einher, der es nicht mehr erlaubt, einfachhin zu bewährten Ordnungsstrukturen zurückzukehren. Dort, wo für Heidegger Dichtung in ihrem genuinen Zeigen aufbricht und so das Offene sich selbst zum „Leuchten

---

[3] Heidegger, Hölderlins Hymnen ‚Germanien' und ‚Der Rhein', GA 39, 16.
[4] Heidegger, Hölderlins Hymnen ‚Germanien' und ‚Der Rhein', GA 39, 29.
[5] Heidegger, Hölderlins Hymnen ‚Germanien' und ‚Der Rhein', GA 39, 29.

Dichtung als Wesen der Kunst?

und Klingen" (GA 5, 60) bringt, wird nicht nur Neues sichtbar, sondern sie rückt selbst als vernehmbarer Bruch mit gewöhnlichen Auffassungen in den Vordergrund. Nicht der Mensch bestimmt dabei die Erfahrung, die er mit der Kunst machen möchte, sondern er wird in die Teilnahme am Kunstgeschehnis hineingezogen und kann daraus als gewandelter hervorgehen, indem vormalige Standpunkte verlassen werden und darin Altbewährtes in seiner Fraglichkeit aufbricht. Dieses Vermögen, einen etablierten Interpretationshorizont zusammensacken zu lassen und gehegte Erwartungen zu durchkreuzen – ja auf diesen Umschlag selbst eigens aufmerksam zu machen –, zeichnet die Kunst als „ein Sagen in der Art des weisenden Offenbarmachens"[6] aus. Hierin gebührt keiner der Künste ein Vorrang. Diese gewandelte Einsicht in die Dichtung (im weiteren Sinne) erlaubt es Heidegger, sämtliche Kunstformen als *Dichtung* zu verstehen, ohne sie auf die Poesie (im engeren Sinne) zurückführen zu wollen.[7]

3. Heideggers Verständnis von Sprache

Dennoch insistiert Heidegger darauf, dass nun auch der „Dichtung im engeren Sinne, eine ausgezeichnete Stellung im Ganzen der Künste" (GA 5, 61) zugestanden werden muss. Dieser Hinweis irritiert und kann laut Heidegger erst im Zusammenhang mit einer Besinnung auf das Phänomen *Sprache* zureichend verstanden werden. Die Sprache muss hierfür aus der traditionellen Bestimmung befreit werden, denn sie soll gerade nicht als sinnlich-materiales Transportmittel bereits vorliegender Bedeutungen verstanden werden, mit Hilfe dessen Menschen miteinander kommunizieren können.

Die metaphysische Auffassung von Sprache erfährt Heideggers Ansicht nach durch die Wirkungsgeschichte der aristotelischen Sprachauffassung die für das abendländische Denken leitende Bestimmung: In den Eingangspassagen von *De interpretatione*[8] wird Sprache von der akustischen Verlautbarung (φωνή) und der Schrift

---

[6] Heidegger, Hölderlins Hymnen ‚Germanien' und ‚Der Rhein', GA 39, 30.
[7] In instruktiver Weise ist Pöltner der Erfahrungsdimension der Kunst nachgegangen (Günther Pöltner, Philosophische Ästhetik. Stuttgart, 2008, 214–255).
[8] Heidegger bezieht sich immer wieder auf diesen Passus (Aristoteles, De interpretatione, 16a 3–8).

(γράμμα) her verstanden, mit denen vorgegebene Sachverhalte respektive intelligible Inhalte mittels Zeichen wieder- und weitergegeben werden können. Sprache wird so auf den vorliegenden Bestand des lautlichen oder schriftlichen Ausdrucks reduziert und geht vollends in der Abbildungsfunktion auf. Die zu repräsentierenden Bereiche der äußeren Welt oder des inneren Bewusstseins sind gemäß dieser Auffassung nicht selbst sprachlich verfasst, sondern werden erst in einem zweiten Schritt zwecks intersubjektiver Verständigung in eine sprachliche Zeichenhaftigkeit transponiert. Benennungen beruhen auf Konvention und sind je nach Sprachgemeinschaft verschieden. Dieses mehrfache Abbildungsverhältnis wird von Heidegger wie folgt charakterisiert: „Die Buchstaben sind Zeichen der Laute, die Laute sind Zeichen der Erleidnisse in der Seele, diese sind Zeichen der Dinge. Die Verstrebungen des Baugerüstes werden durch die Zeichenbeziehung gebildet."[9]

In dieser instrumentalistischen Reduktion auf einen vorliegenden Bestand kann Sprache aufgrund ihres bloß sinnlich-materialhaften Charakters keine Eigenständigkeit mehr beanspruchen. Sprache geht – als bloßes Verweisungszeichen genommen – in der Abbildung von ‚Welt' und ‚Bewusstsein' auf. Der Mensch verfügt in dieser anthropozentrischen Deutungsperspektive über Sprache und schränkt ihre Funktion vornehmlich auf den wahrheitsfähigen und wirklichkeitsabbildenden Aussagesatz (λόγος ἀποφαντικός) ein. Die Sprache gerät so unter die Herrschaft der Logik beziehungsweise Grammatik, da sie in erster Linie als sekundärer Ausdruck des folgerichtigen Denkens (ἐπιστήμη λογική) und als vorliegender Zeichenbestand (γραμματικὴ τέχνη) gefasst wird. Sprache wird somit nicht *als* Sprache, sondern lediglich von der Dependenz eines Dritten her gedacht.

Heidegger fasst diese anthropozentrisch-instrumentalistische sowie logisch-grammatische Sprachbestimmung wie folgt zusammen: „1. Die Sprache wird in ein gesondertes Gegenstandsgebiet abgedrängt. 2. Die Sprache wird in einen Bereich abgedrängt, der nicht so umfassend scheint wie das formale Denken der Logik. 3. Die Sprache ist zweitrangig, sofern sie nur Ausdrucksmittel ist. 4. Die Erfassung der Sprache ist für uns durch die herrschende Logik vorgeformt."[10]

---

[9] Heidegger, Das Wesen der Sprache, GA 12, 192.
[10] Heidegger, Logik als die Frage nach dem Wesen der Sprache, GA 38, 17.

Dichtung als Wesen der Kunst?

In *Der Ursprung des Kunstwerkes* insistiert Heidegger nun in markanter Abgrenzung zu diesen tradierten Vorstellungen darauf, dass Sprache „das Seiende als ein Seiendes allererst ins Offene" (GA 5, 61) bringt. Sprache „be-nennt" somit nicht in einem sekundären Akt bereits Vorliegendes, sondern bringt es im *Nennen* überhaupt erst zum Erscheinen.

Es wäre jedoch ein grobes Missverständnis, diesen Akt des Nennens der Fähigkeit des Menschen zuzuschreiben, der beliebig schöpferisch agieren und von sich aus Seiendes zum Zeigen bringen kann. In seiner ersten Hölderlin-Vorlesung von 1934/35 grenzt sich Heidegger schroff von dieser verkürzenden Sichtweise ab: „Die Sprache ist nichts, was der Mensch unter anderen Vermögen und Werkzeugen auch hat, sondern Jenes, was den Menschen hat, so oder so sein Dasein als solches von Grund aus fügt und bestimmt."[11] Mit diesen Überlegungen scheint Heidegger nun ins Gegenteil zu kippen: Anstelle eines souveränen Subjekts wird ein passiver Determinismus forciert, der unter der Hand noch die Sprache als das eigentlich Zugrundeliegende hypostasiert.

Diese beiden Optionen zurückweisend möchte Heidegger vielmehr ein anderes Verständnis von Sprache gewinnen, das bewusstseinstheoretische und fatalistische Reduktionismen zu vermeiden sucht. Der Mensch „besitzt" nicht in der Weise ein Sprachvermögen, indem er beliebig darüber verfügen könnte, sondern er erfährt sich als je schon in sprachliche Bezüge eingelassen. Alles Erscheinen von Seiendem ereignet sich nur, da der Mensch auf einen an ihn je schon ergangenen Zuruf antwortet. Die Erschlossenheit von Seiendem überhaupt zeigt sich ihm, indem diese Offenheit ihn bereits in Anspruch genommen hat. Sprache wird somit nicht mehr als akustische Verlautbarung und schriftliche Fixierung gedacht, die nachträglich eine Bedeutung festhielte; vielmehr ist jedes Vernehmen sprachlich gegeben. Sprache kommt somit nicht erst in einem zweiten Schritt hinzu, sondern der Mensch findet sich in sprachlichen Zusammenhängen vor, aus und in denen sich etwas als etwas zeigt.

In einer Übung zu *Schillers Briefe über die ästhetische Erziehung des Menschen* aus dem Jahr 1936/37 versucht Heidegger diese zentrale Einsicht folgendermaßen zu verdeutlichen: „Etwas bedeutet mir etwas, es sagt mir etwas; darum hat für mich etwas eine Bedeutung, und wenn es nur die Bedeutung ist des ‚hier', des ‚es'. Weil wir selbst *etwas dazu* sagen, dadurch, daß wir sprechen können, daß wir die

---

[11] Heidegger, Hölderlins Hymnen ‚Germanien' und ‚Der Rhein', GA 39, 67.

Sprache haben, – deshalb ist die Möglichkeit gegeben, daß überhaupt für uns *etwas ist*."[12] Entscheidend ist Heideggers Hinweis darauf, dass der Mensch als Angesprochener „*etwas dazu* sagen" muss. Das bedeutungshafte Erscheinen ereignet sich nicht ohne dieses „Dazu-Sagen" des Menschen. Alles Sichzeigen wird aus diesem Entsprechen gedacht, denn der Mensch wird erst dadurch Mensch, dass er auf diesen Zuspruch antwortet. Erst das responsive Verhältnis von Zu- als Entsprechen – mit Heidegger kann dies als *Gespräch* bezeichnet werden[13] – eröffnet alle welthaften Bezüge für den Menschen.[14]

Welt – im Sinne des stets schon gelichteten Gesamtzusammenhangs, innerhalb dessen überhaupt erst einzelnes Seiendes begegnen kann – ereignet sich als Geschehnis der Sprache: „Kraft der Sprache und nur kraft ihrer waltet die Welt – *ist* Seiendes."[15] Sprache ist somit nicht auf eine repräsentative Abbildungsfunktion reduzierbar, sondern muss in ihrer welteröffnenden Dimension lesbar gemacht werden. Heidegger versteht jedes Erscheinen von Seiendem, ja die Eröffnung von Welt überhaupt, sprachlich, indem sich dieses oder jenes zeigt oder verschließt: „Unser Seyn geschieht demzufolge als Gespräch, sofern wir, so angesprochen sprechend, das Seiende als ein solches zur Sprache bringen, in dem, was es und wie es ist, eröffnen, aber auch zugleich verdecken und verstellen."[16] Das Gespräch fängt somit zwar nicht beim Menschen an, sondern der Mensch wird erst dadurch Mensch, dass er sich als Teilnehmender eines Gespräches im Sinne des Angesprochenseins und offen für das Besprochene erfährt. Das Sprachgeschehnis ereignet sich jedoch nicht ohne (menschliches) Antworten. Aus dieser responsiven Verschränkung von Zu- und Entsprechen bedacht, wird der kryptische Satz aus

---

[12] Martin Heidegger, Übungen für Anfänger. Schillers Briefe über die ästhetische Erziehung des Menschen, hrsg. von Ulrich von Bülow, Marbach 2005, 43.
[13] Vgl. Heidegger, Hölderlins Hymnen ‚Germanien' und ‚Der Rhein', GA 39, 69. In Rückgriff auf Sein und Zeit erläutert von Herrmann Heideggers Sprachverständnis im Kunstwerkaufsatz (Friedrich-Wilhelm von Herrmann, Heideggers Philosophie der Kunst. Eine systematische Interpretation der Holzwege-Abhandlung ‚Der Ursprung des Kunstwerkes', zweite, überarb. und erw. Aufl., Frankfurt am Main 1994, 361–372).
[14] Zur systematischen Entfaltung eines Begriffs der Responsivität, vgl. Bernhard Waldenfels, Antwortregister, Frankfurt am Main 1994.
[15] Heidegger, Logik als die Frage nach dem Wesen der Sprache, GA 38, 168; vgl. Heidegger, Hölderlins Hymnen ‚Germanien' und ‚Der Rhein', GA 39, 140–141.
[16] Heidegger, Hölderlins Hymnen ‚Germanien' und ‚Der Rhein', GA 39, 70.

Dichtung als Wesen der Kunst?

dem Kunstwerkaufsatz verständlich: „Dieses Nennen ernennt das Seiende *zu* seinem Sein *aus* diesem." (GA 5, 61)

4. Hölderlin und die Frage nach der Dichtung im engeren Sinne

Aus Heideggers Sprachverständnis muss nun einsichtig gemacht werden, inwiefern der Dichtung *im engeren Sinn* eine ausgezeichnete Stellung innerhalb der Künste zugestanden werden kann. In ihr wird nämlich das responsive Sprachgeschehen ausdrücklich vernehmbar, indem die Ausgesetztheit des menschlichen Daseins – das heißt in seiner Offenheit überhaupt angesprochen werden zu können und auf den Zuspruch des Seyns zu hören – übernommen und in den „Klang des Wortes"[17] geborgen werden kann. Das spezifische Wie des Antwortens wird als diese Erfahrung der Ausgesetztheit in der Dichtung ausdrücklich und für das Selbstverständnis einer (Sprach-)Gemeinschaft leitend. Für Heidegger stiften daher primär die Dichter (und nicht etwa Philosophen oder Staatsmänner) eine *geschichtliche Gemeinschaft*, die er „Volk" nennt und dezidiert von Vereinahmungen durch eine Ideologie von „Blut und Boden" freizuhalten versucht.[18] In der Sprache der Dichtung wird das je schon Übereingekommensein der Menschen in einer Gemeinschaft offenkundig: „Das geschichtliche Dasein des Menschen ist von Grund aus getragen und geführt von dem Seyn, das der Dichter im voraus erfahren, erstmals ins Wort gehüllt und so in das Volk gestellt hat."[19]

Dieses Übereingekommensein in der Sprache, das in der Dichtung eine explizite Wortwerdung erfährt, wird von Heidegger nicht bloß formal gefasst, sondern im Kontext einer geschichtlichen Dimension erörtert: Wenn im Kunstwerkaufsatz davon die Rede ist, dass im dichterischen Sagen „einem Volk seine Welt aufgeht und die Erde als das Verschlossene aufbewahrt wird" (GA 5, 61), so verweist dies darauf, dass sich der Mensch rückgebunden an eine konkrete Geschichtlichkeit einer Sprachgemeinschaft und an eine bestimmte Ortschaft erfährt, die Heidegger mit Hölderlin „Heimat" als die *„Macht der Erde"*[20] nennt.

---

[17] Heidegger, Hölderlins Hymnen ‚Germanien' und ‚Der Rhein', GA 39, 201.
[18] Heidegger, Hölderlins Hymnen ‚Germanien' und ‚Der Rhein', GA 39, 254.
[19] Heidegger, Hölderlins Hymnen ‚Germanien' und ‚Der Rhein', GA 39, 184.
[20] Heidegger, Hölderlins Hymnen ‚Germanien' und ‚Der Rhein', GA 39, 88.

Heimat – in diesem Sinne verstanden – kann nicht einfachhin angeeignet oder beiseite gelegt, sondern lediglich als verschlossene – das heißt unverfügbare – bewahrt werden. Man verfügt nicht einfachhin aufgrund seiner Herkunft über so etwas wie Heimat, sondern das Heimischwerden wird von Heidegger als ein diffiziler Prozess gefasst. Im Gegensatz zum (philosophischen) Denken, das „in der Unruhe und Zerklüftung eines Bruches verharren muß",[21] sich somit als Erfahrung des Unheimischseins erweist und „nie in die Ruhe des ‚Werkes' einkehren darf",[22] sieht Heidegger in der Dichtung eine Möglichkeit, eine (neue) Wohnstätte zu bereiten.[23]

Hieraus lässt sich ablesen, inwiefern Heideggers Auffassung nach nicht nur die Philosophie, sondern das Menschsein überhaupt sich in den Wirkungsbereich der Dichtung im engeren Sinne einschreiben muss. In ihr kann nicht nur das herkömmliche Seiende zum Unseienden werden, sondern sie gibt in konstitutiver Weise Möglichkeiten vor, das „Wohnen und Dasein des Volkes"[24] zu stiften. So vollzieht sich laut Heidegger in der *Antigone* von Sophokles die „Stiftung des ganzen griechischen Daseins",[25] indem hierin Grunderfahrungen „im Wort und in der Wortwerdung"[26] aufgefangen und Artikulationsmöglichkeiten für das Selbstverständnis dieser je konkreten Gemeinschaft allererst entworfen werden. Daher verweist Heidegger in *Der Ursprung des Kunstwerkes* darauf, dass „einem geschichtlichen Volk die Begriffe seines Wesen, d. h. seiner Zugehörigkeit zur Welt-Geschichte vorgeprägt" (GA 5, 62) werden. Diese Analyse mag vielleicht für das Griechentum zutreffen, insofern Homer oder eben Sophokles, auf dessen Chorlied aus der *Antigone* Heidegger immer wieder zurückkommt, den Boden für die griechische (Sprach-)Welt bereitet haben. Kann diese Dimension des Dichterischen in dieser emphatischen Weise aber immer noch in Anspruch genommen werden?

Es ist die Eigenheit des seinsgeschichtlichen Denkens, dass Heidegger eine dichterische Stiftung des Seyns auch für seine geschichtliche Situierung zu denken versucht. Gerade in diesem Zusammenhang gewinnt für Heidegger die Dichtung Hölderlins ihre herausragende

---

[21] Heidegger, Besinnung, GA 66, 51.
[22] Heidegger, Besinnung, GA 66, 51.
[23] Vgl. Heidegger, Erläuterungen zu Hölderlins Dichtung, GA 4, 129.
[24] Heidegger, Hölderlins Hymnen ‚Germanien' und ‚Der Rhein', GA 39, 259.
[25] Heidegger, Hölderlins Hymnen ‚Germanien' und ‚Der Rhein', GA 39, 216.
[26] Heidegger, Hölderlins Hymnen ‚Germanien' und ‚Der Rhein', GA 39, 217.

Dichtung als Wesen der Kunst?

und einzigartige Stellung. Dieser dichtet als „*Dichter des Dichters*"[27] nicht nur das, *was* überhaupt die Dichtung und *wer* der Dichter in einer (noch ungehört) neuen Weise sei, sondern darüber hinaus dichte er als „Dichter der Deutschen",[28] wer die „Deutschen" sind bzw. künftig sein könnten. Ihr geschichtliches Sein ist ihnen laut Heidegger in der Dichtung Hölderlins dadurch aufgegeben, dass sie sich explizit auf ihre Geschichtlichkeit besinnen und sich mit ihrem Fremden auseinandersetzen, um ihr Eigenes zu gewinnen.

Um die gröbsten Missverständnisse zu vermeiden, ist es wichtig zu sehen, dass Heidegger hier nicht auf Vorgegebenheiten – seien es ethnische oder territoriale – rekurriert; vielmehr handelt es sich im Hören auf die Dichtung hier um eine denkerische Antwort in Hinblick auf die geschichtliche Situierung. Das Verhältnis zwischen dem Fremden und dem Eigenen gestaltet sich demnach weit komplexer als es zunächst den Anschein hat. Weder kann davon ausgegangen werden, das Eigene bereits zu besitzen, noch geht es um eine Annektierung des Fremden. Der Prozess des „Heimischwerden[s] im Eigenen"[29] geschieht, wie Heidegger in seinen beiden Vorlesungen zu Hölderlin Anfang der 1940er ausführt, vielmehr als „Durchgang durch das Fremde"[30] im Sinne einer Zwiesprache mit dem Fremden, „damit am Fremden das Eigene zu leuchten beginnt".[31] Das mögliche Sicheinfinden im Eigenen vollzieht sich somit laut Heidegger erst in der „Auseinandersetzung mit der Fremde"[32] und der damit einhergehenden geschichtlichen Besinnung. Das Eigene wäre somit nicht etwas, worin man sich schon vorfände, oder etwas, das man gar im Vorhinein bereits besäße, sondern dorthin ist man immer über das Fremde unterwegs; ein Unterwegssein freilich, das immer der Gefahr ausgesetzt bleibt, Schiffbruch zu erleiden. Dabei muss das Fremde als Fremdes anerkannt werden, um ins Eigene zu gelangen. Für Heidegger gewährt einzig die Dichtung Hölderlins ein Kommen des Eigenen. In ihr ist die Möglichkeit angelegt, sich auf die Geschichtlichkeit eigens zu besinnen und ein künftiges Selbstverständnis zu artikulieren. Diese responsiv-gegenwendige Verschränkung des Zusammengehörens von Sage und Seyn gilt es

---

[27] Heidegger, Hölderlin und das Wesen der Dichtung, GA 4, 34.
[28] Heidegger, Hölderlins Hymnen ‚Germanien' und ‚Der Rhein', GA 39, 220.
[29] Heidegger, Hölderlins Hymne ‚Der Ister', GA 53, 60.
[30] Heidegger, Hölderlins Hymne ‚Der Ister', GA 53, 60.
[31] Heidegger, Hölderlins Hymne ‚Andenken', GA 52, 175.
[32] Heidegger, Hölderlins Hymne ‚Der Ister', GA 53, 67.

im dichterischen Wort zu bedenken, ohne freilich diesen Anspruch gänzlich einholen zu können.

5. Ist alle Kunst im Wesen Dichtung?

Die Frage nach dem Verhältnis von der Kunst und den Künsten wird bei Heidegger erst vor dem Hintergrund seines erweiterten Sprachverständnisses und dem genuinen Antwortcharakter des Menschseins verständlich. Das Sichzeigen von jeglichem Seienden vollzieht sich in einem responsiven Grundgeschehnis. Im sprachlichen Gegebensein von Welt ereignet sich Un-Verborgenheit (ἀ-λήθεια). In dieser Weite genommen, gründet jede Kunst auf Sprache. Obschon allen Künsten ein Ins-Werk-setzen der Wahrheit zugestanden werden kann, sind sie Heideggers Ansicht nach auf Sprache angewiesen und erhalten aus der sich sprachlich ereignenden Lichtung ihren Ort. Sämtliche Künste artikulieren sich in diesem – bereits sprachlich erschlossenen – Bereich. Daher kann Heidegger behaupten: „Bauen und Bilden dagegen geschehen immer schon und immer nur im Offenen der Sage und des Nennens." (GA 5, 62) Erst vor dem Hintergrund dieses Verständnisses einer je schon sprachlich gegebenen Welt kann sich somit Bild-, Ton- oder Baukunst sowie die herkömmliche Sprachkunst vollziehen: „Das Wesen der Kunst ist die Dichtung. Das Wesen der Dichtung aber ist die Stiftung der Wahrheit." (GA 5, 63)

Erörtert wird dabei nicht primär das Verhältnis zwischen der Kunst und den Künsten, sondern vielmehr der irreduzible Charakter der Kunst selbst. Dabei wird der Frage nachgegangen, was die Dichtung dem Denken zu sagen hat. Die Dichtung wird hierbei nicht mehr als ein Gegenstand (unter anderen) der philosophischen Reflexion gesehen, sondern sie wirft Fragen auf, die das Denken nachhaltig herausfordern und unbeschrittene Wege eröffnen. Diese Offenheit für das Phänomen und das Ernstnehmen der Erfahrung von Kunst ist es auch, die Heideggers einzigartige Stellung innerhalb des philosophischen Diskurses begründet.

Die forcierte Inblicknahme der Dichtung und die Akzentuierung der Sprache birgt aber eine Reihe von Problemen für die Kunstbetrachtung und ein nicht auflösbares Spannungsverhältnis: Sie erlaubt es Heidegger nicht mehr, andere Künste in ihren genuinen Verfahrensweisen im vollen Umfang zu berücksichtigen. Andere Künste als die Sprachkunst werden nicht nur aus einem sie ermöglichenden

Dichtung als Wesen der Kunst?

Sprachgeschehnis verstanden, sondern ihnen kann auch nicht die stiftende Dimension zugestanden werden, wie sie sich für Heidegger letztlich einzig in Hölderlins *Strom-Dichtungen* ankündigt. Medienspezifische Erörterungen anderer Kunstformen, ebenso wie ein dezidiertes Eingehen auf ihren Beitrag zu einem Selbst- und Weltverständnis – wie es beispielsweise Ricœur und Greenberg entfalten[33] – rücken dabei in den Hintergrund. Obwohl Heidegger im Kunstwerkaufsatz dezidiert das irreduzibel ‚Stoffliche' herausstreicht, wird es vor dem Hintergrund einer möglichen Differenz zwischen den Künsten nicht mehr ins Treffen geführt. Daher verwundert es nicht, dass Heidegger – bei der leitenden Frage nach einem möglichen Heimischwerden – ein freierer Blick für die jeweiligen Erfahrungsdimensionen anderer künstlerischen Ausdruckformen verwehrt bleibt. So werden in seinen Texten nicht nur Musik oder Tanz, sondern auch Film und Photographie (beinahe) unberücksichtig gelassen.[34] Gleichwohl gewinnen hinsichtlich der für Heidegger zentralen Fragestellung des Wohnens gerade Architektur und Plastik, aber auch die Malerei Cézannes und Klees, sukzessive an Relevanz. Obschon Heidegger zeit seines Lebens der Dichtung Hölderlins verschrieben blieb,[35] wird sich diese Emphase im Spätwerk seines Schaffens wandeln. Vielleicht spricht er deshalb davon – nachdem nicht nur andere Dichtungen für ihn an Gewicht gewinnen, sondern auch andere Künste in ihrer genuinen Eigenheit immer wieder zu denken geben –, dass er ein „Pendant" zum Kunstwerkaufsatz verfassen müsste.[36] Dieser Aufgabe ist Heidegger nicht in einer aus-

---

[33] Vgl. Paul Ricœur, La fonction herméneutique de la distanciation, in: Paul Ricœur, Du texte à l'action. Essais d'herméneutique II, Paris 1986, 101–117; Clement Greenberg, Towards a Newer Laocoon, Partisan Review VII (July-August 1940), 296–310. Zur ‚vermischten' Pluralität der Künste – auch in Abgrenzung zu Heidegger – vgl. Günter Figal, Erscheinungsdinge, Tübingen 2010, 123–176.
[34] Vgl. Heidegger, Aus einem Gespräch von der Sprache, GA 12, 99–100.
[35] So betont Heidegger noch im so genannten Spiegel-Interview Mitte der 1960er Jahre: „Mein Denken steht in einem unumgänglichen Bezug zur Dichtung Hölderlins. Aber ich halte Hölderlin nicht für irgendeinen Dichter, dessen Werk die Literaturhistoriker neben vielen anderen auch zum Thema machen. Hölderlin ist für mich der Dichter, der in die Zukunft weist". (Heidegger, Spiegel-Gespräch mit Martin Heidegger, GA 16, 678)
[36] Vgl. Heinrich Wiegand Petzet, Auf einen Stern zugehen. Begegnungen und Gespräche mit Martin Heidegger 1929–1976, Frankfurt am Main 1983, 151.

führlichen Weise nachgekommen, doch zeugen Spuren von diesen Überlegungen.[37]

---

[37] Vgl. Günter Seubold, Kunst als Enteignis. Heideggers Weg zu einer nicht mehr metaphysischen Kunst, Bonn 1996; und Andrew Mitchell, Heidegger Among the Sculptors. Body, Space, and the Art of Dwelling, Stanford 2010.

Antonio Cimino, David Espinet, Tobias Keiling

Kunst und Geschichte

Die von Heidegger im Kunstwerkaufsatz entwickelte Konzeption des Verhältnisses von Kunst und Geschichte ist fundamental: An der geschichtlichen Erfahrung von Kunstwerken macht Heidegger deutlich, was für alle Erfahrung gilt, sowohl für den Vollzug des Erfahrungsprozesses wie auch für den sich darin zeigenden Sinn. Methodisch weist Heideggers Behandlung der Geschichtlichkeit der Kunstwerke sowie der Kunst selbst einige Grundzüge auf, die sich konsequent auf seinen genuin phänomenologischen Forschungsansatz zurückführen lassen, einen Ansatz, durch den Heidegger klären möchte, wie sich etwas zeigt und uns begegnet. So eignet sich das Thema ‚Kunst und Geschichte' dazu, einen Blickwinkel einzunehmen, in dessen Perspektive sich einige der zentralen Punkte des Kunstwerkaufsatzes inhaltlich bündeln.

1. Die phänomenologische Frage nach dem Verhältnis von Kunst und Geschichte

Methodologisch gesehen gilt es zunächst festzuhalten, dass sich das gesamte thematische Feld des Kunstwerkaufsatzes, nämlich die Frage nach dem *Ursprung* des Kunstwerks, auf die Frage nach dem Verhältnis von Kunst und Geschichte zurückführen lässt. Denn die Frage nach dem Ursprung des Kunstwerks kann als die nach dessen Geschichte bzw. Entstehungsgeschichte verstanden werden. Letzteres ist aber erläuterungsbedürftig. Denn offensichtlich geht es Heidegger bei der Frage nach dem Ursprung der Kunst nicht darum, zu untersuchen, wie und wann bestimmte Kunstformen oder Kunstwerke im Laufe der Geschichte der menschlichen Kultur entstanden sind, auf welchen Zeitpunkt sich die Entstehung von Kunstwerken datieren lässt und welcher autonomen künstlerischen

Tätigkeit oder Instanz die Entstehung von Kunst produktionsästhetisch zugeschrieben werden kann. Bei diesen Fragestellungen handelt es sich grundsätzlich nicht um philosophische Probleme, sondern um empirisch-historische Fragen, die in erster Linie der Kunstgeschichte und der Archäologie zuzuordnen sind. Gegen diesen Zugang zur Geschichtlichkeit der Kunstwerke grenzen sich die ersten Sätze des Kunstwerkaufsatzes auf prägnante und klare Weise ab. Den eigentümlichen Ausgangs- und Zielpunkt einer Phänomenologie des Kunstwerks und der Kunst bestimmt Heidegger folgendermaßen: „Ursprung bedeutet hier jenes, von woher und wodurch eine Sache ist, was sie ist und wie sie ist. Das, was etwas ist, wie es ist, nennen wir sein Wesen. Der Ursprung von etwas ist die Herkunft seines Wesens. Die Frage nach dem Ursprung des Kunstwerkes fragt nach seiner Wesensherkunft." (GA 5, 1)

Diese erste Charakterisierung der phänomenologischen Fragestellung nach dem Ursprung des Kunstwerks ist aber dadurch zu präzisieren, dass der für Heideggers Behandlung entscheidende Sinn von „Wesen" erläutert wird. Denn je nachdem, was man unter diesem Terminus versteht, ergibt sich ein verändertes Verständnis jener Geschichtlichkeit, die der Kunst und den Kunstwerken zuzuschreiben ist, und des Verhältnisses zwischen philosophischer Untersuchung zum Wesen der Kunst und historischer Erforschung vorgegebener Kunstwerke.

Würde man etwa zwischen einem überzeitlichen Wesen des Kunstwerks als solchem und den geschichtlich gegebenen Kunstwerken differenzieren, dann müsste man die Kooperation zwischen der Philosophie der Kunst und der Kunstgeschichte auf folgende Weise beschreiben: Die Aufgabe der Philosophie würde darin bestehen, ein ahistorisches Paradigma des Kunstwerks überhaupt herauszustellen, das grundsätzlich für alle vorgegebenen und möglichen Kunstwerke gelte, wobei von den zufälligen Merkmalen der jeweiligen Dinge zu abstrahieren und das den Einzelfällen zugrundeliegende Wesen zu erschauen wäre. Den kunstgeschichtlichen Disziplinen ginge es dann darum, die jeweils gegebenen Kunstwerke zu beschreiben, zu katalogisieren und in den entsprechenden geschichtlich-kulturellen Zusammenhang einzuordnen. Aus dieser platonisierenden Sicht würde der geschichtliche Charakter des Kunstwerks keine philosophisch relevante Rolle spielen, weil der geschichtliche Aspekt der Kunst allein im Bereich positiver Kunstwissenschaft zu verorten wäre. Die philosophische Beschreibung des Wesens der Kunst könnte höchstens dazu dienen, einen Leitfaden zur Verfügung zu stellen, an dem sich die historische Erforschung der Kunstwerke orientieren sollte. Um eine Geschichte von Kunstwerken zu schreiben, sollte man wissen, was ein Kunstwerk ist.

Gerade gegen diese überzeitliche Unterscheidung positioniert sich nun Heideggers Ansatz auf radikale Weise. In den *Beiträgen zur Philosophie* schreibt Heidegger: „Die Frage nach dem Ursprung des Kunstwerks will nicht auf eine zeitlos gültige Feststellung des Wesens des Kunstwerks hinaus, die zugleich als Leitfaden zur historisch rückblickenden Erklärung der Geschichte der Kunst dienen könnte."[1]

2. Geschichtlichkeit als vollzugsmäßige und ereignishafte Prozessualität

Die Ablehnung einer auf Überzeitlichkeit zielenden Bestimmung des Wesens des Kunstwerks geht mit der phänomenologischen Grundperspektive von Heideggers Analyse einher, die darin besteht, das Wesen des Kunstwerks und der Kunst unter dem Gesichtspunkt ihres Sichzeigens deutlich werden zu lassen. Entscheidend dafür ist, dass Heidegger nicht das Wesen selbst, die ideale Washeit des Kunstwerks beschreiben möchte, sondern die Weise, *wie* Kunstwerke gegeben und erfahrbar sind. Tatsächlich handelt es sich hierbei um eine phänomenologische Grundintuition, die Heidegger von Husserl übernimmt und geschichtlich wendet. Im Wie der Gegebenheit wird nicht nur der intentionale Gehalt eines bestimmten Sinns mitbestimmt (wie beispielsweise der Modus der Phantasie den intentionalen Gegenstand ‚Einhorn' als einen irrealen erscheinen lässt), sondern der Gegebenheitsmodus bindet den Sinngehalt an eine bestimmte Erfahrungssituation und an ihre eigene geschichtliche Faktizität zurück.

Zur weiteren Erläuterung dieses Sachverhaltes, in dem sich die phänomenologische Relevanz des Verhältnisses von Kunst und Geschichte auf ausgezeichnete Weise zeigt, ist es hilfreich, von einem Schema auszugehen, das Heidegger zwar nur in seinen frühen Freiburger Vorlesungen ins Spiel bringt, das aber darüber hinaus aufschlussreich für ein Verständnis seines phänomenologischen Forschungsansatzes sein kann: Heidegger differenziert drei Sinnrichtungen des Phänomenalen, die er „Gehaltssinn", „Bezugssinn"

[1] Heidegger, Beiträge zur Philosophie, GA 65, 503.

und „Vollzugssinn" nennt,[2] wobei sie drei unterschiedliche Aspekte eines phänomenologisch zu analysierenden Erfahrungszusammenhangs darstellen. Der Gehaltssinn ist das, was erlebt wird, nämlich das noematische Korrelat eines Erlebnisses (der Sinn des Erlebnisses, gewonnen aus dem Wie seiner Gegebenheit). Der Bezugssinn macht das noetische Korrelat aus, nämlich die Art und Weise, wie man auf das entsprechende noematische Korrelat bezogen ist (also ob es phantasiert, erinnert, erwartet, gefürchtet, gedacht etc. wird). Unter dem „Vollzugssinn" versteht Heidegger die Art und Weise, wie sich der Bezug auf den Sinngehalt vollzieht (die Prozessualität der Erfahrung aus der Perspektive des einzelnen Daseins, das je meines selbst ist). Es ließe sich dokumentieren, wie Heideggers phänomenologische Analysen auf die Herausstellung dieser drei phänomenalen Aspekte abzielen. Dabei spielt aber der Vollzugssinn (das Wie des Vollzugs) eine herausgehobene Rolle, denn dieser verweist auf die ursprüngliche Sinndimension der Phänomene, nämlich auf die zeitlich-geschichtliche Dynamik zurück, durch die ein Phänomen in seinem Wesen bestimmt ist. Anders gesagt: Wenn ich einen Sinn erfahre, vollziehe ich seine geschichtliche Situierung gleich mit, weil Sinn in der Erfahrung niemals isoliert auftritt.

Unter Zugrundelegung des Begriffs des Vollzugssinns lässt sich nun der prinzipielle Unterschied zwischen der ungeschichtlichen und der phänomenologischen Bestimmung der Kunst weiter präzisieren. Der erste Ansatz versucht, das Wesen der Kunstwerke und damit das der Kunst herauszustellen, indem ein überzeitlicher, typisierter und vermeintlich allgemeingültiger Wesensgehalt (ein Was) abgehoben und intuitiv erfasst wird. Dabei ist die Sinnrichtung des Gehaltssinns bestimmend. Bei dem phänomenologischen Ansatz im Sinne Heideggers handelt es sich dagegen um den Versuch, die zeitlich-geschichtliche und damit vollzugsmäßige Dynamik des Phänomens ‚Kunst' herauszustellen und den Sinn der Phänomene von dort aus zu beschreiben.

Für den Kunstwerkaufsatz bedeutet dies: Kunst muss, und das ist keine Nebensache, *erfahren* werden. Wer die Kunst von einem zeitlos-idealen Wesen her versteht, verkennt diese für das Kunstwerk wesentliche Faktizität und damit die ursprüngliche Geschicht-

---

[2] Vgl. Heidegger, Phänomenologie des religiösen Lebens, GA 60, 63; außerdem Antonio Cimino, Begriff und Vollzug. Performativität und Indexikalität als Grundbestimmungen der formal anzeigenden Begriffsbildung bei Heidegger, Internationales Jahrbuch für Hermeneutik 10 (2011), 215–239.

lichkeit der Kunst. Um dieser gerecht zu werden, ist eine weitere Präzisierung erforderlich, damit sich jene methodologischen Ansatzpunkte klären, die sich in Heideggers Kunstwerkaufsatz bekunden und die sich von seinen früheren phänomenologischen Versuchen zu einer „Hermeneutik der Faktizität"[3] und zu einer Daseinsontologie unterscheiden. Denn aus der Perspektive des frühen Heidegger ließe sich nun die Frage nach dem geschichtlichen Charakter der Erfahrung von Kunstwerken folgendermaßen stellen: Wie vollzieht sich die Erfahrung des Kunstwerks auf Seiten des faktischen Daseins? Diese Fragestellung könnte auf produktive Weise entwickelt werden, indem z. B. untersucht würde, wie die Erfahrung des Kunstwerks sich vom Alltagsleben befreit und sich so als eine Erfahrung von Kunst erweist. Eine weitere Möglichkeit, diese Frage weiterzuentwickeln, könnte darin bestehen zu beschreiben, wie sich die Erfahrung eines Gedichtes von der Erfahrung eines Bildes unterscheidet. Immer bliebe die phänomenologische Fragestellung nach der Kunst und dem Kunstwerk am faktischen Leben bzw. Dasein orientiert. Es handelt sich dabei nicht um das Subjekt im Sinne von Descartes' *res cogitans*, das Heidegger gerade dekonstruiert, aber im Grunde genommen bliebe die Frage nach dem Ursprung der Kunst, formuliert man sie wie oben, subjektorientiert. Zwar ließe sich auf diese Weise die Geschichtlichkeit der Kunst, der Kunstwerke und der Kunsterfahrung phänomenologisch herausstellen und beschreiben, indem man die Geschichtlichkeit des faktischen Lebens bzw. des Daseins ins Feld führte, aber damit würde man dem Neuansatz nicht gerecht, den Heidegger in *Der Ursprung des Kunstwerkes* unternimmt. Der Kunstwerkaufsatz radikalisiert nicht nur diese in der einzelnen Erfahrungsinstanz einsetzende Geschichtlichkeit der Kunst, sondern diese wird gleichsam entsubjektiviert.

Die phänomenologische Perspektive im Kunstwerkaufsatz entwickelt sich dadurch weiter, dass Heidegger nicht nur nach der vollzugsmäßigen zeitlich-geschichtlichen Dynamik des Phänomens ‚Kunst' im Dasein und damit nach dem Vollzug der Erfahrung des Kunstwerks fragt, sondern vor allem danach, wie Kunst als Erfahrungszusammenhang geschieht: Etwas an der Kunst übersteigt die einzelne Erfahrung und bereits in diesem Sinne ist sie geschichtlich. Auf dieses Geschehen der Erfahrung der Kunst – wobei ‚Erfahrung der Kunst' sowohl im Sinne des *genitivus subiectivus* als auch des *genitivus obiectivus* zu verstehen ist – konzentriert sich nun Heideggers

---

[3] Vgl. Heidegger, Ontologie, GA 63

Analyse, da sie die Geschichtlichkeit der Kunst selbst untersucht, und nicht nur die Geschichtlichkeit des Daseins. Formelhaft gesagt: Bei der phänomenologischen Behandlung des Themas ‚Kunst und Geschichte' geht es Heidegger darum, den Geschehens- bzw. Ereignischarakter der Kunst selbst, der Kunstwerke und der Kunsterfahrung, zu analysieren. Es geht also immer noch um den Vollzugssinn des Phänomenalen, aber die Kunst wird als eines jener Phänomene verstanden, das *sich* vollzieht und nicht von einem Subjekt vollzogen wird. Jede einseitig subjektorientierte Behandlungsart des Problems ist damit ausgeschlossen.

Ein solches Verständnis der Geschichtlichkeit als ereignishafter Prozessualität macht die methodologisch entscheidende Grundlage für den Kunstwerkaufsatz aus – Grundlage, auf die konsequent auch die drei Themenkreise dieser Schrift rückführbar sind, nämlich „Das Ding und das Werk", „Das Werk und die Wahrheit" und „Die Wahrheit und die Kunst". Insbesondere die Wahrheit des Kunstwerks, von der es heißt, dass sie „im Werk am Werk" sei (GA 5, 36), bringt den bezeichneten Geschehenscharakter mit sich. Im Folgenden soll geklärt werden, wie die phänomenologisch relevanten Züge einer in diesem Sinne ereignishaften Prozessualität in Heideggers Analyse hervortreten. Dabei konzentrieren sich die folgenden drei Abschnitte auf drei Charaktere der genannten Geschichtlichkeit, nämlich den *konkreten*, den *holistischen* und den *alethischen* Charakter der Kunst.

3. Konkretion als Kontextgebundenheit

Die Prozessualität des Phänomenalen und der damit zusammenhängende begriffliche Bezugsrahmen lassen sich nicht ohne Weiteres in den Fragestellungen der Philosophie der Kunst ins Spiel bringen. Denn auch in anderen philosophischen und nicht philosophischen Disziplinen kann von ‚Prozess' und ‚Ereignis' die Rede sein. Selbst die Physik spricht in Bezug auf Vorgänge, die in Versuchsanordnungen beobachtet werden können, von ‚Ereignissen'. Dabei kommt die Dynamik der Phänomene aber lediglich unter Maßgabe von abstrakten Naturgesetzen in den Blick, indem von der einmaligen Konkretion abstrahiert wird, die jedes Erscheinen eines Naturphänomens ebenfalls bestimmt. Tatsächlich besteht der Sinn beispielsweise der Bewegungsgesetze darin, jede Bewegung zu allen Zeiten und an allen Orten zu bestimmen.

Kunst und Geschichte 129

Heideggers Bestimmung der Geschichtlichkeit der Kunst und der Kunstwerke begreift die ereignishafte Prozessualität immer auch als eine konkrete, d. h. kontextgebundene. Bei aller Schwierigkeit, die die Umsetzung eines solchen Programms mit sich bringt (die nämlich darin besteht, mit den Mitteln der Sprache, die auf Allgemeinheit tendiert, das Konkrete zu sagen), verfolgt Heidegger genau diese Einbettung der Kunst in die Geschichtlichkeit, die faktisch stets nur konkret sein kann. Weil das Konkrete nicht einfach direkt sagbar ist (‚Haus', ‚Baum' usw. – all dies sind Bezeichnungen, die stets mehr als *ein* Individuum bezeichnen können), entwickelt Heideggers phänomenologische Analyse des Erfahrungszusammenhangs der Kunst sich durch ‚formal anzeigende' Begriffe und Charakterisierungen. Unter „formaler Anzeige"[4] versteht Heidegger, dass man versucht, das Wesen der Kunst und der Kunstwerke philosophisch herauszustellen, indem man indirekt beschreibt, was unmittelbar nicht gesagt werden kann. Die Kunsterfahrung wird also nicht aufgehoben oder umgangen, sondern durch Beschreibung zugänglich gemacht. Diese formal anzeigende Herausstellung geht wesentlich mit der Überzeugung einher, dass die Kunst und die Kunstwerke immer schon mit ihren jeweils eigenen, einmaligen Zusammenhängen, in und aus welchen sie entstehen, verbunden sind. Von dieser Konkretion als Kontextgebundenheit, die das Wesen der Kunst als solcher bestimmt, darf nicht abstrahiert werden.

Daraus lässt sich nun auch eine Konsequenz ziehen, die sowohl methodologisch als auch inhaltlich von entscheidender Tragweite ist. Diese Konsequenz betrifft die prinzipielle Divergenz zwischen geschichtlicher und historischer Erfahrung.[5] Nur was geschichtlich ist, ist für Heidegger auch ursprünglich. Während die Geschichte einen Erfahrungskontext im eminenten Sinne meint, versteht Heidegger unter ‚Historie' eine die Geschichte zu historischen Fakten verfestigende Retrospektive dekontextualisierter Erlebnisse. Phänomenologisch gesehen besteht ein prinzipieller, unüberbrückbarer Unterschied zwischen dem ursprünglichen Erfahrungszusammenhang, zu dem ein Kunstwerk gehört, und einem kontextfremden

---

[4] Vgl. Heidegger, Phänomenologische Interpretationen zu Aristoteles, GA 61, 32–33
[5] Zum Unterschied zwischen ‚geschichtlicher' und ‚historischer' Perspektive vgl. Heideggers daseinsontologische Ausarbeitung der Geschichtlichkeit in Heidegger, Sein und Zeit, GA 2, 492–525.

Erlebnis: „So stehen und hängen denn die Werke selbst in den Sammlungen und Ausstellungen. Aber sind sie hier an sich als die Werke, die sie selbst sind, oder sind sie hier nicht eher als die Gegenstände des Kunstbetriebes? Die Werke werden dem öffentlichen und vereinzelten Kunstgenuß zugänglich gemacht. Amtliche Stellen übernehmen die Pflege und Erhaltung der Werke. Kunstkenner und Kunstrichter machen sich mit ihnen zu schaffen. Der Kunsthandel sorgt für den Markt. Die Kunstgeschichtsforschung macht die Werke zum Gegenstand einer Wissenschaft. Doch begegnen uns in diesem mannigfachen Umtrieb die Werke selbst? Die ‚Ägineten' in der Münchener Sammlung, die ‚Antigone' des Sophokles in der besten kritischen Ausgabe, sind als die Werke, die sie sind, aus ihrem eigenen Wesensraum herausgerissen." (GA 5, 26) Somit ergeben sich zwei sehr unterschiedliche Erfahrungsmodi im Verhältnis zur Geschichtlichkeit der Kunst sowie der Kunstwerke – Erfahrungsmodi, die sich als geschichtliche Erfahrung und historische Erfahrung bezeichnen lassen.

Anders als die historische, gehört die geschichtliche Erfahrung unmittelbar zum Geschehen der ereignishaften Prozessualität und zum „Wesensraum" der Kunstwerke, wenn sie sich phänomenal als eine ursprünglich kontextgebundene erweist. Dagegen zeigt die historische Erfahrung, die sich paradigmatisch in kunstgeschichtlichen und geschichtswissenschaftlichen Rekonstruktionen bekundet, eine distanzierte, reflektierte und kontextfremde Zugangsart, zumal sie sich eben auf der Grundlage einer prinzipiellen Abstraktion vom ursprünglichen Erfahrungszusammenhang vollzieht und entwickelt. Die historische Erfahrung ist zwar durchaus legitim und auch wissenschaftlich erforderlich, aber sie setzt immer schon eine grundsätzliche Distanzierung und Vergegenständlichung voraus, durch die sich die spezifische, ursprüngliche Geschichtlichkeit der Kunst und der Kunstwerke keineswegs erfassen lässt.

4. Holismus

Die Konkretion als Kontextgebundenheit der Kunst, der Kunstwerke und der Kunsterfahrung, ist nur vor dem Hintergrund von Heideggers holistischem Weltbegriff zu verstehen. Heidegger zufolge lässt sich die Geschichtlichkeit als ereignishafte Prozessualität in erster Linie durch die Berücksichtigung der Dynamik der Welt denken. Anders als vielleicht im alltäglichen Verständnis von Welt ist diese für Heidegger nicht als die bloße Summe des Vorhandenen aufzufassen: „Welt ist nicht die bloße Ansammlung der vorhandenen abzählbaren oder unabzählbaren, bekannten und unbekannten Dinge. Welt ist aber auch nicht ein nur eingebildeter, zur Summe des Vorhandenen hinzu vorgestellter Rahmen. *Welt weltet* und ist seiender als das Greifbare und Vernehmbare, worin wir uns heimisch glauben. Welt ist nie ein Gegenstand, der vor uns steht und angeschaut werden kann. Welt ist das immer Ungegenständliche, dem wir unterstehen, solange die Bahnen von Geburt und Tod, Segen und Fluch uns in das Sein entrückt halten. Wo die wesenhaften Entscheidungen unserer Geschichte fallen, von uns übernommen und verlassen, verkannt und wieder erfragt werden, da weltet die Welt." (GA 5, 30–31)

Der ursprüngliche Kontext der Kunstwerke ist nun die Welt, in welche sie gehören, der ihnen eigene „Wesensraum". Kunstwerke sind in diesem Erfahrungsmodus nicht als bloße Gegenstände gegeben, die in den Zusammenhang einer bestimmten historischen Welt einzuordnen wären. Vielmehr *sind* Kunstwerke derart, dass sie eine geschichtliche Welt als Sinntotalität eröffnen. Für Heidegger veranschaulichen die Tragödien Sophokles' nicht nur eine antike Lebenswelt, noch stellen sie einen Ausdruck antiken Kunstgenusses dar, sondern mit den Tragödien des Sophokles' bringt die antike Welt ein wesentliches Moment in jenem Prozess zur Darstellung, durch den sich die athenische Polis als Gemeinschaft konstituiert.

Durch diese Eröffnung konkretisiert sich die ereignishafte Prozessualität als eine weltliche. Anders gesagt: Das Geschehen der ereignishaften Prozessualität, durch die die Kunst und die Kunstwerke bestimmt werden, ist als das Welten einer Welt zu denken. Dieses Welten wird geschichtlich, wenn sich eine bestimmte Welt bildet. Heideggers bekanntes Beispiel für eine solche Eröffnung der Welt durch das Kunstwerk ist der Tempel, in dem sich nach Heidegger die Welt der Griechen konkret eröffnet: „Das Tempelwerk eröffnet dastehend eine Welt und stellt diese zugleich zurück auf die Erde, die dergestalt selbst erst als der heimatliche Grund herauskommt." (GA 5, 28)

Wie aber ist das Verhältnis einer geschichtlichen Welt zu jenem Welten der Welt genau zu denken? Wenn ein Kunstwerk die prozessuale Dimension des Phänomenalen erfahren lässt, dann ist dies einerseits eine Erfahrung des „Weltens", und damit eines Geschehens, das alle Erfahrung gleichermaßen umfasst. Andererseits geschieht dieses Welten immer nur als die Eröffnung einer partikularen geschichtlichen Welt, die das Ganze einer geschichtlichen Epoche umfasst. Durch Kunstwerke verstehen wir die dynamische Sinntotalität des Weltens in der jeweils einzigartigen Perspektive einer Welt. Darin liegt zwar eine wesentliche Begrenzung der Art und Weise, wie Kunstwerke unsere phänomenale Erfahrung phänomenologisch erschließen. Aber eben dies ist die Wahrheit der Kunst: es gibt sie nur in geschichtlich verschiedenen Welten.

5. Wahrheit und Geschichte

Die geschichtlich-weltliche Prozessualität lässt sich auf entscheidende Weise dadurch präzisieren, dass ihr alethischer Charakter berücksichtigt wird. So lässt sich eine Antwort auf die Frage geben, zu der sich die Frage nach dem Ursprung des Kunstwerks – Wie ist die Kunst der Ursprung des Kunstwerks? – jetzt konkretisiert hat: Wie eröffnet sich durch die Kunst das Welten der Welt und damit eine konkrete geschichtliche Welt?

Die Eröffnung der prozessualen Erfahrungsdimension des Weltens durch die Kunst, genauer durch ein jedes Kunstwerk, macht aus der weltlichen Sinntotalität keineswegs einen Horizont absoluter Transparenz. Das Kunstwerk weist – auch für seine Zeitgenossen – stets einen undurchdringlichen, nicht restlos erschließbaren Sinn auf. Heidegger beschreibt das Erscheinen der Werke deshalb in einer eigentümlichen Dialektik von sinntransparenter Welt und sinnverschlossener Erde, die ihrerseits auf die Zusammengehörigkeit von „Lichtung" und „Verbergung" verweist (GA 5, 50). Diese Spannung von Sinnerschlossenheit und Sinnentzug hält das Welten in Bewegung, so dass es sich nicht zur Letztgültigkeit eines Weltverständnisses verfestigt. Es ist diese Dynamik, auf die es Heidegger in dem Beispiel des Gemäldes van Goghs ankommt: „Im Gemälde van Goghs geschieht die Wahrheit. Das meint nicht, hier werde etwas Vorhandenes richtig abgemalt, sondern im Offenbarwerden des Zeugseins des Schuhzeuges gelangt das Seiende im Ganzen, Welt und Erde in ihrem Widerspiel, in die Unverborgenheit." (GA 5, 43)

Die geschichtlich-weltliche Prozessualität lässt sich nicht von der Dynamik der Wahrheit als Unverborgenheit trennen, sondern die Natur des Kunstwerks besteht gerade darin, der Ort zu sein, an dem der „Streit" von Lichtung und Verbergung, von Welt und Erde geschieht: „Die Wirklichkeit des Werkes bestimmt [...] sich aus dem, was im Werk am Werk ist, aus dem Geschehen der Wahrheit. Dieses Geschehnis denken wir als die Bestreitung des Streites zwischen Welt und Erde. In der gesammelten Bewegnis dieses Bestreitens west die Ruhe. Hier gründet das Insichruhen des Werkes. Im Werk ist das Geschehnis der Wahrheit am Werk. Aber was so am Werk ist, ist es doch im Werk. Demnach wird hier schon das wirkliche Werk als der Träger jenes Geschehens vorausgesetzt." (GA 5, 45)

Damit klärt sich auch Heideggers Charakterisierung des Wesens der Kunst, der zufolge dieses als das „Ins-Werk-Setzen der Wahrheit" (GA 5, 44) zu bestimmen sei. Mit dieser Charakterisierung versucht Heidegger, terminologisch jene geschichtliche Prozessualität zur Sprache zu bringen, durch die sich das Verhältnis von Kunstwerk und Wahrheit auszeichnet, wenn er den dynamischen Grundsinn des Werkseins nachdrücklich betont. Die Formulierung, nach der „im Werk" das Geschehnis der Wahrheit „am Werk" sei (GA 5, 45), ist der prägnante Ausdruck einer Konzeption, die sich radikal gegen substanzontologische Auffassungen positioniert, indem sie das Geschehen der Kunst – und die Kunst als Geschehen – eigens denken will. Doch auch wenn Kunstwerke weder Substanzen haben noch Substanzen sind, so ruhen sie trotz ihres Geschehenscharakters in sich selbst: „In der gesammelten Bewegnis dieses Bestreitens west die Ruhe" (GA 5, 45). Das Werk ist also eine bleibende Versammlung jenes Wahrheitsgeschehens, das als Streit von Welt und Erde eine jeweilige geschichtliche Welt eröffnet. Die Dynamik dieses Streites, und damit die prozessuale Dimension weltlichen Sinns, ist im Werk nicht stillgestellt, sondern als solche bewahrt. Darin liegt seine Wahrheit, die es zu etwas Ursprünglichem macht (vgl. GA 5, 66).

6. Bewahren

Ein Insichruhen des Werkes, das die Dynamik des Streits in sich birgt, so dass diese erneut erfahren werden kann, ist die Bedingung für dasjenige, das Heidegger das „Bewahren" (GA 5, 54) der Kunstwerke nennt, das „Innestehen in der im Werk geschehenden Offenheit" (GA 5, 54). In diesem wendet sich das Geschehen der Kunst wieder auf das Dasein zurück. Anders als das bloß historische Vorstellen der Kunstwerke, ihre Unterbringung in einer diesen fremden Welt, deren Geschichtlichkeit nicht vom Werk her verstanden ist, ist das Bewahren die den Werken angemessene Weise, ein Werk nicht nur für einen Augenblick zu erfahren, sondern in der ihm eigenen Geschichtlichkeit auch durch die Geschichte hindurch zu leben. Ein Werk ist kein Feuerwerk von Wahrheit, das einfach vorbei wäre, sondern eine bleibende Möglichkeit, sich in der Welt und auf der Erde zu verstehen und so die Wahrheit des Kunstwerks als maßgeblich zu erfahren. Da im Werk die Spannung zwischen den jeweiligen geschichtlichen Welten und der universalen dynamischen Erfahrungsdimension des „Weltens", zwischen Holismus und Konkretion, bewahrt ist, ist kein Kunstwerk von sich aus vergangen, sondern kann in seinem ursprünglichen Geschehenscharakter wieder erfahren werden. So betont Heidegger zwar, dass die „Welt der vorhandenen Werke" früherer Zeiten „zerfallen" und solcher „Weltentzug und Weltzerfall [...] nie mehr rückgängig zu machen" sei (GA 5, 26), gleichwohl bleibe eine „Überlieferung" möglich (GA 5, 27). Heidegger formuliert diesen Gedanken im Kunstwerkaufsatz zwar nur vage aus, jedoch legt sein eigener Umgang mit antiken Texten sowie mit der hölderlinschen Anverwandlung antiker Stoffe und Texte nahe, dass zerfallene Welten nicht *per se* unzugänglich bleiben müssen – was nicht heißt, dass man sich der im *Jetzt* des Werkes geschehenden Wahrheit nicht auch entziehen könnte.

Bei dem als Bewahren bestimmten Verhältnis zur Geschichte der Kunst handelt es sich also um etwas Schwieriges und Problematisches. Hegel hat prominent angezweifelt, dass irgendein Kunstwerk eine maßgebliche Weise bleiben könne, sich selbst und damit Welt und Erde zu verstehen. Nicht zuletzt deshalb beschäftigt Heidegger die Möglichkeit eines solchen Bewahrens, die Möglichkeit, Bewahrende(r) zu sein. Charakteristisch für Heideggers Bestimmung des Verhältnisses von Kunst und Geschichte im Unterschied zu der Hegels, und ganz im Sinne der Verlagerung des Vollzugs von Kunsterfahrung in die Kunst selbst, ist es, wenn Heidegger die Möglichkeit der Bewahrung der im Werk sich vollziehenden Wahrheit durch das Werk selbst gewährleistet sieht: „Wenn aber ein Werk die Bewahrenden nicht findet, nicht unmittelbar so findet, daß sie der im Werk geschehenden Wahrheit entsprechen, dann heißt dies keineswegs, das Werk sei auch Werk ohne die Bewahrenden. Es bleibt immer, wenn anders es ein Werk ist, auf die Bewahrenden bezogen, auch dann und gerade dann, wenn es auf die Bewahrenden erst nur wartet und deren Einkehr in seine Wahrheit erwirbt und erharrt. Sogar die Vergessenheit, in die das Werk fallen kann, ist nicht nichts; sie ist noch ein Bewahren. Sie zehrt vom Werk." (GA 5, 54)

Kunstwerke sind also Kristallisationen von im Streit von Lichtung und Verbergung gelebter Geschichte, die im Vollzug des Bewahrens wieder zugänglich werden können. So verstanden, führen sie nicht

Kunst und Geschichte 135

in eine übergeschichtliche Erfahrung der Kunst, die die Kunst als eine vergangene in einer außerhalb der Kunst ablaufende Geschichte einordnet und so der Wahrheit der Kunst die Spitze nimmt. Das wäre, mit dem frühen Heidegger gesagt, eine Reduktion der Wahrheit von Kunst auf ihren leblosen Gehaltssinn und das Vergessen des Vollzugssinns. Als Wiedervollzugsmöglichkeiten von Wahrheit sind Kunstwerke vielmehr selbst dann noch präsent, wenn sie vergessen worden sind. Sich dessen inne zu sein, so behauptet Heidegger, ist eine ganz eigene Form geschichtlichen „Wissens" (GA 5, 55), die sich vom Wissen historischen Vorstellens so unterscheidet wie Hölderlins Anverwandlungen griechischer Stoffe und Texte von einer historisch kritischen Ausgabe von Sophokles' Werk. Die Wahrheit eines Kunstwerks ist als im Werk bewahrte nie vergangen, sondern immer ursprünglich: Das Werk bringt sozusagen seine eigene Zeitgemäßheit mit, es findet gleichsam selbst seine Zeitgenossen. Wenn ein Kunstwerk neu entdeckt und die in ihm bewahrte Wahrheit wieder vollzogen wird, geschieht mithin genau das, was zur Zeit seiner Entstehung geschieht: Die im Werk bewahrte Ursprünglichkeit vollzieht sich, es geschieht eine ursprüngliche „Stiftung" von Wahrheit (vgl. GA 5, 63).

7. Kunst als Stiftung

Die drei genannten Merkmale jener Geschichtlichkeit, durch die sich die Kunst als solche auszeichnet (Konkretion, Holismus, Wahrheit), lassen sich in einheitlicher Weise auf eine weitere Grundbestimmung zurückführen, die Heidegger als „Stiftung" charakterisiert (GA 5, 63–66). In diesem Wort bündelt Heidegger gegen Ende des Kunstwerkaufsatzes die drei im Bewahren bewahrten, aber nicht aufgehobenen Charakteristiken der originär geschichtlichen Kunsterfahrung.

Heidegger übernimmt den Begriff der „Stiftung" aus der Dichtung Hölderlins, der seinerseits für ihn ein „Stifter" im eminenten Sinne war. Im Kunstwerkaufsatz erläutert Heidegger den Begriff aber nicht im Rückgriff auf Hölderlin, sondern bezeichnet damit die Verbindung von drei verschiedenen Momenten des geschichtlichen Wahrheitsgeschehens, nämlich die „Schenkung", die „Gründung" und den „Anfang" (GA 5, 65). Von den oben erläuterten Momenten der Kunsterfahrung ausgehend argumentiert Heidegger, dass Kunst nicht nur unbestimmt geschichtlich sei, sondern Geschichte gründet: Der konkrete, immer kontext- und weltgebundene Erfahrungszusammenhang eines Kunstwerks ist ein wahrhafter Anfang in der Geschichte, der Anfang einer ereignishaften Dynamik, die eine *bestimmte* Wahrheitseröffnung ausmacht.

Mit dem ersten Moment des Stiftens, das Heidegger mit dem Begriff der *Schenkung* bestimmt, meint er den Sinnüberschuss, der für den ereignishaften und darin konkreten Geschehenscharakter der Welteröffnung charakteristisch ist. Dieser besteht darin, dass sich der durch die Kunst eröffnete Welt- und Wahrheitshorizont nicht auf das Vorhandene reduzieren lässt: „Die im Werk sich eröffnende Wahrheit ist aus dem Bisherigen nie zu belegen und abzuleiten. Das Bisherige wird in seiner ausschließlichen Wirklichkeit durch das Werk widerlegt. Was die Kunst stiftet, kann deshalb durch das Vorhandene und Verfügbare nie aufgewogen und wettgemacht werden. Die Stiftung ist ein Überfluß, eine Schenkung." (GA 5, 63)

Die Welteröffnung durch die Kunst geschieht aber auch als *Gründung*, wenn die Kunst denjenigen geteilten Grund herausstellt, in dem die Geschichte einer sozialen Gemeinschaft – in Heideggers Sprache: eines *Volkes* – verwurzelt ist. Dieser Grund ist aber in der Zusammengehörigkeit von einer *bestimmten* Welt und einer *bestimmten* Erde zu sehen. Durch die Gründung werden Grund und Begründetes aufeinander bezogen: „Der wahrhaft dichtende Entwurf ist die Eröffnung von Jenem, worein das Dasein als geschichtliches schon geworfen ist. Dies ist die Erde und für ein geschichtliches Volk seine Erde, der sich verschließende Grund, dem es aufruht mit all dem, was es, sich selbst noch verborgen, schon ist. Es ist aber seine Welt, die aus dem Bezug des Daseins zur Unverborgenheit des Seins waltet. Deshalb muß alles dem Menschen Mitgegebene im Entwurf aus dem verschlossenen Grund heraufgeholt und eigens auf diesen gesetzt werden. So wird er als der tragende Grund erst gegründet." (GA 5, 63)

Der tragende Grund ist also keineswegs einfach vor dem geschichtlichen Ereignis als solcher erschlossen, und deshalb ist die geschichtliche Dynamik der Welteröffnung immer auch ein Anfang, der Welt und Erde als jeweilige bestimmt. *Anfang* meint dabei nicht einen bestimmten Zeitpunkt, der geschichtswissenschaftlich datierbar wäre, sondern vielmehr den Ursprung, die Quelle einer bestimmten Welteröffnung. Durch das Geschehen der Kunst als Anfang „kommt in die Geschichte ein Stoß, fängt Geschichte erst oder wieder an" (GA 5, 65).

Die Kunst ist so ein Anfang, sei dies als ein erster Anfang, sei dies als eine bewahrende Wiederholung eines anderen Anfangs, wie es am intensivsten in der Kunst, aber auch darüber hinaus stets der Fall ist, wenn Werke aus früheren Werken und jetziges Verstehen aus der Überlieferung schöpfen. So eröffnet Kunst einen bestimmten geschichtlichen Unverborgenheitshorizont, innerhalb dessen sich das Selbst- und Weltverständnis einer Gemeinschaft konkret vollziehen und entfalten können: „Immer wenn das Seiende im Ganzen als das Seiende selbst die Gründung in die Offenheit verlangt, gelangt die Kunst in ihr geschichtliches Wesen als die Stiftung. Sie geschah im Abendland erstmals im Griechentum. Was künftig Sein heißt, wurde maßgebend ins Werk gesetzt." (GA 5, 64) Aber es ist nicht nur eine partikulare Ontologie, die geschichtlich gestiftet wird, sondern durch sie wird ein Ganzes, eine Welt eröffnet, innerhalb deren sich die Geschichte einer Gemeinschaft entfalten kann: „Indem eine Welt sich öffnet, stellt sie einem geschichtlichen Menschentum Sieg und Niederlage, Segen und Fluch, Herrschaft und Knechtschaft zur Entscheidung. Die aufgehende Welt bringt das noch Unentschiedene und Maßlose zum Vorschein und eröffnet so die verborgene Notwendigkeit von Maß und Entschiedenheit." (GA 5, 50)

Entscheidend ist, dass die Gründung auf einem noch unerschlossenen, sich entziehenden Grund geschieht. Nur deshalb kann sie anfänglich sein und auf ihre Entfaltung ausgelegt. Wie bereits in *Sein und Zeit*, wo die „eigentliche Geschichtlichkeit"[6] aus der „Zukunft des Daseins entspringt",[7] so zeichnet sich auch hier die geschichtsstiftende und darin anfängliche Gegenwart durch eine besonders Verhältnis zur Zukünftigkeit aus. Der Vollzug dieser Zukünftigkeit wird nun nicht mehr einem Dasein allein zugemutet, sondern der Wahrheit als Unverborgenheit, der ereignishaften Prozessualität des Weltens im Widerspiel mit der Erde einverleibt, die sich je und je zu Kunstwerken kristallisiert. Kunstwerke sind also nicht als solche vergangen, sondern gehören einer offenen Zukunft an. Diese bleibt aber nur offen durch den Rückbezug auf das Gestiftete im Bewahren seiner Wahrheit.

Es ist keine Frage, dass Heidegger bei seiner Beschreibung des Stiftens und des Bewahrens, das dem Stiften korrespondieren soll, sich am Paradigma jener Stiftung von Wahrheit orientiert, wie sie für Heidegger im Werke Hölderlins für die Deutschen geschehen ist. Das Schlusszitat des Kunstwerkaufsatzes macht das deutlich. Heideggers Verklärung Hölderlins als geschichtsstiftende Figur, wie sie

---

[6] Vgl. Heidegger, Sein und Zeit, GA 2, 507–510.
[7] Heidegger, Sein und Zeit, GA 2, 510.

in seinen Schriften zu Hölderlin zum Ausdruck kommt, und damit verbunden Heideggers eigene intellektuelle Biographie um 1933 bereiten einer systematisierenden Auslegung seiner Geschichtsphilosophie aber eher Schwierigkeiten. Gleichwohl erlaubt Heideggers Auffassung von Geschichte ein tieferes Verständnis dessen, dass Geschichte keine Ablagerung von Fakten darstellt, die lediglich gegenwärtig verfügbar vorlägen, ohne doch behaupten zu müssen, die Dinge hätten keine Geschichte. Heideggers Geschichtsphilosophie im Kunstwerkaufsatz erlaubt es, das Kunstwerk als einen geschichtlich gestifteten Möglichkeitsbereich zukünftiger Sinnerfahrungen aufzufassen. Damit wendet sich im Kunstwerkaufsatz die Blickrichtung vom Daseinsvollzug auf den geschichtlichen Sinn der Dinge. Geschichte, so lernt Heidegger an Hölderlin, „entspringt erst aus der echten Herkunft und der schöpferisch ergriffenen Zukunft auf dem Grunde der Erde".[8]

---

[8] Heidegger, Hölderlins Hymnen, GA 39, 290.

Michail Pantoulias

Heideggers Ontologie des Kunstwerks und die antike Philosophie

Heraklit und Aristoteles

Heideggers explizite Verweise auf Begriffe der Antike im Kunstwerkaufsatz lassen keinen Zweifel an der wichtigen Rolle, welche die Auseinandersetzung mit der Philosophiegeschichte in diesem eher systematisch ausgerichteten Text spielt. Man würde dem Text jedoch nicht gerecht, wenn man diese Auseinandersetzung auf eine Inspiration oder eine Erweiterung des begrifflichen Horizontes zugunsten eines systematischen Ziels – der Ausarbeitung einer neuen Konzeption von Kunst und Kunstwerk – reduzieren würde. Vielmehr gehört das geschichtliche Denken im Durchgang durch die überlieferten Begriffe zum Hauptanliegen des Kunstwerkaufsatzes. Das ist nicht von Anfang an sichtbar; es geht ja immerhin – so legen die ersten Worte nahe – um Überlegungen zum Wesen der Kunst. Gefragt wird damit scheinbar nach einer überzeitlichen Definition und damit hat eine geschichtliche Perspektive auf den ersten Blick wenig zu tun.

Wie sich aber sehr schnell erweist, ist ein ‚moderner' Ansatz, ein Vorgehen durch Abstraktion oder Deduktion, nicht einmal in der Lage, die einfache, unmittelbare Kenntnis und Erfahrung eines Kunstwerkes zu erläutern (vgl. GA 5, 1–3). Es empfiehlt sich daher bei ebenjener Erfahrung anzusetzen, der Erfahrung des Kunstwerks als Ding. Nicht deshalb, weil Dinge das Allgemeinste wären, wovon sich alles andere als Spezies bestimmt, sondern weil uns Kunstwerke „zunächst und zumeist" – wie es in *Sein und Zeit* geheißen hätte – nun einmal so begegnen: als Dinge. Aber auch das Dinghafte des Dings, so spontan es auch meist wahrgenommen werden mag, ist nur scheinbar selbstverständlich unmittelbar zugänglich. Auch zum

Ding gibt es keinen Zugang, der frei von Voraussetzungen wäre; tatsächlich ist das Ding ebenso belastet von philosophischen Vorbegriffen wie die Erfahrung des Kunstwerks selbst. Die Berufung Heideggers auf die verschiedenen Dingbegriffe ist ein Rückblick auf eine Begriffsgeschichte, die bis in die Antike zurückreicht. Dort nämlich erhielten die philosophischen Begriffe ihre Prägung, die auch heute noch unser alltägliches Verstehen, ohne dass es uns für gewöhnlich thematisch würde, beeinflussen. Der Rückgang in die Antike erlaubt Heidegger, das Alltagsverständnis davon, was Kunst und was überhaupt Dinge sind, kritisch zu hinterfragen.

Dieser Ansatz ist im Werk Heideggers nicht neu. Um ihn besser zu verstehen, ist es unerlässlich, auf die Vorgeschichte des Kunstwerkaufsatzes und auf werkgeschichtlich frühere Texte und Ansichten einzugehen. Aber die Kontinuität des Gedankens, dass unser heutiges Alltagsverständnis von der Antike beeinflusst ist, ist nicht das Einzige, ja nicht einmal das Wichtigste, was den Kunstwerkaufsatz mit der Philosophie der Antike verbindet. Vielmehr gilt es durch den Einbezug des Frühwerks zu zeigen, welchen neuen Standpunkt Heidegger – in der Besinnung auf das Kunstwerk – durch die beharrliche Auseinandersetzung mit der Antike erreicht. Hierbei handelt es sich nicht primär um eine philologische Nachlese. Da Heidegger das eigene Denken in eminenter Weise mit Bezug auf die Antike generiert, lässt sich dieses, dadurch dass man seine Bezüge zur antiken Philosophie klärt, grundsätzlich besser verstehen.

1. Ding und Wahrheit: Abkehr von der φρόνησις

Heidegger setzt in seiner kurzen Begriffsgeschichte den Begriff des ‚Dings' mit *res*, *ens* und folglich mit dem ‚Seienden' gleich (vgl. GA 5, 6). Auch die drei Dingsauslegungen, die er anführt, zeigen den eindeutigen Bezug des Wortes ‚Ding' auf das griechische ὄν. ‚Ding' und ὄν sind jedoch nicht einfach dasselbe. Das ist ein Beispiel dafür, dass, sobald die Reflexion auf die alltägliche Erfahrung zielt, ein Rückgriff auf die überlieferte Begrifflichkeit unvermeidlich wird, um klarer zu verstehen, was früher und heute mit bestimmten Begriffen gemeint ist.

Die Notwendigkeit geschichtlichen Philosophierens wird in dem Aufsatz, der uns beschäftigt, kaum erklärt. Der Gedanke ist für Heidegger aber bereits seit einem Jahrzehnt zentral. In einer kleinen, programmatischen und überaus wichtigen Schrift, *Anzeige der hermeneutischen Situation* (1922), die Heidegger als Abriss und Methode seiner *Phänomenologischen Interpretationen zu Aristoteles* verfasst hat, heißt es, dass das „faktische *Leben* sich jederzeit in einer bestimmten überkommenen, umgearbeiteten oder neuerarbeiteten Ausgelegtheit bewegt".[1] Im Kunstwerkaufsatz geht es also nicht zufällig um das „überkommene Wissen vom Ding" (GA 5, 6): das „Wissen vom Ding" ist ein Aspekt dessen, dass sich das Leben selbst versteht und dabei zumeist in bloß übernommenen, aber nicht kritisch überprüften Ansichten bewegt.

Heidegger hat 1922 eine genaue Vorstellung davon, worin dieses ungeprüfte Selbstverständnis besteht: „die Philosophie der heutigen Situation [bewege sich] zum großen Teil uneigentlich in der *griechischen* Begrifflichkeit, und zwar in einer solchen, die durch eine Kette von verschiedenartigen Interpretationen hindurchgegangen ist".[2] Eine solche Kette von griechischer Begrifflichkeit und Interpretation findet Heidegger im Dingbegriff: ὄν, *ens*, Ding. Auch in jeder der drei Dinginterpretationen des Kunstwerkaufsatzes wird eine solche Kette beispielhaft dargestellt. Das geschieht nicht um der geschichtlichen Bildung des Philosophen willen. Die Absicht, die Heidegger damit verfolgt, ist vielmehr immer noch diejenige, die er in der *Anzeige der hermeneutischen Situation* bestimmt hatte: „die überkommene und herrschende Ausgelegtheit nach ihren verdeckten Motiven […] aufzulockern und im abbauenden Rückgang zu den ursprünglichen Motivquellen der Explikation vorzudringen".[3] So beschreibt Heidegger seine philosophischgeschichtliche Methode der *Destruktion*, deren Hauptlinien und Leitfiguren in den 1930er Jahren noch wirksam sind. Wenn also im Kunstwerkaufsatz von der „Bodenlosigkeit des abendländischen Denkens" mit Rücksicht auf die Übernahme „der griechischen Wörter ohne die entsprechende gleichursprüngliche Erfahrung" die Rede ist (GA 5, 8), ist dies nichts anderes als eine Fortführung der bereits 1922 entworfenen Interpretationsmethode.

Um den Dingbegriff entsprechend zu destruieren, beschreibt Heidegger im Kunstwerkaufsatz, wie die Dinge – die ὄντα – in der Geschichte des abendländischen Denkens dreifach interpretiert worden sind: a) als Substrate (ὑποκείμενα) für Eigenschaften, analog den Subjekten von Aussagesätzen; b) als das durch die Empfin-

---

[1] Heidegger, Anzeige der hermeneutischen Situation, GA 62, 354.
[2] Heidegger, Anzeige der hermeneutischen Situation, GA 62, 354.
[3] Heidegger, Anzeige der hermeneutischen Situation, GA 62, 358.

dungen Vernehmbare (αἰσθητόν); und c) als Synthesis von Stoff und Form. Es ist offenkundig, dass (a) und (c) auf Aristoteles zurückgehen, wobei (b) von ihm zumindest epistemisch vorausgesetzt wird. Alle drei Konzeptionen werden von Heidegger verworfen, wobei die letztere und umfassendste Bestimmung des Dings als Form und Stoff weitergehende Überlegungen veranlasst.

Der hylemorphische Dingbegriff ist deshalb der ‚umfassendste', weil alle drei Auffassungen des Dings in der aristotelischen Substanzlehre zusammengehören, die in der Unterscheidung von Form und Stoff kulminiert: ὑποκείμενον als Substrat ist Heidegger zufolge vom Subjekt des Aussagesatzes abgeleitet. Satzbau und Dingbau werden demnach durcheinander gebracht (vgl. GA 5, 9), wobei nicht entschieden, ja nicht entscheidbar sei, was als das Erste und Maßgebende von beiden gelte, ob wir also das Verhältnis Ding-Eigenschaften vom Verhältnis Subjekt-Prädikat her verstehen oder umgekehrt. Die Prädikation ist bei Aristoteles aber – wie aus der Lektüre der *Kategorien* in Verbindung mit *Metaphysik Z* hervorgeht[4] – der Ausgang der Substanzuntersuchung, die wiederum ohne die Form- und Stofflehre nicht zu begreifen ist. So hängen der erste und der dritte Dingbegriff zusammen. Die αἴσθησις wiederum – Wahrnehmung, Anschauung oder Empfindung – ist für Aristoteles die Grundlage jeder Erfahrung,[5] die überdies für das ihr je eigene Korrelat immer wahr ist (ich kann mich täuschen in dem, *was* ich sehe, aber nicht, dass ich *eine Farbe* sehe).[6] Aber αἴσθησις allein bringt ohne νοῦς und λόγος keine wesentliche Erkenntnis. So ist klar, dass sich – aristotelisch gesehen – die Bestimmung des Dings als Korrelat von αἴσθησις nicht von den anderen Dingbegriffen trennen lässt. Heidegger führt diese Auffassungen getrennt an, weil sie zwei Aspekte der zentralen aristotelischen Lehre anklingen lassen, die für seine Wahrheitstheorie relevant sind: Der Aussagesatz, das heißt der

---

[4] Vgl. Aristoteles, Categoriae, 1a20–2b6; die *Kategorien* und *De interpretatione* werden zitiert nach: Aristotelis, Categoriae et Liber de interpretatione hrsg. von Minio-Paluello, Oxford 1949. vgl. auch Metaphysica Z, 1028a10–1029a34; die *Metaphysik* wird zitiert nach: Aristotle's Metaphysics, hrsg. von William David Ross, zwei Bände, Oxford 1924.

[5] Vgl. Aristoteles, Analytica Posteriora, 100a3-b5; die *Zweite Analytik* wird zitiert nach: Aristotelis Analytica priora et posteriora hrsg. von William David Ross, Oxford 1964.

[6] Das heißt das ἴδιον αἰσθητόν; vgl. Aristoteles, De Anima, 418a11–3; *De Anima* wird zitiert nach: Aristotelis De anima, hrsg. von W. D. Ross, Oxford 1956.

Ursprung der Substrattheorie, ist der Träger von Wahrheit durch die ganze Tradition hindurch; αἴσθησις wiederum der Maßstab von Wahrheit in dieser Tradition. Um einen davon verschiedenen Begriff von Wahrheit zu entwickeln, den das Kunstwerk zugänglich macht, ist es entscheidend, diese Verbindung von Wahrheit, Aussage und αἴσθησις aufzuklären.

Wenn das so ist, bleibt aber noch die Frage offen, wozu der Umweg über das Ding dienen soll. Was ist das Ziel der Destruktion des Dingbegriffs, wenn es im Kunstwerkaufsatz Heideggers Anliegen ist, die Wahrheit der Kunst zu denken? Schauen wir genauer auf den Schluss der Beschreibung der dritten Dingauslegung. Der Zusammenhang von Stoff und Form wird so erläutert, dass die Form die Festlegung der Materialien, die Verteilung, Auswahl und Anordnung des Stoffes bedingt, dies stets mit Blick auf einen Zweck im Handeln. Den Gebrauchsdingen, die Heidegger das *Zeug* nennt, kommt deshalb, wie Heidegger dies nennt, *Dienlichkeit* zu. Und aus dieser Dienlichkeit wiederum ergeben sich die ontologischen Bestimmungen des Dinges: „Darnach sind Stoff und Form als Bestimmungen des Seienden im Wesen des Zeuges beheimatet. Dieser Name nennt das eigens zu seinem Gebrauch und Brauch Hergestellte. Stoff und Form sind keinesfalls ursprüngliche Bestimmungen der Dingheit des bloßen Dinges." (GA 5, S. 13)

Im Hinblick auf die Ausführungen von *Sein und Zeit* klingen diese Behauptungen befremdlich. Heidegger behauptet dort zwar nicht, Stoff und Form seien die maßgeblichen Bestimmungen von Dinglichkeit. Aber Heidegger behandelt die Dinge – das heißt in der Sprache jenes Werks: „das innerweltliche Seiende" – im Ausgang von der Zuhandenheit, die in ihrer Gebrauchs- und Herstellungsorientierung mit der Unterscheidung von Stoff und Form eng zusammenhängt. Die Zuhandenheit des Seienden ist dasjenige, was Heidegger im Kunstwerkaufsatz als Dienlichkeit bezeichnet, durch die sich der Stoff einem Handlungszweck unterordnet. Die Zuhandenheit des innerweltlichen Seienden bzw. die Dienlichkeit des Zeugs erzwingen geradezu die Konzeption des Dings als Verbindung von Stoff und Form, die Heidegger im Kunstwerkaufsatz als unzureichend kritisiert. Dennoch steht in *Sein und Zeit* Zuhandenheit noch für die ontologisch ursprünglichere Weise des Verstehens von innerweltlichem Seienden. Die Vorhandenheit dagegen bestimmt Heidegger dort als ein aus dem Lebenszusammenhang gerissenes abstraktes Verstehen der Dinge. Und die Vorhandenheit der Dinge ist der Ausgangspunkt für die weitere Abstraktion durch theoretische Betrachtung. Man kann schon erahnen, wie nach dieser Überlegung die Seinsweisen von Zuhandenheit und Vorhandenheit mit der antiken Philosophie zusammenhängen: die Vorhandenheit ist die Art und Weise, wie die Dinge erscheinen, wenn man sie in der Weise der θεωρία versteht; der Zuhandenheit könnte analog eine andere Weise des Verstehens entsprechen, die auch schon bei Aristoteles vorgeprägt ist, nämlich die φρόνησις als praktische Umsicht. Aber dieser aristotelische Hintergrund von Heideggers Denken darf einen nicht dazu verleiten, Heideggers Ansatz auf Aristoteles zu reduzieren und dabei nicht zuletzt die eigenständige Entwicklung in Heideggers Werk aus dem Blick zu verlieren. Offensichtlich ist beispielsweise, dass für Heidegger die Vorhandenheit in einer Weise gewertet wird, wie sie dem Gegenstand der aristotelischen θεωρία gar nicht mehr entspricht.

Offensichtlich ist es auch nicht überzeugend, das Vorhandene mit dem „bloßen Ding" (GA 5, 6) zu identifizieren, von dem im Kunstwerkaufsatz die Rede ist. Doch im Gegensatz zum Status des bloßen Dinges, das ontologisch in der Schwebe gehalten wird, ist die „pure Vorhandenheit" von *Sein und Zeit* privativ von der Zuhandenheit her verstanden.[7] Das klingt zwar noch nach, wenn Heidegger von *„bloßen"* Dingen spricht. Aber darin eine ähnliche Vorrangstellung der Zuhandenheit zu sehen wie in *Sein und Zeit*, greift zu kurz. Dazu sind die „bloßen Dinge" im Kunstwerkaufsatz zu wichtig: Es ist, als ob dem bloßen Ding eine Dimension zugesprochen würde, die in der Beschreibung der Vorhandenheit in *Sein und Zeit* nicht erwogen wurde. Anders gesagt: in kritischer Selbstrevision der Fundamentalontologie aus *Sein und Zeit* differenziert Heidegger im Kunstwerkaufsatz die Einteilung in Zu- und Vorhandenheit deutlich aus. Es gibt Dinge, deren Eigentümlichkeit im Raster von *Sein und Zeit* verloren geht, nämlich zum einen Naturdinge, die nicht hergestellt werden, ohne doch bloß vorhanden zu sein, und zum anderen Kunstwerke, die scheinbar wie Gebrauchsdinge hergestellt werden, aber von diesem Herstellungsprozess nicht verstanden werden können, weil sie zu nichts zu gebrauchen sind. Um letzteres zu verstehen, muss auf den Zusammenhang von Zuhandenheit und Vorhandenheit etwas detaillierter eingegangen werden. Es wird sich erweisen, dass in diesen Begriffen von *Sein und Zeit* wieder aristotelische Unterscheidungen am Werk sind. Nicht nur die Destruktion

---

[7] Heidegger, Sein und Zeit, GA 2, 99: „Das ratlose Davorstehen entdeckt als defizienter Modus eines Besorgens das Nur-nochvorhandensein eines Zuhandenen".

der überkommenen Begrifflichkeit, auch die Destruktion Heideggers führt auf Aristoteles zurück. Es lässt sich deshalb mit Blick auf Aristoteles zeigen, wie Heidegger im Kunstwerkaufsatz über *Sein und Zeit* hinausgeht.

Dazu muss man erneut auf die *Phänomenologischen Interpretationen zu Aristoteles* zurückgehen. Dort befasst sich Heidegger mit den Weisen, in denen bei Aristoteles die Seele Wahrheit erreicht (ἀληθεύειν τῆς ψυχῆς). Das ἀληθεύειν τῆς ψυχῆς, unter dem Aristoteles verschiedene Weisen menschlichen Verhaltens zusammenfasst, sofern sich dieses insgesamt auf Wahrheit bezieht, ist Heidegger umso wichtiger, als er einen phänomenologischen Zugang zur Wahrheit des Seins konzipieren will, der nicht auf jedes Ding isoliert als ein der Seele einzeln Gegenüberstehendes eingeht, sondern das Leben im Ganzen umfasst und die Welt als Ganze in ihrer Wahrheit aufschließt. Schon 1922 wird der Begriff der Wahrheit von Aristoteles her wesentlich umgedeutet: nicht mehr *adaequatio* und Aussagewahrheit, sondern die Wahrheit als Unverborgenheit hebt Heidegger als den (für Aristoteles) maßgeblichen Wahrheitsbegriff hervor.[8] Demselben Gedankengang begegnet man auch im Kunstwerkaufsatz – nun aber *gegen* die an Aristoteles gewonnene Terminologie von Substrat und Eigenschaften (als Übersetzungen von ὑποκείμενον und συμβεβηκός) und gegen die Idee der *adaequatio*, die als Übersetzung der aristotelischen ὁμοίωσις aufgefasst wird.[9]

---

[8] Vgl. Heidegger, Anzeige der hermeneutischen Situation, GA 62, 377. Es sei angemerkt, dass die etymologisch analysierte Form der ἀλήθεια mit dem abgetrennten ἀ-privativum bei Heidegger bereits im Jahr 1919 (GA 56/57, Die Idee der Philosophie, 49) auftritt, ohne jedoch den Bezug auf die Unverborgenheit oder den besonderen Wahrheitsbegriff, den Heidegger den Griechen zuschreibt, herzustellen; vgl. auch Dimitrios Yfantis, Die Auseinandersetzung des frühen Heideggers mit Aristoteles, Berlin 2009, 102–103.

[9] Die Kritik Heideggers trifft aber mehr auf die mittelalterliche Interpretation von Aristoteles als auf Aristoteles selbst zu und das aus zwei Gründen: das Wort, das Heidegger hier verwendet, ist bei Aristoteles nur einmal und ohne die hier verwendete Bedeutung aufzufinden. Offenbar geht es um den Satz Aristoteles', dem zufolge die Affektionen der Seele ὁμοιώματα der Sachen seien (vgl. Aristoteles, De Interpretatione, 16a7). Damit ist aber nicht die mittelalterliche Idee der *adaequatio* gemeint. Zweitens erklärt Heidegger an anderer Stelle, dass Aristoteles selbst nie diese naive Betrachtungsweise der Wahrheit aufgestellt habe (vgl. Heidegger, Anzeige der hermeneutischen Situation, GA 62, 377). In WS 1933/1934 spricht er von ὁμοίωσις in Bezug auf Plato (vgl. Heidegger, Sein und Wahrheit, GA 36/37, 296–297).

Aristoteles unterscheidet fünf Weisen, in denen das ἀληθεύειν τῆς ψυχῆς geschieht, darunter φρόνησις (praktische Umsicht) und τέχνη (Sich-Auskennen mit der Herstellung). *Sein und Zeit* geht im Aufweis der Sorgestruktur des Daseins (dem es in seinem Sein um dieses Sein selbst geht), ohne es explizit zu machen, vom Wahrheitscharakter der φρόνησις aus, nämlich vom praktischen Umgang mit dem Seienden. Diesem von Heidegger so genannten „Besorgen" entspricht die Seinsweise der Zuhandenheit. Die φρόνησις ist bei Aristoteles dadurch gekennzeichnet, dass sie stets das Gute des menschlichen Daseins zum Ziel hat. Gerade dieses Merkmal ist es aber, was schließlich die φρόνησις unfähig macht, als paradigmatische Wahrheitserfahrung zu dienen und die ontologisch fundamentale Leistung zu erbringen, die ihr in *Sein und Zeit*, wenn auch in gegenüber Aristoteles stark modifizierter Form, zugemutet wurde: Die φρόνησις führt in ihrer Orientierung am Guten zu einer Ontologie, die immer unausweichlich auf das Dasein zurückkommt und deswegen das Sein nur in Bezug auf das jeweils praktische Anliegen des Daseins erschließt. Aus diesem Grund kann sie dem selbständigen Charakter der Dinge – mit *Sein und Zeit* gesagt: der Vorhandenheit des Vorhandenen als schlechthin Vorliegenden – nicht Rechnung tragen. Eben dieses Problem bricht im Kunstwerkaufsatz auf, wenn Heidegger das „bloße" Dingsein hervorhebt und ihm ontologisch Rechnung tragen möchte. Wenngleich also φρόνησις eine Art des Wahrwerdens ist, wodurch sich das je Zuhandene verstehen lässt, kann sie, wie Heidegger nach *Sein und Zeit* meint, nicht die Wahrheit des Seins überhaupt entfalten. Für Naturdinge und insbesondere für Kunstwerke ist die Orientierung am praktischen Umgang und an der Sorge um das eigene Seinkönnen des Daseins nicht mehr ausreichend und – aristotelisch gedacht – könnte man eine Rehabilitierung des Vorhandenen und damit der θεωρία erwarten.[10] Denn dass die φρόνησις ihre paradigmatische Funktion verliert, heißt nicht, dass Heidegger vollends aufhören würde, in aristotelischen Kategorien zu denken.

In gewisser Weise führt Heidegger dem Leser seine eigene Abwendung vom praktischen Umgang als maßgeblichem Wahrheitsphä-

---

[10] Θεωρία entspricht einem anderen „Wahrsein der Seele", nämlich der σοφία, die für Aristoteles auch die höchste Wissensform ausmacht. Vgl. Aristoteles, Metaphysica, 983a5, auch: Ethica Nicomachea, 1139b17, 1141a16–1141b3; die *Nikomachische Ethik* wird zitiert nach: Aristotelis Ethica Nicomachea, hrsg. von Ingram Bywater, Oxford 1894.

nomen vor: Anhand des Beispiels der Bauernschuhe im Bild von van Gogh zeigt Heidegger, dass das Kunstwerk ein Wissen darum vermittelt, was das Zeug in Wahrheit ist (vgl. GA 5, 21). Damit ist ein Hinweis gegeben, dass es um mehr geht als um die φρόνησις des alltäglichen Umgangs, auch wenn die Zuhandenheitsperspektive nicht ganz aufgegeben wird. Heidegger gibt dafür einen Grund an, nämlich dass „dieses Seiende, das Zeug, dem Vorstellen des Menschen in einer besonderen Weise nahe ist, weil es durch unser eigenes Erzeugen ins Sein gelangt" (GA 5, 17). Damit hat sich gegenüber *Sein und Zeit* zwar der Fluchtpunkt der Zeuganalyse verschoben. Während dort die Dienlichkeit der fertigen Dinge betont wurde, die den Seinscharakter der Zuhandenheit ausmacht, rückt jetzt die Herstellung von Zeug und damit der hylemorphische Dingbegriff in den Blick: „In solcher Dienlichkeit gründen sowohl die Formgebung als auch die mit ihr vorgegebene Stoffwahl und somit die Herrschaft des Gefüges von Stoff und Form. Seiendes, das ihr untersteht, ist immer Erzeugnis einer Anfertigung." (GA 5, 13) Aber die Orientierung an der φρόνησις führt so über diese hinaus: Wenn man nicht nur isoliert auf die Dienlichkeit, sondern darauf achtet, wie dienliche Dinge gemacht werden, dann wird klar, dass Herstellung nicht die einzige Weise ist, wie Dinge entstehen. Entsprechend kann φρόνησις, weil man von ihr her das Sein der Dinge nur unvollständig bestimmen kann, nicht die allein maßgebliche Weise sein, wie Wahrheit sich zeigt und Sein bestimmt wird. Das wird klar, wenn man auf das Herstellen, auf die ποίησις im Unterschied zur φρόνησις eigens achtet.

Wenn auch nicht in *Sein und Zeit*, so ist dieser Gedanke doch in Heideggers Aristoteles-Interpretationen schon in seinem Frühwerk präsent, und zwar als Kritik der traditionellen Ontologie: Im Gegensatz zum spezifischen, immer auf Menschen bezogenen Charakter der φρόνησις, der sich auf den Zusammenhang der menschlichen πρᾶξις bezieht, interpretiert Heidegger den Seinsbegriff in der griechischen Tradition am Paradigma der Herstellung. Sein, so will Heidegger zeigen, werde als etwas Hergestelltes, also als Produkt einer ποίησις verstanden. Wir haben bereits gesehen, wie Heidegger in *Sein und Zeit* das Wesen des Zeugs als Dienlichkeit in der Orientierung an der φρόνησις, das heißt am Wissen um πρᾶξις, gewinnt. Jetzt kommt ein anderer Gesichtspunkt ins Spiel: Aristoteles unterscheidet πρᾶξις und ποίησις, Handlung und Herstellung, streng voneinander,[11] und Heidegger richtet seine ontologischen Überle-

---

[11] Vgl. Aristoteles, Ethica Nicomachea, 1140a1–5.

gungen jetzt an der Herstellung aus. πρᾶξις ist streng genommen dasjenige, das allein um willen des Menschen geschieht, für sein συμφέρον und ἀγαθόν (das ihm Zuträgliche und Gute);[12] ποίησις dagegen ist jedes Tun, das – wie bei dem Bau eines Hauses – eine Umwandlung an den Dingen selbst verursacht. Die Diskussion des „Erzeugens" von Gebrauchsdingen setzt Heidegger gewissermaßen auf die richtige Fährte: vom Umgang mit dem Ding zum Ding selbst. Denn während Aristoteles zwar πρᾶξις und ποίησις als Formen menschlichen Handelns unterscheidet, laufen beide, Handlungen und Herstellungen, als Tätigkeiten auf ihre ἔργα hinaus, oder wie wir ins Deutsche übersetzen: auf ‚Werke' oder zumindest auf etwas Werkartiges: ἐνέργειαι. Aber dazu später.

2. Neubestimmung der Seiendheit: ποίησις, τέχνη, εἶδος

Wenn im Kunstwerkaufsatz mit der ποίησις ein alternatives ontologisches Modell gefunden ist (auch wenn dieses Modell einen hylemorphischen Dingbegriff impliziert), so ist doch der Bezug des Dings zur Wahrheit mit der Wahl dieses Modells noch nicht geklärt. Aber auch hier erweisen sich Aristoteles' Überlegungen – phänomenologisch interpretiert – als ein geeignetes Vorbild. Aristoteles hebt hervor, dass allein der ποίησις τέχνη zukomme.[13] Die τέχνη ist das „Sichauskennen in etwas",[14] wie Heidegger übersetzt, und in unserem Kontext ist sie schon allein deshalb von erheblicher Bedeutung, weil sie unter anderem das griechische Wort für ‚Kunst' ist. Für Aristoteles gilt, dass „τέχνη entsteht, wo auf Grund wiederholter erfahrungsmäßiger Eindrücke sich eine Auffassung gleichartiger Fälle unter dem Gesichtspunkte der Allgemeinheit bildet"[15] – wenn wir nämlich verstehen, dass allen Dingen, die zu einem εἶδος gehören, eben dasselbe zukommt.[16]

Die τέχνη als ἀληθεύειν verbindet sich aber zur Wahrheit der Kunst in einer durchaus problematischen Weise: wieso sollte die

---

[12] Heidegger, Grundbegriffe der aristotelischen Philosophie, GA 18, 49–53.
[13] Aristoteles, Ethica Nicomachea, 1140a17.
[14] Heidegger, Grundbegriffe der aristotelischen Philosophie, GA 18, 67; vgl. auch Heidegger, Sophistes, GA 19, 191.
[15] Aristoteles, Metaphysica, 981a5–7.
[16] Vgl. Aristoteles, Metaphysica, 981a10.

Wahrheit der schönen Kunst wie das Herstellungswissen ein Wissen um das εἶδος sein? Heideggers Interpretation der ποίησις als Handlungs- und der τέχνη als Wissensform zielt im Kunstwerkaufsatz auf diesen epistemologischen Aspekt der Technik ab, der hinter der Kunst zurückbleibt. Heideggers vorherige Interpretationen zielen allein darauf, die τέχνη als Interpretationszugang zur antiken Ontologie zu gebrauchen, ohne Blick auf die Kunst: In der Zeit vor und nach *Sein und Zeit* ist Heidegger überzeugt, dass die ποίησις, nicht die φρόνησις, das Vorbild für die griechische Ontologie ausgemacht habe. 1922 schreibt Heidegger in der *Anzeige der hermeneutischen Situation*: „Sein besagt *Hergestelltsein*".[17] Wenn *Sein und Zeit* als Versuch gesehen werden kann, eine Weise des ἀληθεύειν (nämlich φρόνησις) gegenüber einer anderen (nämlich τέχνη oder ἐπιστήμη ποιητική, das heißt Wissen um die ποίησις) aufzuwerten, so ist der Entwurf von *Sein und Zeit* auch als Überwindungsversuch des Vorrangs der τέχνη und damit der antiken Ontologie mit den Mitteln der praktischen Philosophie Aristoteles' zu bewerten:[18] Das ὄν werde, so Heidegger, bei den Griechen aus einer eingeschränkten Wahrheitskonzeption gewonnen, nämlich allein aus der Wahrheit der τέχνη. Sein wird – so könnte man die Kritik epistemisch formulieren – nicht aus dem Ganzen der Wahrheit verstanden, sondern nur als Produkt desjenigen Vorgangs, bei dem das Herstellungswissen der τέχνη leitend ist, nämlich als Produkt der ποίησις. Allgemeiner formuliert lenkt eine solche Perspektive den Blick von der Verschiedenheit der Erscheinungsweisen von Wahrheit im ἀληθεύειν τῆς ψυχῆς ab und lässt das Sein allein als Angefertigtes, Hergestelltes, ja schließlich Anwesendes hervortreten. Dass die Orientierung an der φρόνησις wiederum nicht weniger problematisch ist, haben wir oben gesehen. Dennoch ist es in gewissem Sinne eine Rückkehr zu jener Aussage, die Heidegger als die Grundthese der antiken Ontologie identifiziert – „Sein besagt *Hergestelltsein*" –, die es Heidegger ermöglicht, einen Schritt über seine eigene Aufwertung der φρόνησις hinaus zu tun. Im Kunstwerkaufsatz ist es, wie in der antiken Ontologie (so Heidegger) das Herstellen, von dem her Heidegger seine eigene

---

[17] Heidegger, Anzeige der hermeneutischen Situation, GA 62, 373.
[18] Vgl. Heidegger, Aristoteles, Metaphysik Θ 1–3, GA 33, 137: „deshalb in einem gewissen Buch ‚Sein und Zeit' von Umgehen mit dem Zeug die Rede ist", denn das, „was die Griechen als ἐπιστήμη ποιητική begriffen haben, war für ihr Weltverständnis selbst von prinzipieller Bedeutung".

Theorie des Werkes entwickeln kann. Der Schritt über die antike Philosophie hinaus ist deshalb auch ein Schritt in sie zurück. Aber um den Naturdingen und Kunstwerken gerecht zu werden, die seine Ontologie der φρόνησις nicht erfasste, kann Heidegger den antiken Diskurs um die ontologische Vorrangstellung der ποίησις andererseits nicht einfach übernehmen. Vielmehr muss Heidegger ein Element in diesem Diskurs identifizieren, mit Hilfe dessen sich eine Neubestimmung des Herstellens geben lässt. Dieses Element ergibt sich durch die Verbindung von ποίησις und τέχνη mit Anwesenheit, οὐσία.

Den Zusammenhang von τέχνη und οὐσία stellt Heidegger am deutlichsten in der Vorlesung *Die Grundprobleme der Phänomenologie* dar, die unmittelbar nach der Publikation von *Sein und Zeit* gehalten wurde. In der Vorlesung heißt es, dass das Sein eines Hergestellten der zentrale Orientierungspunkt der griechischen Ontologie sei, weil jedes Herstellen immer anhand einer leitenden *Sicht* stattfinde.[19] Aus dieser naiven Orientierung am Herstellen ergäbe sich die Begrifflichkeit von εἶδος und μορφή,[20] die also in einem bestimmten menschlichen Verhalten, dem Sehen, ihren Ursprung habe. Das präsentische Vorfinden des Hergestellten, seine Verfügbarkeit und Einsatzbereitschaft, führt Heidegger dazu, οὐσία, den Hauptbegriff der aristotelischen Substanztheorie, mit *Anwesen* zu übersetzen. Das Anwesende ist „für sich Ständiges"[21] und werde deshalb auch ὑποκείμενον genannt. So verbinden sich in der naiven Orientierung an der Herstellung – analog der Orientierung am Aussagesatz – der erste Dingbegriff (Dinge als Substrate) mit dem dritten (Dinge als Stoff und Form) durch ein zentrales Phänomen: die ständige Anwesenheit des Seienden, die die οὐσία des ὄν ausmacht.

Diese Rekonstruktion der griechischen Philosophie von der Anwesenheit aus spiegelt sich in Texten im Umkreis des Kunstwerkaufsatzes wider. So heißt es in *Einführung in die Metaphysik* (1935), Sein besage für die Griechen *Anwesenheit*.[22] Heidegger beginnt aber eine eigene Revision der οὐσία, wenn er behauptet, „die griechische Philosophie sei nicht in das, was die Anwesenheit birgt, zurückgegangen, sondern vielmehr im Vordergrund des Anwesen-

---

[19] Vgl. Heidegger, Die Grundprobleme der Phänomenologie, GA 24, 154.
[20] Vgl. Heidegger, Die Grundprobleme der Phänomenologie, GA 24, 155.
[21] Heidegger, Die Grundprobleme der Phänomenologie, GA 24, 152.
[22] Vgl. Heidegger, Einführung in die Metaphysik, GA 40, 65.

den geblieben".[23] Es gelte vielmehr das „An-wesen" als „Walten"[24] zu betrachten, in dem aus ursprünglicher Einheit Ruhe und Bewegung verschlossen und eröffnet seien.[25] Der im „An-wesen" eingeführte Bindestrich betont den verbalen Charakter des Erscheinens von Anwesenheit, wobei das ‚an' die Bewegung bezeichnet, die das Heraustreten des Waltens aus der Verborgenheit signalisiert. Heidegger spricht später auch von Anwes*ung*.[26]

Für eine solche aktive, verbale und nicht von der Verfügbarkeit des Hergestellten bestimmte Bedeutung von Anwesen haben wir zahlreiche Belege im Kunstwerkaufsatz selbst: das Werk sei z. B. das, was den „Gott selbst anwesen lässt und so der Gott selbst ist" (GA 5, 29) oder, prägnanter, das Werk als „Geschehnis der Wahrheit", das „durch das Werk selbst eröffnet wird" (GA 5, 27). Das Werk ist also ein Hergestelltes, aber nicht mehr im technischen Sinne der „Erzeugung" eines Gebrauchsdings zu einem abstrakt angebbaren Zwecke, so dass die eigentliche Präsenz des Hergestellten nicht im Ding selbst, sondern im εἶδος liegt, dem Zweck, zu dem es hergestellt wurde. Das Werk ist ein Ding, das anwesend ist in der Weise des „Waltens" oder „An-wesens" aus dem Verborgenen (vgl. GA 5, 63). Dieses ist im Herstellen zwar im Spiel, aber es wird nicht als solches zugelassen, sondern zugunsten der Dienlichkeit stillgestellt. Der griechische ποίησις-Begriff in seiner Verbindung mit der τέχνη als „Sichauskennen" in einem εἶδος greift deshalb zu kurz, um das Werkhafte im *Kunstwerk* zu erläutern. In der Kunst geschieht ein „*Sich*-ins-Werk-setzen" der Wahrheit, das sich nicht allein aus der Relation zum menschlichen Dasein, dessen besorgendem Umgang oder dessen produktions- und zielorientiertem „Sichauskennen" mit den Dingen, dem Wissen um das εἶδος, verstehen lässt.

Das „An-wesen" des Werkes, – die zeitlich-geschichtliche Prozessualität seiner Wahrheit – fasst Heidegger deshalb mit einem Begriff, der über die Anwesenheitsfixierung des Herstellens hinausgeht, dem Begriff des Streits: „Dieses Geschehnis denken wir uns als die Bestreitung des Streits von Erde und Welt." (GA 5, 45) In der Formulierung vom „Streit von Welt und Erde" wird bereits deutlich, wie Heidegger nun, durch die Neubestimmung des Phänomens der ποίησις auch das Schema von Stoff und Form überwindet: als Streit

---

[23] Vgl. Heidegger, Einführung in die Metaphysik, GA 40, 65.
[24] Vgl. Heidegger, Einführung in die Metaphysik, GA 40, 65–66.
[25] Vgl. Heidegger, Einführung in die Metaphysik, GA 40, 65–66.
[26] Heidegger, Vom Wesen und Begriff der Φύσις, GA 9, 249.

von Welt und Erde versteht Heidegger das hylemorphische Schema neu. Die Überwindung der eidetischen Einengung von Erscheinen auf Anwesenheit und von Sein auf Hergestelltsein geschieht durch deren alternative Verbindung im Streit als Wahrheitsgeschehen. Und damit kommt ein anderer antiker Philosoph ins Spiel.

3. Streit: Heraklit über φύσις, πόλεμος und παλίντροπος ἁρμονίη

Was phänomenal Anlass zum Gedanken des Streites gibt, ist im Kunstwerkaufsatz mit dem Begriff der Erde benannt. Diese ersetzt hier das hyletische Moment in der überlieferten Dingbestimmung. Der Gegensatz zur Welt, die im Kunstwerkaufsatz – grob gesagt – den Gesamthorizont der Erschlossenheit vertritt, intensiviert das Befremdliche, das in diesem hyletischen Element durchscheint und sich der welthaften Erschlossenheit entzieht. „Erde ist", wie es heißt, zwar „das wesenhaft Sich-verschließende" (GA 5, 33). Dieses Sich-verschließende zeigt sich aber als solches in einem Aufgehen, das die Griechen, so Heidegger, φύσις (‚Natur') nannten. Heidegger hat hier primär Heraklits φύσις-Begriff aus dem Fragment 123 im Sinn: φύσις κρύπτεσθαι φιλεῖ – φύσις liebt es, sich zu verbergen.[27]

Geht man von der Etymologie des Wortes aus, so wird die φύσις, das griechische Wort für Natur, vom Verb φύω, das Wachsen bedeutet, abgeleitet und, als substantiviertes Verb auf das Ganze des Seienden bezogen. Im Verbalsubstantiv φύσις bleibt die Prozessualität von ‚Wachsen' erhalten. In *Einführung in die Metaphysik* wird deswegen auch φύσις mit *Walten* übersetzt.[28] Walten ist als Charakter des Anwesens zu verstehen, wie Heidegger es aus der Neubestimmung der ποίησις als Grunderfahrung der griechischen Ontologie gewinnt. Das Walten ist ein Heraustreten aus der Verborgenheit gemäß der Grundbedeutung von φύω; aber dieses Walten ist zugleich das Verbergen der *Erde* als „Sich-verschließende". Heidegger löst den Widerspruch nun nicht durch die Unterscheidung von Stoff und Form auf, indem er den Vorrang des εἶδος (der Welt) vor der bloß rezeptiven Formbarkeit der ὕλη behauptete und

---

[27] Heraklit, VS 22 B 123; die Fragmente Heraklits werden zitiert nach: Hermann Diels/Walther Kranz, Die Fragmente der Vorsokratiker, siebte Auflage, Berlin 1954, Band 1–3.
[28] Vgl. Heidegger, Einführung in die Metaphysik, GA 40, 16, 17 und 65.

so letzterer jede eigene Bewegungskraft abspräche. Vielmehr erkennt Heidegger nicht nur den Widerspruch im Wortsinn von φύω an, sondern weist ihm auch eine ursprüngliche Bedeutung zu. Um diesen zu bestimmen, seien Logik und Dialektik „unzuständig":[29] Die philosophischen Disziplinen kommen immer schon zu spät, um die Phänomenalität des in sich widerstreitenden Erscheinens zu fassen. Der Streit, dessen bloß äußerliche, weil logische Erscheinung der Widerspruch ist, wird in *Der Ursprung des Kunstwerkes* als dasjenige verstanden, worin sich „die Streitenden, das eine je das andere, in die Selbstbehauptung ihres Wesens [...] heben" (GA 5, 35).

Streit ist aber wiederum eine Übersetzung für den heraklitischen πόλεμος. Die Anspielung auf Heraklits Fragment 53 im Kunstwerkaufsatz (vgl. GA 5, 29) verweist erneut auf die Vorlesung *Einführung in die Metaphysik*. Im Verlauf dieser Vorlesung nimmt Heidegger das Fragment für seinen Gedanken des Streits als Kampf explizit in Anspruch: πόλεμος beschreibe den inneren Widerspruch im Wort φύσις, insofern sie sich nach dem Spruch Heraklits zu verbergen liebe, obwohl ihre Grundbedeutung, gemäß Heidegger, Aufgehen sei. Von besonderer Bedeutung für den Gedanken des Streites von Erde und Welt, also für das gespannte Verhältnis der Kämpfenden im herakleitischen ‚Krieg' – im geschichtlichen Geschehen, das darüber entscheidet, wer Gott und wer Mensch, wer frei und wer Knecht sei – erweist sich die παλίντροπος ἁρμονίη: die gespannte gegenwendige Fügung, die, wie die Spannung von Bogen und Sehne, nur im Zusammenspiel sich widerstrebender Momente ihre Wirkkraft entfalten kann. Bezeichnenderweise beschreibt Heraklit diese gegenwendige Einheit als ἀφανής, als un-phänomenal, was es Heidegger erlaubt, sie mit der Verborgenheit der Erde in Verbindung zu bringen.[30]

So führt Heidegger zwei seiner Leitideen in der Interpretation der antiken Ontologie auf eine gemeinsame Quelle – auf Heraklit – zurück: Einerseits wird das Anwesen als Abkömmling einer Bewegung des Aufgangs erläutert. An die Stelle des Modells der ποίησις tritt das φύειν (Wachsen) als wesentliche Seinserfahrung. Die Wahrheit dieses Aufgehens, die Wahrheit als Unverborgenheit wird nicht mehr vom menschlichen Dasein her verstanden. Das Dasein ist zwar noch da – und es geschieht immer noch ein ἀληθεύειν τῆς ψυχῆς – aber nicht mehr so, dass sich das Dasein eines stets verfügbaren

---

[29] Heidegger, Heraklit, GA 55, 154–160.
[30] Vgl. Heraklit, VS 22 B51, B54.

und gesetzten Seienden versicherte, sondern das Dasein befindet sich in einer noch offenen, differenziellen Beziehung mit dem Sein, die sich nur als Kampf vollzieht. Deshalb kann keine der von Aristoteles unterschiedenen Weisen des ἀληθεύειν allein maßgeblich sein.

Die Radikalität dieser Kritik an der ontologischen Tradition wird umso deutlicher, wenn man sich die Konsequenzen für Heideggers Sprachbegriff klar macht. Die Aussagewahrheit, von der aus man den Streit nur als einen in der Dialektik aufzuhebenden Widerspruch ansehen würde, geht auf einen ursprünglicheren λόγος zurück, den Heidegger explizit mit dem Streit identifiziert: „πόλεμος und λόγος (Sammlung) sind dasselbe".[31] Dem genau entsprechend erhält die Sprache im Kunstwerkaufsatz eine Wichtigkeit, die aus der logischen Form einer Aussage nie gedacht werden könnte (vgl. GA 5, 61) und die Heidegger in seiner späten Sprachphilosophie aufnimmt. Die Wahrheit als Unverborgenheit ist nicht ohne den heraklitisch zu verstehenden λόγος zu fassen, und damit kann keine der Weisen des ἀληθεύειν τῆς ψυχῆς für diese Wahrheit maßgeblich sein. Vielmehr ist der λόγος selbst zum ontologischen Modell geworden: erneut von Heraklit aus als Versammlung des Anwesenden verstanden,[32] und, mit dem Kunstwerkaufsatz gesagt, als *Vorliegenlassen* (vgl. GA 5, 72) interpretiert, ist der λόγος die Weise, in der Wahrheit geschieht und erfahren wird.

4. Werk, δύναμις, ἐνέργεια

Wie hängen diese Überlegungen mit dem Kunstwerk zusammen? Um diese Frage zu beantworten, ist es nötig, noch einmal auf die Dingfrage einzugehen und zu erörtern, was Ding, Zeug und Werk zusammengehören lässt: die Verbindung von μορφή und ὕλη. Wenn nun keine der Weisen des ἀληθεύειν τῆς ψυχῆς, sondern der λόγος ontologisch maßgeblich ist, dann ist damit noch nicht gesagt, wie sich die Implikationen die Wahrheit als Unverborgenheit, das widerstreitende Erscheinen des λόγος und das Geschehen der Versammlung μορφή und ὕλη neu bestimmen. Man muss, um den aristotelischen Hintergrund dieser Überlegungen zu verstehen, den Begriff beachten, der zwischen ihnen in ihrer ursprünglichen

---

[31] Heidegger, Einführung in die Metaphysik, GA 40, 66.
[32] Vgl. Heidegger, Logos, GA 7, 217: „λέγειν ist legen: in sich gesammeltes vorliegen-Lassen des beisammen Anwesenden".

aristotelischen Fassung vermittelt: δύναμις (Möglichkeit, Fähigkeit, Potenzialität). Durch die Berücksichtigung der δύναμις wird klar, wie Heidegger aristotelische und herakliteische Gedanken verbindet. δύναμις heißt wortwörtlich Kraft oder Möglichkeit. Ihre Bedeutung für die aristotelische Philosophie besteht darin, dass sie etwas an den Dingen ist, was einerseits ihre Veränderung ermöglicht, andererseits aber nicht als solche an Dingen wahrnehmbar ist.

Der Übergang von der ὕλη als „Herstellungsbedürftigem"[33] zu dem gemäß einem εἶδος geformten Stoff, seiner μορφή, ist offenkundig eine Veränderung bzw. Bewegung – griechisch: κίνησις. δύναμις wiederum ist der aristotelische Begriff für dasjenige, das κίνησις ermöglicht. Zwischen εἶδος und ὕλη, der Einheit eines durch seine Form Bestimmten und der Mannigfaltigkeit des Möglichen und Unbestimmten[34] besteht eine sozusagen kinetische Spannung. Sie zeigt sich unter anderem in Phänomenen der Veränderung: während einer Veränderung ist man nicht immer sicher, woraus etwas entsteht (was ὕλη ist) und was es werden wird (was εἶδος ist), denn alle bestimmbaren Formen sind sozusagen noch ineinander verschlungen und diffus. Wir können – besonders bei Naturdingen – nur schwer unterscheiden, was an einem Ding seine Endgültigkeit und was als seine weitere Möglichkeit wahrgenommen wird.

Wie dem auch sei, es muss die Bewegung einer Materie doch in ihrem Zweck, ihrer Form, münden. Diesen Zweck und das Ende bezeichnet das Griechische mit dem Wort τέλος. Anders als man vermuten dürfte, weisen ‚Ziel' oder ‚Vollendung' bei Aristoteles einen aktivischen Sinn auf. Der eigentümlich unscheinbaren Bewegtheit des Werkes verleiht Aristoteles mit dem Neologismus ἐντελέχεια Ausdruck, der bedeutet, dass ein Ding sich im Ziel hält (wörtlich: ἐν τέλει ἔχειν)[35] – dies dadurch, dass ein Ding bereits sein ἔργον, sein „Werk" vollbringt (ἐνέργεια), dasjenige also, das ihm sein εἶδος vorschreibt, *ist*. Ein Haus etwa ‚vollbringt' somit sein ἔργον nur dadurch, dass sich in jedem Augenblick des Wohnens die Möglichkeit, die das Haus dem Menschen gibt, in ihm geschützt zu

---

[33] Vgl. Heidegger, Die Grundprobleme der Phänomenologie, GA 24, 166.
[34] Aristoteles, De Partibus Animalium, 646a12–16; *De Partibus Animalium* wird zitiert nach: Aristotelis De Partibus Animalium Libri Quattuor hrsg. von Immanuel Bekker, Berlin 1829. Vgl. auch Tugendhat, Ti kata tinos, Freiburg im Breisgau 1958, 114.
[35] Vgl. dazu Heidegger, Vom Wesen und Begriff der Φύσις, GA 9, 284.

leben,[36] aktualisiert (ἐνέργεια). Ohne dieses würde das Haus nie einen Zweck (τέλος) haben, eigentlich würde es so etwas wie das Haus gar nicht geben. Das Haus ist also nicht Holz und Stein, aus welchen es besteht, sondern ihre Gestaltung gemäß eines zu erfüllenden Zwecks. Zwischen dem Möglichkeitscharakter der jeweiligen ὕλη – Holz und Stein können auch anders als im Haus gestaltet werden – und der Finalität des εἶδος besteht also eine Spannung, weil die ὕλη jeweils in ein εἶδος kommen muss, aber auch andere Möglichkeiten als dieses εἶδος hat. Als Möglichkeit, die jedem εἶδος zugrunde liegt, die sich aber nie restlos im einzelnen εἶδος aktualisieren kann, ermöglicht die ὕλη jede Veränderung und Bewegung auf ein nächstes εἶδος zu, jede κίνησις. So ist das je einzelne Kompositum von εἶδος und ὕλη (σύνολον), das aristotelische Ding, im Sinne einer eigentümlich gespannten Ruhe zu verstehen, die in sich die Möglichkeit von Bewegung schließt.

Mit dem Begriff der κίνησις ist so eine hinreichend formale Möglichkeit gefunden, Heideggers Rede von der Wahrheit des Seins und seine Betonung des Streites nicht nur auf der interpretatorischen Ebene der Auslegung der herkliteischen φύσις und der spekulativen Interpretation des Seinsbegriffs als An-wesen zu plausibilisieren, sondern sie auch in einer konkreteren ontologischen Fragestellung zu verorten, wie sie von Aristoteles bereits bekannt ist: Heideggers an Heraklit gewonnenen Bestimmungen lassen sich im Rückgriff auf Aristoteles so konkretisieren, dass sie als Beschreibungen von Dingen in ihrem Geschehenscharakter einleuchtend werden. So hat der Begriff des Streites bei Heidegger offensichtlich mit Bewegung im Sinne der aristotelischen κίνησις zu tun. In Bezug auf das Walten der φύσις sagt Heidegger ausdrücklich, dass darin Bewegung und Ruhe aus ursprünglicher Einheit verschlossen und eröffnet seien,[37] und im Kunstwerkaufsatz liest man: „die Bestreitung des Streites ist die ständig sich übertreibende Sammlung der Bewegtheit des Werkes." (GA 5, 36) Aristotelisch gesehen sind das Philosophem des Streites, die Orientierung an der φύσις ebenso wie die Bestimmung des λόγος als Versammlung Bestimmungen von Bewegung, von κίνησις. Und von hier aus ergibt sich auch eine aristotelische Perspektive auf die Überwindung des Hylemorphismus im Kunstwerk: dies zentral beim Ausdruck „am Werk sein", den Heidegger immer

---

[36] Vgl. Aristoteles, Metaphysica, 1043a33: ἐνέργεια des Hauses ist, dass es σκεπάζει, das heißt deckt und schützt.
[37] Vgl. Heidegger, Einführung in die Metaphysik, GA 40, 66–67.

wieder mit der Wahrheit im Kunstwerk verkoppelt, etwa wenn er schreibt: „Was im Werk *am Werk ist*: die Eröffnung des Seienden in seinem Sein: das Geschehnis der Wahrheit." (GA 5, 23–24)

Hierin ist unschwer eine Verbindung des Werks- und des Seinsbegriffes mit der aristotelischen Konzeption von ἐνέργεια zu erkennen: Man versteht das Wort ἐνέργεια besser im Lichte des Adjektivs ἐνεργός, das schon vor Aristoteles verwendet wird. Die schon genannte Erläuterung für ἐνέργεια – „das eigene Werk vollbringen" –, bestätigt sich an einem Beispiel Platons, dem zufolge die Richter nicht trinken sollen, wenn sie an der Arbeit sind (ἐνεργοί).[38] Die Richter sind ἐνεργοί, wenn sie die Arbeit machen, zu der sie berufen sind. Das aristotelische Wort ἐνέργεια bezeichnet eben diesen aktivischen Zustand: dass man am Werk ist, weswegen es am häufigsten im Dativ vorkommt (ἐνεργείᾳ).

Angesichts dieses prozessualen Sinns verwundert es deshalb kaum, dass Heidegger an zwei wichtigen Stellen im Nachwort und im späteren Zusatz auf die ἐνέργεια zu sprechen kommt. Im Nachwort beschreibt Heidegger die Weisen des „Sichereignens der Wahrheit" und führt an: „damals ereignete sich das Sein als εἶδος […]; das σύνολον, das einige Ganze von μορφή und ὕλη, nämlich das ἔργον, *ist* in der Weise der ἐνέργεια" (GA 5, 69). Damit macht Heidegger im Rückgriff auf Aristoteles deutlich, dass er den Hylemorphismus von der ἐνέργεια her verstehen will. So konkretisiert sich in aristotelischem Vokabular der Gedanke, dass das Dinghafte des Werkes aus dem Werk zu denken sei (vgl. GA 5, 25) und sich aus dem „Werkhaften des Werkes" (der ἐνέργεια des ἔργον) das „Dinghafte des Dinges ergebe" (GA 5, 57), also die οὐσία des ὄν. Kurz darauf wird die ἐνέργεια auch ausdrücklich die „Weise der Anwesenheit" (GA 5, 69) genannt. Das ist das letzte griechische Wort des Textes.

Auch im Zusatz von 1956, in einer Erläuterung dessen, was Heidegger mit dem „Feststellen der Wahrheit" durch das Werk im Sinn hatte, wird wieder auf aristotelische Grundbegriffe und insbesondere auf die ἐνέργεια zurückgegriffen: „Fest besagt: umrissen, in die Grenze eingelassen (πέρας). […] Die festigende Grenze ist das Ruhende – nämlich in der Fülle der Bewegtheit – dies alles gilt vom Werk im griechischen Sinne des ἔργον; dessen ‚Sein' ist die ἐνέργεια, die unendlich mehr Bewegung in sich versammelt als die

---

[38] Platon, Nomoi, 674b2. Platons Werke werden zitiert nach: Platonis Opera, hrsg. von John Burnet, Oxford 1900–1907.

modernen ‚Energien'." (GA 5, 71) Wir haben es offenkundig wieder mit einem Begriff von Bewegung und mit der ἐνέργεια zu tun, verbunden mit der Konzeption einer Grenze, die an anderen Stellen für Heidegger auch den Sinn von τέλος und folglich den Sinn der ἐντελέχεια wiedergibt.[39] Die ἐνέργεια wird somit zur Vollendung und Vollkommenheit, die als solche auch insofern mit einer Wahrheit zusammenhängt, als der Mensch die Bewegung mit vollführt und selbst zu Ende bringt, nämlich, so ließe sich vielleicht folgern, Werke herstellt, die diese ἐνέργεια der Welt zum Vorschein bringen, und diese bewahrt.

Die ἐνέργεια kommt auch im letzten Aristoteles gewidmeten Text Heideggers vor, *Vom Wesen und Begriff der Φύσις, Aristoteles, Physik B1* von 1939. Diesem zufolge heißt ἐνέργεια: „Im-Werk-Stehen".[40] ἐνέργεια wird zur Anwesung in das Aussehen – das heißt Anwesung in das εἶδος – erklärt und als eine ursprüngliche Erfüllung dieser Anwesung verstanden. Heidegger bezieht sich auf den Satz von Aristoteles, dem zufolge die ἐνέργεια der δύναμις πρότερον (vorgängig, vorrangig) sei, und gibt anschließend an, dass dieser Gedanke der Gipfel des aristotelischen und zugleich des griechischen Denkens sei.[41] Auch die heraklitische Formel φύσις κρύπτεσθαι φιλεῖ kommt nicht zufällig am Ende des Aufsatzes vor. Heidegger behauptet dort, dass die φύσις bei Aristoteles – die ja ohne κίνησις, und folglich auch ohne ἐνέργεια nicht denkbar ist – ein Nachklang bzw. Abkömmling der anfänglichen φύσις der Vorsokratiker sei. Die φύσις wird von Aristoteles – und doch im Einklang mit ihrem widerstreitenden Wesen bei Heraklit – allerdings in der im Weg von der φύσις zur φύσις[42] enthaltenen Bewegung sozusagen verdoppelt – und diese φύσις als ἐνέργεια bezeichnet. Mit dieser Überlegung führt Heidegger die Verbindung von Heraklit und Aristoteles aus, die im Kunstwerkaufsatz implizit bleibt.

Das Vokabular der aristotelischen Bewegungstheorie dringt in die Konzeption des Aufgangs als φύσις ein und nimmt die herakliteischen Gedanken des Streits und der ursprünglichen Verborgenheit der φύσις auf. Dem entspricht, dass man die Idee der φύσις als

[39] Heidegger, Einführung in die Metaphysik, GA 40, 64.
[40] Heidegger, Vom Wesen und Begriff der Φύσις, GA 9, 284.
[41] Heidegger, Vom Wesen und Begriff der Φύσις, GA 9, 286.
[42] Aristoteles, Physica, 193b12–13; die *Physik* wird zitiert nach: Aristotle's Physics, hrsg. von William David Ross Oxford; vgl. auch Heidegger, Vom Wesen und Begriff der Φύσις, GA 9, 291.

Wachstum und Aufgang, als φύειν, die Heideggers Verständnis des Wortes bestimmt,[43] wörtlich auch bei Aristoteles findet und zwar mit Blick auf die κίνησις: „φύσις heißt einerseits die Entstehung der Wachsenden (φυόμενα) [...], andererseits dasjenige in ihnen, woraus sie herauswachsen."[44] Vollzieht man im Ausgang des Nachworts und des Zusatzes zum Kunstwerkaufsatz nach, wie Heidegger den Werkbegriff an der ἐνέργεια entwickelt und mit herakliteischen Gedanken engführt, ist Heideggers Einstellung gegenüber Aristoteles keineswegs so ablehnend, wie es zunächst in der Diskussion der antiken Dingbegriffe zu Beginn der Abhandlung erscheint. Das hängt offenbar auch damit zusammen, dass aus den wenigen und zweideutigen Fragmenten Heraklits kaum ein Zugang zum anfänglichen Denken erfolgen kann, wenn die Lehre von Aristoteles nicht vorausgesetzt, ja auf jenes Denken hin *destruiert* wird – und man dennoch auf Fragmente dieser Lehre zurückgreifen kann. Zugespitzt hieße dies, dass ‚Heideggers Heraklit' *nur* durch Aristoteles hindurch zum Vorschein kommen kann, nicht an diesem vorbei in einer vermeintlich direkten Auslegung. Auch der Werkbegriff im Kunstwerkaufsatz darf als eine Aufnahme ursprünglicher Tendenzen im aristotelischen ἔργον und im Begriff der ἐνέργεια ausgelegt werden – allerdings spielt noch ein Fest-stellen der Wahrheit ins Werk hinein, das Heidegger der griechischen θέσις (Setzung), im Sinne eines Vorliegenlassens, entnimmt. θέσις aber, als Nomen für τιθέναι, ist auch das Grundwort für ὑπόθεσις und νομοθεσία, sie bildet den Anfang von Fragen und Syllogismen, den Gegensatz zur φύσις, ja das Setzen von Gesetzen, sogar von Namen, aus.[45] So erscheint eine Analogie mit Heideggers Gedanken der *Stiftung*, der die Geschichtsphilosophie des Kunstwerkaufsatzes prägt, durchaus plausibel.

---

[43] Vgl. Heidegger, GA 40, Einführung in die Metaphysik, 76.
[44] Aristoteles, Metaphysica, 1014b16–18.
[45] Vgl. Heidegger, Die Grundbegriffe der Metaphysik, GA 29/30, 466; vgl. auch Hermann Bonitz, Index Aristotelicus, Darmstadt 1870, 327, 760 und 761.

Sebastian Schwenzfeuer

Vom Ende der Kunst

Eine Betrachtung zu Heideggers Kunstwerkaufsatz vor dem Hintergrund des Deutschen Idealismus

Das Folgende versucht, das Denken des Deutschen Idealismus als Hintergrund von Heideggers Kunstwerkaufsatz sichtbar zu machen. Entscheidend für Heidegger sind hier vor allem Hegel und Schelling, mit welchen er sich intensiv, weit über den Kunstwerkaufsatz hinaus, beschäftigt hat.[1] Zugespitzt gesagt, sucht sich Heidegger im Kunstwerkaufsatz Hegels Denken anzunähern, indem er dessen These vom Ende der Kunst in Geltung setzt und als den geschichtlichen Horizont seiner eigenen Überlegungen dartut, sich aber zugleich mit schellingschen Motiven gegen Hegels Deutung der Kunst verwehrt.

Der Haupttext der heideggerschen Abhandlung *Der Ursprung des Kunstwerkes* gibt keinen ausgewiesenen Beleg für eine Auseinandersetzung mit der kantischen oder idealistischen Kunstphilosophie. Im ersten Abschnitt (*Das Ding und das Werk*) behandelt Heidegger zwar verschiedene traditionelle Auslegungen des Dinges und des Zeuges, genauso wie er etwa im darauf folgenden Abschnitt (*Das Werk und die Wahrheit*) verschiedene Theorien der Wahrheit kurz anschneidet (beispielsweise die Descartes') oder im dritten Abschnitt (*Die Wahrheit und die Kunst*) auf „die Griechen" zu sprechen kommt (vgl. GA 5, 46), um deren Bestimmung der τέχνη als ein spezifisches Wissen vor

---

[1] Das Denken Kants und Fichtes ist für Heideggers Auseinandersetzung mit der Kunst von geringerer Bedeutung, was nicht zuletzt auch daran liegt, dass beide Autoren zur Kunst unter werkästhetischer Perspektive weniger beigetragen haben; dies gilt auch für Kants *Kritik der Urteilskraft*, vgl. die kurzen Passagen in Immanuel Kant, Werke. Akademie Textausgabe, hrsg. von der Königlichen Preußischen Akademie der Wissenschaften, Band V, 303–336.

Augen zu führen – aber auf die idealistische Tradition kommt er nicht offen zu sprechen. Trotzdem spielt diese Traditionslinie in der Kunstwerkabhandlung gegen diesen Anschein die allergrößte Rolle.[2]

Schon das Nachwort zu der eigentlichen Abhandlung zeigt dies unmissverständlich an. Dort kommt Heidegger auf Hegels Kunstphilosophie zu sprechen und Hegel wird dabei als ein wesentlicher Denker der Metaphysik vorstellig: „In der umfassendsten, weil aus der Metaphysik gedachten Besinnung auf das Wesen der Kunst, die das Abendland besitzt, in Hegels ‚Vorlesungen zur Ästhetik' stehen die Sätze: [...]" (GA 5, 68). Hier kommt Heidegger auf Hegels Theorem vom Ende der Kunst zu sprechen. Dieses ist es eigentlich, das die Thematisierung der heideggerschen Kunstwerkabhandlung leitet, es gibt den Horizont, innerhalb dessen die Kunst für Heidegger selbst fragwürdig wird.

Hegels Theorem besagt – in Hegels Worten –, dass „die Kunst nach der Seite ihrer höchsten Bestimmung für uns ein Vergangenes"[3] ist. Entscheidend ist dabei, wie Heidegger auch hervorhebt, dass die Kunst im Hinblick auf ihre „höchste Bestimmung" in den Blick kommt. Damit ist gemeint, dass die Kunst nicht ontisch, als seiendes Etwas betrachtet wird, sondern ontologisch nach ihrer Seinsweise und Geltung.[4] Sie dagegen als Seiendes betrachten, hieße zu fragen, ob es Kunstwerke noch gebe. Das Vergangensein der Kunst würde dann bedeuten, es existierten keine Kunstwerke mehr. Dies zu vermeinen, ist abwegig und wird von Hegel auch nicht behauptet. Abwegig ist dies nämlich in zweierlei Weise: Erstens gibt es Kunst nach Hegel in dem Sinne, dass es auch Seiendes gibt, das als Kunstwerk deklariert wird.[5] Zweitens gibt es Kunst aber auch, insofern es

[2] Vgl. Jacques Taminiaux, Le dépassement Heideggérien de l'esthétique et l'héritage de Hegel, in: Recoupements, Brüssel 1982, 175–208.
[3] G. W. F. Hegel, Vorlesungen über die Ästhetik I, Werke (im Folgenden: Werke), hrsg. von Eva Moldenhauer und Karl Markus Michel, Band 13, Frankfurt am Main 1986, 25.
[4] Vgl. zu diesem Fragekomplex insgesamt Bruno Haas, Die freie Kunst. Beiträge zu Hegels Wissenschaft der Logik, der Kunst und des Religiösen, Berlin 2003. Hegels Theorem vom Ende der Kunst wird in der Forschung vielfältig, meist aber abschwächend, diskutiert. Vgl. zu Hegels Ästhetik insgesamt Andreas Arndt (Hrsg.), Hegels Ästhetik. Die Kunst der Politik – die Politik der Kunst, Berlin 2000.
[5] In kritischer Absicht wird gelegentlich die Existenz von Kunstwerken gegen Hegel herausgestellt, dessen Gedanke dadurch aber von vornherein verfehlt wird. Vgl. Benedetto Croce, Aesthetik als Wissenschaft vom Ausdruck und allgemeine Sprachwissenschaft, Tübingen 1930, 314–315; vgl. auch die

die vergangene Kunst ja gibt, das heißt, dass die ‚alten' Kunstwerke weiterhin existieren und beispielsweise in Museen aufgehängt und der Öffentlichkeit zugänglich gemacht werden.

Hegels Theorem vom Ende der Kunst scheint demnach ganz anderes zu sagen. Das Ende der Kunst betrifft denn auch die Seinsweise der Kunst, die Kunst *als* Kunst. Zunächst ist Kunst, wie Heidegger in seiner Abhandlung selbst ansetzt, nur in den Kunstwerken zugänglich. In Hegels Theorem ist also nicht unbedingt von den Kunstwerken die Rede, oder genauer: nicht von ihnen als seiendem Etwas, als Ding und Zeug (in Heideggers Sinne). Dennoch aber auch von ihnen, insofern Kunst nur in Kunstwerken begegnet, aber so, dass die Kunstwerke *als* Kunst betrachtet werden. Was heißt es nun aber, dass die Seinsweise der Kunst ein Vergangenes sei?

Im Zusammenhang des hegelschen Systems ist damit zunächst die Aufhebung der Kunst als einer Form der (absoluten) Wahrheit in Religion und Philosophie verstanden. Gebündelt beschreibt Hegel diesen Übergang in seiner Ästhetikvorlesung: „In dieser Weise besteht das *Nach* der Kunst darin, daß dem Geist das Bedürfnis einwohnt, sich nur in seinem eigenen Innern als der wahren Form für die Wahrheit zu befriedigen. Die Kunst in ihren Anfängen läßt noch Mysteriöses, ein geheimnisvolles Ahnen und eine Sehnsucht übrig, weil ihre Gebilde noch ihren vollen Gehalt nicht vollendet für die bildliche Anschauung herausgestellt haben. Ist aber der vollkommene Inhalt vollkommen in Kunstgestalten hervorgetreten, so wendet sich der weiterblickende Geist von dieser Objektivität in sein Inneres zurück und stößt sie von sich fort. Solch eine Zeit ist die unsrige. Man kann wohl hoffen, daß die Kunst immer mehr steigen und sich vollenden werde, aber ihre Form hat aufgehört, das höchste Bedürfnis des Geistes zu sein. Mögen wir die griechischen Götterbilder noch so vortrefflich finden und Gottvater, Christus, Maria noch so würdig und vollendet dargestellt sehen – es hilft nichts, unser Knie beugen wir doch nicht mehr."[6] Die Gültigkeit der Kunst als Form der Wahrheit ist es, die nach Hegel geschichtlich überholt ist.

Heidegger reformuliert Hegels Theorem im Nachwort zum Kunstwerkaufsatz derart: „Ist die Kunst noch eine wesentliche und

---

wohlunterrichteten Darstellungen von Dae-Joong Kwon, Das Ende der Kunst. Analyse und Kritik der Voraussetzungen von Hegels These, Würzburg 2004.
[6] Hegel, Vorlesungen über die Ästhetik I, Werke 13, 142.

eine notwendige Weise, in der die für unser geschichtliches Dasein entscheidende Wahrheit geschieht, oder ist die Kunst dies nicht mehr?" (GA 5, 68). Man erkennt dies als eine Gegenfrage zu Hegels Behauptung, und zwar so, dass diese heideggersche Frage gerade auf die Struktur des hegelschen Theorems verpflichtet bleibt. Einerseits situiert Heidegger die Frage – Hegel ganz analog – geschichtlich (dies wird in dem Moment des „für uns" deutlich, dem *Woher* der Frage). Andererseits wird die Frage nach der Seinsweise und Geltung der Kunst als Frage nach dem Geschehen der Wahrheit interpretiert (dies ist es, *wovon* Hegels These vom Ende der Kunst handelt). Hegels Kunstphilosophie erweist die Kunst als eine Weise des Absoluten, das an ihm selbst gedacht die Wahrheit des Wahren ist.[7] Kunst hat also derart von vornherein Bezug zur Wahrheit, und dies in anderer Weise als einzelne Satzurteile zur Wahrheit Bezug nehmen, insofern sie Wahres sagen, wenn der Fall ist, was gesagt wird. Darin liegt Hegels Verständnis des Absoluten, dass Kunst nicht deshalb auf Wahrheit Bezug hat, weil sie zeigt, wie es sich mit Anderem (dem Menschen, der Gesellschaft, etc.) verhält,[8] sondern weil sie selbst absolut ist.[9]

Heidegger knüpft an diese (metaphysischen) Bestimmungen der Kunst unmittelbar an, so unmittelbar, dass er sie im Text der eigentlichen Abhandlung gar nicht mehr ausweist. Beide Momente sind aber wesentlich: die Geschichtlichkeit der hegelschen Behauptung, die Heidegger in die Betroffenheit von dieser Frage wandelt und die Betrachtung der Kunst als eines Wahrheitsgeschehens. Dass Heidegger dies unausdrücklich tut, ist methodisch begründet.[10] Die Kunstwerkabhandlung gehört in den Umkreis des seinsgeschichtlichen Denkens und hier näherhin in den Bereich dessen, was Heidegger in

---

[7] Vgl. G. W. F. Hegel: Wissenschaft der Logik II, Werke 6, 462–548. Den Bezug zur Kunst und ihr Verhältnis zu Religion und Philosophie stellt Hegel in der *Enzyklopädie* heraus; vgl. G. W. F. Hegel: Enzyklopädie der philosophischen Wissenschaften III, Werke 10, 366–372.
[8] Vgl. zu diesem Bezug der Kunst auf Wahrheit, gerade auch im Verhältnis zu sprachlichen Urteilen und sprachanalytischen Theorien Manfred Frank, Einführung in die frühromantische Ästhetik, Frankfurt am Main 1989, 7–40.
[9] Vgl. Annemarie Gethmann-Siefert, Die Funktion der Kunst in der Geschichte. Untersuchungen zu Hegels Ästhetik, Bonn 1984.
[10] Vgl. Friedrich-Wilhelm von Herrmann, Heideggers Philosophie der Kunst. Eine systematische Interpretation der Holzwege-Abhandlung ‚Der Ursprung des Kunstwerkes', Frankfurt am Main 1980, 9–19.

den *Beiträgen zur Philosophie* die „Gründung" nennt.[11] Diese vollzieht sich nicht ohne das „Zu-spiel".[12] Letzteres ist die Aufarbeitung und Aneignung der Geschichte der Philosophie, die aber nicht als bloße Ansammlung und Kenntnisnahme, sondern als Vorbereitung eines „Sprunges"[13] in ein neues Denken konzipiert ist. Eine solche Auseinandersetzung mit der Geschichte der Philosophie liegt der Kunstwerkabhandlung zugrunde und Heidegger vollzieht darin diese Auseinandersetzung zwar noch, aber nicht mehr in der Weise ausdrücklicher Bezugnahme, gerade um einerseits über die Tradition hinwegzukommen, ohne sie aber andererseits gänzlich hinter sich zu lassen.[14]

Was aber „gründet" die Kunstwerkabhandlung? Dies lässt sich eben wiederum nur im Rückgriff auf Hegels These vom Ende der Kunst ausweisen. Da Hegel die Kunst als Vergangenes erklärt, es aber Kunst gibt, eröffnet sich erst der spezifische Fragebereich, aus dem heraus Heidegger auf die Kunst (und die Kunstwerke) zugeht. Dies ist auch der Grund, warum Heidegger das, was er „Ästhetik" nennt (vgl. GA 5, 12 und 24), meint abwehren zu dürfen: Die Ästhetik versteht sich als Auslegung der Kunst im Horizont der Gewissheit, dass es Kunstwerke und verbunden damit Kunst gibt. Das aber ist gerade für Heidegger das Fragliche (im oben angezeigten Sinne). Das Problematische der ästhetischen Betrachtung der Kunst (die nach Heidegger im Begriff des Erlebnisses kulminiert) ist nicht, dass darin Begriffe wie Subjekt, Subjektivität, Erleben, Denken, Urteilen, etc. vorkommen, sondern dass die Kunst nicht in ihrer geschichtlichen, und das heißt hier ontologischen, Dimension erkannt wird. Sie als selbstverständlich zu nehmen, heißt eben, sie wie ein Ding oder Zeug als selbstverständlich Gegebenes vorauszusetzen, und von daher wundert es nicht, dass die Kunst dann auch, wie Heidegger zu Recht vermeint, meist von Kategorien des Dinges bzw. Zeuges her ausgelegt wird.

Die Frage nach der Kunst ist daher die Frage nach ihrem spezifischen Sein. Woher gibt es Kunst, oder deutlicher: Gibt es sie? Die

---

[11] Heidegger, Beiträge zur Philosophie, GA 65, 392.
[12] Heidegger, Beiträge zur Philosophie, GA 65, 169.
[13] Heidegger, Beiträge zur Philosophie, GA 65, 227.
[14] Vgl. zu Heideggers Verhältnis zur Philosophiegeschichte Günter Figal, Verwindung der Metaphysik. Heidegger und das metaphysische Denken, in: Christoph Jamme (Hrsg.), Grundlinien der Vernunftkritik, Frankfurt am Main 1997, 450–470; wiederabgedruckt in: Zu Heidegger. Antworten und Fragen, Frankfurt am Main 2009, 185–204.

Gründung der Kunstwerkabhandlung ist denn auch nicht Systemgründung oder Begründung einer (ästhetischen) Theorie, sondern betrifft vielmehr das Begegnenlassen von Kunstwerken überhaupt. So schreibt Heidegger zu Beginn des Nachwortes: „Die vorstehenden Überlegungen gehen das Rätsel der Kunst an, das Rätsel, das die Kunst selbst ist. Der Anspruch liegt fern, das Rätsel zu lösen. Zur Aufgabe steht, das Rätsel zu sehen." (GA 5, 67) Gründend ist demnach die Kunstwerkabhandlung nur dann, wenn sie als philosophische Betrachtung die Kunst in das Rätselhafte ihres spezifischen Seins zurückzustellen vermag. Darin genau liegt der Absprung von der hegelschen Philosophie. Die Kunstwerke und das Vergangensein der Kunst sind für Hegel etwas Begriffenes, dem keine Fraglichkeit anhaftet. Die Auslegung und der Begriff der Kunst fallen der philosophischen Betrachtung zu. Für Heidegger aber eröffnen sich in der Betrachtung der Kunstwerke der Fragebereich der Kunst und die Möglichkeit, das Vergangensein der Kunst neu zu deuten.

Hegels These vom Ende der Kunst nimmt Heidegger nun selbst schon seinsgeschichtlich auf, sie steht demnach nicht einfach neutral zur Debatte, in dem Sinne, dass nach irgendwelchen Gründen über ihren Wahrheitsgehalt entschieden würde, das heißt es wird nicht nach der Richtigkeit des hegelschen Satzes gefragt, nach Wahrheit oder Falschheit. Damit folgt Heidegger wiederum einer hegelschen Methode, insofern über das Wahre nicht (vom Menschen) entschieden wird, sondern dieses sich selbst entscheidet.[15] Hegels „Spruch" (GA 5, 68) wird nun aber auch nicht einfach als wahr vorausgesetzt. Er steht selber geschichtlich zur Entscheidung: „Die Entscheidung über Hegels Spruch ist noch nicht gefallen" (GA 5, 68). Auch Heideggers Abhandlung fällt diese Entscheidung nicht: „Allein, die Frage bleibt […]. Die Entscheidung über den Spruch fällt, wenn sie fällt, aus dieser Wahrheit des Seienden und über sie. Bis dahin bleibt der Spruch in Geltung." (GA 5, 68) Die Wahrheit von Hegels These ist demnach ihre Geltung, die auch für Heideggers Auseinandersetzung den maßgeblichen Horizont seiner Frage nach der Kunst und ihrem Ursprung bildet.

Umso dringlicher ist weiter zu klären, wovon dieser hegelsche Spruch eigentlich redet. Er betrifft die Wahrheit und das Gelten der Kunst als solcher, dies aber in einer spezifisch geschichtsphilosophi-

---

[15] Dies ist denn auch die Figur des Sich-Urteilens des Begriffs, die Hegel in der Begriffslogik vorstellig macht. Vgl. Hegel, Wissenschaft der Logik II, Werke 6, 301–302.

schen Wendung. Die Wahrheit der Kunst ist eine Weise, wie Wahrheit geschieht. Darin liegt zunächst, dass Wahrheit überhaupt geschieht, ferner dass sie geschichtlich geschieht, das heißt, wie Heidegger sagt, sich „ereignet" (GA 5, 25). Heidegger nennt mehrere Weisen solchen Wahrheitsgeschehens.[16] „Eine wesentliche Weise, wie die Wahrheit sich in dem durch sie eröffneten Seienden einrichtet, ist das Sich-ins-Werk-setzen der Wahrheit. Eine andere Weise, wie Wahrheit west, ist die staatsgründende Tat. Wieder eine andere Weise, wie Wahrheit zum Leuchten kommt, ist die Nähe dessen, was schlechthin nicht ein Seiendes ist, sondern das Seiendste des Seienden. Wieder eine andere Weise, wie Wahrheit sich gründet, ist das wesentliche Opfer. Wieder eine andere Weise, wie Wahrheit wird, ist das Fragen des Denkers" (GA 5, 49). Das Ins-Werk-setzen, das Wesen (verbal), zum Leuchten Kommen, Gründen und Werden der Wahrheit sind Weisen des Wahrheitsgeschehens. Dieses Geschehen liegt nicht hinter dem Seienden verborgen, sondern, man ersieht es aus den Beispielen, inmitten des Seienden selbst, das heißt das Geschehen in der Kunst muss auch im Kunstwerk auffindbar sein. Näherhin muss in den Kunstwerken ein Streit gefunden werden, da „das Wesen der Wahrheit in sich selbst der Urstreit" ist (GA 5, 42).

Diesen Streit in den Kunstwerken macht Heidegger nun als strittiges Verhältnis von Welt und Erde vorstellig. Das Kunstwerk wird damit schon ganz aus der seinsgeschichtlichen Blickbahn heraus thematisiert,[17] denn es ist „ein Werden und Geschehen der Wahrheit" (GA 5, 59). Seinsgeschichtlich im engeren Sinne ist dies deswegen, weil im Kunstwerk als dem Ort des Wahrheitsgeschehens dieses Geschehen sich in der gegenwendigen Struktur von Eröffnung der Wahrheit und Sich-Einrichten in die Wahrheit vollzieht: „Lichtung der Offenheit und Einrichtung in das Offene gehören zusammen. Sie sind dasselbe eine Wesen des Wahrheitsgeschehens. Dieses ist in mannigfaltigen Weisen geschichtlich." (GA 5, 49) Erde und Welt sind nun nicht ausschließlich als kunstphilosophische Begriffe zu verstehen; so stellt Heidegger heraus, dass Erde mit dem griechischen φύσις zusammenhängt: „Dieses Herauskommen und Aufgehen selbst und im Ganzen nannten die Griechen frühzeitig Φύσις Sie lichtet zugleich jenes, worauf und worin der Mensch sein Wohnen gründet. Wir nennen es die Erde." (GA 5, 28) ‚Welt' ist ebenso offenkundig ein Begriff, der nicht

---

[16] Vgl. zu den Grundlegungsbereichen Rudolf Brandner, Heideggers Begriff der Geschichte und das neuzeitliche Geschichtsdenken, Wien 1994, 213–257.
[17] Vgl. von Herrmann, Heideggers Philosophie der Kunst, 20–38.

spezifisch an die Kunst gebunden zu sein braucht, man denke etwa an die – durchaus verschiedenartige – Analyse der Welt in *Sein und Zeit*[18] oder an die Bestimmung der Welt als Geviert.[19] Mit der Kunst hat das nur insoweit zu tun, als in ihr, das heißt dem jeweiligen Werk, beide in einer besonderen Weise wirksam sind und zu sich selber gelangen: „Das Aufstellen einer Welt und das Herstellen der Erde sind zwei Wesenszüge im Werksein des Werkes." (GA 5, 34)

Das Spezifische des Ins-Werk-setzens der Wahrheit versucht Heidegger näher dahin zu bestimmen, dass der Streit von Erde und Welt als Schönheit erscheint. „Das ins Werk gefügte Scheinen ist das Schöne. *Schönheit ist eine Weise, wie Wahrheit als Unverborgenheit west.*" (GA 5, 43) Das ist offenkundig eine Anlehnung an Hegels Bestimmung der Kunst als dem (sinnlichen) Scheinen der Idee.[20] Der hegelsche Horizont, den Heidegger geschichtlich übernimmt, dirimiert sich hier in die konkreteren Bestimmungen dessen, was Kunst an ihr selbst ist, nämlich Scheinen der Wahrheit. Inwiefern ist dies im Kunstwerk zu erfahren? Heidegger gibt eine Reihe von ‚Beispielen', van Goghs Schuhe, ein Gedicht von C. F. Meyer, einen griechischen Tempel. Deren genauere Analyse führt eben gerade phänomenologisch auf die Begriffe von Erde und Welt und damit zu Bestimmungen, die dem hegelschen Denken ganz unbekannt sind. Zwar bestimmt Heidegger die Weise des Kunstwerkes allgemein als Scheinen der Wahrheit im Rückgriff auf Hegels Rede vom Scheinen der Idee. Allerdings ist diese Bestimmung für seine Rede von Erde und Welt zunächst nicht entscheidend, Heidegger ist denn auch letztlich nicht in der Lage genauer zu erklären, warum denn der Streit zwischen Erde und Welt als Riss und in Form der Gestalt schön sei (vgl. GA 5, 51).

---

[18] Vgl. Heidegger, Sein und Zeit, GA 2, 85–119.
[19] Vgl. Heidegger, Das Ding, GA 79, 19.
[20] „Das Wahre, das als solches ist, existiert auch. Indem es nun in diesem seinem äußerlichen Dasein unmittelbar für das Bewußtsein ist und der Begriff unmittelbar in Einheit bleibt mit seiner äußeren Erscheinung, ist die Idee nicht nur wahr, sondern schön. Das Schöne bestimmt sich dadurch als das sinnliche Scheinen der Idee. Denn das Sinnliche und Objektive überhaupt bewahrt in der Schönheit keine Selbständigkeit in sich, sondern hat die Unmittelbarkeit seines Seins aufzugeben, da dies Sein nur Dasein und Objektivität des Begriffs und als eine Realität gesetzt ist, die den Begriff als in Einheit mit seiner Objektivität und deshalb in diesem objektiven Dasein, das nur als Scheinen des Begriffs gilt, die Idee selber zur Darstellung bringt" (Hegel, Vorlesungen über die Ästhetik I, Werke 13, 151–152). Vgl. Brigitte Hilmer, Scheinen des Begriffs. Hegels Logik der Kunst, Hamburg 1997.

Mehr noch: Es gibt bei Hegel kein Komplement der Erde. Was Heidegger darunter versteht und was er dadurch an den Kunstwerken aufzeigen kann, findet sich bei Hegel überhaupt nicht, und dies nicht von ungefähr, denkt Heidegger im Begriff der Erde doch eine Art von Verborgenheit, die es bei Hegel gar nicht geben kann. Die absolute Idee Hegels ist schon allein deshalb ganz und gar Unverborgenheit und Transparenz, weil sie als Methode das Durchlaufen aller Denkbestimmungen ist.[21] Vielmehr scheint Heidegger in diesem Begriff einem Gedanken Schellings sehr viel näher zu sein.

Die Erde wird von Heidegger zunächst mit dem Begriff des Stoffes erläutert, ohne dass Erde und Stoff letztlich dasselbe wären.[22] Erde ist nicht einfach Stofflichkeit als solche. „Der Stein wird in der Anfertigung des Zeuges, z. B. der Axt, gebraucht und verbraucht. Er verschwindet in der Dienlichkeit." (GA 5, 32) Diese Art des Verschwindens macht den Stoff im Zeug unsichtbar, so kann das Zeug es selbst sein, indem es von sich weg auf sein Um-zu verweisen kann. Im Kunstwerk umgekehrt kommt das, was in Bezug auf das Zeug Stoff genannt wurde, gerade zum Vorschein: „Der Fels kommt zum Tragen und Ruhen und wird so erst Fels; die Metalle kommen zum Blitzen und Schimmern, die Farben zum Leuchten, der Ton zum Klingen, der Ton zum Sagen. All dies kommt hervor" (GA 5, 32). Das Hervorkommen des „Stoffes" ist zunächst das Gegenteil seines Verschwindens im Zeug. Aber das allein ist nicht die Erde. Die Erde kommt auf eine besondere Weise hervor, „sie ist das Hervorkommend-Bergende" (GA 5, 32). Ihr Hervorkommen ist zugleich ein Entzug. An einem Beispiel gesprochen: „Der Stein lastet und bekundet seine Schwere. Aber während diese uns entgegenlastet, versagt sie sich zugleich jedem Eindringen in sie." (GA 5, 33) Dieses Hervorkommen des Sich-Versagens erst ist die Erde.

Das bedeutet aber, dass die Erde gerade nicht einfach in das Kunstwerk aufgeht, sie kommt nur als Sich-Verbergende hervor und damit zum Vorschein. Das ist die Weise, wie Erde ist. „Offen gelichtet als sie selbst erscheint die Erde nur, wo sie als die wesenhaft Unerschließbare gewahrt und bewahrt wird, die vor jeder Erschließung zurückweicht und d. h. ständig sich verschlossen hält." (GA 5, 33) Es wird demnach nicht einfach der im Zeug verschwundene Stoff thematisiert. Erde kommt überhaupt nur so hervor, dass sie eine Welt „durchragt" (GA 5, 35). Dies ist auch der

---

[21] Vgl. Hegel, Wissenschaft der Logik II, Werke 6, 548–573.
[22] „Überall west im Werk nichts von einem Werkstoff." (GA 5, 34)

Grund, warum sie im hegelschen Denken nicht vorkommen kann: Ein nicht Erschlossenes wird bei Hegel in der Reflexion stets als noch nicht und immer schon Gesetztes eingeholt und erschlossen. Verborgenheit ist ein Strukturmoment, das in der dialektischen Bewegung selber aufgehoben wird.[23] Erde ist aber keiner solchen Erschließung zugänglich.

Damit rückt Heidegger in nächste Nähe zu Schellings Gedanken eines sich stets entziehenden Grundes. In seiner Schrift *Philosophische Untersuchungen über das Wesen der menschlichen Freiheit* macht Schelling selber im Gedanken eines Urstreites zweier Momente (die er Grund von Existenz und Existierendes nennt)[24] eine Verborgenheit vorstellig, die nie in etwas anderem vollständig aufgehen kann, obgleich sie immer aus ihrem Verhältnis zu dem bestimmt ist, was Schelling das Existierende, den Verstand oder naturphilosophisch gewendet das Licht nennt. „Dieses ist an den Dingen die unergreifliche Basis der Realität, der nie aufgehende Rest, das, was sich mit der größten Anstrengung nicht in Verstand auflösen läßt, sondern ewig im Grunde bleibt".[25] Die schellingsche Figur eines sich entziehenden Grundes kehrt nun in Heideggers Gedanken der Erde wieder. Nicht von ungefähr fällt Heideggers große Schelling-Vorlesung aus dem Sommersemester 1936 in dieselbe Zeit, in der Heidegger die Kunstwerkabhandlung als Vorträge gehalten hat (der Text in den *Holzwegen* basiert auf den Vorträgen vom 17., 24. November und dem 4. Dezember 1936).[26] Alle

---

[23] Vgl. Hegel, Wissenschaft der Logik II, Werke 6, 18–35. Darin besteht eben gerade die Bewegtheit des hegelschen Denkens, das in der Reflexionslogik eigens als das Scheinen in sich selbst vorstellig wird.
[24] „Die Naturphilosophie unsrer Zeit hat zuerst in der Wissenschaft die Unterscheidung aufgestellt zwischen dem Wesen, sofern es existirt, und dem Wesen, sofern es bloß Grund von Existenz ist. Diese Unterscheidung ist so alt als die erste wissenschaftliche Darstellung derselben" (Zitiert nach F. W. J. Schelling, Philosophische Untersuchungen über das Wesen der menschlichen Freiheit, Sämmtliche Werke (im Folgenden: SW), hrsg. von K. F. A. Schelling. Stuttgart 1856–1861, Band VII, 331–416, hier 357).
[25] Schelling, Philosophische Untersuchungen über das Wesen der menschlichen Freiheit, SW VII, 359–360.
[26] Vgl. Heidegger, Schelling: Vom Wesen der menschlichen Freiheit (1809), GA 42. Heidegger entwickelt dort in einer textnahen Auslegung der schellingschen *Freiheitsschrift* den Gedanken einer Fügung des Seyns, der „Seynsfuge", wie er Schellings Unterscheidung von Grund und Existierendem nennt. Offenkundig stellt er dabei eine große Nähe zu Schelling her, um die eigenen Gedanken weiterzubilden.

entscheidenden Funktionen des schellingschen Grundes treten in der Kunstwerkabhandlung wieder hervor: Entzug, Tragen und Gründen, das Zurückstellen der Welt auf die Erde, der Streit ihres Gegeneinanders. Erde verhält sich zur Welt so, wie der Grund zum Existierenden bei Schelling.

Was aber ist mit diesem Rückgriff auf Schelling für die Frage nach der Kunst zu gewinnen? Zunächst scheint der Gedanke der Erde und des Grundes nicht spezifisch für die Kunst zu sein, insofern damit das Spezifische der Kunst nicht genannt ist (Schelling etwa entwickelt ihn in ganz anderen systematischen Zusammenhängen). Heidegger aber stellt die Kunst in das Rätselhafte ihres Seins zurück.[27] Dieses Rätsel gibt es nur im Umkreis des Gedankens der Erde. Heidegger hat damit in Schelling einen Verwandten, da er sich gerade mit dem Gedanken eines sich entziehenden Seins (Grund von Existenz) außerhalb des hegelschen Denkens halten und gegen dessen Evidenzen verwehren kann.[28]

Schelling erklärt schon 1800, „daß die Kunst das einzige wahre und ewige Organon zugleich und Document der Philosophie sey, welches immer und fortwährend aufs neue beurkundet, was die Philosophie äußerlich nicht darstellen kann",[29] und in den *Weltaltern* fragt er dann ab 1811 nach der Wiederkehr des Zeitalters,[30] in dem Dichten und Denken (wieder) in Eines fallen. Damit sieht Schelling auf eine Zukunft, die als Möglichkeit der Kunst so bestimmt ist, dass sie ihre weltgründende Funktion zurückerhält. Ohne dass Heidegger sich auf Schellings kunstphilosophische Betrachtungen im *System des transscendentalen Idealismus*, in dessen *Philosophie der Kunst* oder in den *Weltaltern* eigens einlässt – er interpretiert fast

---

[27] Darin liegt eine Parallele zu Adorno.
[28] Vgl. zu Schellings Spätphilosophie Walter Schulz, Die Vollendung des deutschen Idealismus in der Spätphilosophie Schellings, Stuttgart 1955; zur Gegenstellung zur hegelschen Philosophie vgl. Lore Hühn, Kierkegaard und der Deutsche Idealismus. Konstellationen des Übergangs, Stuttgart 1994, 137–148.
[29] Schelling, System des transscendentalen Idealismus, SW III, 327–634, hier 627. Vgl. hierzu Dieter Jähnig, Schelling. Die Kunst in der Philosophie, Pfullingen 1966/1969.
[30] „Warum war oder ist dieß bis jetzt unmöglich? Warum kann das Gewußte auch der höchsten Wissenschaft nicht mit der Geradheit und Einfalt wie jedes andere *Gewußte* erzählt werden? Was hält sie zurück die geahndete goldne Zeit, wo die Wahrheit wieder zur Fabel und die Fabel zur Wahrheit wird." (Schelling, Die Weltalter, SW VIII, 195–344, hier 200).

Vom Ende der Kunst

ausschließlich die *Freiheitsschrift* –,[31] zielt er, trotz aller konzeptionellen Unterschiede, auf etwas Analoges, insofern er die Zukünftigkeit der Kunst zu bedenken sucht: „Aber dieses besinnliche Wissen ist die vorläufige und deshalb unumgängliche Vorbereitung für das Werden der Kunst." (GA 5, 66)

Hegel hingegen bestimmt die Kunst ihrem Begriff nach als das Vergangene (im ontologischen Sinne, siehe oben). Heidegger deutet dies aber in Bezug auf das Eröffnen von Welt, das Ende der Kunst mithin als das Enden (einer Weise) der Eröffnung von Welt. Das Ende der Kunst ist im Grunde Weltentzug. Ihr mögliches geschichtliches Ausbleiben ist dabei keine Wesensbestimmung, sondern Anhalt für das Denken, das der Gefährdung der Gegenwart nachdenkt. Heidegger plausibilisiert dies dadurch, dass er das Eröffnungsgeschehen von Wahrheit im Kunstwerk als Streit von Erde und Welt deutet und sowohl den Zug zum Werk als auch den Zug zum Sich-Entziehen darin erblickt. Für Heidegger ist damit die Kunst aus dem Entzugsgeschehen des Seins gedacht und ineins damit die Möglichkeit der Kunst. Das seinsgeschichtliche Denken bedenkt die Kunst also derart, dass sich die Möglichkeit von Kunst zugleich wieder als eine Weise der Wahrheit eröffnen könnte. Zwar bringt Heidegger Hegels These vom Ende der Kunst damit nicht zu einer Entscheidung, aber er bricht dennoch mit deren Diktum, insofern er sich gegen die Aufhebung der Kunst in Philosophie verwehrt. Das leistet Heidegger eben dadurch, dass er die Kunst als rätselhaften Streit von Welt und Erde bestimmt. Dies verändert freilich den Sinn von Hegels These, der gerade zeigt, inwiefern die Kunst als solche ‚wird', indem sie vergeht. Dadurch, dass die Kunst aufgehoben wird, bleibt sie auch bewahrt. Ihr Vergangensein ist in gewissem Sinne ihr Sein, das heißt die Weise, wie sie ist (auch heute noch). Der Weltverlust des Kunstwerkes, indem etwa die antike Welt des griechischen Tempels vergeht, ist mit Hegel gedacht gerade die Eröffnung des Kunstseins der Kunst, obwohl die Welt und die weltstiftende Funktion der Kunst unwiederbringlich untergegangen sind.[32] Heidegger hält aber gegen diese Ausle-

---

[31] Im Sommersemester 1929 kommt Heidegger auf Schellings Transzendental-, Natur-, und Identitätsphilosophie zu sprechen, allerdings äußerst knapp und nicht im Zusammenhang mit der Kunstphilosophie. Vgl. Heidegger, Der Deutsche Idealismus, GA 28, 183–194.

[32] „Die schöne Kunst (wie deren eigentümliche Religion) hat ihre Zukunft in der wahrhaften Religion." (Hegel, Enzyklopädie der philosophischen Wissenschaften III, Werke 10, 372).

gung die Möglichkeit eines anderen Anfanges offen, der als neues Verhältnis von Dichten und Denken bestimmt wird und auf die (mögliche) Zukunft der Kunst als eines originären, weltstiftenden Geschehens der Wahrheit setzt (vgl. GA 5, 63).

Nikola Mirković

Heidegger und Hölderlin

Eine Spurensuche in *Der Ursprung des Kunstwerkes*

1. Winke

Nicht selten übersetzt Heidegger auf überraschende Weise. So lautet Heraklits Spruch: ὁ ἄναξ, οὗ τὸ μαντεῖόν ἐστι τὸ ἐν Δελφοῖς, οὔτε λέγει οὔτε κρύπτει ἀλλὰ σημαίνει [1] in Heideggers Übersetzung: „Der Herr, dessen Spruchort zu Delphi ist, sagt weder, noch verbirgt er, sondern *winkt*."[2] Der Ausdruck des ‚Winkens' ist, worauf Heidegger selbst verweist, angelehnt an Hölderlins Gedicht *Rousseau*. Dort heißt es: „... und Winke sind/Von Alters her die Sprache der Götter".[3] In dem Vortrag *Hölderlin und das Wesen der Dichtung* bestimmt Heidegger im Anschluss an diese Verse die Aufgabe des Dichters als Vermittlung zwischen Göttern und Menschen, als „Weiterwinken [der] Winke in das Volk".[4] Der Wink bezeichnet Heideggers Interpretation zufolge ein göttliches Zeichen, das der Dichter empfängt und das er, indem er es ins dichterische Wort hüllt, zugleich weitergibt. Als Dichtung wird das göttliche Zeichen zugänglich für das Volk. Es bleibt aber zugleich rätselhaft. Im Wort des Dichters treffen – wie im göttlichen Zeichen – Gesagtes und

---

[1] Heraklit, VS 22 B 93. Zitiert nach Diels/Kranz, Fragmente der Vorsokratiker, sechste Auflage, Berlin 1951. Diels übersetzt: „Der Herr, dem das Orakel in Delphi gehört, sagt nicht und verbirgt nicht, er deutet an."
[2] Heidegger, Hölderlins Hymnen ‚Germanien' und ‚Der Rhein', GA 39, 127.
[3] Hölderlin, Sämtliche Gedichte, hrsg. von Jochen Schmidt, Frankfurt am Main 2005, 238.
[4] Heidegger, Hölderlins Hymnen ‚Germanien' und ‚Der Rhein', GA 39, 31–33. Vgl. Heidegger, Erläuterungen zu Hölderlins Dichtung, GA 4, 46.

Ungesagtes aufeinander.[5] Wäre alles eindeutig und ausgesprochen, dann könnte von einem Weiterwinken nicht die Rede sein. Ein Wink ist nicht mehr als ein flüchtiger Hinweis. Als flüchtigem Hinweis auf etwas Göttliches gilt ihm jedoch besondere Aufmerksamkeit.

Auch im Kunstwerkaufsatz spricht Heidegger von einem ‚Wink'. Er folge einem „Wink", den er durch die „Geschichte der Dingauslegung im abendländischen Denken" empfangen habe (GA 5, 17). Dass Heidegger hier von einem Wink spricht, ist eine Reminiszenz an Hölderlins ‚Winke'. Der Wink der Philosophiegeschichte ist ein Hinweis auf etwas, das sich den Menschen immer wieder entzieht. Heidegger versucht, diesen Hinweis auf das Entzogene mit derselben Aufmerksamkeit zu vermitteln wie die Dichter das göttliche Zeichen. Das, was vermittelt wird, ist im Kunstwerkaufsatz aber nicht göttlichen Ursprungs. Der Wink, von dem im Kunstwerkaufsatz die Rede ist, ist vom theologischen Modell der Hölderlinschen ‚Winke' abgelöst und bezieht sich allein auf das philosophische Denken.

2. Zirkularität der Dichtungsbegriffe

Dementsprechend erscheint der Dichter im Kunstwerkaufsatz auch nicht als Vermittler zwischen Göttern und Menschen. Der Begriff der Dichtung wird von Heidegger wesentlich weiter gefasst. Für Heidegger ist alle Kunst „im Wesen Dichtung" und zwar „als Geschehenlassen der Ankunft der Wahrheit" (GA 5, 59). Auch Musik und bildende Kunst sind in diesem Sinne Dichtung. Damit ist gemeint, dass jedes Kunstwerk, gleich welcher Kunstgattung es zuzuordnen ist, als das Geschehenlassen von Wahrheit zu verstehen ist. Aber nicht nur die Kunst ist in ihrem Wesen Dichtung. Sogar die Sprache selbst wird von Heidegger als „Dichtung im wesentlichen Sinne" bezeichnet (GA 5, 62). Die Nennkraft des einzelnen Wortes ist nichts anderes als das dichterische Wesen der Sprache. Die Sprache ist Dichtung, weil in ihr Wahrheit geschieht. Sie ist Dichtung, weil sich in ihr Seiendes als Seiendes erschließt.

Diesen weiten, wahrheitstheoretischen Sinn von Dichtung gilt es zu berücksichtigen, wenn man nachvollziehen möchte, was Heidegger unter Dichtung im engeren Sinne versteht. Poesie, oder Dichtung im engeren Sinne, ist ein sprachliches Kunstwerk. Als solches

---

[5] Heidegger, Hölderlins Hymnen ‚Germanien' und ‚Der Rhein', GA 39, 127–128.

besitzt sie für Heidegger ausdrücklich eine „herausragende Stellung im Ganzen der Künste" (GA 5, 61). Denn nicht nur als Dicht*kunst*, sondern auch als *Sprach*werk ist Poesie in ihrem Wesen dichterisch. Die Privilegierung der Dichtung im engeren Sinne erklärt sich also aus ihrer Sprachlichkeit. Die Poesie ist originäre Kunst: „Die Dichtung im engeren Sinn ist die ursprünglichste Dichtung im wesentlichen Sinne." (GA 5, 62)

Es dürfte damit deutlich geworden sein, dass sich die Begriffe von Dichtung im weiten Sinne und Dichtung im engeren Sinne nicht voneinander trennen lassen. Wer mit Heidegger verstehen will, was ‚Dichtung' im wahrheitstheoretischen Kontext bedeutet, ist auf das Gedicht als den ursprünglichsten Ort der Wahrheit verwiesen. Wer zu bestimmen sucht, was ein Gedicht ist, muss nach Heidegger letztlich auf die Rolle dichterischer Sprache in der Wahrheitstheorie zurückgehen. Es handelt sich um einen zirkulären Gedankenzusammenhang.[6] Der weite Dichtungsbegriff lässt sich vom engeren nicht ablösen. Die Feststellung der wechselseitigen Abhängigkeit der beiden Dichtungsbegriffe ist jedoch nicht gleichbedeutend mit dem Verständnis ihrer Zusammengehörigkeit. Um in den hermeneutischen Zirkel einzutreten, um den „Kreisgang des Verstehens zu vollziehen" (GA 5, 3) ist es nötig, einzelne Gedichte zu interpretieren. Die Plausibilität von Heideggers Begriffsbestimmungen hängt davon ab, ob der weite Dichtungsbegriff in der Auslegung von einzelnen Gedichten Evidenz gewinnt.

3. Sonderstellung Hölderlins

Die einzigen Gedichte, die für Heidegger in der Zeit, in der er den Kunstwerkaufsatz schreibt, für eine Bestimmung des Dichtungsbegriffs in Frage kommen, sind diejenigen Hölderlins. Diese Sonderstellung, die von Heidegger später, in *Unterwegs zur Sprache*, impliziert relativiert wird, lässt sich wiederum nur durch einen Nachvollzug seiner Interpretation begründen. Heideggers Interpretation zu Hölderlins Gedichten sind nicht eine beliebige Anwendungsmöglichkeit seiner Kunstphilosophie. Sie sind vielmehr eine

---

[6] Das bedeutet nicht, dass dieser in sich abgeschlossen wäre. Es sind vielmehr zwei Pole, die die Bestimmung des Wesens von Dichtung strukturieren. Vgl. dazu Heideggers Kritik am Begriff des hermeneutischen Zirkels: Heidegger, Unterwegs zur Sprache, GA 12, 142 und 230.

logische Voraussetzung für die Argumentation des Kunstwerkaufsatzes. Von der Dichtung im wesentlichen Sinne zu sprechen, ergibt nur dann Sinn, wenn sich deren Wesenszüge an einem konkreten Gegenstand zeigen lässt. In der Tat eignet sich Hölderlins Werk zu diesem Zweck, nicht zuletzt durch die eminente Thematisierung der eigenen Tätigkeit als Dichter, in besonderer Weise.

Hölderlin wird von Heidegger emphatisch als „Dichter des Dichters" apostrophiert.[7] Hölderlin dichtet, so Heidegger, „das Wesen der Dichtung – aber nicht im Sinne eines zeitlosen Begriffes. Dieses Wesen der Dichtung gehört in eine bestimmte Zeit. Aber nicht so, dass es sich dieser Zeit als einer schon bestehenden nur gemäß machte. Sondern indem Hölderlin das Wesen der Dichtung neu stiftet, bestimmt er erst eine neue Zeit."[8] Diese Neustiftung der Dichtung gehört nach Heideggers Verständnis nicht nur in einen bestimmten geistesgeschichtlichen Kontext, sondern bildet Möglichkeiten zur Selbstverständigung, die noch lange nicht ausgeschöpft sind. Hölderlins Werk fällt demnach nur scheinbar in eine abgeschlossene literaturgeschichtliche Epoche. Ihrem eigentlichen Anspruch nach ist die Neustiftung des Wesens der Dichtung eine nachhaltige Herausforderung, der es denkerisch zu entsprechen gilt.[9]

---

[7] Heidegger, Erläuterungen zu Hölderlins Dichtung, GA 4, 34.
[8] Heidegger, Erläuterungen zu Hölderlins Dichtung, GA 4, 47.
[9] Durch diese systematische Selbstverortung unterscheidet sich Heideggers Umgang mit Hölderlin grundsätzlich von literaturwissenschaftlicher Arbeit, worauf Beda Allemann schon früh auf eindrucksvolle Weise hingewiesen hat. Vgl. Beda Allemann, Hölderlin und Heidegger, zweite Auflage, Zürich/Freiburg im Breisgau 1954, 187–199. Die Gedichte Hölderlins sind für Heideggers nicht Forschungsgegenstand, es geht ihm vielmehr um das „Gedichtete", das heißt um dasjenige, was eine philosophische Stellungnahme zum Werk des Dichters fordert (vgl. Heidegger, Hölderlins Hymnen ‚Germanien' und ‚Der Rhein', GA 39, 218; Erläuterungen zu Hölderlins Dichtung, GA 4, 7–8). Eine vergleichbare Unterscheidung von Gedicht und Gedichtetem findet sich bei Walter Benjamin. Vgl. Walter Benjamin, Zwei Gedichte von Friedrich Hölderlin, Gesammelte Schriften, Band II, 1, Hrsg. Rolf Tiedemann und Hermann Schweppenhäuser, Frankfurt am Main 1977, 105–126, hier 105–107. An dieser Stelle soll nicht unerwähnt bleiben, dass durch den philosophischen Fokus der Interpretationen Heideggers nicht selten Verzerrungen entstehen, die von Seiten der literatur- und philosophiehistorischen Forschung zu Recht kritisiert worden sind. Vgl. Christoph Jamme, Dem Dichten vor-denken. Aspekte von Heideggers ‚Zwiesprache' mit Hölderlin im Kontext seiner Kunstphilosophie, Zeitschrift für philosophische Forschung 38/2 (1984), 191–218, insbesondere 212–218.

4. Dürftige Zeit

Der Akt des Stiftens wird im Kunstwerkaufsatz in drei verschiedene Aspekte unterteilt: Anfangen, Schenken und Gründen. Im Zusammenhang mit dem Aspekt des Schenkens spricht Heidegger von einem „Überfluß" (GA 5, 63), der das Schenken ermöglicht. In diesem Wort klingt die Strom- und Quellenmetaphorik Hölderlins nach. Diese Metaphorik ist für Heidegger deshalb von Bedeutung, weil das Bild von Strom und Quelle für einen sich stetig erneuernden Zusammenhang steht. Ein Strom fängt an der Quelle an zu fließen. Der Anfang des Stroms ist kein beliebiger Ausgangspunkt, sondern der sich stets erneuernde Ursprung des Strömens. Die Metapher legt die Vermutung nahe, dass die Dichtung Hölderlins zu einem steten Ursprung der Kunst werden könnte. Indem aus dem Reichtum der hölderlinschen Dichtung geschöpft würde, könnte neue Kunst geschaffen werden. Das Schaffen wäre dann einem „Wasser holen aus der Quelle" (GA 5, 63) vergleichbar. Der Vergleich von Quelle und traditionsstiftender Dichtung muss hier allerdings im Konjunktiv stehen.

Diese Zurückhaltung erklärt sich aus der von Heidegger diagnostizierten geschichtlichen Einzelstellung Hölderlins. Er ist, mit einem vielfach aufgegriffenem Ausdruck aus *Brod und Wein* gesprochen, ‚Dichter in dürftiger Zeit'. Die ‚dürftige Zeit' ist gekennzeichnet durch den Entzug des Heiligen: „Es ist die Zeit der entflohenen Götter und des kommenden Gottes. Das ist die dürftige Zeit, weil sie in einem gedoppelten Mangel des Nicht steht: im Nichtmehr der entflohenen Götter und im Nochnicht des Kommenden."[10] Von dem kommenden Gott ist im Kunstwerkaufsatz zwar keine Rede, aber der Charakter der spezifischen Zwischenstellung Hölderlins zwischen Verlusterfahrung und Neustiftung ist dennoch präsent.

Dies zeigt sich beispielsweise bei Heideggers, an Hegel angelehnter,[11] Beschreibung des griechischen Tempels: „Der Tempel gibt in seinem Dastehen den Dingen erst ihr Gesicht und den Menschen erst die Aussicht auf sich selbst. Diese Sicht bleibt so lange offen, als das Werk ein Werk ist, solange der Gott nicht aus ihm geflohen." (GA 5, 29) Solange der Gott im Tempel anwesend ist, hat das Bauwerk versammelnde Kraft: „Das Tempelwerk eröff-

---

[10] Heidegger, Erläuterungen zu Hölderlins Dichtung, GA 4, 47.
[11] Vgl. Karsten Harries, Art Matters, Dordrecht 2009, 103–108.

net dastehend eine Welt und stellt diese zugleich zurück auf die Erde, die dergestalt selbst erst als der heimatliche Grund herauskommt." (GA 5, 28) Ruinen griechischer Tempel sind jedoch keine Kultstätten. Ihre ursprüngliche Bestimmung ist verloren gegangen: „Als die Gewesenen stehen sie uns im Bereich der Überlieferung und Aufbewahrung entgegen. Fortan bleiben sie nur solche Gegenstände. Ihr Entgegenstehen ist zwar noch eine Folge jenes vormaligen Insichstehens, aber es ist nicht mehr dieses selbst. Dieses ist aus ihnen geflohen." (GA 5, 27) Eine Begegnung mit dem Göttlichen ist an diesem Ort nicht mehr möglich. Ruinen haben keine weltaufstellende Funktion. Sie gehören, mit Hegel gesprochen, einer vergangenen Kunstform an. Andererseits gehören sie, und hierin liegt ein entscheidender Unterschied zwischen dem Kunstwerkaufsatz und Hegels Ästhetik, als Bruchstücke vergangener Kunstwerke wesentlich zur ‚dürftigen Zeit', in der sich Heidegger selbst verortet. Sie verweisen auf einen Mangel, der für unsere Welt wesentlich ist: „Auch das Verhängnis des Ausbleibens des Gottes ist eine Weise, wie Welt weltet." (GA 5, 31)

Hölderlin, und auch dies begründet für Heidegger die Sonderstellung dieses Dichters, erfährt dieses „Ausbleiben des Gottes" nicht nur als einen existentiellen Mangel, sondern als Wesen der eigenen Zeit. Diese Erfahrung ernst zu nehmen und nicht als Ausdruck eines schwärmerischen Griechenkults abzutun, der Hölderlins und Heideggers eigene emphatische Rezeption der griechischen Antike nahezulegen scheint, ist eine Grundvoraussetzung für die Interpretation Heideggers. Hölderlins Dichtung ist für Heidegger gerade dann stiftend, wenn sie die Abwesenheit des Heiligen beschreibt. Diese Abwesenheit ist bei Hölderlin freilich mit dem Versuch verbunden, die Götter und den Gott zu nennen und so eine neue Erfahrung des Heiligen zu ermöglichen. Dazu ist zunächst jedoch das Eingeständnis des Verlusts geboten: „Das Verzichtenmüssen auf die alten Götter, das Ertragen dieses Verzichtes ist das *Bewahren* ihrer Göttlichkeit."[12] Doch auch der Versuch des bewahrenden Verzichtens ist vom Scheitern bedroht.

---

[12] Heidegger, Hölderlins Hymnen ‚Germanien' und ‚Der Rhein', GA 39, 95.

5. Heilige Trauer

Die vielschichtigen Verlust- und Entzugsmomente in der Dichtung Hölderlin verdichten sich zur Grundstimmung der „heiligen Trauer", die Heidegger in seiner Interpretation der Hymne *Germanien* herausarbeitet.[13] Von der Grundstimmung heißt es, sie sei „*ent*rückend zu den Göttern und *ein*rückend in die Erde zugleich".[14] Die „heilige Trauer" der Dichtung Hölderlins wird demnach nicht als ein subjektives Gefühl des Dichters interpretiert, sondern als eine veränderte Grundstellung des Menschen zu Erde und Göttern. Auch wenn Heidegger im Kunstwerkaufsatz in einer Nebenbemerkung den Vorzug von Gefühl und Stimmung vor der Vernunft erwähnt,[15] greift er die in der Auseinandersetzung mit Hölderlin erarbeitete Theorie der Grundstimmung nicht auf. Lediglich in der Beschreibung des eigentlichen Bewahrens, d. h. der gelingenden Rezeption des Kunstwerks, finden sich Anklänge an das Vokabular der Grundstimmungstheorie. Das Werk könne nur dann seine Wirkung entfalten, wenn „wir uns selbst unserer Gewöhnlichkeit entrücken und in das vom Werk Eröffnete einrücken, um so unser Wesen selbst in der Wahrheit des Seienden zum Stehen zu bringen" (GA 5, 62).[16] Das entrückende Einrücken in das vom Werk Eröffnete ist nichts anderes als das Sich-Einlassen auf seine Grundstimmung. Dieses Einlassen erfordert, ebenso wie das Schaffen von Kunstwerken, eine besondere Ausdauer und Gelassenheit: „Bewahrung des Werkes ist als Wissen die nüchterne Inständigkeit im Ungeheuren der im Werk geschehenden Wahrheit." (GA 5, 55)

Die „nüchterne Inständigkeit" ist die Haltung desjenigen, der versteht, worum es in der Kunst geht: Sie steht für eine besonnene und beharrliche Auseinandersetzung mit dem Sinn der Dichtung. In dem Ausdruck steckt zudem ein Bezug zum Motiv der „nüchter-

---

[13] Heidegger, Hölderlins Hymnen ‚Germanien' und ‚Der Rhein', GA 39, 78–104.
[14] Heidegger, Hölderlins Hymnen ‚Germanien' und ‚Der Rhein', GA 39, 140.
[15] Vgl. GA 5, 9: „Vielleicht ist jedoch das, was wir hier und in ähnlichen Fällen Gefühl oder Stimmung nennen, vernünftiger, nämlich vernehmender, weil dem Sein offener als alle Vernunft, die inzwischen zur ratio geworden, rational mißdeutet wurde."
[16] Vgl. Zur Verstrickung im Alltäglichen und dem Herausgerissenwerden durch die Kunst Heidegger, Hölderlins Hymnen ‚Germanien' und ‚Der Rhein', GA 39, 20.

nen Trunkenheit", das eine seiner prominentesten Ausgestaltungen in Hölderlins *Hälfte des Lebens* findet: „Mit gelben Birnen hänget / Und voll mit wilden Rosen / Das Land in den See, / Ihr holden Schwäne, / Und trunken von Küssen / Tunkt ihr das Haupt / Ins heilignüchterne Wasser." [17] Die Schwäne stehen in diesem Gedicht für die Dichter, die im Vollzug ihres Berufs in die Stimmung der nüchternen Trunkenheit gelangen. Diejenigen, die das Gedicht bewahren wollen, müssen sich nach Heidegger auf das Gedichtete einlassen, was nichts anderes bedeutet, als dessen Stimmung nachzuvollziehen, die auf die Grundstimmung der heiligen Trauer bezogen bleibt.

6. Nation

Die Grundstimmung der Dichtung Hölderlins besitzt für Heidegger darüber hinaus eine nationale Dimension. Hölderlin wird nicht nur als „Dichter des Wesens der Dichtung", sondern auch als „Dichter der Deutschen" bezeichnet: „Dichter der Deutschen nicht [nicht nur im Sinne eines] genitivus subiectivus, sondern [auch im Sinne eines] genitivus obiectivus: [d. h. Hölderlin sei] der Dichter, der die Deutschen erst dichtet." [18] Die Betonung der nationsstiftenden Rolle von Kunst, die die Vorlesung *Hölderlins Hymnen ‚Germanien' und ‚Der Rhein'* insgesamt prägt, ist im Kunstwerkaufsatz zurückgenommen. [19] Dass es sich für Heidegger dabei dennoch nicht um eine marginale Frage handelt, zeigt sich am Ende des Texts. Das Nationale gehört zum Verständnis der geschichtsstiftenden Funktion der Kunst: „Immer wenn Kunst geschieht, d. h. wenn ein Anfang ist, kommt in die Geschichte ein Stoß, fängt Geschichte erst oder wieder an. Geschichte meint hier nicht die Abfolge irgendwelcher und sei es noch so wichtiger Begebenheiten in der Zeit. Geschichte ist die Entrückung eines Volkes in sein Aufgegebenes als Einrückung in sein Mitgegebenes." (GA 5, 65)

---

[17] Hölderlin, Sämtliche Gedichte, 320. Zur Tradition der *sobria ebrietas* vgl. den Kommentar von Jochen Schmidt, 837–839.
[18] Heidegger, Hölderlins Hymnen ‚Germanien' und ‚Der Rhein', GA 39, 220.
[19] In der ersten Ausarbeitung des Kunstwerkaufsatzes ist sie noch stärker präsent. Vgl. Heidegger, Vom Ursprung des Kunstwerks (Erste Ausarbeitung), in: Heidegger-Lesebuch, hrsg. von Günter Figal, Frankfurt am Main 2007, 161.

Was das „Aufgegebene" und „Mitgegebene" eines Volkes sein soll, worin seine „Zugehörigkeit zur Welt-Geschichte" (GA 5, 61–62) bestehen könnte, wird aus dem Kontext des Kunstwerkaufsatzes nicht unmittelbar deutlich. Um diese Ausdrücke nachzuvollziehen, ist es nötig, auf Heideggers Interpretation der Hymne *Der Rhein* zurückzugehen. Heideggers Auseinandersetzung mit dem Gedicht endet in einer Bestimmung des Wesens der Deutschen. Es wird, unter Rückgriff auf den Brief Hölderlins an Böhlendorff vom 4. Dezember 1801, in seinem Verhältnis zum Griechentum ausgelegt.[20] Das Mitgegebene ist dabei das, was einem Volk von Natur aus zukommt, während das Aufgegebene das Fremde ist, das erst angeeignet werden muss. Das Mitgegebene der Deutschen wird bei Hölderlin als „Klarheit der Darstellung" und „junonische Nüchternheit", das Aufgegebene als „Feuer des Himmels" und „heiliges Pathos" bezeichnet.[21] Den Griechen sei hingegen gerade das Pathos natürlich gegeben, während sie sich die strenge Darstellungsart hätten aneignen müssen.

Das Verständnis des Wesens der Deutschen wird auf diese Weise an eine bestimmte Interpretation des Griechentums zurückgebunden. Dem eigenen, nationalen Wesen zu entsprechen, ist folglich eine Aufgabe, die ein Verständnis des Fremden einschließt. Das Fremde wird dabei aber nicht nur als Vorbild, sondern auch als Gegenbild genommen, das nur dann maßgeblich sein kann, wenn die Unterschiede zum Eigenen klar herausgebracht werden.[22] Heidegger übersetzt dieses von Hölderlin vorgegebene Verhältnis zum Griechischen in seine eigene Sprache: „Den Deutschen ist mitgegeben: das Fassenkönnen, das Vorrichten und Planen der Bereiche und das Rechnen, das Ordnen bis zum Organisieren. Aufgegeben ist ihnen

---

[20] Heidegger, Hölderlins Hymnen ‚Germanien' und ‚Der Rhein', GA 39, 290.
[21] Vgl. Heidegger, Hölderlins Hymnen ‚Germanien' und ‚Der Rhein', GA 39, 291.
[22] Die „Bildungsbahn" des deutschen Volkes ist demnach der des griechischen genau entgegengesetzt. Sie müssen, da dieses am schwersten zu vervollkommnen sei, zurückkommen auf das, was ihnen von Natur aus gegeben ist. Während den Deutschen zunächst die Aneignung des „himmlischen Feuers" und des „Pathos" als wichtigste Aufgabe erscheint, wird von einem höheren Standpunkt, das Naturgegebene zur eigentlichen Aufgabe. Diesen Gedanken hat Beda Allemann als das Zentrum der sogenannten „vaterländischen Umkehr" Hölderlins herausgearbeitet (Vgl. Beda Allemann, Heidegger und Hölderlin, 28–50).

das Betroffenwerden durch das Seyn."[23] Der Wert des Mitgegebenen scheint an dieser Stelle kritisch zurückgenommen. Die Stiftung eines neuen Bezugs zum Sein steht als eigentliche Aufgabe noch aus. Die Entscheidung über die Zukunft des deutschen Volks ist folglich offen.[24]

Heidegger erscheint die Zukunft der eigenen Nation fragwürdig. Es ist dieselbe Unentschiedenheit, die in Bezug auf Hegels These vom ‚Ende der Kunst' zurückbleibt: „Ist die Kunst noch eine wesentliche und eine notwendige Weise, in der die für unser geschichtliches Dasein entscheidende Wahrheit geschieht, oder ist die Kunst dies nicht mehr?" (GA 5, 68) Heidegger kennt auf diese Frage keine definitive Antwort. An Hölderlin gewinnt er die Einsicht, dass die Kunst, ebenso wie das Heilige oder das Nationale, nichts ist, über das zu einer bestimmten Zeit einfach verfügt werden könnte. Die Möglichkeit zur Schaffung neuer Kunstwerke scheint von Heidegger dennoch gesehen worden zu sein. Am Ende des Kunstwerkaufsatzes steht ein verhaltener Optimismus: „Für dieses Entweder-Oder und seine Entscheidung gibt es ein untrügliches Zeichen. Hölderlin, der Dichter, dessen Wesen zu bestehen den Deutschen noch bevorsteht, hat es genannt, indem er sagt: ‚Schwer verläßt / Was nahe dem Ursprung wohnt, den Ort." (GA 5, 66) Am Ort des eigenen Ursprungs zu bleiben, ist strenggenommen unmöglich. Wie der Strom das Wasser der Quelle, so führt die Geschichte immer zur Entfernung vom Ursprung. Die geschichtsstiftende Kraft von Kunstwerken liegt deshalb darin, in der Entfernung vom Ursprung diesen als das Eigene zu bewahren.

7. Streit und Harmonie

Zukünftiges und Vergangenes werden im Stiften aufeinander bezogen. Sie stehen in einem ursprünglichen, nicht lösbaren Spannungsverhältnis, das für Heideggers Kunstphilosophie von grundlegender Bedeutung ist. In Hinblick auf die Unterscheidung von Dichtung im

---

[23] Heidegger, Hölderlins Hymnen ‚Germanien' und ‚Der Rhein', GA 39, 292. Vgl. auch Heidegger, Hölderlins Hymne ‚Andenken', GA 52, 142–149.
[24] Auch wenn das dazugehörige Pathos heute befremden mag, kann Heideggers Verständnis von Volks- und Heimatverbundenheit auch affirmativ aufgenommen werden, vgl. Peter Trawny, Heidegger und Hölderlin oder Der Europäische Morgen, Würzburg 2004, insbesondere 191–259.

weiten und engeren Sinne wurde dieses bereits herausgearbeitet. Die beiden Begriffe stehen nicht für zwei verschiedene Dinge, sondern für das Selbe, im Sinne einer ‚in sich unterschiedenen Einheit'. Der von Platon geprägte Ausdruck für Heraklits Lehre von der Zusammengehörigkeit des Gegensätze[25] besitzt in Hölderlins Werk eine besondere Rolle. Im *Hyperion* wird die ‚in sich unterschiedenen Einheit' zum Leitspruch für Philosophie und Kunst gewählt: „Leuchtet aber das göttliche εν διαφερον εαυτω, das Ideal der Schönheit der strebenden Vernunft, so fordert sie nicht blind, und weiß, warum, wozu sie fordert."[26] Das Ideal meint die Einheit alles Gegensätzlichen, das, gerade weil es als Gegensätzliches bestimmt ist, nicht voneinander getrennt werden kann. Das Eine, in sich selbst Unterschiedene, bildet, um einen anderen heraklitischen Ausdruck zu verwenden, eine παλίντονος ἁρμονίη.[27]

Das Gesetz der Zusammengehörigkeit der Gegensätze gilt auch für Welt und Erde, wie sie im Kunstwerkaufsatz beschrieben werden. Ihr Verhältnis wird als „Gegenwendigkeit" bezeichnet (GA 5, 50). Welt und Erde bilden keinen Widerspruch, sie schließen sich nicht gegenseitig aus, sondern sind als Gegensätze einander zugewendet. Zudem schreibt Heidegger auch: „Das Gegeneinander von Welt und Erde ist ein Streit." (GA 5, 35) Das Kunstwerk ist als Ort des Lichtungsgeschehens die „Bestreitung", das Austragen dieses Streits (GA 5, 36). Der Streit scheint auf einen Widerspruch hinzudeuten, den es auszugleichen gilt. Das Wort meint hier aber vor allem die Einheit in der Differenz: „Der Streit ist kein Riß als Aufreißen einer bloßen Kluft, sondern Streit ist die Innigkeit des Sichzugehörens der Streitenden." (GA 5, 51)

Mit der zitierten „Innigkeit" findet ein weiteres Wort Hölderlins Eingang in den Kunstwerkaufsatz. Heidegger verwendet es an mehreren Stellen, um die Identität des im Streit Unterschiedenen zu betonen. Aus der Innigkeit erklärt sich auch die Notwendigkeit, dass sich der Streit von Welt und Erde im Kunstwerk ereigne: „Das Werksein des Werkes besteht in der Bestreitung des Streites zwischen Welt und Erde. Weil der Streit im Einfachen seiner Innigkeit

---

[25] Platon, Symposium, 187a.
[26] Hölderlin, Hyperion, hrsg. von Jochen Schmidt, Frankfurt am Main, 1979, 105.
[27] Vgl. Heraklit, VS 22 B 51. Der Ausdruck bedeutet ‚spannungsvolle Harmonie' oder wörtlicher ‚gegenspännige Fuge' und wird von Heraklit am Bild des Bogens erläutert, dessen Spannung durch die Gegenstrebigkeit von Holz und Sehne entsteht.

zu seinem höchsten kommt, deshalb geschieht in der Bestreitung des Streits die Einheit des Werkes. [...] In der Innigkeit des Streites hat daher die Ruhe des in sich ruhenden Werkes ihr Wesen." (GA 5, 36) Das Werk hält die Gegensätze von Welt und Erde in einer ruhigen und innigen Einheit zusammen.

Die Innigkeit steht zugleich für das dichterische Wohnen auf der Erde. Im Vortrag *Hölderlin und das Wesen der Dichtung* schreibt Heidegger: „Aber was soll der Mensch bezeugen? Seine Zugehörigkeit zur Erde. Diese Zugehörigkeit besteht darin, dass der Mensch der Erbe ist und der Lernende in allen Dingen. Diese aber stehen im Widerstreit. Was die Dinge im Widerstreit auseinanderhält und damit zugleich zusammenschließt, nennt Hölderlin die Innigkeit."[28] Wenn die Innigkeit, die „Dinge im Widerstreit auseinanderhält und damit zugleich zusammenschließt", schwingt offenkundig auch in diesem Begriff die heraklitische Figur der Einheit des Unterschiedenen mit.

In der Vorlesung *Hölderlins Hymnen ‚Germanien' und ‚Der Rhein'* ist schließlich auch von einer „widerstreitenden Innigkeit"[29] die Rede. Der Ausdruck bezieht sich auf die Begriffe des Auf- und Mitgegebenen, auf die bereits im Hinblick auf die nationsstiftende Rolle von Hölderlins Dichtung verwiesen wurde. Zur Problematisierung von deutsch-griechischer Darstellungsgabe und griechisch-deutscher Begeisterungsfähigkeit zieht Heidegger am Ende der Vorlesung einen weiteren Autor heran: „Was Hölderlin hier als Wesen des geschichtlichen Daseins sieht, die widerstreitende Innigkeit des Mitgegebenen und Aufgegebenen, hat Nietzsche unter den Titeln des Dionysischen und Apollinischen wiederentdeckt."[30] Diese unvermittelte Nennung Nietzsches ist ein weiteres Beispiel dafür, dass Heideggers Hölderlin-Interpretation von einer weitgespannten philosophiegeschichtlichen Perspektive bedingt ist.

An den Stellen des Kunstwerkaufsatzes, an denen Hölderlin anklingt, geht es folglich nicht allein um diesen, sondern zugleich um eine spezifische Sicht auf die Stellung des Dichters in der Geschichte der Philosophie. Der Dichter der dürftigen Zeit erscheint als Alternative zur Tradition der klassischen Metaphysik, der sich Heideg-

---

[28] Heidegger, Erläuterungen zu Hölderlins Dichtung, GA 4, 36.
[29] Heidegger, Hölderlins Hymnen ‚Germanien' und ‚Der Rhein', GA 39, 290.
[30] Heidegger, Hölderlins Hymnen ‚Germanien' und ‚Der Rhein', GA 39, 294.

ger immer wieder zu entziehen versucht. Hölderlins Werk bietet als Paradigma der geschichtlich anfänglichen Dichtung, der Dichtung im wesentlichen Sinne, den Grund für Heideggers Privilegierung der Sprachkunst. Sie wird letztlich zum maßgeblichen Beispiel dafür, was Kunst ist, wie sie in das menschliche Dasein gehört und wie durch die Anstrengung der Interpretation das eigene Selbstverständnis immer wieder von neuem herausgefordert werden kann.

Antonia Egel

Das „eigene Mäh" der Kunst

Zu den literarischen Quellen in
Der Ursprung des Kunstwerkes

Für H. G. – ursprünglich

„Was aber ist die Kunst selbst, daß wir sie mit Recht einen Ursprung nennen?": „*Alle Kunst* ist als Geschehenlassen der Ankunft der Wahrheit des Seienden als eines solchen *im Wesen Dichtung.*" (GA 5, 59) Heidegger lässt keinen Zweifel. Die Dichtung nimmt in der Abhandlung über den Ursprung des Kunstwerks eine Sonderstellung ein – gegenüber den anderen Künsten, den im Aufsatz behandelten, wie der griechischen Architektur (Tempel) und der modernen Malerei (van Gogh) wie auch gegenüber den stillschweigend übergangenen beziehungsweise nur am Rande genannten wie Musik oder Tanz; die Dichtung, und zwar die Dichtung im engeren Sinne als Poesie[1] nimmt eine Sonderstellung auch gegenüber der Philosophie ein, die für Heidegger als Metaphysik im Hinblick auf die Wahrheit nie ursprünglich sein kann.[2] Heidegger geht es um den *Ursprung* des Kunstwerks – er ist also keineswegs in der Pflicht, die Künste gleichrangig zu behandeln. Den gesuchten Ursprung der

[1] Im Kontext von *Der Ursprung des Kunstwerkes* macht Heidegger deutlich, dass es ihm um die Dichtung zwar als auch über die Poesie hinaus verstandenes Wesen der Kunst, das „inmitten des Seienden eine offene Stelle aufschlägt" (GA 5, 59), aber letztlich sehr konkret um die Dichtung als Poesie, (vgl. GA 5, 62) und noch konkreter um die Dichtung Hölderlins als Ursprungsmöglichkeit der Kunst geht (vgl. GA 5, 66).
[2] Vgl. Günter Figal, Verwindung der Metaphysik, in: Zu Heidegger. Antworten und Fragen, Frankfurt am Main 2009, 185–204, hier 200–201.

Kunst aber mit der Dichtung gleichzusetzen ist im besten Sinne des Wortes fragwürdig.[3]

Was an der Dichtung und welche Dichtung veranlasst Heidegger, in ihr das Wesen der Kunst zu sehen? Und wie kommt es, dass am Ende des Aufsatzes die Kunst selbst als ein Ursprung (und für was dann?) benannt wird? Kein Geheimnis ist es, dass es einen Dichter gibt, an dem all das entwickelt wird, nämlich Hölderlin.[4] Ein kleines Geheimnis bleibt, *wie* Heidegger das im hier zu beschreibenden Text tut,[5] und beinahe unbeachtet geblieben sind bislang die anderen Dichter, die neben Hölderlin im *Ursprung des Kunstwerkes* genannt, behandelt oder unterschwellig bedacht werden.

Im Zentrum des Aufsatzes steht Hölderlins Hymne *Der Rhein*, wie unten unter 3. genauer gezeigt wird. Dieser Darstellung eines Wasserlaufs von der Quelle bis zur Mündung wird ein anderer, in sich kreisender Wasserlauf an die Seite gestellt: *Der römische Brunnen* von Conrad Ferdinand Meyer. Die beiden Bilder zeigen das Vorgehen des Heideggerschen Textes: Im Gedicht *Der Rhein* wird der Ursprung (die Quelle) des Flusses von seinem zeitlichen, auch räumlichen,[6] in jedem Falle zielgerichteten Verlauf her durchsichtig, während *Der römische Brunnen* eine gleichförmige, immer wiederkehrende Bewegung darstellt, in der Ursprung und Folge immer schon verbunden sind („strömt und ruht" Vers 8). Seine eigene Vorgehensweise bei der Beschreibung des Ursprungs des Kunstwerks bezeichnet Heidegger als eine Kreisbewegung: „Was die Kunst sei, soll sich aus dem Werk entnehmen lassen. Was das Werk sei, können wir nur aus dem Wesen der Kunst erfahren. Jedermann bemerkt leicht, daß wir uns im Kreise bewegen." (GA 5, 2) Diese Kreisbe-

---

[3] Vgl. Heidegger, Bauen Wohnen Denken, GA 7, 163, wo Heidegger über Wohnen und Bauen sagt, dass sie, sofern sie „in das Fragwürdige gelangten", auf diese Weise „etwas Denkwürdiges blieben".
[4] Vgl. Günter Figal, Martin Heidegger zur Einführung, fünfte Auflage, Hamburg 2007, 130–162 und Günter Figal, Götterflucht, Epiphanie und dichterische Vermittlung. Zur philosophischen Bedeutung Hölderlins, in: Olaf Hildebrand und Thomas Pitroff (Hrsg.), „…auf klassischem Boden begeistert". Antike-Rezeption in der deutschen Literatur, Freiburg im Breisgau 2004, 235–246.
[5] Günter Figal (vgl. Anm. 4) hat die Motive und die innere Struktur von Heideggers Hölderlin gezeigt, dabei aber nicht den Kunstwerkaufsatz ins Zentrum gestellt.
[6] Vgl. Heidegger, Hölderlins Hymnen ‚Germanien' und ‚Der Rhein', GA 39, 168.

wegung sieht Heidegger im Gegensatz zur Erfassung empirischer Daten („eine Aufsammlung von Merkmalen an vorhandenen Kunstwerken" GA 5, 2) und zur begrifflichen Deduktion („eine Ableitung aus höheren Begriffen" GA 5, 2). Weil beides nicht zum Ziel führt, „müssen wir den Kreisgang vollziehen." (GA 5, 3)[7] Hieran ist unschwer zu erkennen, dass Heidegger seine von ihm genannten literarischen Werke in den Dienst nimmt; sie füllen eine funktionale Stelle bei der Entwicklung des eigenen Gedankenganges; zugleich wird aber deutlich gemacht, dass es sich tatsächlich um literarische Quellen handelt – das heißt, dass der Autor keinen Zweifel daran lässt, wer zuerst da war;[8] nicht zuletzt das Abschlusszitat zeigt, wie eng die Philosophie mit der von ihr im Kunstwerkaufsatz thematisch gemachten Dichtung zusammenhängt: „„Schwer verläßt / Was nahe dem Ursprung wohnt, den Ort."" (GA 5, 66) Dichtung ist der Ursprung der Kunst (und in diesem Sinne für die Philosophie eine, ja, die Quelle), Kunst selber ist aber ein Ursprung überhaupt und daher der Ursprung (auch) der Philosophie: „Das dichtend Gesagte und das denkend Gesagte sind niemals das gleiche. Aber das eine und das andere kann in verschiedenen Weisen dasselbe sagen. Dies glückt allerdings nur dann, wenn die Kluft zwischen Dichten und Denken rein und entschieden klafft. Es geschieht, so oft das Dichten ein hohes und das Denken ein tiefes ist."[9] Gerade weil die Dichtung als der Ursprung der Philosophie gedacht wird, kann diese sich mit jener nicht gemein machen. Sie muss sich im klaren und deutlichen Denken von ihr entfernen, bleibt aber mit ihr verbunden, verlässt sie nur schwer. Es scheint, als sei der Ursprungsbegriff der Eingang in einen unzugänglichen Bereich (die Kluft),[10] der als solcher die notwendige Bedingung für Dichten und Denken ist.

Welche Dichter also werden im Kunstwerk-Aufsatz zitiert, welche funktionale Stelle nehmen die Zitate ein und wie sind sie in den Zusammenhang des Gedankenganges eingelassen?

---

[7] Vgl. auch Heidegger, Sein und Zeit, GA 2, 10.
[8] Vgl. auch Hans Blumenberg, Quellen, hrsg. von Ulrich von Bülow und Dorit Krusche, Marbach am Neckar 2009, 24. Blumenberg problematisiert einerseits den historischen Sprachgebrauch der „Quelle" und zeigt andererseits, dass es bei Heidegger ein Verständnis der Quelle gibt, derart, dass etwas aus etwas anderem, das größer und reicher ist als es selbst, geschöpft wird; in diesem Sinne ist die Dichtung für die Philosophie Heideggers eine Quelle.
[9] Heidegger, Was heißt Denken?, GA 7, 137.
[10] Vgl. Heidegger, Was heißt Denken?, GA 7, 137.

Das „eigene Mäh" der Kunst 189

1. Symbol, Allegorie und Ding

Mit Schiller und Goethe richtet Heidegger den Blick zunächst auf das Kunstwerk. Halb ernst nur und wie im Vorbeigehen wird Schillers seinerzeit in jeden Schülerkopf unauslöschlich eingeprägte *Lied von der Glocke* angeschlagen. Die sprichwörtliche Verwendung eines Dichterzitates transportiert aber doch eine schwerwiegende Botschaft: Das Werk soll im Zentrum der Überlegungen stehen (was, denkt man insbesondere an die Produktionsästhetik Nietzsches, nicht selbstverständlich ist),[11] „denn, daß ein Werk den Meister lobe, heißt: das Werk erst läßt den Künstler als einen Meister der Kunst hervorgehen." (GA 5, 1) Das ist eine kühne These, wird hier doch geradezu das Produktionsverhältnis von Künstler und Werk umgekehrt: Nicht der Künstler schafft das Werk, sondern das Werk bringt den Künstler gleichsam poietisch hervor. Heidegger relativiert sie sogleich ein wenig, indem er das Verhältnis von Künstler und Werk als ein unauflöslich ineinander verschränktes Wechselverhältnis beschreibt. Aufgehoben seien Künstler und Werk in einem Dritten, der Kunst (vgl. GA 5, 1). Vor diesem Hintergrund lohnt sich ein Blick auf die erste Strophe aus Schillers *Lied von der Glocke*, aus der das obige Zitat stammt:

> Fest gemauert in der Erden
> Steht die Form, aus Lehm gebrannt.
> Heute muß die Glocke werden,
> Frisch, Gesellen! seid zur Hand.
>   Von der Stirne heiß
>   Rinnen muß der Schweiß,
> Soll das Werk den Meister loben,
> Doch der Segen kommt von oben.[12]

Die Kunst, hier durchaus im handwerklichen Sinne von τέχνη zu verstehen, ergibt sich aus der Meisterschaft, die ihrerseits aber in einen doppelten Kontext gestellt wird: einerseits in der Erde

---

[11] Das Schillerzitat unterstreicht so, was auch im Titel des Aufsatzes schon angezeigt ist (vgl. Gerhard Faden: Der Schein der Kunst. Zu Heideggers Kritik der Ästhetik, Würzburg 1986, 60).
[12] Friedrich Schiller, Sämtliche Werke, Auf der Grundlage der Textedition von Herbert G. Göpfert hrsg. von Peter André Alt, Albert Meier und Wolfgang Riedel, Band I, hrsg. von Albert Meier, München 2004, 429.

verankert, um der Elementarkraft des Feuers standzuhalten und andererseits himmlischem Wohlwollen anheimgegeben. Wenn nun Heidegger den Vers so interpretiert, dass erst das gelungene Werk den Meister als einen Meister zeigt, so kann man fragen, ob zur Meisterschaft ein Bewusstsein für diesen doppelten Kontext hinzugehört, die Kunst mithin als die Mitte zwischen Himmel und Erde verstanden werden soll. Der Fokus im Kunstwerkaufsatz liegt aber auf dem ‚Streit' nicht von Himmel und Erde, sondern von Welt und Erde. Beide Leitmotive sind mit dem Schiller-Zitat aufgerufen: die Form in der Erde, die untrennbar mit einer geschichtlichen Welt, dem bürgerlichen Lebensentwurf, der in Schillers Lied dem Entstehen der Glocke parallel verlaufend geschildert wird, verbunden ist. Das Werk, zum Beispiel Schillers Gedicht, „macht mit Anderem öffentlich bekannt, es offenbart Anderes; es ist Allegorie" (GA 5, 4) sagt Heidegger, einen wichtigen Begriff Schillers aufnehmend; die Entstehung der Glocke macht mit etwas anderem, das mit ihrer Entstehung nur vermittelt zusammenhängt, nämlich mit einer geschichtlichen Welt, bekannt. Wer Allegorie sagt, muss auch Symbol sagen; seit der berühmten Auseinandersetzung zwischen Schiller und Goethe sind beide, wie die beiden großen Dichter, ein ungleiches und untrennbares Freundespaar.[13] In der Tat nimmt Heidegger den subtilen Gegensatz von Allegorie und Symbol, wie Goethe ihn zugespitzt hat, auf und zwar, um den für den Kunstwerkaufsatz im weiteren wichtigen Ding-Begriff zu klären: „Mit dem angefertigten Ding wird im Kunstwerk noch etwas Anderes zusammengebracht. Zusammenbringen heißt griechisch συμβάλλειν. Das Werk ist Symbol." (GA 5, 4)[14]

---

[13] Vgl. Briefwechsel zwischen Schiller und Goethe in den Jahren 1794 bis 1805, hrsg. von Manfred Beetz, München 1990 (Johann Wolfgang Goethe, Sämtliche Werke nach Epochen seines Schaffens, Münchner Ausgabe, hrsg. von Karl Richter u. a. (im Folgenden: MA) Band 8,1), 12–21, 357, 390–393; Diese Verständigung über den Symbolbegriff setzt sich zwar im Briefgespräch nicht expressis verbis gegen die Allegorie ab, wird durch Goethe aber in *Maximen und Reflexionen* als „zarte Differenz" beschrieben und zugespitzt: „Es ist ein großer Unterschied, ob der Dichter zum Allgemeinen das Besondere sucht, oder im Besonderen das Allgemeine schaut. Aus jener Art entsteht Allegorie, wo das Besondere nur als Beispiel, als Exempel des Allgemeinen gilt; die letztere aber ist eigentlich die Natur der Poesie". (Goethe, Maximen und Reflexionen, MA 17, 767).
[14] In einer Vorwegnahme der später ausführlich bedachten „Gegenwendigkeit" (GA 5, 57) wird hier das Ding vom Werk her verständlich gemacht.

Das „eigene Mäh" der Kunst 191

Für Heidegger stehen Allegorie und Symbol beide gleichermaßen, aber auf verschiedene Weise für das Andere, „das Künstlerische" (GA 5, 4) an dem Ding, das ein Kunstwerk ist: Während die Allegorie mit diesem Anderen öffentlich *bekannt* macht, bringt das Symbol mit eben diesem anderen *zusammen*. Das Dinghafte ist für Heidegger die Vermischung von Allegorie und Symbol, die gewöhnlich als entgegengesetzte Weisen des Kunstwerks verstanden werden. Allegorie und Symbol werden als „Blickbahn[en]" (GA 5, 4) verstanden: Am Ding, das ein Kunstwerk ist, *offenbart als Allegorie sich ein Anderes (das Künstlerische) und zugleich bringt es als Symbol mit einem Anderen zusammen*. Das heißt, folgt man Heideggers Darstellung, dass mit Schiller und jeder allegorischen Dichtung ein epistemischer Abstand zum Anderen, zum Künstlerischen, bestehen bleibt, während mit Goethe und aller symbolischen Dichtung eine ‚unio mystica' mit dem Anderen erreicht wird.[15] Heidegger will in seiner Bestimmung des Kunstwerkes beides und distanziert sich damit von Allegorie und Symbol als je für sich adäquate Weisen der Kunstbeschreibung. Nimmt man die Rede von den Blickbahnen ernst, so ist das Dinghafte der Schnittpunkt aus Allegorie und Symbol. Wenn nun die Wahrheit des Kunstwerks das „allgemeine Wesen der Dinge" (GA 5, 22) sein soll, so muss nach diesem Verhältnis, mithin der Nähe und Ferne, der Vereinigung und der Abständigkeit zu dieser Wahrheit gefragt werden.[16] Heidegger nimmt das Gedicht *Der römische Brunnen* von Conrad Ferdinand Meyer in didaktischer Absicht auf, um an dieses Wechselverhältnis heranzuführen.

2. Der römische Brunnen

Etwas ist im Kunstwerk wiedergegeben. Und zwar nicht etwas Vorhandenes, sondern etwas Vorgegebenes (vgl. GA 5, 22); während das im eminenten Sinne für Hölderlins Hymne *Der Rhein* und „ähnliche Gedichte" (GA 5, 22) gelte, zeige Meyers *Der römische Brunnen*, dass das Werk abbilde. Was so lakonisch und selbstver-

---

[15] Diese Ansicht stützt wiederum Goethe: Die Poesie spreche „ein Besonderes aus, ohne ans Allgemeine zu denken oder darauf hinzuweisen. Wer nun dieses Besondere lebendig faßt, erhält zugleich das Allgemeine mit, ohne es gewahr zu werden, oder erst spät." (Goethe, Maximen und Reflexionen, MA 17, 767).
[16] Vgl. dazu auch Faden, Schein der Kunst, 27.

ständlich daherkommt, zeigt sich aber in Heideggers Diskussion um das Gedicht als eine Problematisierung dieses Abbildens der Kunst. Scheint Heidegger mit Meyers Gedicht erklären zu wollen, dass es abbildende Kunstwerke gibt, so führt er das in seinen Ausführungen zum Gedicht ad absurdum: Er setzt, dass sich jeder beim Hören von Meyers Gedicht einen malerischen, römischen Brunnen vorstellt, er zeigt aber zugleich, dass es darauf nicht ankommt; eben gerade nicht sei ein „wirklich vorhandener Brunnen poetisch abgemalt", auch nicht sei „das allgemeine Wesen eines römischen Brunnens wiedergegeben", vielmehr sei „die Wahrheit [...] ins Werk gesetzt" (GA 5, 23). Völlig unvermittelt steht Meyers Gedicht also zwischen den Ausführungen zu Hölderlins Hymne und deren letztlicher Bedeutung (die Wahrheit ins Werk zu setzen), ohne weiter und eigens erklärt zu werden. Das unverbundene Dichterzitat soll, so scheint es, für sich sprechen; zwischen dem philosophischen Text und dem Gedicht klafft „entschieden" eine „Kluft".[17] Um die Bedeutung des Zitats für den philosophischen Gedankengang zu verstehen, hilft also vor der Hand nur, das Gedicht selbst in dieser Konstellation in Augenschein zu nehmen: bezieht man die Frage: „was ist hier dem Dichter [...] vorgegeben"? (GA 5, 22) auf den römischen Brunnen und nimmt ernst, dass hier nichts „poetisch abgemalt" (GA 5, 23) sei und hält sich also allein an das Gedicht, so kann man unschwer erkennen, dass das Gedicht vom Geben und Nehmen, vom Weitergeben und Aufnehmen, vom Wiedergeben eines Vorgegebenen handelt: Etwas ist da, vorgegeben, um aufgenommen und wiedergegeben zu werden.

Versteht Heidegger die Dichtung als einen Ursprung der Kunst und die Kunst als Ursprung überhaupt, so ist hier, mit dem Gedicht von Meyer, ohne weitere Erläuterung ein in sich verflochtener Zusammenhang gezeigt, der sich auf das Verhältnis von Dichtung und Philosophie beziehen lässt; etwas ist da, wird von einem zweiten aufgenommen, anders wiedergegeben, und schließlich gibt es kein Nacheinander mehr, sondern alle Gefäße nehmen und geben zugleich; was war zuerst da? kann man dann nicht fragen. Heidegger

---

[17] Heidegger, Was heißt Denken? GA 7, 137. In der Forschung ist bislang wenig zum *Römischen Brunnen* im Kunstwerkaufsatz gesagt worden (eine Ausnahme bildet Faden, der Schein der Kunst, 59), jedoch noch nichts zu seiner mit dem Rest des Textes eigentümlich unverbundenen Zitation; Heideggers Ausführungen zur „Kluft" zwischen Denken und Dichten erklärt diese Unverbundenheit der Dichtung mit dem sie umgebenden philosophischen Text; so fordert der dichterische Text zunächst eine philologische Betrachtung, von der aus der Blick auf die Philosophie zurückkommen kann.

Das „eigene Mäh" der Kunst

zeigt am römischen Brunnen ohne viele zusätzliche Worte, dass es auf das, was abgebildet sein könnte, nicht ankommt: „Das Bild, das die Bauernschuhe zeigt, das Gedicht, das den römischen Brunnen sagt, bekunden nicht nur, sie bekunden streng genommen überhaupt nicht, was dieses vereinzelte Seiende als dieses sei, sondern sie lassen Unverborgenheit als solche im Bezug auf das Seiende im Ganzen geschehen."[18]

Mit dem unvermittelten Hinstellen des römischen Brunnens zeigt Heidegger die eine Seite seines Vorgehens an. Auf der Suche nach dem Ursprung des Kunstwerks in der Dichtung und auf dem Weg zur Dichtung als Kunst und darin Ursprung auch der Philosophie geht er im Kreis, nahe am Ursprung, sozusagen inmitten der Dichtung, die dann, wie Meyers Gedicht, für sich sprechen muss, sich selbst zeigt: „Das Wesensdenken aber ist ein schöpferischer Entwurf, sofern das Wesen des Seienden nicht am Wege liegt".[19]

3. „Ein Rätsel ist Reinentsprungenes"[20] (*Der Rhein / Die Wanderung*)

Der Anfang der Brunnenbewegung (in Meyers *Der römische Brunnen*) liegt im Dunkel. Sie hat immer schon angefangen. Vom Anfang hingegen handelt *Der Rhein*. Hölderlins Hymne spricht von der „Pforte / Des Waldes", dem „kältesten Abgrund" aus dem der Strom entspringt.[21] Es ist ein Gedicht vom und über den als Anfang verstandenen Ursprung. Wenn Heidegger in diesem Sinne vom Ursprung des Kunstwerks spricht, spricht er letztlich von diesem Gedicht; wie fängt die Dichtung an, wo kommt sie her, wer hat das erste Wort? Heideggers Ausführungen zur Kunsterfahrung: „In der Nähe des Werkes sind wir jäh anderswo gewesen, als wir gewöhnlich zu sein

---

[18] Heidegger, Der Ursprung des Kunstwerkes, Holzwege, Frankfurt am Main 1950, 44. Der Text in GA 5, 43 weicht geringfügig ab.
[19] Heidegger, Hölderlins Hymnen, GA 39, 164. Vgl. dazu auch Martin Heidegger, Übungen für Anfänger. Schillers Briefe über die ästhetische Erziehung des Menschen. Wintersemester 1936/37, hrsg. von Ulrich von Bülow, Marbach am Neckar 2005, 114–115. Das Brunnen-Gedicht Meyers bringe das „Sein der strömenden Ruhe und des ruhenden Stromes, als das Sein nicht nur eines Brunnens sondern alles Seienden" zum „Vorschein".
[20] Friedrich Hölderlin, Sämtliche Werke und Briefe in drei Bänden, hrsg. von Jochen Schmidt, Frankfurt am Main 1992, I, 329, v. 46.
[21] Friedrich Hölderlin, Sämtliche Werke, I, 328, v. 1–2 und v. 22.

pflegen" (GA 5, 21) liest sich bei Hölderlin, bezogen auf den Anfang der Dichtung, so:

> Im dunkeln Efeu saß ich, an der Pforte
> Des Waldes, eben, da der goldene Mittag,
> Den Quell besuchend, herunterkam
> Von Treppen des Alpengebirgs,
> Das mir die göttlichgebaute,
> Die Burg der himmlischen heißt
> Nach alter Meinung, wo aber
> Geheim noch manches entschieden
> Zu Menschen gelanget;[22]

Was für Hölderlin der Inspirationsgrund seiner Dichtung, das ist für Heidegger die ursprüngliche Gebundenheit seines Denkens an die Dichtung Hölderlins. Diesen Ursprung, den der Dichter nicht mehr vergisst, („Doch nimmer, nimmer vergißt ers"[23]) seine Muse, die ihn unvermutet küsst („von da / Vernahm ich ohne Vermuten / Ein Schicksal"[24]) ist Heideggers Erfahrung mit der Dichtung.

Mit Hölderlins *Der Rhein* ist gegenüber dem *Römischen Brunnen* die andere Seite von Heideggers Vorgehen angesprochen. Mit der Hymne kann er zeigen, dass sich das Abbildverhältnis von Kunst und Wirklichkeit als gänzlich unhaltbar erweist, zugunsten eines Vernehmens und Zeigens; der Dichter, am schweizerischen Helikon sitzend, weist von sich weg auf die Stimme des Rheins selbst, die er dann darstellt: „von da / vernahm ich ohne Vermuten / Ein Schicksal".[25] Er zeigt damit auf den unumgänglichen Lauf, den der Fluss nimmt, ohne davon zu wissen. Als unantastbar wird diese Ursprungssituation beschrieben: „Der Gesang kaum darf es enthüllen."[26] All das ist keine Abbildung, sondern, wenn man will, eine ‚Einfühlung' in den Fluss-

---

[22] Friedrich Hölderlin, Sämtliche Werke I, 328, v. 1–9.
[23] Friedrich Hölderlin, Sämtliche Werke I, 330, v. 90.
[24] Friedrich Hölderlin, Sämtliche Werke I, 328, v. 9–10. In der von Heidegger gebrauchten Hölderlin-Ausgabe heißt dieser Vers: „so vernahm ich ohne Vermuten" (Hölderlin, Sämtliche Werke, hrsg. von Norbert von Hellingrath, Bd. IV, 172). Heidegger legt den Vers aber im Sinne einer Ortsbestimmung (und nicht etwa modal) aus und insofern fällt die Abweichung nicht ins Gewicht. Vgl. Heidegger, Hölderlins Hymnen, GA 39, 168.
[25] Friedrich Hölderlin, Sämtliche Werke I, 328, v. 9–10. Vgl. dazu auch Heidegger, Hölderlins Hymnen, GA 39, 29.
[26] Friedrich Hölderlin, Sämtliche Werke I, 329, v. 47.

lauf, der, durch viele Vergleiche deutlich gemacht, zum Bild (auch) des menschlichen Lebens wird. Darin besonders zeigt sich, dass sich dieses Gedicht einer Deutung im Sinne eines Abbildes verweigert.

Vernehmen und Zeigen lassen sich schließlich mit der Hymne als Kennzeichen des Vorgehens im Kunstwerkaufsatz ansehen: „Wie du anfingst, wirst du bleiben".[27] Indem Heidegger in seinem Aufsatz über den Ursprung ein Gedicht über den Ursprung (eines Gedichtes, eines Flusses, des Lebens, der Kunst schließlich) ins Zentrum stellt, zeigt er auf den Anfang, von dem er selbst ausgeht. Heidegger geht dem Ursprung des Kunstwerks nach, der Kunst auf den Grund, was so wenig möglich und so möglich ist, wie in Hölderlins Hymne.[28] Zugleich dient die Geschichte des Rheinlaufs als ein Bild für das lineare Vorgehen dabei, die Entfernung der philosophischen Erörterung von ihrem Ursprung zu zeigen, die notwendig ist, um klar und deutlich zu sprechen. Eine Entfernung, die schwer nur vollzogen wird, aber notwendig vollzogen werden muss, wenn die Kunst in einem eschatologischen Weltentwurf aufgehen soll: „In solchem Wissen, das nur langsam wachsen kann, entscheidet sich, ob die Kunst ein Ursprung sein kann und dann ein Vorsprung sein muß, oder ob sie nur ein Nachtrag bleiben soll und dann nur mitgeführt werden kann als eine üblich gewordene Erscheinung der Kultur." (GA 5, 66) Heidegger will den geschichtlichen, linearen Weg gehen, der ein Weg ist, der sich von der Kunst entfernt; zugleich endet sein Aufsatz in lauter Fragen und der fragwürdigen Antwort: „Schwer verläßt / Was nahe dem Ursprung wohnt, den Ort." (GA 5, 66)

4. Über Hölderlin hinaus

Hölderlin ist Heideggers erklärter Gewährsmann, das ist fraglos. Und der heimliche Held, der so eng in den Gedankengang des Aufsatzes verflochten ist, dass nicht genügend Abstand zu ihm gewährleistet scheint, so dass er als Bezugspunkt mit Namen genannt werden könnte, ist Rilke. Die in Heideggers Bibliothek erhaltenen

[27] Friedrich Hölderlin, Sämtliche Werke I, 329, v. 48.
[28] Mit Walter Biemel könnte man von einem „Hören auf Hölderlin" sprechen (Walter Biemel, Die Bedeutung der Stromhymnen Hölderlins für Heidegger, in: Peter Trawny (Hrsg.), „Voll Verdienst, doch dichterisch wohnet / Der Mensch auf dieser Erde". Heidegger und Hölderlin, Frankfurt am Main 2000, 105–122, 106). Vgl. dazu Heidegger, Hölderlins Hymnen, GA 39, 240.

Exemplare von Rilkes 1927 erschienener Werkausgabe dokumentieren Heideggers intensive Beschäftigung mit Rilkes Werk und bezeugen eine außerordentlich detaillierte Kenntnis desselben. Bis in die Wortwahl hinein kann und muss man Rilke als eine maßgebliche Quelle für Heideggers Philosophie spätestens seit den dreißiger Jahren betrachten, deren Bedeutung über die Ausführungen in Heideggers Aufsatz *Wozu Dichter?*[29] weit hinaus reicht.[30] Hier muss es vorerst genügen, auf einige unübersehbare Parallelen zu verweisen. Vorausgeschickt sei, dass zwar Hölderlin eine gemeinsame Quelle für Rilke und Heidegger ist, Heidegger jedoch von Rilke ganz eigene und für seine Philosophie zentrale Impulse aufnimmt. Hier im Kunstwerkaufsatz erscheint die Überlegung „Dann entsteht die Wahrheit aus dem Nichts? In der Tat, wenn mit dem Nichts das bloße Nicht des Seienden gemeint und wenn dabei das Seiende als jenes gewöhnlich Vorhandene vorgestellt ist, was hernach durch das Dastehen des Werkes als das nur vermeintlich wahre Seiende an den Tag kommt und erschüttert wird" (GA 5, 59) wie auch die folgenden Ausführungen wie eine Paraphrase des Sonettes II, 13 aus Rilkes *Sonette an Orpheus*, dessen hier einschlägiger Vers lautet: „Sei – und wisse zugleich des Nicht-Seins Bedingung".[31] Dieses Motiv kehrt in Abwandlungen wieder, so wenn Heidegger das Ereignishafte im Kunstwerk als die Unerhörtheit, „daß [es] *ist*" bezeichnet und nicht „vielmehr nicht ist" (GA 5, 53); gerade weil das Nichtsein oder die Möglichkeit zum Nichtsein im Ereignis mitgedacht ist, ist das Sein des Kunstwerks unerhört. Dies ist, was Heidegger bezogen auf das Wesen der Wahrheit den „Urstreit" oder das „Gegenwendige", oder auch das „verbergende Verweigern" (GA 5, 42) nennt. Diesen Gedanken kann man mühelos in Rilkes Formulierung „und wisse zugleich des Nicht-Seins Bedingung" wiederfinden.[32] Die Kunst als Vollzugskunst (Ereignis) ist in eben jenem Sonett als Rilkes Verständnis von Dichtung entfaltet: „Sei – und wisse zugleich des Nicht-Seins Bedingung,/ den unendlichen Grund deiner innigen Schwingung,/ daß du sie völlig vollziehst, dieses einzige Mal".[33] Dass das Kunst-

---

[29] Heidegger, Wozu Dichter?, GA 5, 269–320.
[30] Eine ausführliche Darstellung der Bezug- und Übernahmen ist in Arbeit und wird an anderer Stelle von mir vorgelegt.
[31] Rainer Maria Rilke, Werke. Kommentierte Ausgabe in vier Bänden, hrsg. von Manfred Engel u. a., Frankfurt am Main 1996, (im Folgenden: KA) 2, 263, v. 9.
[32] Rilke, KA 2, 263, v. 9.
[33] Rilke, KA 2, 263, v. 9–11.

Das „eigene Mäh" der Kunst

werk als dieses Vergängliche und Vorübergehende im Vollzug doch dauerhaft ist, gerade darin dauerhaft ist, ist der zentrale Aspekt des Rilke-Zyklus, der im fünften Sonett des ersten Teiles ausgeführt ist:

> Errichtet keinen Denkstein. Laßt die Rose
> nur jedes Jahr zu seinen Gunsten blühn.
> Denn Orpheus ists. Seine Metamorphose
> in dem und dem. Wir sollen uns nicht mühn
>
> um andre Namen. Ein für alle Male
> ists Orpheus, wenn es singt.[34]

An die Stelle des steinernen, statischen Denkmals tritt die blühende, vergängliche Rose; diese Vergänglichkeit, verstanden als Metamorphose, ist nichts anderes als das Kunstwerk (der Gesang des Orpheus selbst); mit ihm ist ein bewegliches Denkmal geschaffen. „Rühmen, das ists!"[35] ist die Konsequenz, die Rilke wenig später im Zyklus dem singenden Gott Orpheus, der für die Anwesenheit der Möglichkeit zur Kunst im Kunstwerk steht, entgegenbringt. Heideggers folgende Ausführungen können als eine Interpretation oben genannten Sonettes gelesen werden: „Wenn ein Werk in einer Sammlung untergebracht oder in einer Ausstellung angebracht wird, sagt man auch, es werde aufgestellt. Aber dieses Aufstellen ist wesentlich verschieden von der Aufstellung im Sinne der Erstellung eines Bauwerkes, der Errichtung eines Standbildes [...]. Solche Aufstellung ist das Errichten im Sinne von Weihen und Rühmen. [...] Weihen heißt heiligen in dem Sinne, daß in der werkhaften Erstellung das Heilige als Heiliges eröffnet und der Gott in das Offene seiner Anwesenheit hereingerufen wird. Zum Weihen gehört das Rühmen als die Würdigung der Würde und des Glanzes des Gottes. [...] Warum aber ist die Aufstellung des Werkes eine weihend-rühmende Errichtung? Weil das Werk in seinem Werksein dieses fordert." (GA 5, 29–30) Die Kunst als ein Weihen und Rühmen gerade der Vergänglichkeit der Welt, der göttlich inspirierte dichterische Gesang als Antwort auf Tod und ewigen Wandel sind in den *Sonetten an Orpheus* dargestellt.[36] Dem entspricht, einerseits –

---

[34] Rilke, KA 2, 243, v. 1–6.
[35] Rilke, KA 2, 244, v. 1.
[36] Vgl. dazu Jochen Schmidt, Dichtung als esoterische Sinnstiftung: Rilkes Sonette an Orpheus, in: Olaf Hildebrand (Hrsg.), Poetologische Lyrik von Klopstock bis Grünbein, Köln 2003, 220–241, insbesondere 237.

neben dem gleichlautenden Vokabular – Heideggers Ausführung zur Kunst als Ereignis: Im Kunstwerk wird die Vergänglichkeit erlebbar, weil sie hier, anders als die Vergänglichkeit, die einfach geschieht und nicht dargestellt ist, verdinglicht ist. Andererseits wird bei Heidegger, abweichend von Rilke, das Ereignis doch zugleich wieder aus dem Werk herausverlegt: „Das Ereignis seines Geschaffenseins zittert im Werk nicht einfach nach, sondern das Ereignishafte, daß das Werk als dieses Werk ist, wirft das Werk vor sich her". (GA 5, 53)[37] Das Dasein als eine Bejahung der Zeitlichkeit entspricht der Kunst, wie Rilke sie versteht und dichtet, als ein Jasagen zur Vergänglichkeit. So hört man im Hintergrund des Kunstwerkaufsatzes Rilkes „Wolle die Wandlung. O sei für die Flamme begeistert, / drin sich ein Ding dir entzieht, das mit Verwandlungen prunkt"[38] geradezu als Ostinato. Das Werk als die „eröffnende Mitte des Daseins",[39] in der nichts als das Offene, also die Konfrontation mit der Vergänglichkeit ist, heißt bei Rilke, wiederum in den *Sonetten an Orpheus*: „Gesang ist Dasein."[40]

Bis in die Wortwahl hinein erweist sich der Kunstwerkaufsatz als eine Auseinandersetzung (auch) mit Rilke; „das Offene" ist ein zentraler Begriff aus Rilkes *Duineser Elegien*, wie auch die „Erde".[41] Beides sind auch Zentralworte der Dichtung Hölderlins, jedoch gibt es Unterschiede bei deren Bedeutung und Verwendung; es bleibt also zu zeigen, inwiefern das Offene und die Erde von Heidegger eher in einem Hölderlinschen oder einem Rilkeschen Sinne oder in einer Mélange von beiden gebraucht werden.[42] Aber gerade die oben angeführten direkten Wortübernahmen wie Rühmen und Errichten, die auch inhaltlich direkt mit Rilke in Verbindung gebracht werden können, lassen erkennen, wie Heideggers Sprachduktus an Rilke geschult ist. Die Ähnlichkeit z. B. eines Satzes wie: „Das ent-

---

[37] In gewisser Weise nimmt Heidegger damit den Gegenstands- oder Dingcharakter des Kunstwerkes wieder zurück, indem er das „Ereignis" aus dem Kunstwerk hinaus verlegt, anstatt es beim „Nachzittern" im Kunstwerk zu belassen.
[38] Rilke, KA 2, 263, v. 1–2.
[39] Heidegger, Vom Ursprung des Kunstwerks (Erste Ausarbeitung), in: Heidegger Lesebuch, hrsg. von Günter Figal, Frankfurt am Main 2007, 161.
[40] Rilke, KA 2, 242, v. 7. Vgl. die spätere Notiz Heideggers zu diesem Satz: Heidegger, Wegmarken GA 9, 78. Hier versteht Heidegger Dasein als Anwesenheit, die er subtil in eine schwer fassbare Weise der Präsenz umdeutet.
[41] Vgl. vor allem die 8. und 9. Elegie, in: Rilke, KA 2, 224–229.
[42] Ein Ansatz dazu findet sich in Michel Haar, Le chant de la terre. Heidegger et les asisses de l'histoire de l'être, Paris 1985, 71–79 und 237–299.

werfende Sagen ist Dichtung" (GA 5, 61) zu: „jener entwerfende Geist, welcher das Irdische meistert, / liebt in dem Schwung der Figur nichts wie den wendenden Punkt"[43] macht die Nähe bis in sprachliche Einzelheiten hinein deutlich; besonders die *Sonette an Orpheus* sind in Heideggers Gedankengang über den Ursprung des Kunstwerks verwoben – ein Sonette-Zyklus, der von nichts anderem handelt, als vom Ursprung der Kunst, die nach alter Überlieferung mit Orpheus in die Welt kam.

Die Dichtung als Ursprung der Kunst wird hier konkret. Die poetologische Poesie, also die sich selbst reflektierende Dichtung, zeigt durch sich selbst ihre Ursprünglichkeit.[44] Damit verliert sie freilich ihren geschichtlichen Charakter und zeigt so auch auf eine offene Stelle in Heideggers Abhandlung. Trotz aller Anstrengung Heideggers, die Dichtung als einen geschichtlichen Ursprung zu sehen und sie derart dem philosophischen Gedanken dienstbar zu machen, bleibt sie in ihrer Eigenheit bestehen, und nur deshalb kann auch Heidegger sie eigens und als solche betrachten: „Das Kunstwerk ist eben ein besonderer Ausdruck, d. h. ein eigenes Mäh – wahrscheinlich."[45]

---

[43] Rilke, KA 2, 263, v. 3–4.
[44] Vgl. Günter Figal, Von Anfang an. Über die Möglichkeit voraussetzungslosen und dennoch geschichtlichen Denkens, in: Verstehensfragen. Studien zur phänomenologisch-hermeneutischen Philosophie, 189–199, hier 198–199. Mit Figals Begriff der Ursprünglichkeit ist man einen Schritt über Heideggers Ursprungsbegriff hinaus und kann mit beiden das Phänomen des Sichzeigens von etwas, das immer schon angefangen hat, möglicherweise klarer sehen.
[45] Heidegger, Vom Ursprung des Kunstwerkes (Erste Ausarbeitung), 164. Zwar richtet sich Heidegger polemisch gegen ein Ausdrucksverständnis der Kunst, wenn er ihr ein „eigenes Mäh" zuschreibt, subtil gewendet, heißt das aber dennoch, dass die Kunst ihre eigene Sprache spricht.

Nikola Mirković

Schönheit, Rausch und Schein

Heideggers Auseinandersetzung mit Nietzsches Ästhetik

Nicht zufällig steht am Ende von Heideggers Vorlesung zu *Hölderlins Hymnen ,Germanien' und ,Der Rhein'* ein von Nietzsche geprägtes Begriffspaar: der Gegensatz zwischen Dionysischem und Apollinischem.[1] Heideggers Auseinandersetzung mit Nietzsches Ästhetik reicht offenkundig bis in den Entstehungszeitraum des Kunstwerkaufsatzes zurück. Nachzuvollziehen ist Heideggers Interpretation Nietzsches jedoch erst in der Vorlesung aus dem Wintersemester 1936/1937, die den programmatischen Titel *Der Wille zur Macht als Kunst* trägt. An diesem Text wird sichtbar, wie vor dem Hintergrund eigener Überlegungen der Kunstbegriff eines Autors interpretiert wird, der neben Hölderlin wohl den stärksten Einfluss auf Heideggers Arbeit der folgenden Jahre ausübt. Während es Heidegger in seinen späteren Vorlesungen zu Nietzsche vorrangig um die Interpretation des Gedankens des Willens zur Macht als Vollendung der Metaphysik geht,[2] liegt der Fokus der Vorlesung aus dem Wintersemester 1936/1937 noch auf Nietzsches Verständnis von Kunst und Schönheit und dem Verhältnis Nietzsches zur platonischen Philosophie. Da sich Heidegger in dieser Vorlesung zumindest implizit immer wieder selbst verortet, dient ihr Nachvollzug nicht zuletzt auch einem vertieften Verständnis des Kunstwerkaufsatzes.

---

[1] Vgl. Heidegger, Hölderlins Hymnen ,Germanien' und ,Der Rhein', GA 39, 293.
[2] Heidegger entwickelt eine Interpretationslinie, die sowohl die Tradition der Metaphysik verengt als auch Nietzsches Verständnis des Willens zur Macht. Stellvertretend für die Kritik an Heideggers Interpretation des Willens zur Macht sei hier die Arbeit von Wolfgang Müller-Lauter erwähnt: Wolfgang Müller-Lauter, Heidegger und Nietzsche, Berlin 2000.

1. Leben und Rausch

Für Nietzsches Kunstphilosophie ist das Phänomen des Rausches von zentraler Bedeutung. Bereits in *Die Geburt der Tragödie aus dem Geiste der Musik* wird es im Begriff des Dionysischen zum ästhetischen Prinzip erhoben. Die Erfahrung des Rausches verbindet sich in der Tragödienschrift mit der Freude an der Überschreitung von Grenzen und dem metaphysischem Streben, die Vereinzelung des Menschen aufzulösen. Den Gegensatz zum Dionysischen bildet das Apollinische, das für Begrenzung, Form und Klarheit steht. In der Kunst können das Dionysische und das Apollinische in einen Wettstreit treten, durch den sie sich gegenseitig überbieten und erhöhen. In der Dynamik dieser wechselseitigen Steigerung sieht Nietzsche den Ursprung der klassischen Tragödie.

Das Rauschhafte zeigt sich jedoch nicht nur im bacchantischen Taumel. Es gibt auch einen Rausch der Begeisterung, der mit formgebender Kraft einhergeht. In der *Götzen-Dämmerung* nennt Nietzsche diesen Zustand: „apollinischer Rausch".[3] Auf diese Weise werden beide Kunstprinzipien, das Apollinische wie das Dionysische, auf das selbe Grundphänomen bezogen. Von Nietzsches Spätphilosophie ausgehend ist die Kunst daher als Ganze vom Rausch her zu begreifen. Wer berauscht ist, ist wie über sich selbst hinausgehoben. Es sind für diesen Zustand zwei Aspekte wesentlich: Der Mensch erfährt sich im Rausch als gestärkt und die Umgebung als reicher. Der Rausch verändert somit sowohl die Selbstwahrnehmung des Menschen als auch die Wahrnehmung der Umwelt. Ersteres kann mit Nietzsche als „Gefühl der Kraftsteigerung", letzteres als „Gefühl der Fülle" bezeichnet werden.[4]

Die Doppelseitigkeit dieser Erfahrung erlaubt es Heidegger, den Rausch als Sich-Einlassen auf eine Grundstimmung zu interpretieren.[5] Mit dieser Interpretation verbindet sich eine Kritik an Nietz-

---

[3] Friedrich Nietzsche, Götzen-Dämmerung, Kritische Studienausgabe (im Folgenden KSA), hrsg. von Giorgio Colli und Mazzino Montinari, zweite Auflage, München 1988, Band 6, 55–162, hier 117. Vgl. Heidegger, Der Wille zur Macht als Kunst, GA 43, 137–140 (Nietzsche I, GA 6.1, 114–124). Die in Klammern gesetzte Angabe verweist auf die entsprechende Stelle in der 1961 veröffentlichten, überarbeiteten Fassung des Vorlesungstextes.
[4] Vgl. Nietzsche, Götzen-Dämmerung, KSA 6, 116. Vgl. Heidegger, Der Wille zur Macht als Kunst, GA 43, 118 (Nietzsche I, GA 6.1, 99).
[5] Vgl. Heidegger, Der Wille zur Macht als Kunst, GA 43, 116–124 (Nietzsche I, GA 6.1, 99–106).

sches Definition des Rausches als ‚physiologischem Zustand'.[6] Durch diese Bestimmung wird das Rauschhafte auf die körperliche Verfassung des Subjekts reduziert, wiewohl es für Heidegger gerade die Einheit von Selbst- und Weltverhältnis zu erklären im Stande ist. Es ist mit Heidegger als „leibhaftes Gestimmtsein" zu begreifen, das sich zwischen Mensch und Welt ereignet.[7] Üblicherweise vermeidet der Autor von *Sein und Zeit* den Begriff des ‚Leibes', um sich von allen biologisch-anthropologischen Auffassungen der Natur des Menschen abzugrenzen. Umso bemerkenswerter ist es, dass das Phänomen des Rauschs von ihm als ‚leibhaftes' und ‚leibendes' beschrieben wird.[8] Hier zeigt sich, dass Heidegger im Rahmen seiner kritischen Auseinandersetzung mit Nietzsche Gedanken aufnimmt, die seine eigene Philosophie zu bereichern und zu ergänzen vermögen.

Während dies in Bezug auf den Begriff des Leibes gelingt, verspielt Heidegger die Möglichkeit, Nietzsches musiktheoretische Überlegungen für sich fruchtbar zu machen. Er orientiert sich einseitig an der Kritik Nietzsches an Wagner, wenn er schreibt: „Aber weil Wagner die bloße Aufsteigerung des Dionysischen und die Verströmung in ihm suchte, Nietzsche aber die Bändigung und Gestaltung, deshalb war auch der Riß zwischen beiden vorbestimmt."[9] Nietzsches Abwendung von Wagner ist entgegen Heideggers Behauptung keine generelle Abwendung von der Musik. Heidegger unterschlägt in seiner Interpretation die Rolle, die Bizet in Nietzsches Kritik an Wagner einnimmt. Nietzsche schätzt an Bizets *Carmen* ausdrücklich das Präzise, Tänzerische und Heitre.[10] Er hört hier das Gegenteil von uferlosem Verströmen. Nietzsches Lob zielt somit auf eine Charakterisierung der Musik Bizets als Ausdruck formschaffenden

---

[6] Heidegger, Der Wille zur Macht als Kunst, GA 43, 108 (Nietzsche I, GA 6.1, 91).

[7] Heidegger, Der Wille zur Macht als Kunst, GA 43, 124 (Nietzsche I, GA 6.1, 106).

[8] Vgl. Heidegger, Der Wille zur Macht als Kunst, GA 43, 124 (Nietzsche I, GA 6.1, 106): „Der Rausch ist Gefühl, leibendes Gestimmtsein, das Leiben einbehalten in die Gestimmtheit, die Gestimmtheit verwoben in das Leiben, das Gestimmtsein aber eröffnet das Dasein als ein steigendes und breitet es aus in der Fülle seiner Vermögen, die sich wechselweise erregen und ins Steigen bringen."

[9] Heidegger, Der Wille zur Macht als Kunst, GA 43, 104 (Nietzsche I, GA 6.1, 87).

[10] Vgl. Nietzsche, Der Fall Wagner, KSA 6, 9–53, hier 13–15.

Rausches. Wenn Heidegger Musik allgemein zum formlosen Rausch erklärt, der weder mit strenger Form noch „großem Stil" vereinbar sei, dann wiederholt er nicht nur das Versäumnis des Kunstwerkaufsatzes, diese Kunstgattung eigens zu reflektieren, sondern sucht sich darüber hinaus einen falschen Gewährsmann für die Hinabstufung der Musik zu einer zweitrangigen Kunstgattung.[11]

Ihrerseits eine Stärke gegenüber Nietzsches Position besitzt Heideggers Kunstphilosophie durch die Konzentration auf den Werkcharakter der Kunst. Wenn das Wesen der Kunst im Werk liegt, dann ist es denkbar, dass Produktion und Rezeption divergieren, ohne dass sie dabei einen einheitlichen Bezugspunkt verlieren. Nietzsche hingegen kann, ausgehend vom Verständnis der Kunst als Ausdruck rauschhaftem Lebens, die Rezeption nur als Nachvollzug des Schaffensprozesses verstehen: „ – die Wirkung der Kunstwerke ist *die Erregung des kunstschaffenden Zustands* des Rausches."[12] Folgt man dieser ästhetischen Grundüberzeugung, geht die einheitliche Bestimmung des Werks verloren und zerfällt in zwei Extreme: Auf der einen Seite ist das Werk dann Überbleibsel künstlerischen Selbstausdrucks und auf der anderen Seite bloßer Auslöser neuer Produktion. Wieso diese beiden Extreme zusammengehören und eine Einheit bilden, bleibt jedoch unklar. Zumindest droht dies, wenn die Kunst, wie bei Nietzsche, ganz und gar vom physiologischen Zustand des Kunstschaffenden her bestimmt wird.[13]

2. Schönheit und Schein

Nietzsches Entscheidung, sich bei der Bestimmung des Wesens der Kunst am Künstler zu orientieren, hängt mit seinem Verständnis des Nihilismus zusammen. Der Künstler vollzieht die Aufgabe, den

---

[11] Vgl. Heidegger, Der Wille zur Macht als Kunst, GA 43, 150–159 (Nietzsche I, GA 6.1, 124–139).
[12] Friedrich Nietzsche, Nachgelassene Fragmente 1887–1889, KSA 13, 241. Vgl. Heidegger, Der Wille zur Macht als Kunst, GA 43, 136. (Nietzsche I, GA 6.1, 117).
[13] Nietzsche könnte in dieser Hinsicht freilich noch differenzierter betrachtet werden. So wäre von der Tragödienschrift ausgehend die Entfaltung einer Werkästhetik durchaus denkbar. Vgl. John Sallis, Die Verwindung der Ästhetik, Heidegger-Jahrbuch 2 (2005), 193–205, insbesondere 205.

Nihilismus durch die Schaffung neuer Werte zu überwinden.¹⁴ Die höchste Form des Nihilismus besteht nicht etwa in der Verzweiflung an der Einsicht in die Nichtigkeit des eigenen Lebens. Die Kunst richtet sich vielmehr gegen die gedankenlose Einrichtung in überkommene Traditionen, durch die das Leben verwahrlost und herabsinkt und der Menschen zum „letzten Menschen" wird.¹⁵ Gegenüber dieser ziel- und fraglosen Schwundstufe menschlicher Existenz erscheint der schaffende Künstler als ‚Übermensch' und die Kunst als „größtes Stimulans des Lebens".¹⁶ Die Kunst ist in der Lage, den Menschen zu verwandeln, seinem Leben neuen Sinn zu geben. Diesen Gedanken kann Heidegger, ausgehend von seiner eigenen Auslegung der geschichtsstiftenden Kraft der Kunst, mühelos in eigene Begriffe übersetzen: „‚Der Übermensch' ist der Mensch, der das Sein neu gründet, in der Strenge des Wissens und der Härte des Schaffens."¹⁷

Weit entfernt von nationalsozialistischen Vereinnahmungen der Rede vom ‚Übermenschen' betont Heidegger die Nähe von Nietzsches Ausdruck zu Hölderlins Motiv des Dichters als ‚Halbgott'.¹⁸ Es handelt sich um zwei verschiedene Hinsichten auf dieselbe Zwischenstellung: „Halbgötter [sind] nicht selbst Götter, aber Wesen in Richtung auf die Götter, und zwar in einer Richtung, die über den Menschen hinausführt – *Übermenschen*, die gleichwohl unterhalb der Größe der Götter bleiben – *Untergötter*."¹⁹ Für Hölderlin ist der Dichter Vermittler zwischen Göttlichem und Menschlichem „in dürftiger Zeit", in der die alten Götter geflohen sind, ist es seine Aufgabe, das Kommen der neuen Götter vorzubereiten. Dieses Verständnis des Dichters schwingt mit, wenn Heidegger in Bezug auf

---

¹⁴ Der Künstler erscheint dabei in der Rolle des Propheten. Während Wagner von Nietzsche entsprechend stilisiert wurde, nimmt Hölderlin für Heidegger eine vergleichbare Bedeutung ein. Neben der Frage, ob derartige Erwartungen an einzelne Künstler die Kunst als solche überlasten, ist es problematisch die Überwindung des Nihilismus von einem einzigen Künstler abhängig zu machen. Vgl. Günter Figal, Nietzsche und Heidegger über Kunst, Nietzsche-Studien 39 (2010), 233–243.
¹⁵ Vgl. Friedrich Nietzsche, Also Sprach Zarathustra, KSA 4, 19.
¹⁶ Nietzsche, Nachgelassene Fragmente 1887–1889, KSA 13, 299.
¹⁷ Heidegger, Der Wille zur Macht als Kunst, GA 43, 274. (Vgl. Nietzsche I, GA 6.1: „... in der Strenge des Wissens und im großen Stil des Schaffens.")
¹⁸ Vgl. Michael E. Zimmermann, Die Entwicklung von Heideggers Nietzsche-Interpretation, Heidegger-Jahrbuch 2 (2005), 97–117.
¹⁹ Heidegger, Hölderlins Hymnen ‚Germanien' und ‚Der Rhein', GA 39, 166.

den Schaffenden bei Nietzsche vom „Ja zum Sein" und dem „Bereiten der Bereitschaft für die Götter" spricht.[20] Zudem finden sich in der Interpretation von Nietzsches Gedicht *Ohne Heimat*, in der Heidegger die „Heimatlosigkeit des neuzeitlichen Menschen" als Grundstimmung herausstellt, Anklänge an das hölderlinsche Motiv der „dürftigen Zeit".[21] An Stellen wie diesen wird deutlich, wie sich bei Heidegger die Aneignung verschiedener Autoren gegenseitig bedingt. Die angedeutete Verwandtschaft zwischen Hölderlin und Nietzsche wirkt zwar mitunter überzogen,[22] sie lässt sich jedoch im Rekurs auf gemeinsame Quellen beider Autoren belegen.

Sowohl Nietzsches Bestimmung des Künstlers als ‚Übermensch' als auch Hölderlins Verständnis des ‚Dichters' als ‚Halbgott' stehen in der Wirkungsgeschichte des platonischen ‚Eros'.[23] Während der platonische Eros nach philosophischem Wissen strebt, richtet sich der Wille des Übermenschen allerdings auf die Verklärung des Lebens durch die Kunst. Der platonische Philosoph orientiert sich an den Ideen als dem wahrhaft Seienden. Der nietzscheanische Künstler hingegen will das Sinnliche, d. h. nichts anderes als den schönen Schein. Nietzsche stellt den Schein ausdrücklich über die Wahrheit: Er habe erlebt, „daß die Kunst mehr Wert [sei] als die Wahrheit".[24] Der Wert einer Sache wird hier vom persönlichen Erleben abhängig gemacht. Im Er-lebten wird Nietzsche rückblickend deutlich, was das Leben ermöglicht und steigert. Die wissenschaftliche Wahrheit allein ist nach Nietzsche dazu nicht in der Lage. Die Kunst muss den Menschen vor der Wahrheit der Wissenschaft beizeiten sogar beschützen: „Wir haben die Kunst, damit wir nicht an der Wahrheit zu Grunde gehen."[25]

---

[20] Heidegger, Hölderlins Hymnen ‚Germanien' und ‚Der Rhein', GA 39, 274.
[21] Heidegger, Nietzsches Metaphysik, GA 50, 115–124.
[22] Heidegger kommentiert den Atheismus-Vorwurf gegen Nietzsche wie folgt: „Nietzsche war außer Hölderlin der einzige gläubige Mensch, der im 19. Jahrhundert lebte." (Heidegger, Der Wille zur Kunst als Macht, GA 43, 192) Bei der Überarbeitung des Texts für die separate Veröffentlichung Nietzsche I (GA 6.1) wurde dieser Satz von Heidegger bezeichnenderweise gestrichen.
[23] In Platons Symposion ist der Eros, der Dolmetscher zwischen Göttern und Menschen, der Vermittler von Ideen und menschlicher Erkenntnis und als solcher Sinnbild für die Philosophie.
[24] Nietzsche, Nachgelassene Fragmente 1887–1889, KSA 13, 227.
[25] Nietzsche, Nachgelassene Fragmente 1887–1889, KSA 13, 500.

Die Kunst steht als „Wille zum Schein" im Widerspruch zur Wahrheit.[26] Wenn aber die Kunst das Leben ermöglichen und steigern soll und sich zugleich auf das Scheinhafte beschränkt, dann kann sie nur ein scheinbares Stimulans sein. Nietzsche ist sich dieses Problems bewusst und artikuliert es mit Emphase: „Über das Verhältnis der Kunst zur Wahrheit bin ich am frühesten Ernst geworden; und noch jetzt stehe ich mit einem heiligen Entsetzen vor diesem Zwiespalt."[27] Den Zwiespalt zu überwinden, versucht Nietzsche, indem er die platonische Unterscheidung von Schein und Sein unterläuft. An die Stelle der philosophischen Erkenntnis über das ewig Seiende tritt der ständige Wechsel der Perspektiven. In diesem kann Nietzsche seine Philosophie als „umgedrehten Platonismus" ausweisen,[28] was für Heideggers Interpretation maßgebend ist. Wissenschaft und Kunst sind vom Standpunkt des „umgedrehten Platonismus" nicht mehr als konkurrierende Sichtweisen. Die Höherbewertung der Kunst zeigt aber, dass Nietzsche implizit einen Maßstab voraussetzen muss, an dem die verschiedenen Perspektiven gemessen werden. Diesen findet er wie erwähnt im ‚Leben'.[29] Heidegger schließt daraus, dass Nietzsche dem traditionellen Wahrheitsbegriff der Adäquation verhaftet bleibt.[30] Somit erweist sich Nietzsches „Umkehrung des Platonismus" letztlich als Verstrickung in den Platonismus.

Nach Heidegger ergibt sich aus dieser Verstrickung zudem eine problematische Auslegung des Begriffs des ‚Scheins'. Nietzsche denke den Schein zunächst als ‚bloßen Schein'.[31] Er wird als Täu-

---

[26] Heidegger, Der Wille zur Macht als Kunst, GA 43, 271 (Nietzsche I, GA, 6.1, 221).
[27] Nietzsche, Nachgelassene Fragmente 1887–1889, KSA 13, 500.
[28] Friedrich Nietzsche, Nachgelassene Fragmente, 1869–1874, KSA 7, 199. Vgl. Heidegger, Der Wille zur Macht als Kunst, GA 43, 187 (Nietzsche I, GA 6.1, 156).
[29] In diese Richtung lässt sich zumindest Nietzsches Leitspruch interpretieren, dass „die Wissenschaft unter der Optik des Künstlers zu sehen, die Kunst aber unter der des Lebens" zu sehen sei (Friedrich Nietzsche, Die Geburt der Tragödie, KSA 1, 9–156, hier 14). Vgl. Heidegger, Der Wille zur Macht als Kunst, GA 43, 271–272 (Nietzsche I, GA 6.1, 221–222).
[30] Heidegger, Nietzsches Lehre vom Willen zur Macht als Erkenntnis, GA 47, 236: „Dieser Begriff von Wahrheit, [...] bleibt trotz allem maßgebend; nur wird die Einstimmigkeit mit dem Wirklichen – dem werdenden Chaos, nicht durch die Erkenntnis und ihre Wahrheit erreicht, sondern durch die Kunst."
[31] Eine differenzierte Darstellung des Themas bietet Pavel Kouba, Die Welt nach Nietzsche. Eine philosophische Interpretation, München 2001, 149–243.

schung verstanden, die die Menschen erleiden, oder aber als ‚Lüge' einsetzen. Wer den Standpunkt des Perspektivismus gewinnt, versteht jedoch, dass es keinen feststehenden Bezugspunkt gibt, von dem aus Scheinhaftes als Scheinhaftes bestimmt werden könnte. Im Wechsel prinzipiell gleichgültiger Perspektiven ist es vorrangig eine Frage der Willensstärke, wessen Position sich durchsetzt.[32] Das Leben ist also kein feststehender Maßstab, sondern zeigt sich gerade in diesem Durchsetzungsvermögen des ‚Willens zur Macht'. Erst aus diesem Zusammenhang erklärt sich die grundlegende Bedeutung der Kunst bei Nietzsche: „Die Kunst als Wille zum Schein ist die höchste Gestalt des Willens zur Macht."[33]

Heidegger selbst wiederum geht bei seiner Erläuterung des Begriffs des Scheins von vornherein nicht vom Phänomen der Täuschung aus. Er fasst ‚Schein' vielmehr vom ‚Hervorscheinen' her als einen Teil der Wahrheit, oder genauer gesagt als einen wesentlichen Aspekt des ‚Lichtungsgeschehens', das er als Wahrheit versteht. ‚Schein' wird dabei in erster Hinsicht als Erscheinung genommen oder mit Heidegger gesprochen als das ‚An-wesen' der Dinge. Es gehört für Heidegger zum Wesen der Dinge, dass sie erscheinen und sich so in ihrem Wesen zeigen. Dementsprechend wird der Scheincharakter der Kunst nicht an illusionistischen Effekten festgemacht. Das Scheinen oder ‚Leuchten' der Kunst liegt vielmehr in der Offenbarkeit der Werke, in der sich das Wesen einer Sache erschließt. Die Sache der Kunst ist für Heidegger aber der ‚Streit von Welt und Erde'. Der Schein erweist sich somit als „Vorschein von Welt [und] Erde".[34]

Von diesem Verständnis des Scheins ausgehend bestimmt Heidegger auch den Begriff der Schönheit, insofern er ihn überhaupt in eigener Sache verwendet. Im Kunstwerkaufsatz heißt es: „Das ins Werk gefügte Scheinen ist das Schöne." (GA 5, 43) An Heideggers Beschreibungen von Kunstwerken wird deutlich, dass sich das hier genannte Scheinen vorrangig in der sinnlichen Gegebenheit der Kunst zeigt. Über den Stein des griechischen Tempels schreibt Heidegger: „Der Glanz und das Leuchten des Gesteins, anscheinend selbst nur von Gnaden der Sonne, bringt doch erst das Lichte des Tages, die Weite des Himmels, die Finsternis der Nacht zum

---

[32] Vgl. Heidegger, Nietzsche Seminare 1937 und 1944, GA 87, 113–120.
[33] Heidegger, Der Wille zur Macht als Kunst, GA 43, 271 (Nietzsche I, GA 6.1, 221).
[34] Vgl. Heidegger, Nietzsche Seminare 1937 und 1944, GA 87, 106.

Vor-Schein." (GA 5, 28) Genau an diesem Hervorscheinen könnte die Schönheit des Tempels festgemacht werden. Heidegger zögert jedoch, den Begriff der Schönheit zu verwenden. Dieses Zögern wird im Nachwort des Kunstwerkaufsatzes durch einen kritischen Verweis auf die Geschichte der philosophischen Ästhetik begründet. In der Tradition der Metaphysik sei die Schönheit immer mehr „für sich genommen" und dadurch von der Wahrheit getrennt worden (GA 5, 70). Heidegger argumentiert hingegen für den inneren Zusammenhang von Wahrheit und Schönheit: „Die Wahrheit ist die Wahrheit des Seins. Die Schönheit kommt nicht neben dieser Wahrheit vor. Wenn die Wahrheit sich in das Werk setzt, erscheint sie. Das Erscheinen ist – als dieses Sein der Wahrheit im Werk und als Werk – die Schönheit. So gehört das Schöne in das Sichereignen der Wahrheit." (GA 5, 69)

Die Schönheit von ihrem inneren Zusammenhang mit der Wahrheit zu denken, wie Heidegger es zumindest in Ansätzen versucht, verweist zurück auf Platon. Wie gezeigt wurde, sieht sich Nietzsche nach Heideggers Verständnis durch die Umkehrung des platonischen Begriffs des Schönen in einen „Entsetzen erregenden Zwiespalt" gefangen. Heideggers Behauptung, dass sich Nietzsche auf diese Weise in den Platonismus verstricke, ist nun aber insofern zu relativieren, als auch Heideggers kunstphilosophische Position nicht radikal verschieden ist von der Tradition. Auch wenn die Begriffe des Scheins und der Schönheit bei Heidegger eine untergeordnete Rolle spielen mögen, zeigt ihre Auslegung doch eine erstaunliche Nähe zu Platon.

Diese Nähe wird besonders dort deutlich, wo Heidegger die platonische Bestimmung der Idee der Schönheit erläutert: „Das Schöne aber ist nun seinem eigensten Wesen nach das im sinnlichen Bereich Hervorscheinendste, das Aufglänzendste, derart, daß es als dieses Geleucht zugleich das Sein aufleuchten läßt."[35] Diese Auslegung steht in weitgehendem Einklang mit Heideggers eigener Bestimmung des Schönen und den entsprechenden Beschreibungen von Kunstwerken. Ob dieser Umstand als eine Rückkehr zur Position Platons oder als ihre Überbietung zu werten ist, hängt letztlich davon ab, inwieweit Heideggers Versuch überzeugt, den Bereich des Sinnlichen im Begriff der Erde neu zu denken. Indem Heidegger mit der ‚Erde' gegen die metaphysische Unterscheidung von Sinnlichem

---

[35] Heidegger, Der Wille zur Macht als Kunst, GA 43, 242 (Nietzsche I, GA 6.1, 200).

und Ideellem argumentiert, evoziert seine Kunstphilosophie wiederum den Appell aus Nietzsches Zarathustra: „Ich beschwöre euch, meine Brüder, bleibt der Erde treu […]!"[36]

---

[36] Nietzsche, Also sprach Zarathustra, KSA 4, 15.

Toni Hildebrandt

„Bildnerisches Denken"
Martin Heidegger und die bildende Kunst

1. Paul Klee und die Wege des Naturstudiums

„Die Zwiesprache mit der Natur bleibt für den Künstler eine conditio sine qua non." Mit diesen Worten eröffnet ein zweiseitiger Schlüsseltext von Paul Klee, der versehen um ein zeichnerisches Schema, im Jahre 1923 in einem Weimarer Bauhausbuch seine Veröffentlichung fand.[1] In wenigen Worten entfaltet Klee in den *Wegen des Naturstudiums* seine Kunstlehre, verortet die Rolle des Künstlers im „Raum der Natur" und begründet *in nuce* eine aus der künstlerischen Praxis gewonnene Phänomenologie der Wahrnehmung. Die Stringenz der textlichen Argumentation verdankt sich hierbei in erster Linie der Dichte und Sinnfälligkeit des *mitzulesenden* Schemas (Abb. 1). In polarer Gegenüberstellung von „Ich und Du", „Künstler und Gegenstand", „Auge und sichtbarer Verinnerlichung", situiert Klee den „optisch-physischen Weg". Diese Perspektive, die bereits dem Künstler der Renaissance geläufig war, dynamisiert Klee nun durch zwei, den Schaffensprozess bereitende Wege: Über die tektonische Verankerung der „Erde" und die öffnende Weite der „Welt" kulminieren im Auge die Pfeile der nicht optischen Wege „gemeinsamer irdischer Verwurzelung" und „kosmischer Gemeinsamkeit". Durch „sichtbare Verinnerlichung" des Gegenstands erzeugt der Künstler als Wanderer auf dem „metaphysischen Weg" eine für das Kunstwerk konstitutive Spannung

---

[1] Paul Klee, Wege des Naturstudiums, in: Staatliches Bauhaus Weimar 1919–1923, hrsg. vom Staatlichen Bauhaus in Weimar und Karl Nierendorf, Weimar/München 1923, 24–25.

zwischen Erde und Welt.² Im Schema der *Wege des Naturstudiums* ist jedoch nicht das Werk, sondern das Auge der zentripetale Brennpunkt dieses Streits von Erde, Welt und Erscheinung.

Betrachtet man das Schema im Hinblick auf Heideggers Kunstwerkaufsatz, mag zunächst die frappierende Äquivalenz eines begrifflich-strukturellen Denkens von Erde und Welt überraschen. Klee sprach in einem gemilderten Ton zwar nicht wie Heidegger von „Streit", aber doch von einem „Resonanz-Verhältnis", bei dem die gravierende („statische") Erde mit der beweglichen Potentialität der Welt dialogisiert. Wenn Heidegger beschreibt, dass die Welt nie ein Gegenstand ist, der vor uns steht und angeschaut werden kann (vgl. GA 5, 30), so zeichnet Klee diese Vorstellung präzise nach, indem das Künstlerauge und die sichtbare Gegenständlichkeit durch die kreisförmige Façon der Welt lediglich umfangen werden. Die innerweltliche Immanenz von Künstler und Kunstwerk lässt Welt zwar erfahren, aber nicht überschauen: „Welt ist das immer Ungegenständliche, dem wir unterstehen, solange die Bahnen von Geburt und Tod, Segen und Fluch uns in das Sein entrückt halten." (GA 5, 30–31) Klee verleiht diesem Drang zu den „oberen Wegen" eine romantisierende Konnotation, indem er von der „Sehnsucht, von der irdischen Gebundenheit sich zu lösen" spricht. Das Werk sei letztlich eine „neue Natürlichkeit", ein „Gleichnis Gottes".³ Klee sagt dies 1923.

In seinem zwölf Jahre später verfassten Aufsatz über den *Ursprung des Kunstwerks* hat Heidegger andere Konsequenzen aus dem Resonanz-Verhältnis von Erde und Welt gezogen. Seine Prämissen und Grundüberzeugungen offenbaren Klee jedoch als einen frühen Vorboten der eigenen Ästhetik. Heideggers späte Wertschätzung Klees mag in den *Wegen des Naturstudiums* ihren theoretischen Ausgangspunkt haben, wenngleich eine direkte Kenntnisnahme nicht nachgewiesen werden kann. Was bei Klee nur latent

---

² Für den Vesuch einer ausführlichen Gegenüberstellung und Interpretation vgl. Siegbert Peetz, Welt und Erde. Heidegger und Paul Klee, Heidegger Studien 11 (1995), 167–187. Otto Pöggeler hat kritisch zu Bedenken gegeben, dass Klees Rede von Welt und Erde kosmologisch, Heideggers indes transzendental-geschichtlich oder metontologisch zu fassen sei. Vgl. Otto Pöggeler, Bild und Technik. Heidegger, Klee und die moderne Kunst, München 2002, 121.
³ Klee, Wege des Naturstudiums, 25. Vgl. Wolfram Hogrebe, Paul Klee und die ästhetischen Muster der Moderne, in: Paul Klee in Jena 1924. Der Vortrag, Jenaer Schriften zur Kunstgeschichte, Band 10, hrsg. von Thomas Kain, Mona Meister und Franz-Joachim Verspohl, Jena 1999, 77–82.

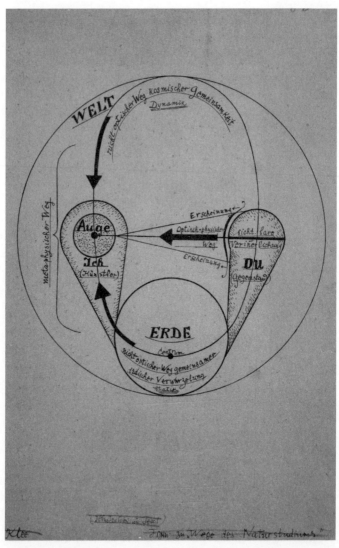

Abb. 1: *Paul Klee: Schema Ich-Du-Erde-Welt*
Aus: Bildnerische Gestaltungslehre: Bildnerische Mechanik. Feder auf Papier auf Karton, 33 × 21 cm, Zentrum Paul Klee, Bern, PN26 M45/88

anklingt – das dargestellte Mit-, In- und Gegeneinander von Erde und Welt – führt Heidegger im Kunstwerkaufsatz eloquent durch. Über Klees Verständnis von φύσις hinaus wird die Erde als eine „Hervorkommend-Bergende" nuanciert. „Die Erde ist das, wohin das Aufgehen alles Aufgehende und zwar als ein solches zurückbirgt. Im Aufgehenden west die Erde als das Bergende." (GA 5, 28) Die von Klee angedeutete Bedingtheit einer wechselseitigen Durchdringung der unterschiedlichen Kräfte gewinnt damit eine konkrete Begrifflichkeit. Heidegger bestimmt den Ursprung des Kunstwerks über Klee hinaus, aber, dessen gestalterischer Intuition folgend, als ein temporales Entwurfsgeschehen, in dem sich Kunst zeigt – ein Bild gleichsam zur ästhetischen Erscheinung kommt. „Entscheidend für Heideggers Begriff der Erde ist jedoch weniger die inhaltliche Bestimmung der ‚Erde' als Moment ästhetischer Bedeutung, sondern vielmehr, wie das Kunstwerk seine doppelzügige ästhetische Bedeutung (Welt – Erde) darstellt. Ästhetische Darstellung der Erde ist stets nur als ihr Herstellen möglich."[4] Nur das Werk, so Heidegger, lässt im Sinne seiner prozessualen Bestimmung *die Erde eine Erde sein*: „Das Werk rückt und hält die Erde selbst in das Offene einer Welt" (GA 5, 32) und gründet so die Möglichkeit ihrer ästhetischen Erfahrbarkeit. Der Vollzugscharakter dieser ästhetischen Präsentation kann daher nur zeitlich beschrieben und letztlich auch nur im Horizont der Zeit erfahrbar werden.

Für Klee war Zeitlichkeit als Bilderfahrung der Moderne ein stets mitreflektierter Parameter der bildnerischen Gestaltung und Formenlehre.[5] Lessings kategorische Trennung der Künste im *Laokoon* verwarf er frühzeitig zugunsten einer raum-zeitlichen Durchdringung von Malerei und Zeichnung. Seinen Schaffensprozess nannte Klee eine „Geschichte des Werdens",[6] in der sich im Werk Zeit sowohl sedimentiert als auch extensional in seiner impliziten Temporalität offenbart. Heidegger hatte diesen Modus der Verzeitlichung bereits in *Sein und Zeit* nachdrücklich behandelt. Zehn Jahre später erhielt dieser Aspekt für die Entfaltung des *zeitlichen Ursprungs* des Kunstwerks erneut Priorität. Gottfried Boehm hat

---

[4] Christoph Menke, Die Souveränität der Kunst. Ästhetische Erfahrung nach Adorno und Derrida, Frankfurt am Main 1991, 175.
[5] Vgl. Paul Klee, Schöpferische Konfession (1920), in: Das bildnerische Denken, Schriften zur Form- und Gestaltungslehre, Band 1, fünfte Auflage, Basel 1990, 76–80.
[6] Paul Klee, Unendliche Naturgeschichte, Form- und Gestaltungslehre, Band 2, hrsg. und bearb. von Jürg Spiller, Basel 2007, 71.

die Analyse der Temporalität des Werkes gar als die zentrale Bemühung von Heideggers Kunstwerkaufsatz herausgestellt: „Es ist der Horizont von Zeit, in dem sich die Kunst zeigt und äußert."[7] Als bildliches Paradigma dient hierfür die Linie, die sich als Grundriss, Aufriss und Umriss artikuliert: Als Grundriss, sofern er die gegeneinander Gefügten (Erde und Welt), „in die Herkunft ihrer Einheit aus dem einen Grunde" zusammenreißt. Als Aufriss, insofern er „die Grundzüge des Aufgehens der Lichtung des Seienden zeichnet". Als Umriss, sofern sich Welt und Erde in allem, worin sie sich wechselseitig bestreiten, doch in eine Fügung zurückgebunden, von einer gemeinsamen Linie umfasst finden.[8] Der „Riß" als temporaler Akt einer einheitlichen Einzeichnung verbindet dabei die verschiedenen Phänomene des Eröffnens, Entfaltens und Stiftens im Tonos des Bildes. „Der Riß ist das einheitliche Gezüge von Aufriß und Grundriß, Durch- und Umriß." (GA 5, 51)

Klee hatte seit den frühen 1920er Jahren die Linie der Zeichnung als dynamische Bewegung, als bewegten Punkt, „Spaziergang um seiner selbst willen"[9] und Analogon des musikalischen Melos beschrieben. Im Schema der *Wege des Naturstudiums* kann daher auch die Trias von Grundriss, Aufriss und Umriss mitgedacht werden. Mit der Metapher des Samenkorns konnte Klee zudem den „Streit" von bergender Erde als offenem Grund und sich verschließend öffnender Welt in ein bildliches Gleichnis präfigurieren: „Das Samenkorn ist trotz primitiver Kleinheit ein höchstgeladenes Kräftezentrum. In ihm ist der bestimmte Anstoß eingeschlossen, ganz ausgesprochene verschiedenartige Formergebnisse zu zeitigen."[10]

2. Paul Klee und das „Pendant" zum Kunstwerkaufsatz

Der Direktor des Basler Kunstmuseums Georg Schmidt hatte Heidegger in den späten 1950er Jahren um eine Monographie zu Klees

---

[7] Gottfried Boehm, Im Horizont der Zeit. Heideggers Werkbegriff und die Kunst der Moderne, in: Kunst und Technik. Gedächtnisschrift zum 100. Geburtstag von Martin Heidegger, hrsg. von Walter Biemel und Friedrich-Wilhelm von Herrmann, Frankfurt am Main, 255–285, passim; hier 269.
[8] Boehm, Im Horizont der Zeit, 267–268.
[9] Paul Klee, Beiträge zur bildnerischen Formlehre, faksimilierte Ausgabe des Originalmanuskripts von Klees erstem Vortragszyklus am staatlichen Bauhaus Weimar 1921/22, hrsg. von Jürgen Glaesemer, Basel 1999, 9.
[10] Klee, Unendliche Naturgeschichte, 25.

Werk gebeten.¹¹ Heidegger lehnte ab, wie er später Erhart Kästner gegenüber bekannte, da ihm Erfahrungen im Felde der modernen Kunst und Kunstgeschichte fehlten.¹² Allerdings plante Heidegger von Klee her ein „Pendant" zu seinem Kunstwerkaufsatz, das gleichsam immanente Kritik wie Fortführung der Bestimmungen von Malerei und Kunst erarbeiten sollte.¹³ Dazu ist es nicht gekommen. Die Klee-Notizen im Nachlass geben nur ein spärliches Zeugnis dieses Vorhabens ab.¹⁴ Was sich unter den 17 Zetteln im Format A5 findet, begleitet zunächst die Arbeit an einer Überwindung der metaphysischen Begrifflichkeit. Paradigmen der modernen Kunst wie Surrealismus und Abstraktion setzt Heidegger mit Metaphysik gleich. Klee fällt freilich in Heideggers Auslegung nicht unter diese Kategorien, sondern vermittelt vielmehr die Perspektive eines Ausweges aus der Metaphysik. Heideggers Augenmerk lag dabei vornehmlich auf Spätwerken, die neben der für Klee typischen ikonischen Konfiguration auch ein dezidiert bedeutungsvolles Sujet präsentieren. Die Bildtitel – *Heilige, aus einem Fenster* (1940), *Tod und Feuer* (1940), *Hoher Wächter* (1940) oder *Gesicht einer Gegend* (1938)¹⁵ – künden damit bereits philosophische Fragen an, die der *ikonische Logos* des Bildes dann noch tiefsinniger, weil polyvalent zu stellen vermag.¹⁶ Heidegger hob an Klee folglich weniger den kompositorischen Umgang mit bildnerischen Parametern hervor, als vielmehr die eidetisch sinnstiftenden Momente im Bild: Raum, Portrait, Gestalt und Figur. Auf einem Blatt der Klee-Notizen zeichnete Heidegger zwei Pfeilpaare, die aufeinanderstoßen und in gegenläufigen Richtungen aneinander vorbeilaufen, um sich so zu durchdringen. Otto Pöggeler hat diese Bestimmung des Bildes als Ereignis von

---

¹¹ Heinrich Wiegand Petzet, Auf einen Stern zugehen. Begegnungen und Gespräche mit Martin Heidegger 1929–1976, Frankfurt 1983, 159.
¹² Martin Heidegger/Erhard Kästner, Briefwechsel 1953–1974, hrsg. von Heinrich Wiegand Petzet, Frankfurt am Main 1986, 121.
¹³ Otto Pöggeler, Bild und Technik. Heidegger, Klee und die moderne Kunst, passim.
¹⁴ Vgl. Günter Seubold, Heideggers nachgelassene Klee-Notizen, Heidegger Studien 9 (1993), 5–12.
¹⁵ In den Klee-Notizen führt Heidegger zudem noch folgende Werktitel an: *Der Gott des nördlichen Waldes* (1922), *Kleine Felsenstadt* (1932), *Ruhende Sphinx* (1934), *Harmonisierter Kampf* (1937), *Ernste Miene* (1939).
¹⁶ Das hierfür relevante Verhältnis von Bild und Titel bei Klee hat John Sallis herausgearbeitet. Vgl. John Sallis, Die Schrift und die Sprache der Malerei, Internationales Jahrbuch für Hermeneutik 8 (2009), 1–26.

Blick und Gegenblick als eine „ursprüngliche Opsis" interpretiert: „Weil wir angeblickt sind, können wir anblicken, kann in der Kunst ein Bild entstehen."[17]

3. Cézanne und die *andere* Moderne

Ein spätes „Pendant" zum Kunstwerkaufsatz wäre nicht nur im Ausgang von Klee möglich gewesen, dessen Reflexion auf Welt und Erde Heideggers eigener Konzeption so ähnlich ist. Auch das Werk von Paul Cézanne hatte für Heidegger seit den 1950er Jahren rückblickend den Weg einer *anderen* Moderne aufgezeigt, die es nun philosophisch zu bestimmen galt. Schenkt man den Erinnerungen Petzets Glauben, so wurde ein Verständnis Cézannes indes erst durch die Bilder Klees möglich.[18]

Heidegger hatte bemerkt, dass Cézannes Kunst nicht in der frühen französischen Moderne und den Ausläufern des Impressionismus zu verorten sei.[19] In Cézanne konkretisiert sich für Heidegger vielmehr eine unmittelbare Bild- und Seherfahrung, die dem entspricht, was man den *ikonischen Logos* genannt hat.[20] Heideggers Nach-Denken sucht dabei die Polyvalenz des impliziten Denkens im Bild für das eigene philosophische Reflektieren fruchtbar zu machen. Cézannes Schlüsselbegriff der *réalisation* übersetzt Heidegger in seine Sprache als das unmittelbare „Erscheinen des Anwesenden in der Lichtung des Anwesens" – als ikonische Evidenz also, in der die „Einfalt des reinen Scheinens seiner Bilder"[21] gründet. Dies, so Heidegger in aller

---

[17] Otto Pöggeler, ‚Über die moderne Kunst'. Heidegger und Klee's Jenaer Rede von 1924, Jenaer philosophische Vorträge und Studien 13, Erlangen/Jena, 20. Zur wechselseitigen Durchdringung von Blick und Bild vgl. Georges Didi-Huberman, Was wir sehen blickt uns an. Zur Metapsychologie des Bildes, München 1999.
[18] Petzet, Auf einen Stern zugehen, 159.
[19] Hierzu vgl. Gottfried Boehm, Cézanne. Montagne Sainte-Victoire, Frankfurt am Main 1988, 34
[20] Vgl. Gottfried Boehm, Der stumme Logos, in: Alexandre Métraux/Bernhard Waldenfels (Hrsg.), Leibhaftige Vernunft. Spuren von Merleau-Pontys Denken, München 1986, 289–304; Gottfried Boehm, Das Bild und die hermeneutische Reflexion, in: Günter Figal (Hrsg.), Dimensionen des Hermeneutischen. Heidegger und Gadamer, Frankfurt am Main 2005, 23–35.
[21] Martin Heidegger, Cézanne, aus der Reihe ‚Gedachtes' für René Char, L'Herne 1971, Spätere Fassung 1974, in: Heidegger Lesebuch, hrsg. von Günter Figal, Frankfurt am Main 2007, 342.

Deutlichkeit, markiert für das Denken „die Frage nach der Überwindung der ontologischen Differenz zwischen Sein und Seiendem".[22] Cézanne wird damit nicht nur als Maler, sondern auch als *pictor philosophus* eines bildnerischen Denkens interessant. Dass der ikonische Logos dabei weit weniger fasslich bleibt als die Argumentation der philosophischen Texte und Diskurse, scheint Heidegger nicht zu stören, wenngleich er die Schwierigkeiten durchaus sieht. Gerade der Rückgang auf unmittelbare Seheindrücke und bildnerische Evidenzen bietet aber eine entscheidende Alternative zu den Kommentaren der Philosophen: „Diese Tage in der Heimat Cézannes wiegen eine ganze Bibliothek philosophischer Bücher auf. Wenn einer so unmittelbar denken könnte, wie Cézanne malte!"[23] Heidegger war daher nicht ohne Grund an einer unmittelbaren Anschauung der Kunst interessiert. Die Bilder Cézannes hatte er, wie jene Klees, zunächst in Basel kennen gelernt. Cézannes berühmten Blick auf die *Montagne Sainte-Victoire von Les Lauves aus gesehen* (1904/1906) suchte Heidegger später aber auch zu Fuß auf. Eine Fotografie vom September 1968 zeigt ihn von Bibemus aus sitzend mit Aussicht auf das Panorama der Landschaft (Abb. 2).[24] Ausflüge mit René Char in der Provence und ein Besuch in Cézannes Atelier am Chemin des Lauves prägten die späten Seminare in Le Thor.[25] Heidegger verglich dort letztlich seinen eigenen Denkweg mit dem des Künstlers.

4. Vincent van Gogh und Franz Marc

Vincent van Gogh ist der einzige moderne Künstler, den Heidegger in *Der Ursprung des Kunstwerkes* tatsächlich beim Namen nennt. Bei einer Vortragsreise nach Amsterdam im Jahre 1930 hatte Heidegger im Rijksmuseum ein Stilleben van Goghs aus dem Jahre 1886 gesehen, das dann vermutlich als Referenz für den Absatz im Kunstwerkaufsatz diente. Wie er Karl Jaspers und später auch Karl Löwith mitteilte, hatte er von van Gogh in den 1920er Jahren noch kein Bild

---

[22] Heidegger, Cézanne, 342.
[23] Hartmut Buchner, Fragmentarisches, in: Günther Neske (Hrsg.), Erinnerungen an Martin Heidegger, Pfullingen 1977, 47–51, hier 47. Vgl. hierzu auch Günter Seubold, Der Pfad ins Selbe. Zur Cézanne-Interpretation Martin Heideggers, Philosophisches Jahrbuch 94 (1987), 64–78.
[24] Vgl. Petzet, Auf einen Stern zugehen, Abb. 62.
[25] Vgl. Heidegger, Seminare, GA 15, 148.

Abb. 2: *Heidegger vor der Montagne Ste. Victoire*
Mit freundlicher Genehmigung des Erker-Archivs, St. Gallen.

„Bildnerisches Denken" 219

im Original gesehen, die Briefe jedoch bereits vor dem ersten Weltkrieg kennen gelernt.[26]

In der prominenten Passage im Kunstwerkaufsatz ging es Heidegger nun anders als später bei Klee und Cézanne nicht um eine hermeneutische Auslegung der Bilder. Die von van Gogh dargestellten Schuhe sind zu allernächst Paradigma.[27] Argumentativ betrachtet sorgt der bildliche Exkurs somit für eine Überleitung der Bestimmung von Ding, Zeug und Werk zur Rede von Welt und Erde. Heidegger benennt den illustrativen Charakter ausdrücklich, indem er „ein bekanntes Gemälde von van Gogh, der solches Schuhzeug mehrmals gemalt hat" (GA 5, 18) lediglich als „Veranschaulichung" (GA 5, 18, 21) deklariert, um eine unmittelbare Beschreibung der Begriffe zu erleichtern.[28] Heidegger setzt damit das Augenmerk nicht auf das singuläre Werk, sondern auf Sujet und Exemplum einer charakteristischen Darstellung. Das Schuhzeug ist Paradigma zum Begriff des Zeugs – das ikonographische Tableau somit wichtiger als der darstellende Stil und seine ikonische Sinnentfaltung. Nicht der bildnerische Modus des Stillebens ist argumentativ entscheidend, sondern der ikonologische Tatbestand, dass es sich um ein Schuhzeug aus dem alltäglichen Gebrauch handelt. Malweise und Farbgebung begünstigen hierbei jedoch die Argumentation. Der poröse Farbauftrag und der unakademische Duktus verleihen dem Bild eine materialevokative Qualität, die Heidegger dann in Verbindung mit dem Sujet als „Mühsal der Arbeitsschritte" (GA 5, 19) auslegt. Kolorit, Duktus und Komposition werden in der Vergegenständlichung des Bildes daher durchaus mitgesehen. Das Leuchten der Farben (vgl. GA 5, 32) bleibt dennoch in Heideggers Beschreibung unter-

---

[26] Martin Heidegger/Karl Jaspers Briefwechsel 1920–1963, hrsg. von Walter Biemel und Hans Saner, Frankfurt am Main 1990, 26; Karl Löwith, Mein Leben in Deutschland vor und nach 1933. Ein Bericht, Stuttgart 1986, 28. Zum kulturellen Zeitgeist der „existenziellen" Rezeption der Briefe van Goghs in den frühen 1920er Jahren vgl. Hans-Georg Gadamer, Selbstdarstellung, in: Gesammelte Werke, Band 2, Tübingen 1986, 479–508, hier 482 sowie Gadamer, Existenzialismus und Existenzphilosophie, in: Gesammelte Werke, Band 3, Tübingen 1987, 175–185, hier 180.
[27] Zur Debatte und „missglückten Kontroverse" zwischen Meyer Schapiro und Jacques Derrida vgl. den erhellenden Kommentar in: Boehm, Im Horizont der Zeit, 256–257; vgl. auch Michael Kelly, Iconoclasm in Aesthetics, Cambridge 2003, 20–54; Karsten Harries, Art Matters. A Critical Commentary on Heidegger's ‚The Origin of the Work of Art', Dordrecht 2009, 83–94.
[28] Vgl. Boehm, Im Horizont der Zeit, 271.

belichtet. Mit Recht wurde daher auf die mangelnde Werkanalytik im Kunstwerkaufsatz hingewiesen.

Ein ähnliches Verdikt trifft auch die Anspielung auf Franc Marc. Der Künstler des *Blauen Reiters* wird im Ursprung des Kunstwerks über das „Reh in der Waldlichtung" (GA 5, 6) nur indirekt in Erinnerung gerufen. Heidegger stellt in dieser Passage die wichtige Frage inwieweit das „Ding" als das „Leblose der Natur und des Gebrauches" von Reh, Käfer und Grashalm unterschieden werden könne. In seiner Freiburger Vorlesung vom Wintersemester 1929/30 über die *Grundbegriffe der Metaphysik* hatte Heidegger drei einschlägige Thesen formuliert, die man an dieser Stelle mitlesen sollte: „der Stein ist weltlos, das Tier ist weltarm, der Mensch ist weltbildend".[29]

Heideggers Anspielung auf Franz Marc „weltarmes", aber nicht „weltloses" Reh scheint zwei Aspekte des Kunstwerkaufsatzes näher zu verdeutlichen: Zum einen interessiert Heidegger der Schematismus in der anschaulichen Darstellung.[30] Heidegger erklärt, dass es in der Kunst eine Darstellung gibt, die weder ein Abbilden, noch eine Schematisierung im Kantischen Sinne ist:[31] „In der künstlerischen Darstellung ist ein Begriff dargestellt, der in diesem Fall das Verständnis eines Daseienden, genauer, eines mit mir in meiner Umwelt Seienden darstellt, das Verständnis eines Seienden und seines Seins in der Welt; nämlich das Im-Wald-sein des Rehes und die Art und Weise seines Im-Wald-seins ist dargestellt. Diesen Begriff des Rehes und diesen Begriff seines Seins bezeichnen wir als hermeneutischen Begriff, im Unterschied von einem puren Dingbegriff."[32] Damit erhellt sich auch die Differenz zwischen dem Wesen von Reh, Grashalm, Käfer und den einfachen Dingen im Kunstwerkaufsatz.

Es sei hierzu bemerkt, dass die Anspielung auf die „Rehe im Wald, die z.Bsp. Franz Marc gemalt hat" auch ein weiteres Indiz dafür liefert, dass Heidegger in den 1930er Jahren nicht im geringsten an Betrachtungen und Analysen von singulären Werken interessiert war. Van Gogh hinterließ schließlich eine ganze Werkgruppe unterschiedlichster *Bauernschuhe*; Franz Marc ebenso viele *Rehe im*

---

[29] Heidegger, Die Grundbegriffe der Metaphysik, GA 29/30, 273.
[30] Heidegger, Logik. Die Frage nach der Wahrheit, GA 21, 357–380 (§ 31. *Der Schematismus der reinen Verstandesbegriffe*). Ich danke Matthias Flatscher für seinen Hinweis auf diese Textstelle.
[31] Heidegger, Logik. Die Frage nach der Wahrheit, GA 21, 363–364.
[32] Heidegger, Logik. Die Frage nach der Wahrheit, GA 21, 364.

Wald.³³ Dennoch bezieht sich Heidegger auf kein konkretes Werk dieser beiden Künstler. Die späteren Klee-Notizen mit ihren Skizzen, Kompositionsanalysen und Titelbezügen zeugen indes von einem am Einzelwerk geschulten Kunstverständnis.

5. Alte Meister und die Kunstgeschichte

Im Kunstwerkaufsatz führt Heidegger neben der modernen Kunst auch ein Zitat von Albrecht Dürer an (GA 5, 58). Die Reclamausgabe aus dem Jahre 1960 bringt zudem die Widmung an einen der wichtigsten Dürerforscher des frühen 20. Jahrhunderts: Theodor Hetzer (1890–1946).³⁴ In einem späteren Brief an die Kunsthistorikerin Marielene Putscher hat Heidegger seine Wertschätzung des Widmungsträgers erneut beteuert: „Theodor Hetzer, mit dem ich am Freiburger Gymnasium auf derselben Bank saß und dem ich ein verehrendes Andenken bewahre, hat so Einleuchtendes zur Sixtina gesagt, dass jeder seinem denkkräftigen Anschauen nur immer danken kann."³⁵ Heidegger hatte Putscher zudem Gedanken über ebenjene „Sixtina" mitgeteilt – „mit dem Vorbehalt, dass es nur beiläufige Gedanken eines Unzuständigen seien".³⁶ Im Gegensatz zum kunsthistorischen Fachjargon meint Heidegger mit „Sixtina" jedoch nicht die Fresken Michelangelos in der Sixtinischen Kapelle im Vatikan, sondern das berühmte Gemälde Raffaels in der Dresdner Galerie Alte Meister.

Heidegger interpretiert die Sixtinische Madonna als „Antlitz im Sinne von Entgegenblick" und erwähnt somit auch hier eine Responsivität von Wahrnehmung und Erscheinung im Bild. Wie bereits im Kunstwerkaufsatz (vgl. GA 5, 29–32) wird die ursprüng-

---

³³ Für eine Auswahl vgl. Jacques Derrida, Die Wahrheit in der Malerei, Wien 1992, 464–465; zu Franz Marc vgl. Annegret Hoberg/Isabelle Jansen (Hrsg.), Franz Marc. Werkverzeichnis, Band 1, München 2004.
³⁴ Die gesammelten Arbeiten Hetzers zu Dürer finden sich in: Theodor Hetzer, Die Bildkunst Dürers, Schriften, Band 2, hrsg. von Gertrude Berthold, Stuttgart 1982.
³⁵ Marielene Putscher, Raphaels Sixtinische Madonna. Das Werk und seine Wirkung, Tübingen 1955, 174. Vgl. auch Martin Heidegger, Über die Sixtina, GA 13, 119–121. Für eine Kritik Heideggers an Hetzers *Gedanken um Raffaels Form* (1931) vgl. Martin Heidegger/Kurt Bauch, Briefwechsel 1932–1975, hrsg. von Almuth Heidegger, Freiburg im Breisgau 2010, 32.
³⁶ Putscher, Raphaels Sixtinische Madonna, 174.

liche *Aufstellung* des Werkes an einem Ort betont und gleichsam von der *Ausstellung* im Museum unterschieden: „Wo immer künftig dieses Bild noch „aufgestellt" sein mag, dort hat es seinen Ort verloren. [...] Das Bild irrt, verwandelt in seinem Wesen als Kunstwerk, in der Fremde."[37] Heidegger unterscheidet demnach den Sakralraum des Kultbildes von der „Fremde" des historisch-musealen Wertartefaktes in der neuzeitlichen Ausstellungssituation.[38] Heideggers „Antlitz im Sinne von Entgegenblick" erweist sich dabei geradezu als prophetische Sentenz eines komplexen Bildsinns. Wie jüngste Forschungen zeigen konnten, galten die ahnenden Blicke von Madonna und Kind einem vormals im Lettnerbereich von San Sisto in Piacenza angebrachten Kreuz. Raffaels *Sixtinische Madonna* wird so als ein Ereignisbild erfahren, dass als Kultbild einen impliziten „Entgegenblick" zunächst im Kreuz und der damit antizipierten Passion *selbst* erfährt. Der Betrachter wird hierdurch erst in zweiter Ordnung Zeuge einer raumbildlich inszenierten Antizipation der Kreuzigung. Das Bild wird folglich von dem Ort geprägt, wie es jenen gleichsam als Kultbild mit Sinn erfüllt. Dem Betrachter entbirgt sich nach Heidegger daher Wahrheit, weil Kunst und Raum nun in einem interdependenten Verhältnis der gegenseitigen Gabe zueinander stehen, sich gegenseitig gleichsam als Werk und Ort bedingen.[39]

[37] Heidegger, Über die Sixtina, GA 13, 120. Hier scheint es relevant zu bemerken, dass Gadamer in *Wahrheit und Methode* (1960) eine gegenteilige Ansicht zum Ort der Kunst vertritt, indem er den hermeneutischen Begriff der Spur einführt und so die Möglichkeit der Auslegung des Kunstwerks in seiner jeweiligen „Wirkungsgeschichte" aufrecht erhält. Nach Gadamer „beanspruchen [Kunstwerke] von sich aus ihren Platz, und selbst wenn sie deplaziert, z. B. in der modernen Sammlung untergebracht sind, lässt sich die Spur an ihnen nicht auslöschen, die in ihre ursprüngliche Bestimmung weist". (Hans-Georg Gadamer, Wahrheit und Methode, Tübingen 2010, 160) Für eine kritische Revision der ästhetischen Ortspezifik am Paradigma der Installation vgl. Juliane Rebentisch, Die Kunst und der Raum (Martin Heidegger), in: Ästhetik der Installation, Frankfurt am Main 2003, 235–262.
[38] Vgl. auch Hans Belting, Bild und Kult. Eine Geschichte des Bildes vor dem Zeitalter der Kunst, München 1990, 535.
[39] Vgl. Andreas Prater, Jenseits und diesseits des Vorhangs. Bemerkungen zu Raffaels „Sixtinischer Madonna" als religiöses Kunstwerk, Münchner Jahrbuch der bildenden Kunst 42 (1991), 117–136, hier 133: „Jenseits der dialektischen Interdependenz von Bild und Betrachter sind die Gestalten in Raffaels Altarblatt autonom. Gleichwohl ist es wie jedes Bild einer Betrachtung dargeboten, in der es seine Position selbst bestimmt. Die Erfahrung des

Inwieweit Heidegger kunsthistorische Deutungen Raffaels zur Kenntnis nahm, geht aus dem kurzen Text *Über die Sixtina* nicht hervor. Neben seinem ehemaligen Mitschüler Hetzer hatte Heidegger bereits in der Studienzeit über Wilhelm Vöge und Joseph Sauer, in den 1930er Jahren dann über Hans Jantzen und seinen Studenten Werner Körte – später auch über Kurt Badt – wichtige Einblicke in die Kunstgeschichte gewonnen. Im Wintersemester 1935/36 hielt Heidegger mit Kurt Bauch zudem ein Kolloquium mit dem Titel *Die Überwindung der Ästhetik im Fragen nach der Kunst* an der Universität Freiburg ab. Ein Briefwechsel und zahlreiche Widmungen zeugen davon, dass Heidegger dem Kunsthistoriker Bauch persönlich wie politisch sehr nahe stand.[40]

Dennoch sollten diese Einflüsse im Hinblick auf den Kunstwerkaufsatz von marginaler Bedeutung bleiben. Bereits in *Sein und Zeit* hatte Heidegger die Grenzen der Humaniora, und damit auch der Kunstgeschichte deutlich aufgezeigt.[41] *Der Ursprung des Kunstwerkes* ist noch Zeugnis dieser Distanznahme von den historischen Geisteswissenschaften.

6. Postmetaphysische Perspektiven: Eduardo Chillida, Japanische Kunst, Paul Klee

Seit dem Darmstädter Vortrag *Bauen Wohnen Denken* (1951) hatte Heidegger die Frage nach dem Raum in der Kunst aufgeworfen. Hierbei interessierten ihn besonders die Differenzen zwischen dem physikalischen, von Galilei über Newton zu Heisenberg geprägten, Raumverständnis und der spezifischen Raumgestaltung in den bildenden Künsten. Um diesen Unterschied begrifflich zu fassen übersetzte Heidegger das aristotelische τόπος sinngemäß mit Ort. Die Aufgabe der plastischen Kunst war damit die Topologie als Sinnsetzung bedeutungstragender Orte.

In Auseinandersetzung mit den Eisen- und Steinplastiken des baskischen Bildhauers Eduardo Chillida entstand 1969 die kleine

---

Betrachters, dass seine Betrachtung nachgeordnet ist und sich die Bezüge an ihm vorbei und unabhängig von ihm entfalten, ermöglicht es ihm, den Kontext nachzuvollziehen bzw. zu rekonstruieren."
[40] Heidegger/Bauch, Briefwechsel 1932–1975.
[41] Vgl. Heidegger, Sein und Zeit, GA 2, 16; Ontologie, GA 63, 57; Zum Wesen der Sprache und Zur Frage nach der Kunst, GA 74, 203–206; Die Kunst im Zeitalter der Vollendung der Neuzeit, GA 66, 35.

Schrift *Die Kunst und der Raum*. Die aristotelische Bestimmung von τόπος als Ort-Raum beschreibt in den Worten Heideggers das plastische „Ein- und Ausgrenzen" bei dem ein „geschlossenes, durchbrochenes und leeres Volumen" geprägt wird.[42] Der späte Text über *Die Kunst und den Raum* greift damit Fragen auf, die bereits im Kunstwerkaufsatz gestellt wurden: „Einmal zugestanden, die Kunst sei das Ins-Werk-Bringen der Wahrheit und Wahrheit bedeute die Unverborgenheit des Seins, muss dann nicht im Werk der bildenden Kunst auch der wahre Raum, das, was sein Eigenstes entbirgt, maßgebend werden?"[43] – Auch hier antwortet Heidegger mit einem Blick auf den Horizont von Zeit, indem er die Plastik als ein prozessuales *Räumen* und damit Öffnen von Orten definiert. Heidegger mag hierbei an Werke Chillidas, wie die *Peines del viento* gedacht haben, wenn es heißt, „die Plastik wäre die Verkörperung von Orten, die, eine Gegend öffnend und sie verwahrend, ein Freies um sich versammelt halten, das ein Verweilen gewährt den jeweiligen Dingen und ein Wohnen dem Menschen inmitten der Dinge."[44]

Heideggers Rede von der für die Plastik konstitutiven „Leere" wurde in den 1960er Jahren zudem durch eine intensivierte Auseinandersetzung mit japanischer Kultur gestützt.[45] Von der ostasiatischen Kunst her lässt sich auch Heideggers späte Wende zu Klee und zum erwähnten „Pendant" des Kunstwerkaufsatzes verstehen. In Gesprächen mit Shinichi Hisamatsu im Jahre 1958 wurde der Zen-Malerei die europäische Kunst des *Sichtbarmachens* paradigmatisch gegenübergestellt.[46] Für Heidegger war die Sichtbarmachung im Bild nun nur noch Hindernis auf dem Weg zur Überwindung der abendländischen Metaphysik. In den „Klee-Notizen" wird der Werkbegriff letztlich ganz aufgegeben. Heidegger führt ihn auf ἔργον und

---

[42] Heidegger, Die Kunst und der Raum, GA 13, 204. Vgl. Heidegger, Kunst und Raum, GA 74, 197–200.
[43] Heidegger, Die Kunst und der Raum, GA 13, 206.
[44] Heidegger, Die Kunst und der Raum, GA 13, 208.
[45] Vgl. Hartmut Buchner (Hrsg.), Japan und Heidegger. Gedenkschrift der Stadt Meßkirch zum hundersten Geburtstag Martin Heideggers, Sigmaringen 1989. Juliane Rebentisch hält für 1969 sogar eine Einflussnahme von Installation und Diskursivität der Minimal Art für möglich. Vgl. Rebentisch, Ästhetik der Installation, 257.
[46] Vgl. Pöggeler, ‚Über die moderne Kunst'. Heidegger und Klee's Jenaer Rede von 1924, 21. Vgl. außerdem Shinichi Hisamatsu/Martin Heidegger, Wechselseitige Spiegelung, in: Buchner (Hrsg.), Japan und Heidegger, 189–192.

„Bildnerisches Denken" 225

ἐνέργεια zurück, und damit auf eine metaphysische Begrifflichkeit. Mit dem Spätwerk von Klee kann Heidegger den Begriff von Bild (εἶδος) und Werk (ἔργον) in Frage stellen. *Sein* und *Kunst* werden gleichsam nebeneinander kreuzweise durchgestrichen. Klee schien Heidegger hier, wie auch Chillida oder die japanische Kunst, einen möglichen Ausweg zu bieten. So spricht Heidegger in den Klee-Notizen von einem „Wandel der Kunst" und dem „Wandel des Werks".[47] Günter Seubold hat sich um ausführliche Deutungen dieser späten, im Fragment gebliebenen Andeutungen bemüht.[48]

Wir können abschließend noch einmal zu Klees *Wege des Naturstudiums* (1923) und dem Schema zurückkehren (Abb. 1). Im Kunstwerkaufsatz zitiert Heidegger Dürers Worte: „Denn wahrhaftig steckt die Kunst in der Natur, wer sie heraus kann reißen, der hat sie." (GA 5, 58) Das Kunstwerk als Aufriss, Grundriss und Umriss kann als eine *Zeichnung* inmitten der Natur verstanden werden, die öffnend aufreißt und damit bergend verschließt. Wenn das so ist, dann konnte gerade deshalb Klee schreiben, dass die Zwiesprache mit der Natur auch in der Moderne noch eine *conditio sine qua non* bleibt. Diese Zwiesprache ist mit der Rede von Bild und Abbild, Nachahmung und Imitation nicht befriedigend zu verhandeln, sondern bedarf vielmehr der Bestimmung einer Wende bei Künstlern wie Klee und Cézanne. Das Begriffsregister der kunsthistorischen Moderne griff hier mit Theorien der Abstraktion und Avantgarde oft zu kurz.

In der Folge Heideggers hat Hans Blumenberg den „Wandel der Kunst" in der Moderne in einem breiteren geschichtlichen Ablauf als zunehmende Entmimetisierung beschrieben und damit letztlich als postmimetische Wende zu einer „Vorahmung der Natur" konnotiert. In diesem Vorgehen hat Blumenberg bei Paul Klee den tiefsten Ausdruck seiner Bilder erblickt, „[...] in denen sich das Uralte, Immer-Gewesene eines Urgrundes der Natur in neuer Überzeugungskraft zu erkennen gibt".[49]

---

[47] Vgl. Seubold, Heideggers nachgelassene Klee-Notizen, 11.
[48] Vgl. Günter Seubold, Kunst als Enteignis. Heideggers Weg zu einer nicht mehr metaphysischen Kunst, zweite Auflage, Bonn 2005. Nach erneuter Einsichtnahme scheint dem Autor eine umfassende Auslegung der Klee-Notizen zum jetzigen Zeitpunkt als zu spekulativ. Mein Dank gilt dem Nachlassverwalter Dr. Hermann Heidegger.
[49] Hans Blumenberg, ‚Nachahmung der Natur'. Zur Vorgeschichte der Idee des schöpferischen Menschen, in: Wirklichkeiten in denen wir leben. Aufsätze und eine Rede, Stuttgart 1981, 55–103, hier 92–94.

Fredrik Westerlund

Heideggers Transformation der Phänomenologie in *Der Ursprung des Kunstwerkes*

Heideggers Essay *Der Ursprung des Kunstwerkes* bietet nicht nur eine ausführliche Auseinandersetzung mit der Frage nach dem Wesen der Kunst; er ist auch ein wesentlicher Teil von Heideggers Bestreben Mitte der 1930er Jahre, seine phänomenologische Grundhaltung zu überprüfen und neu zu gestalten. Um zu sehen, was hier auf dem Spiel steht, müssen wir zunächst verfolgen, wie Heideggers frühes Denken als eine kritische Weiterentwicklung aus Edmund Husserls Phänomenologie hervorgeht.[1]

1. Husserls phänomenologisches Programm

Die phänomenologische Grundhaltung kommt zum emblematischen Ausdruck in Husserls Schlagwort „Zu den Sachen selbst!".[2]

---

[1] Zu Heideggers Konzeption der Phänomenologie vgl. etwa Steven Crowell, Husserl, Heidegger, and the Space of Meaning. Paths toward Transcendental Phenomenology, Evanston IL 2001; Daniel Dahlstrom, Heidegger's Concept of Truth, Cambridge 2001; Günter Figal, Heidegger und die Phänomenologie, in: Günter Figal, Zu Heidegger. Antworten und Fragen, Frankfurt am Main 2009, 43–54; Klaus Held, Heidegger und das Prinzip der Phänomenologie, in: Annemarie Gethmann-Siefert/Otto Pöggeler (Hrsg.), Heidegger und die praktische Philosophie, Frankfurt am Main 1988, 111–139; Friedrich-Wilhelm von Herrmann, Hermeneutik und Reflexion. Der Begriff der Phänomenologie bei Heidegger und Husserl, Frankfurt am Main 2000, sowie Søren Overgaard, Husserl and Heidegger on Being in the World, Dordrecht/Boston/London 2004.

[2] Vgl. Edmund Husserl, Philosophie als strenge Wissenschaft, in: Aufsätze und Vorträge (1911–1921), Husserliana XXV, hrsg. von Thomas Nenon und Hans Rainer Sepp, Dordrecht 1987, 3–62, hier 61.

Soll die Philosophie je eine strenge Wissenschaft werden können, muss sie alle überlieferten Vorurteile und theoretischen Konstruktionen vermeiden und sich einzig an die Sachen selbst halten, so wie sie in unserer Erfahrung anschaulich gegeben sind. Doch, was bedeutet es, dass sich etwas als Phänomen in der Erfahrung gibt, und was heißt es, solche Phänomene zu sehen und zu beschreiben?

Husserl definiert die phänomenale Gegebenheit primär als die konkrete Anwesenheit einer Sache für den intuitiven Blick des Bewusstseins. Laut Husserl weist das menschliche Bewusstsein eine intentionale Struktur auf: unser Sehen ist wesentlich ein Sehen von *etwas*, unser Grübeln ist immer ein Nachdenken über *etwas*. Husserls Begriff der Intentionalität bewirkt so eine Aufhebung der traditionellen Auffassung des Bewusstseins als einer inneren Sphäre, die überschritten werden muss, um wahre Erkenntnis der äußeren Welt zu erreichen. Dass die Bewusstseinsakte intentional sind, bedeutet, dass sie nicht auf innere Vorstellungen oder Empfindungen gerichtet sind, sondern unmittelbar auf die Sachen selbst, die sie meinen. Entsprechend sind die Sachen der Welt nur zugänglich als konkret gegebene Sinneinheiten in Korrelation mit bestimmten Bewusstseinsakten. Letztlich ist Husserls phänomenologisches Programm vom Anspruch geleitet, durch die „phänomenologische Reduktion"[3] ein strikt reflexives Studium der phänomenalen Korrelation zwischen verschiedenen Gegenstandstypen und verschiedenen Akttypen zu vollziehen, um damit die transzendentalen Grundstrukturen freizulegen, die sowohl unsere wesentlichen Erfahrungsmöglichkeiten als auch die Seinssinne der Welt *a priori* bestimmen.

Obgleich Husserl durch seine Analyse der Intentionalität die epistemologische Frage nach dem Verhältnis zwischen Seele und Welt auflöst und entschieden den Seinssinn der Welt in den Erfahrungen, in denen er sich zeigt, verankert, gelangt er nie zu einer klaren Fassung der intentionalen Korrelation selbst.[4] Dieses Versagen beruht am Ende darauf, dass Husserls Begriff der Intentionalität wesentlich auf dem Grunde einer unmittelbaren theoretischen Anschauung

---

[3] Edmund Husserl, Ideen zu einer reinen Phänomenologie und phänomenologischen Philosophie, Husserliana III.1, hrsg. von Karl Schumann, Den Haag 1976, 106.
[4] Vgl. Günter Figal, Gegenständlichkeit. Das Hermeneutische und die Philosophie, Tübingen 2006, 149–151; vgl. auch Fredrik Westerlund, Phenomenology as Understanding of Origin. Remarks on Heidegger's First Critique of Husserl, in: Friederike Rese (Hrsg.), Heidegger und Husserl im Vergleich, Frankfurt am Main 2010, 34–56, hier 43–52.

aufgebaut ist, die exemplarischen Charakter hat. Husserls Versuch, den Ursprung des phänomenalen Sinnes zu erklären, durchziehen so Unklarheiten und weitreichende Ambivalenzen: Auf der einen Seite neigt Husserl dazu, die Seinssinne der Welt auf die Bewusstseinsakte, in denen sie konstituiert sind, zurückzuführen, wobei er wiederholt die Aspekte der Zeitlichkeit, der Intersubjektivität und der geschichtlichen Sedimentierung hervorhebt; auf der anderen Seite gibt Husserl niemals die Grundtendenz auf, den phänomenalen Sinn auf ursprüngliche Wesensanschauungen zu begründen, seien diese nun als unmittelbare Intuitionen von Sinngestalten, oder als abstrahierende Wesensvariationen auf der Basis einzelner Beispiele konzipiert.

2. Heideggers hermeneutische Phänomenologie

Als Heidegger Anfang der zwanziger Jahre als eigenständiger Philosoph hervortritt, übernimmt er Husserls phänomenologische Grundforderung, sich an das erfahrungsmäßig Gegebene zu halten. Gleichzeitig forciert er aber kritisch die Frage nach dem Wesen der phänomenalen Gegebenheit.

Heideggers früher Begriff der Phänomenalität erhält seine maßgebliche Artikulation in *Sein und Zeit* von 1927. Die Einleitung des Buches bietet eine vorläufige Definition: das Wort „Phänomen", φαινόμενον, bedeute „*das Sich-an-ihm-selbst-zeigende, das Offenbare*";[5] „Phänomenologie" besage „ἀποφαίνεσθαι τὰ φαινόμενα: Das was sich zeigt, so wie es sich von ihm selbst her zeigt, von ihm selbst her sehen lassen".[6] Heideggers ganze Daseinsanalytik lässt sich als eine lange Präzisierung der Struktur von Phänomenalität lesen.

Während Husserls Begriff der Intentionalität auf der theoretischen Anschauung basierte, geht Heidegger in seiner Auslegung der Grundverfassung des Daseins als „In-der-Welt-sein" von unserer vortheoretischen Erfahrung der Umwelt aus.[7] Zunächst, meint Heidegger, erfahren wir das Seiende nicht als „vorhandene" Gegenstände für ein theoretisches Betrachten, sondern als „Zeug", das uns in einer greifbaren Weise „zuhanden" ist in unserem praktischen

---

[5] Heidegger, Sein und Zeit, GA 2, 38.
[6] Heidegger, Sein und Zeit, GA 2, 46.
[7] Heidegger, Sein und Zeit, GA 2, 71.

Heideggers Transformation der Phänomenologie 229

Umgang mit der Welt.[8] Das einzelne Zeug ist wesentlich „etwas, um zu";[9] es bietet sich dar als ein Moment innerhalb der Bedeutungs- und Zweckzusammenhänge des Daseins, welche, zusammengenommen, dessen Welt ausmachen. Laut Heidegger ist das Dasein von Anfang an in eine geschichtliche Welt hineingeworfen, die es immer schon in einer unthematischen Weise versteht. Dieses geworfene Weltverständnis des Daseins bildet so den äußersten Grund für die Erfahrung des einzelnen Seienden *als* bedeutungsvolles Phänomen.

Heideggers radikale Verankerung der intentionalen Erfahrung im geschichtlichen Weltverständnis des Daseins bringt mit sich eine Hermeneutisierung seines phänomenologischen Ansatzes. Es gehört, so Heidegger, zur Faktizität des Daseins, dass wir zunächst und zumeist in einer entwurzelten und vorurteilsvollen Tradition leben. Um uns von dieser Tradition frei zu machen und ein ursprünglicheres Verstehen zu erreichen, können wir nicht auf unsere anschauende Erfahrung vertrauen, die immer schon von tradierten Erfahrungsmustern – kurz: der Tradition – geführt ist. Stattdessen verlangt eine solche Befreiung die „Destruktion" der überlieferten Begriffe „auf die ursprünglichen Erfahrungen, in denen die ersten und fortan leitenden Bestimmungen des Seins gewonnen wurden".[10]

Dennoch weist Heideggers destruktives Programm einen lockereren Bezug zur konkreten Daseinsanalyse auf, als er es selbst glauben möchte. Wenngleich Heidegger eine durchgehend kritische Reflexion der traditionellen Begriffe, die unsere Untersuchungen zu leiten pflegen, betreibt, schlägt diese hermeneutische Praxis doch ständig in das Bestreben um, durch unmittelbare phänomenologische Auslegungen der Erfahrungsstrukturen des Daseins unseren Begriffen einen konkreten Sinn wiederzugeben. Dieser Zwiespalt reicht tief. Sobald Heidegger seine Historisierung der phänomenalen Erfahrung unternimmt, droht die kritische Unterscheidung zwischen geschichtlichem Vorurteil und geschichtlichem Ursprung zusammenzubrechen. In *Sein und Zeit* ist Heidegger noch nicht imstande, die entscheidende Frage zu beantworten: Wie erkennen und wiederholen wir die ursprünglichen geschichtlichen Seinsbestimmungen, die am Ende unser Verstehen tragen und binden? Daher ist er immerfort gezwungen, in eine Art traditioneller phäno-

---

[8] Heidegger, Sein und Zeit, GA 2, 93.
[9] Heidegger, Sein und Zeit, GA 2, 92.
[10] Heidegger, Sein und Zeit, GA 2, 30.

menologischer Beschreibung zurückzufallen, die seine Analyse der Phänomenalität streng genommen verbietet.

3. Der Ursprung des Kunstwerkes und die Frage nach dem Ursprung der Phänomenalität

Es ist keine Übertreibung, zu behaupten, dass Heideggers spätes Denken im Ganzen in der Aufgabe zentriert ist, den Ursprung der phänomenalen Welt im Grundgeschehen des Seins – das er vornehmlich „das Ereignis"[11] nennen will – zu bedenken. Während Heideggers Augenmerk in *Sein und Zeit* primär auf die Auslegung der Sinnstrukturen, die immer schon die Phänomenerfahrung des Daseins bestimmen, gerichtet war, stellt er jetzt die Frage nach der „Wahrheit" oder „Offenheit" des Seins selbst:[12] Wie sollen wir das Ereignis verstehen, das allererst eine Welt eröffnet und von sich her erscheinen lässt? *Der Ursprung des Kunstwerkes* ist ein Versuch, die zentrale Rolle der Kunst in der Bewerkstelligung des Geschehens des Seins zu artikulieren.

Der Kunstwerkaufsatz beginnt mit der Frage nach dem dinglichen Charakter des Kunstwerkes. Nachdem Heidegger den Begriff des Dinges als eines vorhandenen Objekts zurückgewiesen hat, verwirft er aber auch die Idee des Dinges als eines zuhandenen Zeuges. Charakteristisch für das Zeug ist, dass das Material ganz der Form unterstellt ist, wobei sowohl Form als auch Stoff letztlich von der Dienlichkeit des Zeuges mit Bezug auf die Zwecke des Menschen bestimmt sind. Laut Heidegger vermag jedoch das Modell des Zeuges als geformter Stoff weder der spezifischen „Eigenwüchsigkeit" (GA 5, 13) der Dinge noch dem „Insichstehen" (GA 5, 25) des Kunstwerkes Rechnung zu tragen. Da Heidegger seine frühe Analyse der Phänomenalität gerade auf der Zeugerfahrung gründete, eröffnet seine Kritik des Zeuges eine grundsätzliche Umwertung seines Begriffs der Phänomenalität. Die Analytik in *Sein und Zeit* ließ nicht nur den stofflichen Aspekt der Phänomene ganz in ihrer Bedeutungsfunktion verschwinden. Indem Heidegger von der Zeugerfahrung ausging, um ihren strukturellen Grund in dem vorangehenden Weltverständnis des Daseins auszulegen, vernachlässigte er es auch, die Frage nach dem Ursprung des Weltverständnisses

---

[11] Heidegger, Beiträge zur Philosophie, GA 65, 30.
[12] Heidegger, Grundfragen der Philosophie, GA 45, 189–190.

radikal zu stellen. Daher rührt Heideggers Unvermögen in *Sein und Zeit* nachzuweisen, wie die geschichtliche Welt uns als ein insichstehender Bedeutungszusammenhang anzugehen vermag.

Das Ziel Heideggers in *Der Ursprung des Kunstwerkes* besteht darin, zu beschreiben, wie das Kunstwerk eine „Welt eröffnet" (GA 5, 28), indem es den Streit zwischen „Welt" und „Erde" ins Werk setzt (GA 5, 35). Die Kunst, so wie Heidegger sie versteht, ist nicht nur Wiedergabe von schon gegebenen Bedeutungen. Vielmehr ist es nur dadurch, dass das Kunstwerk die Bedeutungsbahnen, die in unserer Geschichte liegen, zu einer einheitlichen Ganzheit zu fügen und zu versammeln vermag, dass eine Welt entstehen und erscheinen kann. In ursprünglicher Weise geschieht dies in der Dichtung, die die Sprache stiftet, die so „das Seiende *zu* seinem Sein *aus* diesem ernennt" (GA 5, 61). Dennoch ist die stiftende Leistung des Kunstwerkes nach Heidegger kein frei schaffender Weltentwurf, sondern ist wesenhaft gebunden: Erstens ist das Kunstwerk genötigt, die Winke, die als eine Art äußerste, noch unentschiedene Bestimmungen uns immer schon aus unserer Geschichte zugeworfen sind, zu empfangen und zu vollenden;[13] zweitens muss das Kunstwerk die Welt auf die Erde zurückstellen, welche, im Sinne einer dunklen und eigenwüchsigen natürlichen Materialität, allein der Bedeutungen der Welt ihre volle stoffliche Konkretion zu schenken vermag. Indem das Kunstwerk die leitenden Bedeutungsbahnen der Welt auf dem Grunde des Zuwurfs der Geschichte und der Eigenwüchsigkeit der Erde zu versammeln vermag, eröffnet es die Welt als die einheitliche und kraftvolle Gestalt eines Schicksals.

Heideggers Betrachtung der Kunst ergibt tiefgreifende Konsequenzen für seinen Begriff der Phänomenalität. In *Der Ursprung des Kunstwerkes* geht es Heidegger darum, die Einheit und den Halt der phänomenalen Welt auf das vom Kunstwerk vollzogene Grundgeschehen des Seins zurückzuführen. Doch insofern die Bedeutungsbezüge der Welt ihren Ursprung in diesem Geschehnis haben, lassen sie sich nicht mehr schlechthin als Phänomene, die sich selbst für eine direkte Anschauung oder thematisierende Auslegung zeigen können, bestimmen. Nach Heideggers Analyse ist jede phänomenale Bedeutung von Anfang an gleichermaßen auf den geschichtlichen Zuwurf des Seins, auf das Dunkel der Erde und auf die schaffende Versammlung dieser Aspekte zu einer konkreten Gestalt im Kunstwerk angewiesen und gegründet: das, was sich als sich selbst zeigt,

---

[13] Vgl. Heidegger, Hölderlin und das Wesen der Dichtung, GA 4, 45–46.

verweist so von sich her auf das fundamentale Ereignis des Seins als seinen phänomenologisch unbegründbaren Ursprung. Dieser Gedankengang wird später von Heidegger weiterentwickelt, indem er „das Ding" als „das maßgebende Wirkliche" erörtert.[14] Das Ding, so wie Heidegger es dann auslegt, sei nichts als der je einzige konkrete Kreuzungspunkt, der die Grundbezüge des Seinsgeschehnisses in sich „versammelt".[15] Diese Bezüge werden nunmehr als „das Geviert" zusammengefasst: das „Spiegel-Spiel der Einfalt von Erde und Himmel, Göttlichen und Sterblichen".[16]

Heideggers Neubestimmung der Phänomenalität führt auch zu einer Umwandlung seines phänomenologischen Ansatzes, obwohl diese Frage in *Der Ursprung des Kunstwerkes* noch nicht erörtert wird. In der späten Anthologie *Zur Sache des Denkens* kehrt Heidegger wieder zur Frage der Phänomenologie zurück in der Absicht, ein neues Verständnis der Aufgabe und spezifischen Strenge seines Denkens zu gewinnen. Der Schlüsseltext, *Das Ende der Philosophie und die Aufgabe des Denkens* von 1964, entfaltet sich als eine Besinnung über den Sinn der phänomenologischen Maxime „Zu den Sachen selbst!". Heidegger insistiert auf den Vorrang der Sache vor der Methode: Nur sofern das Denken im Stande ist, auf seine Sache zu achten, kann es als eine qualifizierte Weise, der Sache zu entsprechen, hervorgehen. Jetzt nennt Heidegger die Sache des Denkens „die Lichtung":[17] die freie Offenheit, in der Seiendes überhaupt anwesen und sich zeigen kann. Die Lichtung sollte also nicht mit der geöffneten Bedeutungswelt selbst verwechselt werden, verweist vielmehr auf das Grundgeschehen, das, wie es im Kunstwerkaufsatz heißt, jede solche Welt eröffnet. Als Offenheit für alle Phänomenalität ist die Lichtung selbst kein Phänomen: Gerade weil die Lichtung ein „Ur-phänomen" ist – also: ein Ursprung der Phänomenalität – „müßten wir" sie eher eine „Ur-sache" nennen.[18] Mit „Sache" meint Heidegger aber solches, was „für das Denken noch strittig, der Streitfall ist".[19] Demgemäß bekundet sich die Lichtung nicht für das Denken als etwas, was sich zeigt; sie tut sich vielmehr kund als das Strittige und Beunruhigende, das unsere gängige phänomenale

---

[14] Heidegger, Das Ding, GA 7, 172.
[15] Heidegger, Das Ding, GA 7, 175.
[16] Heidegger, Das Ding, GA 7, 181.
[17] Heidegger, Zur Sache des Denkens, GA 14, 81.
[18] Heidegger, Zur Sache des Denkens, GA 14, 81.
[19] Heidegger, Zur Sache des Denkens, GA 14, 75.

Heideggers Transformation der Phänomenologie 233

Welt umspannt und konstituiert als deren sich ständig entziehender Ursprung. Die Aufgabe des Denkens wäre so die folgende: Ausgehend vom geschichtlichen Seinsverständnis, in dem wir immer schon leben, fragt das Denken zurück in dessen strittigen und unbegründbaren Ursprung. Indem das Denken den Ursprung der jeweiligen Welt in der Lichtung und im Ereignis des Seins aufspürt, erwirkt es, so Heidegger, eine Befreiung aus dem metaphysischen Impuls zu einer philosophischen Grundlegung und bereitet so die Möglichkeit vor, die phänomenale Welt, als das endliche Schicksal, das sie ist, sein zu lassen.

So ist es am Ende Heideggers intensiviertes Fragen nach dem Ursprung der Phänomenalität, das ihn über die Phänomenologie hinaus in den Versuch leitet, die geschichtliche Selbstgegebenheit des Seins als Schicksal zu bedenken.

Jerome Veith

Dichten, Denken, Sagen

Wirkungen des Kunstwerkaufsatzes im späteren Sprachdenken Heideggers

Beim ersten Blick in das späte Werk *Unterwegs zur Sprache* sieht es vielleicht so aus, als sei Heideggers Wendung zur Dichtung ein Rückzug in literarische Themen oder der Versuch, dichterische Sprache zur Bestätigung seiner schon etablierten Gedanken zu gebrauchen. Doch auch wenn Heideggers philosophische Erfahrung seit *Sein und Zeit* gewiss eine ‚Sprachnot' erzeugt, ist die spätere Entwicklung kein Notbehelf. Nötig ist nicht die Hilfe einer anderen Disziplin, einer frischen Fachsprache, „keine neue Sprache, aber ein gewandeltes Verhältnis"[1] zum traditionell-metaphysischen Begriff der Sprache. Es ist die Notwendigkeit, den „rechten Begriff von der Sprache" (GA 5, 61) zu entdecken, und für diese Aufgabe erweist sich die Dichtung als wesentlich.

Heidegger deutet diese Rolle schon an, wenn er gegen Ende des Kunstwerkaufsatzes behauptet, die „Poesie, die Dichtung im engeren Sinne, [sei] die ursprünglichste Dichtung im wesentlichen Sinne," und dass die Poesie „sich in der Sprache [ereignet], weil diese das ursprüngliche Wesen der Dichtung verwahrt" (GA 5, 62). Liest man sie zusammen, unterstützen zwei getrennte Stellen des Aufsatzes diese Behauptung der Zentralität der Poesie. Erstens erwähnt Heidegger bei der Beschreibung des im Kunstwerk geschehenden Streites unter anderen Beispielen auch das dichterische Werk, in dem „das Wort erst wahrhaft ein Wort wird und bleibt" (GA 5, 34). Das Wort vermag bedeutsam zu sprechen und dabei eine Welt aufzustel-

---

[1] Martin Heidegger, Vorwort: Brief an Pater Richardson, in: William J. Richardson, Heidegger. Through Phenomenology to Thought, Den Haag 1963, xxiii.

Dichten, Denken, Sagen

len, aber dieses Sprechen bleibt erdhaft und sichverbergend, bleibt also in seiner Nennkraft unergründlich. Diese Kraft kehrt in einer zweiten Passage wieder, in der die Sprache als dasjenige charakterisiert wird, das Seiendes erst „zum Wort und zum Erscheinen" (GA 5, 61) bringt. Hier wird das Nennen mit dem entwerfenden Sagen der Dichtung, im weiten Sinne des Erscheinenlassens, gleichgesetzt. Da dieses nennende Sagen, das allen einzelnen Sprachen zugrunde liegt, erst Seiendes in die Unverborgenheit bringt, und da im Kunstwerk reflexiv jenes *factum est* hervorragt, „daß Unverborgenheit des Seienden hier geschehen ist" (GA 5, 53), könnte man vom dichterischen Werk sagen, es vollziehe diese Reflexivität in einer intensiven oder ‚reinen' Weise, indem es die Sprache selbst in ihrer ursprünglichen „Nennkraft" (GA 5, 32) hervorbringt. Deshalb ist es konsequent, dass Heidegger seine Sprachphilosophie in *Unterwegs zur Sprache* in Gedichtinterpretationen weiterentwickelt.

1.

Die Wendung zur Dichtung ist nicht nur konsequent, sondern auch zutiefst notwendig. Denn obwohl die Ressourcen für die obige Argumentation im Kunstwerkaufsatz vorliegen, wird sie dort nicht ausdrücklich entfaltet. So wirken die Behauptungen Heideggers über die Poesie nicht als Erläuterungen, sondern als nachklingende und zugleich verlockende Fragen. Ziel dieses Beitrags wird es daher sein, diesem Eindruck in das spätere Sprachwerk nachzufolgen, wo sowohl die „ausgezeichnete Stellung" (GA 5, 61), die Heidegger der Poesie zuschreibt, als auch die Konzeption der Sprache selbst an Deutlichkeit gewinnen.

Wenn Heidegger sich mit *Unterwegs zur Sprache* direkt dem Thema der Sprache nähert, und, um ihre Beschränkung auf externe Begründungen zu vermeiden, ein Phänomen aufsucht, das die Sprache in ihrer ‚reinen' Funktion vollzieht, wendet er sich an Dichter, denen er zutraut, die Sprache auf reflexive Weise ‚sprechen' zu lassen. Bei der Lektüre des Gedichtes *Winterabend* von Georg Trakl vermerkt Heidegger zu Beginn dessen Fähigkeit, durch Beschreibung des Schneefalls und Glockengeläuts nicht nur einzelne Dinge zu nennen, sondern die *Zeit* eines Winterabends erscheinen zu lassen. Dies kann nur geschehen, indem Worte ganze Szenen hervorbringen, anstatt als stellvertretende Titel zu fungieren. Überdies nennen die Worte den Winterabend nicht in solcher Weise, dass sie das gastliche Haus und den bereiteten Tisch als vorhanden vorstellen, sondern indem sie diese Dinge näher ‚rufen.' Dieses Rufen, während es Dinge ‚her-ruft' und in Anwesenheit näher bringt, ruft immer auch ‚hin' zu den Weltgegenden, deren verschiedene Arten der Kontingenz die Dinge umschatten.[2] Das Nennen des Hauses ist zum Beispiel tatsächlich ein rufender Verweis auf ein Ding, aber das Haus trägt seine eigenen Verweise auf die menschliche Welt: Es verweist auf die Suche nach Unterkunft und Bewahrung und so auf die Sterblichkeit und Rückbindung des Menschen an die Erde. Diese Weltverweise sind jedoch weder als Eigenschaften des Dinges zu entdecken, noch auf solche Eigenschaften zu reduzieren. Dagegen begleiten sie das gerufene Ding gerade als bergendes Abwesen.[3]

Dass jeder Ruf oder Verweis diese Abwesenheit mit sich führt, bedeutet, dass jedes Nennen einen tiefgründigen Unterschied erscheinen lässt, eine einzige ‚Mitte' die zwischen jeglichem Ding und seiner Welt besteht.[4] Als die eigentlich notwendige Basis für alle Beziehung zwischen Ding und Welt muss auch der Unterschied in der Sprache des Gedichtes auftreten. Von der Sprache im Gedicht kann man sogar behaupten, sie sage nichts anderes *als* diesen Unterschied selbst, denn sie verweist weder direkt auf die Eigenschaften des Dinges, noch auf die Welt, die so herbeigerufen wird, sondern auf die Möglichkeit eines bedeutsamen Verweises zwischen Ding und Welt und damit auf deren fundamentalen Unterschied. Als Ermöglichung dieser Referenz ‚läutet' der Unterschied gleichsam durch jeden Sprachgebrauch hindurch wie ein Glockenton, der sozusagen an der Schwelle zu einer umgrenzten Bedeutung steht. Doch als Bedingung der für die Referenz notwendigen Offenheit kann auf den Unterschied selbst nicht direkt verwiesen werden. Der Unterschied der Referenz wird nicht selbst ‚gerufen', genannt oder ausgesprochen, sondern erscheint als ‚Stille.'[5]

Hier wird, wie im Kunstwerkaufsatz, das Wesen der Sprache als hervorbringendes Ereignis konzipiert, das ursprünglicher geschieht als einzelne Sprachen und Sprechakte. Diese hören immer schon den Unterschied, und wirken aus ihm heraus, wenn sie bedeutende Worte zum Verlauten bringen. Trakls Gedicht bietet einen Weg, diese stille,

---

[2] Vgl. Michael Steinmann, Die Offenheit des Sinns. Untersuchungen zu Sprache und Logik bei Martin Heidegger, Tübingen 2008, 325–389.
[3] Vgl. Heidegger, Unterwegs zur Sprache, Die Sprache, GA 12, 19.
[4] Vgl. Heidegger, Die Sprache, GA 12, 22–23.
[5] Vgl. Heidegger, Die Sprache, GA 12, 26–27.

doch durchdringende Dimension zu erkennen und könnte so schon einen Schritt zu einer verwandelten Beziehung zur Sprache liefern, die der Gefahr ausweicht, die Sprache zu technisch zu behandeln. Allerdings ist ein „echtes Hören" nach Heidegger eine Beziehung, in der man der Sprache nicht nur nachsinnt und -fragt, sondern in der man dieser entgegnet und in ihr zu wohnen lernt.[6]

Diesen Lernprozess findet Heidegger in Stefan Georges Gedicht *Das Wort*, in dem ein Dichter von seiner Erfahrung mit der Sprache berichtet. Nachdem ein Schatz seiner Hand entrinnt, weil er nicht dazu fähig ist, ihn zu nennen, schließt er: „Kein ding sei wo das wort gebricht",[7] und verzichtet auf seine bisherige Einstellung zu Worten, in der diese als greifbare und ihre Sache treffende Namen für vorhandene Dinge galten. Der Dichter, der nun kein Meister des Wortes mehr ist, lässt sich auf die Fähigkeit des Wortes ein, Dinge allererst ins Sein zu bringen. In diesem Anvertrauen ist der Verzicht des Dichters jedoch keine Verweigerung des Sprechens, denn immerhin kann er von seiner Erfahrung noch erzählen und wohnt so noch, wie Heidegger schreibt, im *Sagen* der Sprache. Sagen meint dabei aber nicht etwa den Sprechakt oder das wörtlich Gesagte, sondern das zeigende Erscheinenlassen der Welt, das der Sprache innewohnt. Dieses Sagen gibt den Dingen erst ihr Sein, aber es kann deshalb am ontologischen Status der Dinge nicht teilhaben: Das Sagen selbst kann nichts Gegebenes sein. Heidegger vermutet daher, der „reiche und zarte" Schatz, den der Dichter in sein Land nicht hereinbringen kann, sei das eigentliche „verborgene Wesen (verbal) des Wortes", der verschleierte Name für das sagende Schenken der Sprache.[8] Indem der Dichter dieses Sagen als stilles Entsagen vor jedem Sprechen erfährt, scheint es, als könne er diesem Schenken gegenüber höchstens staunen, dass ‚es' die Sprache ‚gibt.'[9]

Das Wohnen in der Sprache umfasst demnach eine bestimmte Haltung gegenüber ihrem Ereigníscharakter, aber so sehr George auch auf das Erstaunliche dieses Ereignisses und seiner kontinuierlichen ‚Wesung' anspielen kann, und so sehr sein Sprechen sich im Gefolge des Entsagens sogar verändert, bleibt dennoch unklar, „was dann *sprechen* heißt".[10] Immerhin gehört es zur Sprache, zu

---

[6] Vgl. Heidegger, Die Sprache, GA 12, 29–30.
[7] Vgl. Heidegger, Das Wesen der Sprache, GA 12, 153.
[8] Heidegger, Das Wort, GA 12, 223.
[9] Vgl. Heidegger, Das Wesen der Sprache, GA 12, 182.
[10] Heidegger, Das Wesen der Sprache, GA 12, 190.

verlauten, also bedarf es einer angemessenen Charakterisierung des Sprechens, die jedoch, im anderen Extrem, eine schlichte Reduktion auf sinnliche Phänomene der Lauterzeugung vermeidet.

Für Heidegger ist Hölderlin einer der wenigen, dem diese Aufgabe gelingt, wenn er das verlautete Wort die „Blume des Mundes" nennt.[11] Diese Formulierung bezeugt das ständige Wachstum der Sprachformen und impliziert einen Grund, in dem die Bewegung des Wortes, ihr Wachsen und Blühen, verwurzelt ist. Laut Heideggers Interpretation ist dieser Grund die Erde, die als eine unsere Sterblichkeit stützende Weltgegend vom Schenken der Sprache erschlossen wird. Unser Sprechen mag Dinge nennen und den unterschiedlichen Bezügen der Weltgegenden angehören, doch da diese erst durch das Sagen der Sprache gegeben sind, ist unser Sprechen letztendlich der Versuch, dieser Sage zu entsprechen. Diesen Schluss sollten wir jedoch nicht aus dem ziehen, was Hölderlin ‚metaphorisch' über das Wort sagt, sondern aus der Weise, wie er es hervorbringt. Im eigentlichen Hören auf die Sprache entdeckt Hölderlin unser Sprechen als eine Fortführung der Transfiguration desjenigen, in dem wir immer schon wohnen. Beispiel einer solchen Überschreitung und Bindung an die Erde sind die Mundarten, die als Auswüchse der Landschaft und Lebensweisen nicht bloße phonetische Bewegungen sind, sondern aus den „tragenden Beziehungen"[12] zur Welt sprechen und sie zugleich auch verleiblichen. Ein weiterer von Heidegger verehrter Dichter, Johann Peter Hebel, hat dies erkannt und anstatt einfach *über* seine Heimat zu schreiben, auf den alemannischen Dialekt gehört und ihn so als die Sprachform hervorgebracht, in der er wohnte. Er dichtete „Sprache *als* Heimat".[13]

2.

Auch wenn Hölderlin für seine Dichtung des Wortes sicherlich eine herausgehobene Stellung einnimmt, spielen alle hier genannten Dichter für Heidegger eine entscheidende Rolle. Sie veranschaulichen die Fähigkeit des Dichters, das Wort sein zu lassen, was es ist, und unterstreichen dadurch das reflexive Vermögen der Poesie, die schon im Kunstwerkaufsatz angedeutet war. So ermöglichen sie

---

[11] Heidegger, Das Wesen der Sprache, GA 12, 194.
[12] Heidegger, Die Sprache Johann Peter Hebels, GA 13, 124.
[13] Heidegger, Sprache und Heimat, GA 13, 180.

Dichten, Denken, Sagen

uns eine Erfahrung mit der Wahrheit (das heißt dem Wesen) der Sprache. Heidegger hatte schon in den dreißiger Jahren erkannt, dass uns die Kunst aus dem Gewöhnlichen zu entrücken vermag, indem es offenlegt, dass es überhaupt etwas gibt. Das sprachliche Kunstwerk bringt die geschichtlich-sprachliche Erschließung der Welt „zum Ragen" (GA 5, 50). Lyrik (und auch Prosa)[14] zeigen das Sagen, das immer schon geschehen ist, die Sprache, die ‚es gibt.'

Die Sprache hatte sich für Heidegger schon immer als fragwürdig erwiesen, und im Kunstwerkaufsatz passt sie sich ein in eine „lange Folge von Frageschritten" (GA 5, 58). Um die Nachbarschaft von Denken und Dichten an der Grenze der Sprache auszuloten wendet sich Heidegger an die Poesie, um eine mögliche Erfahrung mit dem Sprechen der Sprache zu finden. Heidegger nähert sich der Dichtung nicht, um sich seine Gedanken bestätigen zu lassen, sondern um zu hören, was sie zu sagen hat und diesem nachzudenken. So vollzieht sich in seinem Denken eine Wendung vom Fragen zum Hören.[15] Eine noch folgenreichere Wendung ereignet sich in der an der Dichtung gewonnenen Offenbarung, die Sprache sei kein menschliches Vermögen im traditionellen Sinne, „kein Ergebnis (Resultat) aus anderem, [sondern] die Er-gebnis, deren reichendes Geben erst dergleichen wie ein ‚Es gibt' gewährt".[16] Heidegger schließt daraus, dass es *die* Sprache als solches nicht gibt,[17] sondern dass sie eine ständige Bewegung ist, und dass das Denken, immer schon auf die Sprache hörend, ein andauerndes „Sichsagenlassen" sein muss.[18]

Weil sich die Sprache nicht endgültig bestimmen lässt, kann Heidegger seine Sprachnot nie ganz überwinden. Die Not, etwas und erst recht die Sprache selbst zur Sprache zu bringen, durch eine Neufassung seiner Sprachkonzeption zu überwinden, würde auf künstliche Weise das Wesen der Sprache verkennen. Die hörende Auseinandersetzung mit der Dichtung sollte sich nie zumuten, die Not zu überwinden, sondern dem Erstaunlich-Rätselhaften der Sprache erst folgen. Durch sein der Dichtung folgendes Denken nötigt uns

---

[14] Heidegger schließt die Prosa aus dieser Rolle nicht aus. Vgl. GA 5, 62. Siehe auch Heidegger, Die Sprache, GA 12, 28.
[15] Zum Übergang vom Fragen zum Hören in Bezug auf das Denken, siehe David Espinet, Phänomenologie des Hörens, Tübingen 2009, 190–207. Dass diese Wendung Heideggers jedoch nicht unumstritten ist, zeigt sich in Jacques Derrida, De l'esprit. Heidegger et la question, Paris 1987.
[16] Heidegger, Der Weg zur Sprache, GA 12, 247.
[17] Vgl. Heidegger, Sprache und Heimat, GA 13, 155.
[18] Heidegger, Das Wesen der Sprache, GA 12, 170.

Heidegger zu erkennen, dass wir immer schon in der Sprache zu Hause sind und, wie das Schlusszitat zum Kunstwerkaufsatz erinnert, schwer diesen Ort verlassen (vgl. GA 5, 66).

Adrián Navigante
Adorno über Heideggers Ontologie des Kunstwerks

Auch wenn Adorno sich niemals explizit auf Heideggers *Ursprung des Kunstwerkes* bezogen hat,[1] können seine *Ästhetische Theorie*, seine Vorlesung über *Ästhetik* von 1958/59 und sogar die genetische Auffassung der Kunst in der *Dialektik der Aufklärung* als eine In-Frage-Stellung der programmatischen Entscheidung gelesen werden, die Heideggers Aufsatz seinen spezifischen philosophischen Rang (gegen alle ontologischen Vormeinungen)[2] verleiht. Im Zusatz zum *Kunstwerkaufsatz* stößt der Leser auf einen sehr prägnanten, aber keineswegs überraschenden Satz: „Die ganze Abhandlung ‚Der Ursprung des Kunstwerkes' bewegt sich wissentlich und doch

---

[1] In seinem Buch *Adorno und Heidegger* zitiert Hermann Mörchen eine Stelle der *Ästhetischen Theorie*, in der Adorno sich ablehnend gegen den Versuch äußert, Ästhetik „aus dem Ursprung der Kunst als ihrem Wesen zu begründen" (Adorno, Ästhetische Theorie, 480, zitiert nach: Hermann Mörchen, Adorno und Heidegger. Untersuchung einer philosophischen Kommunikationsverweigerung, Stuttgart 1981, 97). Selbst wenn sich aus dem Kontext ergeben könnte, wie Mörchen feststellt, dass Adorno sich auf Heideggers Kunstwerkaufsatz bezieht, fehlt in Adornos Exkurs zu den Theorien über den Ursprung der Kunst eine explizite Erwähnung von Heideggers Aufsatz – in dem allerdings vom Ursprung des Kunst*werks* die Rede ist –, und Adornos Argumentation mündet sofort in eine Kritik der Ursprungsfrage bei Benedetto Croce und – als Korrektiv dazu – ein Lob des Dichters Paul Valéry. Hierzu vgl. Theodor Adorno, Ästhetische Theorie, in: Gesammelte Werke (im Folgenden GS), Band VII, 3. Auflage, Frankfurt 2003, 481–482. Ganz deutlich – wenn auch ohne direkte Zitate – bezieht sich Adorno auf den Kunstwerkaufsatz vielmehr in einer anderen, von Hermann Mörchen nicht erwähnten Stelle der *Ästhetischen Theorie*, wo vom Kunstwerk die Rede ist. Siehe unten 249, Anmerkung 26.
[2] Hierzu siehe Hans-Georg Gadamers Einführung in Der Urspung des Kunstwerkes, in: Martin Heidegger, Der Ursprung des Kunstwerkes, Stuttgart 2008, insbesondere 102–103.

unausgesprochen auf dem Weg der Frage nach dem Wesen des Seins. Die Besinnung darauf, was die Kunst sei, ist ganz und entschieden nur aus der Frage nach dem *Sein* bestimmt." (GA 5, 73) Das ist kurz und bündig das Programm Heideggers. Sobald nach dem Sein im Hinblick auf die Kunst gefragt wird, wird ein Raum freigelegt, in dem der Zeichencharakter eines Kunstwerkes eine massive Intensität erhält. Die Präsenz dessen, was sich zeigt, kann nicht mehr als Ausdruck von etwas (Vorübergegangenem) angesehen werden, auf das das Vollzugsmoment von Kunst sich stützt. Die anscheinend unvermeidliche Rückbindung an das Reale, auf das, was das Kunstwerk als Sprachform verkörpert, wird auf diese Weise gebrochen. Die Intensität des Kunstwerkes als eines Sichzeigenden ergibt sich für Heidegger als etwas Analoges zu der Ekstatik der menschlichen Existenz – nicht als Tatsache, sondern als faktisch-ontologische Frage.[3]

Adornos prinzipielle Stellungnahme gegen die Ontologie und für die Dialektik ist weitgehend bekannt. In seiner Vorlesung über *Ontologie und Dialektik* von 1960/61 greift er auf Hegels *Wissenschaft der Logik* zurück, um der Seinsphilosophie eine gewisse Tendenz zum Verharren, zur Verabsolutierung des ersten Moments der dialektischen Bewegung vorzuwerfen.[4] Trotz der Dominanz der dialektischen Explikation in der Frage nach dem Sinn – oder Unsinn – von Sein, betreibt Adorno allerdings keine Dialektik im herkömmlichen Sinne: Seine philosophische Arbeit vollzieht sich vor allem in der Auseinandersetzung mit den Implikationen des negativen Moments der Begriffsentwicklung. Die Suspension des positiv-vernünftigen Moments des Logischen[5] ist deshalb sehr wichtig und erlaubt ihm eine immanent-kritische Annäherung

---

[3] Hierzu vgl. Heidegger, Sein und Zeit, GA 2, 27: „Das Dasein ist je in seinem faktischen Sein, wie und ‚was' es schon war [...]. Das Dasein ‚ist' seine Vergangenheit in der Weise *seines* Seins, das, roh gesagt, jeweils aus seiner Zukunft her ‚geschieht'. Das Dasein ist in seiner jeweiligen Weise zu sein und sonach auch mit dem ihm zugehörigen Seinsverständnis in eine überkommene Daseinsauslegung hinein- und in ihr aufgewachsen".
[4] Theodor Adorno, Ontologie und Dialektik, in: Nachgelassene Schriften (im Folgenden: NS), Frankfurt am Main 2002, Band VII, Abteilung IV, 13. Zu Hegels Thematisierung einer notwendigen Entfaltung des Seins als Werden des Seins zum Begriff und seiner Kritik der „abstrakten Reinheit" des Seins, vgl. G. W. F. Hegel, Wissenschaft der Logik (1812/16), Band I, in: Werke (im Folgenden: Werke), Frankfurt am Main 1986, Band V, 82 und 101.
[5] Zu den drei Momenten des Logischen, siehe Hegel, Enzyklopädie der philosophischen Wissenschaften, Band I, in: Werke VIII, 168.

an die Ontologie Heideggers.[6] Diese Nähe trotz der Ferne, diese Möglichkeit eines dissonanten Dialogs wird insbesondere bei der Frage der Kunst augenfällig.

Kunstmetaphysik steht bei Heidegger immer unter Verdacht: Sie bedeutet ein unkritisches Hinnehmen der tradierten Blickbahn auf die Kennzeichnung eines Kunstwerkes. Stichwortartig ausgedrückt: Unterscheidung von Stoff und Inhalt, Intention und Ausdruck, Prozess und Resultat, Produktion und Rezeption, Entstehungsbedingungen und Wirkungsgeschichte. Diese Merkmale charakterisieren insbesondere die Kunst*wissenschaft*,[7] deren hermeneutisches Spektrum von einer theoriefreien positivistischen Sachforschung bis hin zu fachmethodischen und zur Aufstellung eines Kanons führenden Zugriffsweisen auf die komplexe Weltsignatur der Kunstwerke reicht. Auch für Adorno lässt sich die Fülle eines Kunstwerkes keineswegs auf das, was (als Sinnliches) dargestellt wird, reduzieren. Sie steht vielmehr in einer Spannung, in der auch das Undarstellbare ins Spiel kommt. Dort, wo die philosophische Reflexion hervortritt, wird dem Kunstwerk keine Gewalt mehr angetan: Sie lässt es einfach sprechen.[8] Durch den letzten Aspekt wird die rein metaphysische Bestimmung verweigert.[9] Dass Adorno in seinem Aufsatz *Parataxis*,

---

[6] Selbstverständlich waren Adornos Ausführungen über Heidegger nicht immer immanent-kritisch, sondern auch – aus politischen Gründen – der Ausdruck eines ablehnenden Abstandes, der aus seiner Sicht als Denunziation galt. Hierzu siehe zum Beispiel Theodor Adorno, Jargon der Eigentlichkeit, in: Gesammelte Schriften (im Folgenden GS), Frankfurt 2003, Band VI, insbesondere 416 und 421. Man muss allerdings Adornos stufenartige Abgrenzung Heideggers von anderen Philosophen in Betracht ziehen, die entweder eine vorkritische Position (ontologischen Realismus) vertreten oder dessen Philosophie auf rein methodologische, das heißt inhaltslose Fragen beschränkt. Beispiele davon sind Nicolai Hartmanns *Grundzüge einer Metaphysik der Erkenntnis* (1921) und Hans Cornelius' *Transzendentale Systematik* (1916), bei dem Adorno und Horkheimer promoviert haben. Zur Rehabilitierung Heideggers gegenüber diesen zwei philosophischen Strömungen siehe Adorno, Ontologie und Dialektik, NS VII, IV, 14 und 17.
[7] Über den Bezug zwischen Metaphysik und Wissenschaft, siehe u. a. Heidegger, Was ist Metaphysik?, GA 9, 105.
[8] Vgl. Adorno, Ästhetische Theorie, in: GS VII, 3. Auflage, Frankfurt 2003, 10.
[9] Daher kann man sagen, dass es sich bei Adorno vielmehr um eine In-Ästhetik handelt, und dieser Terminus ist mit Bindestrich zu schreiben, denn er bedeutet keine bloße Negation des sinnlichen Elements, sondern eine interne Verkehrung der dialektischen Überwindung des Ästhetischen. Nur dadurch kann man Adorno verstehen, wenn er sagt, dass er in der Sache der Kunst

der zum großen Teil gegen Heideggers Hölderlin-Lektüre gerichtet ist, sich folgende Behauptung erlaubt: „Das Dunkle an der Dichtung [...] nötigt zur Philosophie",[10] oder in seiner Ästhetik-Vorlesung zum Schluss kommt, das Kunstwerk sei – trotz des Künstlers und der Entstehungsbedingungen – „ein in sich selber Sprechendes",[11] sollte im Grunde keine Überraschung bereiten. Auch Adorno bestreitet die in der Tradition als legitim empfundene Annahme, ein Kunstwerk sei vom Modell der wissenschaftlichen Erkenntnis her erklärbar. Nicht, dass er der Kunst alle Form von Rationalität abstreitet. Dagegen spricht vor allem die Auffassung der Kunst, die aus der *Dialektik der Aufklärung* hervorgeht: Als mimetisches Verhalten ist die Kunst auf keine Weise durch die Abbildtheorie zu erklären. Das Wort „Nachahmung" hat vielmehr eine zivilisationstheoretische Bedeutung: „Sichgleichmachen", um magische Gewalt über die allmächtige und deshalb bedrohende Natur zu gewinnen.[12] Diese mimetische Funktion, die vor allem in der Zauberei vorkommt, ist im Laufe der Geschichte durch die Entfaltung der instrumentell gewordenen Rationalität ausgerottet und nur in der Kunst bewahrt worden. Kunst gehört in den Aufklärungsprozess hinein, jedoch als differierende Instanz, als Zeichen der eigenen Dialektik dieses Prozesses. Aus diesem Grund sieht Adorno die moderne Ästhetik mit neuen Ansprüchen konfrontiert. Dort, wo die Wissenschaften an der Auslegung der Kunst scheitern, muss die Philosophie von der Differenz der Kunst Zeugnis ablegen. Hierin liegt also eine gewisse Ähnlichkeit zu Heidegger.

Wenn das Scheitern der wissenschaftlichen Kunstauslegung darin besteht, dass die Bestimmung der Kunst immer wieder die Spezifizität des Kunstwerkes übersieht, kann diese Spezifizität für Adorno nur in den Vordergrund kommen, indem man sich nicht mehr auf die Frage der Bestimmung, sondern auf die „Gestimmtheit" des Kunstwerks als „Naturphänomen"[13] bezieht, und zwar als dasjenige, das dem Gesamtentwurf des Kulturbetriebs – trotz seiner nachträglichen Integration – inkommensurabel ist. Natur ist, im Zeitalter der vollendeten Rationalität, alles andere als allmächtig. Im Grunde

„ein guter Hegelianer" sei (Adorno, Ästhetik, NS, IV, III, 16) und zugleich Hegels Verdikt über die Kunst als sinnlichen Schein der Idee in Frage stellt (Adorno, Ästhetik, NS, IV, III, 12).
[10] Adorno, Noten zur Literatur, GS XI, 450.
[11] Adorno, Ästhetik (1958/59), NS, IV, III, 23.
[12] Hierzu siehe Adorno, Dialektik der Aufklärung, GS III, 26.
[13] Adorno, Ästhetik (1958/59), NS, IV, III, 45.

weist sie genau auf das Gegenteil hin: Sie ist das Verdrängte und zum *individuum ineffabile* herabgewürdigt. Der Überraschungseffekt des Sichzeigens eines Kunstwerkes, die Sprachintensität, die zu einem paradoxalen Sichlosreißen vom Empirischen führt, gibt sich dagegen als Herausforderung für die Philosophie. Trotzdem ist es unerlässlich, Adornos Gleichsetzung der Gestimmtheit des Kunstwerkes mit dem Naturbegriff von Heideggers Verwendung dieser Termini abzugrenzen. Entsprechend der Weise, in der Heidegger in *Sein und Zeit* das Heraustreten-Lassen der Rätselhaftigkeit des Seins des Daseins verlangt, behauptet er im Nachwort zu seinem Kunstwerkaufsatz, dass die Kunst selber ein Rätsel sei, das der Philosoph nicht zu lösen, sondern zu sehen habe (vgl. GA 5, 67). Kunst ist kein Gegenstand des sinnlichen Vernehmens (αἴσθησις) im weiten Sinne, sondern „eine wesentliche und notwendige Weise, in der die für unser geschichtliches Dasein entscheidende Wahrheit geschieht" (GA 5, 68). Das Erscheinen der Wahrheit, als Unverborgenheit des Seienden, nennt Heidegger „das Schöne": Schönheit als „Sichereignen der Wahrheit" (GA 5, 69). Der Ursprung des Kunstwerkes wird von Heidegger als Sprung in den Bereich des Seins aus dem Wesen der Wahrheit gedacht – nicht als *essentia veritatis* im erkenntnistheoretischen oder sogar theologischen Sinne: als das, was eine angemessene Übereinstimmung zwischen Verstand und Sache ausmacht, sondern als ein die Gesamtheit des Seienden fügendes Geschehnis, als We*sung*.

Auch Adorno spricht vom Rätselcharakter der Kunst: „Alle Kunstwerke, Kunst insgesamt, sind Rätsel; das hat von altersher die Theorie der Kunst irritiert."[14] Aber das Rätsel hat bei Adorno wenig zu tun mit der Unverborgenheit des Seienden, und die Schönheit wird trotz ihrer entscheidenden Rolle für Adornos Kunsttheorie nicht als Wahrheitsgeschehen, als ekstatischer Überschuss gegenüber einer Logik der Realgeschichte gedeutet. Adornos Behandlung der Schönheit greift auf einen kantischen Begriff zurück, das Naturschöne, und versucht zugleich, diesen Begriff durch Hegel hindurch – und zugleich gegen Hegel – zu rehabilitieren. In seiner *Ästhetik* hat Hegel die Lebendigkeit des Naturschönen als die sinnliche Unmittelbarkeit der Idee definiert.[15] Schönheit ist für Hegel, insofern sie als Erscheinung betrachtet wird, immer schon in das Wahre, in die Idee – als deren sinnlicher Schein – integriert, genauso wie das reine

---

[14] Adorno, Ästhetische Theorie, GS VII, 182.
[15] Vgl. Hegel, Ästhetik, Band I, Werke XIII, 167.

Sein von Anfang an in die Dynamik des Begriffs hineingehört. Man kann sagen, dass Adorno aus der Perspektive der Heideggerschen Ontologie und trotz aller Radikalität in der Frage der Kunst sich immer noch innerhalb einer metaphysischen Auslegung des Seienden – einer Verstellung der Wahrheit des Seins – bewegt. Durch die doppelte Valenz des Naturbegriffs wird die Entgegensetzung von λόγος und φύσις offensichtlich – etwas, auf das Heidegger sehr kritisch reagiert.[16] Als Allmacht ist die Natur Auslöser eines identitären Impulses, der zur Entstehung des Individuums führt. Als Spur des Nichtidentisches hingegen kann sie als Zeichen einer misslungenen Emanzipationsgeschichte betrachtet werden, in der das Subjekt untergeht. Zwischen diesen zwei antithetischen Polen erstreckt sich für Adorno die Geschichte der westlichen Rationalität. Der Schein des Naturschönen, insofern sich dabei die reine, unvermittelte Natur ausdrückt, ist Schein des Scheinlosen. Selbst wenn dieser Schein gegen die hegelsche Allgemeinheit ein Moment von Wahrheit hat, ist sein Scheinstatus zugleich ideologisch, eben weil eine Positivierung des Naturbegriffs, wie man bei Heidegger konstatieren kann, ausgeschlossen ist: Die Verstrickung in blinde Herrschaft als konstitutivem Unlustmoment ergibt sich – trotz des Aufleuchtens des Schönen – als unaufhebbar. Aus dieser Perspektive krankt Heideggers Kunstauffassung an Realitätsverdrängung, wobei Realität hierbei nicht als empirisches Substrat verstanden werden darf, sondern als „Vermittlung durch die gesellschaftliche Immanenz".[17] Nach Adorno ist die Ontologie unfähig, der Komplexität der Geschichte gerecht zu werden. Die Struktur des Wahrheitsgeschehens als Streit zwischen Welt und Erde – etwas, das als ontologisches Pendant der Spannung

---

[16] In seinem Schiller-Seminar von 1936/37 definiert Heidegger die Entgegensetzung von Geistigkeit und Natur als „ungriechisch" (Martin Heidegger, Übungen für Anfänger: Schillers Briefe über die ästhetische Erziehung des Menschen, Marbach 2005, 47). „Ungriechisch" ist das Denken, insofern dessen Vollzug das Seiende vorstellend – durch den Unterschied des Bewusstseins das heißt die Unterscheidung Sein-Seiendes vergessend – bestimmt.
[17] Adorno, Ästhetische Theorie, GS VII, 108. Hierzu vgl. seine Ästhetik-Vorlesung, in der Adorno sich ablehnend gegen die Annahme äußert, „daß das Schöne eine Art von Sein sei, und daß ein Kunstwerk um so höher stehe, je mehr es uns von dem Sein vermittelt oder je mehr es selber ein Sein ist, aus dem jeder Gedanke an Prozeß verdrängt ist" (Adorno, Ästhetik, NS, IV, III, 167). In diesem Satz wird deutlich, dass für Adorno das geistige Moment des Kunstwerks immer durch das Sinnliche vermittelt ist und keineswegs verabsolutiert werden kann.

zwischen Stoff und Form gelesen werden kann, die Adorno in seiner *Ästhetischen Theorie* beschreibt – überspannt für einen Dialektiker wie Adorno die relative Transzendenz des Nichtidentischen, erlaubt keine Fluktuation des Naturhaften und Geschichtlichen. Gewiss hebt Heidegger vor allem ein einziges Geschehen hervor: die vorgegenständliche Unverborgenheit des Seienden,[18] indem er eine Zugehörigkeit der zwei Wesenszüge (Aufstellung der Welt, Herstellung der Erde; vgl. GA 5, 35–36) zur ursprünglichen Einheit des Werkseins behauptet. Dass die Lichtung als offene Mitte kein Emanantionszentrum des Seienden, das Wesen der Wahrheit zugleich Un-Wahrheit ist, reicht aber nicht aus, um die Vielheit und Zufälligkeit des Realgeschichtlichen in die ontologischen Strukturen einzuprägen. Heideggers Sprung will Adorno keineswegs mitvollziehen.[19] Der paradoxale Status des Naturschönen ist keineswegs als ekstatisches Eigenwüchsig-Aufgehendes (φύσις; vgl. GA 5, 47), sondern als geschichtlich-gewordenes Seinsollendes auszulegen. Wenn Subjektivität für Adorno mit *ratio* verbunden ist, bleibt das Schöne eine – nicht instrumentalisierbare, oder marxistisch ausgedrückt: unverdinglichte[20] – Modalität dieser *ratio*, die angesichts der Logik des Allgemeinen zum Verstummen gebracht wurde. Wäre das Naturschöne nicht geschichtlich, würde sein Entzugscharakter ins Bodenlose versinken, aber genau deshalb, weil das Naturschöne nur nachträglich und gemäß der Logik der Geschichte zu deuten ist, kann man es zugleich als utopische und aporetische Instanz betrachten: Der differierende Charakter der Kunst ist für Adorno mit ihrer Ohnmacht verbunden. Erst nachdem die Veränderung der Welt versäumt ist, kann die Kunst ihr Glücksversprechen errichten, und es ist die Aufgabe der Philosophie, ihr zum Ausdruck zu verhelfen. Für Adorno ist das Glücksversprechen vom Leiden nicht zu trennen,

---

[18] Unter „vorgegenständlich" wird hier dasjenige wiedergegeben, was Heidegger meint, wenn er vom „Seienden im Ganzen" spricht. Seiendes im Ganzen bedeutet, die Zurückführung der Vielheit der existierenden Seienden auf eine phänomenische Seinsgrund, dessen Status nicht mehr logisch einholbar ist. Daher wird der späte Heidegger vom λόγος als „Abgrund" sprechen (Heidegger, Unterwegs zur Sprache, GA 12, Frankfurt 1985, 11).
[19] Hierzu vgl. Adorno, Negative Dialektik, in: GS VI, 76: „Der philosophische Sprung [….] ist selber die Willkür, welcher die Unterwerfung des Subjekts unters Sein zu entrinnen wähnt".
[20] Zum Verdinglichungsphänomen als Universalkategorie des gesellschaftlichen Seins, siehe Georg Lukács, Geschichte und Klassenbewußtsein, in: Werke, Band 2, Neuwied und Berlin 1968, insbesondere 260.

mehr noch: Das Leiden hat ein unbestreitbares Primat. Dieses (Sich-) Versprechen der Kunst nennt Heidegger „Verrückung" (GA 5, 54), aber er zieht andere Konsequenzen als Adorno daraus: Man kann dieser Verrückung folgen, „die gewohnten Bezüge zur Welt und zur Erde verwandeln und fortan mit allem geläufigen Tun und Schätzen, Kennen und Blicken ansichhalten, um in der im Werk geschehenden Wahrheit *zu verweilen.*" (GA 5, 54; eigene Hervorherbung) Das Versprechen der Kunst ist für Heidegger ein Neuanfang der Geschichte. Diese Grenzüberschreitung führt zu dem, was Adorno in seiner *Negativen Dialektik* geschichtslose Geschichte nennt und als solche verwirft.[21] Dass Naturschönheit geschichtlich konditioniert ist, zeigt Adorno sehr deutlich in seiner Ästhetik-Vorlesung, wenn er sagt, dass sie „erst [...] in einer Welt [entstanden ist], in der das gesellschaftliche Gespinst sich so erstreckt, daß man den Kontrast dazu, was noch nicht vollkommen beherrscht und domestiziert ist, zum ersten Mal in seiner Schönheit wahrnimmt".[22] Aber diese Schönheit ist zugleich dissonant, das Kunstwerk ist auch „Eingedenken des Leidens, [...] dem überhaupt schließlich eine herrschaftliche Gesellschaft die Natur aussetzt, und nur in Gestalt dieses Leidens, nur in Gestalt der Sehnsucht [...], nur darin findet die unterdrückte Natur überhaupt ihre Stimme".[23] Der Überschusspunkt des Kunstwerkes, durch den die stumme Natur plötzlich zur Sprache kommt, kann sich von seinem Ausdruckscharakter nicht völlig entbinden. Die wahre Utopie der Kunst ist nicht die Verabsolutierung des Moments der Differenz, wie Adorno sie in Heideggers Kunstauffassung sieht und verurteilt, sondern das Problem der Immanenz der Kunst: Die Dignität der Kunstwerke besteht darin, „daß in ihnen selbst etwas lebt, was mehr ist als bloße Kunst".[24] Die reale Erfüllung ist nicht intramonadisch, sondern sie bezieht sich auf die Gesellschaft, die sie immer wieder ausschließt. Daher preist Adorno Samuel Beckett – weil in seinem Werk ästhetische Transzendenz und Entzauberung durch eine nicht sagende Sprache zum Unisono gebracht werden[25] – und moniert zugleich Heideggers Radikalität, in der vielleicht ein-

---

[21] Siehe Adorno, Negative Dialektik, GS VI, 135: „Geschichtlichkeit stellt Geschichte still ins Ungeschichtliche, unbekümmert um die geschichtlichen Bedingungen, denen innere Zusammensetzung und Konstellation von Subjekt und Objekt unterliegen".
[22] Adorno, Ästhetik (1958/59), NS IV, III, 48–49.
[23] Adorno, Ästhetik (1958/59), NS IV, III, 66.
[24] Adorno, Ästhetik (1958/59), NS, IV, III, 61.
[25] Adorno, Ästhetische Theorie, GS VII, 123.

zigen Passage seiner *Ästhetischen Theorie*, in der er sich eindeutig auf den *Ursprung des Kunstwerkes* bezieht: „So wenig die Frage nach dem individuellen Ursprung der Kunstwerke angesichts ihrer die subjektiven Momente einbegreifenden Objektivität fruchtet, so wenig ist andererseits auf ihren Ursprung in ihrem eigenen Sinn zu rekurrieren".[26] Das Allgemeine ist für Adorno keineswegs ontologisch zu neutralisieren. Es bleibt das Skandalon der Kunst.

---

[26] Adorno, Ästhetische Theorie, GS VII, 522.

Emmanuel Alloa

Restitutionen

Wiedergaben des *Ursprung des Kunstwerkes* in der französischen Philosophie

1. Die eigentümliche Stellung des Kunstwerkaufsatzes in der französischen Heidegger-Rezeption

Von allen fremdsprachigen Rezeptionen Heideggers sucht die französische sowohl an Kontinuität, an Intensität wie auch an Produktivität ihresgleichen. Die *„exception française"* (D. Janicaud) wurde bereits früh von Karl Löwith beobachtet, der 1946 in der von Sartre und Merleau-Ponty herausgegebenen Zeitschrift *Les Temps modernes* festhält: „Dass Heidegger während des letzten Krieges dieses so zahlreiche Publikum unter den französischen Intellektuellen fand, das ihm das heutige Deutschland verwehrt, ist ein Symptom, das Beachtung verdient".[1] Über die Eigenart der französischen Heidegger-Rezeption, ihren Verlauf und ihre Gründe ist seit Löwith viel

---

[1] „Le fait qu'Heidegger ait trouvé durant la dernière guerre cette nombreuse audience parmi les intellectuels français, que lui refuse l'Allemagne actuelle, est un symptôme qui mérite de retenir l'attention". Karl Löwith, Les implications politiques de la philosophie de l'existence chez Heidegger, übersetzt von Joseph Rovan, in: Les Temps Modernes 2/14 (1946), 343–360, hier 343. Der Text wurde 1939 im japanischen Exil verfasst und war als Teil gedacht von *Der europäische Nihilismus* (1940 auf Japanisch erschienen). Diese Stellen fehlen in den späteren auf Deutsch veröffentlichten drei Textvarianten, die jeweils unter dem Titel erschienen *Der politische Horizont von Heideggers Existenzialontologie*, in: Karl Löwith, Weltgeschichte und Heilsgeschehen, Stuttgart 1983, 514–528; ferner in: Karl Löwith, Sämtliche Schriften, Band 8, Heidegger. Denker in dürftiger Zeit, Stuttgart 1984, 61–68, sowie in Karl Löwith, Mein Leben in Deutschland vor und nach 1933, Stuttgart 1986, 27–42.

geschrieben worden.² Wiewohl zahlreichen Aspekten und ihrer Rezeption einzelne Untersuchungen gewidmet wurden, ist die Stille rund um den Kunstwerkaufsatz jedoch geradezu auffällig; in Dominique Janicauds maßgeblicher Rekonstruktion *Heidegger en France* spielt er keinerlei Rolle.³

In der französischen Heideggerforschung finden sich freilich eine Reihe von exegetischen Beiträgen zum *Ursprung des Kunstwerks* (erwähnt seien hier etwa Michel Haar,⁴ Paul Gilbert,⁵ Jacques Taminiaux,⁶ Gérard Granel,⁷ Eliane Escoubas⁸ oder Françoise Dastur⁹), und auch in einer gewissen phänomenologisch inspirierten Ästhetik (Henri Maldiney,¹⁰ Max Loreau,¹¹ Jean-Luc Nancy¹² oder

---

² Genannt seien hier nur: Tom Rockmore, Heidegger and French Philosophy. Humanism, Anti-Humanism and Being, London 1995; Ethan Kleinberg, Generation existential. Heidegger's philosophy in France 1927–1961, Ithaca 2005; Christian Delacampagne, Heidegger in France, in: The Columbia History of Twentieth-Century French Thought, hrsg. v. Lawrence D. Kritzman, New York 2006, 251–55; David Pettigrew, François Raffoul (Hrsg.), French Interpretations of Heidegger. An Exceptional Reception, Albany 2008.
³ Dominique Janicaud, Heidegger en France, Band 1, Récit; Band 2, Entretiens, Paris 2005.
⁴ Michel Haar, Le Chant de la terre. Heidegger et les assises de l'histoire de l'être, Paris 1987.
⁵ Paul Gilbert, Les catégories ontologiques selon *L'origine de l'œuvre d'art*, Aquinas 31 (1988), 111–135.
⁶ Vgl. Jacques Taminiaux, L'origine de l'origine de l'œuvre d'art, in: Daniel Payot (Hrsg.), Mort de Dieu. Fin de l'art, Paris 1991, 175–194. Englisch: The Origin of ‚The Origin of the Work of Art', in: John Sallis (Hrsg.), Reading Heidegger. Commemorations, Bloomington 1993, 392–404.
⁷ Gérard Granel, Lecture de ‚L'origine', in: Eliane Escoubas und Balbino Giner (Hrsg.), L'art au regard de la phénoménologie, Toulouse 1994, 107–146.
⁸ Eliane Escoubas, La question de l'œuvre d'art. Merleau-Ponty et Heidegger, in: Marc Richir (Hrsg.), Merleau-Ponty. Phénoménologie et expériences, Grenoble 1992, 123–138.
⁹ Françoise Dastur, Heidegger's Freiburg version of the Origin of the Work of Art, in: James Risser (Hrsg.), Heidegger Toward the Turn. Essays on the Work of the 1930's, Albany 1999, 119–142.
¹⁰ Henri Maldiney, Art et existence, zweite Auflage, Paris 1986; Maldiney, L'art, l'éclair de l'être, Seyssel 1993.
¹¹ Max Loreau, La Peinture à l'œuvre et l'énigme du corps, Paris 1980; Loreau, En quête d'un autre commencement, Paris 1987; Loreau, La genèse du phénomène, Paris 1988.
¹² Jean-Luc Nancy, Les Muses, Paris 1994; Deutsch: Jean-Luc Nancy, Die Musen, übersetzt von Gisela Febel und Jutta Legueil, Stuttgart 1999.

Jean-Luc Marion[13]) hinterließ Heideggers Kunstdenken Spuren. Mit Blick auf die gesamte französische Phänomenologie jedoch bleibt der Kunstwerkaufsatz gegenüber anderen Texten Heideggers merkwürdig unterbelichtet; mit Blick auf die gesamte französische Philosophie ist diese Vernachlässigung geradezu frappant.

Zahlreiche französische Philosophen, die sowohl über Kunst als auch über Heidegger schrieben, scheinen um Heideggers Philosophie der Kunst einen Bogen zu schlagen: Maurice Merleau-Ponty, Jean-Paul Sartre, Kostas Axelos, Paul Ricœur, aber auch – auf ihre Weise – Jacques Lacan, Michel Foucault, Pierre Bourdieu, Jean-François Lyotard oder Alain Badiou.

Merleau-Ponty ist hierbei ein Paradebeispiel, liest er doch kurz vor seinem Tod 1961 verschiedene Texte aus den *Holzwegen*, dessen Exemplar ihm Jean Beaufret besorgt hat.[14] Während er andere Aufsätze daraus verarbeitet und überhaupt zahlreiche Spuren einer intensiven Heidegger-Lektüre im Spätwerk zu finden sind,[15] findet der Kunstwerkaufsatz auch in den unveröffentlichten Notizen – trotz der scheinbaren Nähe zu seiner eigenen Kunstdeutung – keinerlei Erwähnung.[16] Als die Holzwege kurz nach Merleau-Pontys Tod 1962 bei Gallimard unter dem Titel *Chemins qui ne mènent nulle part* („Pfade, die nirgendwohin führen") erscheinen,[17] fallen sie in eine vom erstarkenden Strukturalismus geprägte Zeit.

1968 beginnt Althusser einen Vortrag vor der *Société philosophique française* damit, dass er die folgenden drei Worte auf Deutsch an die Tafel schreibt: „Holzweg der Holzwege". Nur vordergründig, betont Althusser, sei hier auf Heidegger angespielt: hinter der For-

---

[13] Jean-Luc Marion, Etant donné, Paris 1997. Jean-Luc Marion, La croisée du visible, Paris 1991; Deutsch: Jean-Luc Marion, Die Öffnung des Sichtbaren, übersetzt von Géraldine Bertrand, Paderborn 2005.
[14] Vgl. Emmanuel de Saint-Aubert, Vers une ontologie indirecte. Source et enjeux critiques de l'appel à l'ontologie chez Merleau-Ponty, Paris 2006, 109
[15] Françoise Dastur, La lecture merleau-pontyenne de Heidegger dans les notes du Visible et l'Invisible et les cours du Collège de France (1957–58), Chiasmi International 2 (2000), 373–387; Jacques Taminiaux, Merleau-Ponty lecteur de Heidegger, in: Sillages phénoménologiques. Auditeurs et lecteurs de Heidegger, Brüssel, 2003, 273–293; Franck Robert, Phénoménologie et ontologie. Merleau-Ponty lecteur de Husserl et Heidegger, Paris 2005.
[16] Bedauerlicherweise ist das Handexemplar der *Holzwege* in Merleau-Pontys Bibliothek nicht mehr erhalten, sodass nicht eingesehen werden kann, ob Merleau-Ponty den Aufsatz gelesen hat.
[17] Martin Heidegger, Chemins qui ne mènent nulle part, übersetzt von Werner Brokmeier und François Fédier, Paris 1962.

Restitutionen

mel stehe in Wirklichkeit Joseph Dietzgen (1828–1888), der „lange vor Heidegger und besser als dieser" die Philosophie definierte als „den ‚Holzweg der Holzwege', den Pfad der Pfade, der nirgendwo hinführt". Althusser, der sich hier an Lenins Einschätzung von Dietzgens Formel anschließt, preist diese als „knappe, aber treffende Definition des Materialismus".[18] Dass Althusser hier Heideggers Verständnis der *Holzwege* auf den Kopf stellt, braucht nicht eigens erwähnt zu werden,[19] seine Würdigung darf hingegen als Symptom einer vergleichsweise oberflächlichen Rezeption der *Holzwege* und des Kunstwerkaufsatzes insbesondere gelten. Überhaupt scheint Heideggers Kunstdenken zunächst weniger unter Philosophen als unter Künstlern und Schriftstellern auf Anklang gestoßen zu sein.

So interessiert sich etwa André Breton für Heideggers Lektüre von Hölderlin, die auch in dem Kunstwerkaufsatz eine zentrale Rolle spielt, und 1947 vermutet der Dichter gar eine geheime Wahlverwandtschaft zwischen Heidegger und dem Surrealismus.[20] Zehn Jahre später bittet er Heidegger, sich an dem Projekt *L'art magique* zu beteiligen. Heidegger antwortet in einer brieflichen Antwort knapp, warum er den Fragenkatalog, den 25 Intellektuelle wie Lévi-Strauss, Michel Leiris, Roger Caillois oder Octavio Paz erhielten, nicht beantworten kann: Während Klassizismus und Barock *historische* Bestimmungen der Kunst darstellten, sei „magische" und „religiöse" Kunst *metaphysisch* definiert, während sich die Autonomieforderung nach dem *l'art pour l'art* wiederum keiner der beiden Alternativen füge und sie in ihrem Wesen ein drittes sei.[21]

---

[18] Louis Althusser, Lénine et la philosophie, Paris 1969, 34.
[19] Der Holzweg ist jener Weg, der auf den ersten Blick im Forst unvermutet endet, doch wer weiterdringt, findet dahinter die Quelle. Carl Friedrich von Weizsäcker berichtet von einem Spaziergang mit Heidegger durch den Stübenwasener Wald, bei dem sie am abbrechenden Wegende auf Wasser gestoßen waren. Heidegger soll frohlockt haben: „Ja, es ist der Holzweg – er führt zu den Quellen! Das habe ich freilich nicht in das Buch geschrieben" (Carl Friedrich von Weizsäcker, Begegnungen in vier Jahrzehnten, in: Günther Neske (Hrsg.), Erinnerung an Martin Heidegger, Pfullingen 1977, 239–247, hier 242).
[20] André Breton, Gespräch mit Dominique Arban, Combat, 31. Mai 1947. Jetzt in: André Breton, Entretiens 1913–1952, Paris 1952, 253: „J'ai insisté déjà sur des possibilités de rapprochement du surréalisme avec la pensée de Heidegger sur le plan du mythe. Un trait d'union existe: l'œuvre de Hölderlin qu'il a superbement commentée."
[21] Zitiert nach André Breton, L'art magique, Paris 1957, 53.

Welche maßgebliche Rolle ein Dichter wie René Char in Heideggers französischer Rezeption spielte, ist weithin bekannt.[22] Weniger, dass sich dessen Zugang zu Heidegger einem anderen Dichter verdankt, nämlich dem Dada-Poeten Tristan Tzara und dessen Frau Greta Knutson.[23] Schließlich rezipierte auch Maurice Blanchot das Heideggersche Werk vergleichsweise früh. Indirekte Spuren davon finden sich in den Romanen – die Hauptfigur von *Le Très-Haut* (1948) heißt signifikanterweise Sorge –, vor allem aber in den literaturtheoretischen Essays. Laut Christophe Bident habe die Lektüre von *Der Ursprung des Kunstwerkes* in Blanchot den Wunsch erzeugt, für René Char dasjenige werden zu wollen, was Heidegger für Hölderlin zu sein beanspruchte.[24] Heideggers berühmte Aussage, Georges Bataille sei heute Frankreichs bester Denker („aujourd'hui la meilleure tête pensante de France"),[25] klingt bereits weniger verwunderlich, wenn sich herausstellt, dass Heidegger jenen in *Critique* erschienenen Artikel über Hölderlin Bataille zugeschrieben hatte, der in Wirklichkeit aber von Blanchot stammte.[26]

Neben Schriftstellern wie Breton, Char oder Blanchot waren es auch bildende Künstler, die sich Heidegger früh zuwandten. Bevor der Kunstwerkaufsatz in 1962 in französischer Erstübersetzung erscheint, hatte der belgische Phänomenologe Alphonse de Waelhens bereits 1953 einen Band veröffentlicht, der die verschiedenen Beiträge aus den Holzwegen zusammenfasst;[27] einzelne Texte, darunter *Der Ursprung des Kunstwerkes*, werden in dem im gleichen Jahr erschienenen *Phéno-*

---

[22] Frédéric de Towarnicki, Heidegger au pays de Char. A la lisière des lavandes avec Jean Beaufret, Le magazine littéraire 340 (1996), 49–54; Françoise Dastur, Rencontre de René Char et de Martin Heidegger, Europe 705/706 (1998), 102–111.

[23] Vgl. Jean Pénard, Rencontres avec René Char, Paris 1991, 125.

[24] Christophe Bident, Blanchot. Partenaire invisible, 247.

[25] Vgl. den Brief von Bataille an seinen Verleger Jérôme Lindon: Georges Bataille, Choix de lettres. 1917–1962, hrsg. von Michel Surya, Paris 1997, 582–583.

[26] Maurice Blanchot, La parole ‚sacrée' de Hölderlin, Critique 7 (1946), 579–96. Vgl. Raymond Queneaus Tagebucheintrag von Dezember 1950: „Heidegger a déclaré que l'article sur Hölderlin l'a beaucoup frappé et qu'il se sent très près de lui. Sonia [Orwell] télégraphie à Bataille pour le congratuler. Mais l'article était de Blanchot" (Raymond Queneau, Journaux 1914–1965, hrsg. von Anne Isabelle Queneau, Paris 1996, 737).

[27] Alphonse de Waelhens, Chemins et impasses de l'ontologie Heideggerienne. À propos des Holzwege, Leuven 1953.

ménologie et vérité eingehender verhandelt und kommentiert.[28] René Magritte liest diese Analysen und beginnt daraufhin mit de Waelhens einen Briefverkehr über Heideggers Seinsdenken, aber auch über dessen Kunstbegriff.[29] Es sei auffällig, so Magritte, dass Heidegger zwar allgemeine Aussagen über Kunst treffe, und doch seine Beispiele stets nur aus der Hochkunst gegriffen seien. Nur weil sich die Beispiele auf die „große Kunst" beschränken, könne Heidegger so wirkungsvoll die historischen und geographischen Rahmenbedingungen von Kunst vernachlässigen. Bezeichnend sei, dass Heidegger im Ursprung des Kunstwerks „von den Bauernschuhen spricht, die auf einem Bild Van Goghs dargestellt sind, und nicht von irgendeiner von irgendeinem Farbenkleckser ausgeführten Schuhdarstellung, die als Betrachtungsgegenstand illustrieren würde, was er von der Bilddarstellung sagt und was absolut für alle Bilddarstellungen gilt – ohne dass ein der betrachteten Frage fremdes Verständnis hinzukäme, das die Genauigkeit der Frage aufs Spiel setzen könnte (ein zeitgenössisches und damit stets diskutables Verständnis der Kunstgeschichte)".[30] Diese Notiz Magrittes ist insofern bemerkenswert, als Heidegger bereits ab der zweiten und vor allem ab der dritten Ausarbeitung von *Der Ursprung des Kunstwerkes* bemüht war, jeden expliziten Bezug zur „großen Kunst" zu tilgen.[31]

Während die „große Kunst" in der dritten Ausarbeitung nur noch diejenige Kunstform bezeichnet, die „nach der Seite ihrer Bestimmung ein Vergangenes" darstellt bzw. – in Heideggers Sprache – zum „Gewesenen" gehört (GA 5, 27), besitzt sie in der Freiburger Ausarbeitung noch eine positive Valenz, nämlich ihre Destruktionskraft. „Große Kunst" richtet sich an keine Öffentlichkeit, sondern zerstört jede vermeintlich vorgängige Öffentlichkeit. „Zum ‚Publikum', wo es das gibt, hat es nur *den* Bezug, dass es dieses zerstört".[32] Nicht

---

[28] Alphonse de Waelhens, Phénoménologie et vérité. Essai sur l'évolution de l'idée de vérité chez Husserl et Heidegger, Paris 1953.
[29] Brief vom 5. Februar 1954 an Alphonse de Waelhens: René Magritte, Ecrits complets, hrsg. von André Blavier, Paris 2001, 387–391; Deutsch: René Magritte, Sämtliche Schriften, übersetzt von Christiane Müller und Ralf Schiebler, Frankfurt 1985.
[30] Magritte, Ecrits complets, 390; Magritte, Sämtliche Schriften, 320 (leicht veränderte Übersetzung).
[31] Vgl. dazu Robert Bernasconi, The Greatness of the Work of Art, in: James Risser (Hrsg.), Heidegger toward the Turn, Albany 1999, 95–118.
[32] Martin Heidegger, Vom Ursprung des Kunstwerks (Erste Ausarbeitung), Heidegger Lesebuch, hrsg. von Günter Figal, Frankfurt am Main 2007, 149–170, hier 152.

auf das Publikum stützt sich große Kunst, sondern auf die Erde, in der sie gründet. In der Destruktion des äußerlichen Publikums lässt es den Boden zutage treten, der das Werk trägt und das es in sich stehen lässt: „an dieser Zerstörungskraft misst sich die Größe eines Kunstwerks".[33] Wenn aber die Inständigkeit des Werks – dessen In-sich-Stehen – verloren ist, lässt es nichts mehr „entspringen" (GA 5, 65), seine „Sprungkraft" ist dahin.[34]

Es sind gerade diese Passagen aus dem jeweils letzten Teil der drei Fassungen, die in Frankreich besondere Aufmerksamkeit auf sich gezogen haben und durchaus konträre Deutungen erfahren haben. Es sind dabei – wie im Folgenden zu zeigen sein wird – im Wesentlichen zwei Interpretationsmuster, die auf den Text angewandt wurden: Dass es sich beim Kunstwerkaufsatz um eine *Ästhetik der Rückkehr* handle (Blanchot, Levinas, Lacoue-Labarthe) (2.) oder aber umgekehrt um eine *Ästhetik des Unwiederbringlichen* (Derrida) (3.).

2. Kunst, Boden und Wahrheit

In seiner posthum erschienenen Heidegger-Lektüre *La Vraie Semblance*[35] wendet sich Philippe Lacoue-Labarthe Heideggers kurzem Essay über Raffaels Sixtinischer Madonna zu, der 1955 als Vorwort zur Dissertation seiner ehemaligen Studentin Marielene Putscher entstanden war.[36] Heidegger setzt sich dort mit jenem Werk der Dresdener Gemäldegalerie auseinander, das seit dem 19. Jahrhundert in Deutschland als unübertroffenes Meisterwerk der Kunstgeschichte gilt. Laut Wilhelm Lübke sind Raffaels Madonnen „nicht für eine bestimmte Epoche oder für eine besondere religiöse Anschauung geschaffen. Sie leben für alle Zeiten und alle Völker, weil sie eine ewige

---

[33] Martin Heidegger, Vom Ursprung des Kunstwerks (Zweite Ausarbeitung), nicht autorisierte zweisprachige Edition, hrsg. und übersetzt von Emmanuel Martineau, Paris 1987, 18.
[34] Martin Heidegger, Vom Ursprung des Kunstwerks (Erste Ausarbeitung), 46.
[35] Philippe Lacoue-Labarthe, La vraie semblance, hrsg. von Leonid Kharlamov, Paris 2008.
[36] Martin Heidegger, Über die Sixtina (1955), GA 13, 119–121. Ursprünglich in: Marielene Putscher, Raphaels Sixtinische Madonna. Das Werk und seine Wirkung, Tübingen 1955, 174–175.

Wahrheit in ewig gültiger Wahrheit offenbaren".[37] Lübkes Meinung schließt sich auch Heideggers ehemaliger Mitschüler am Freiburger Berthold-Gymnasium – Theodor Hetzer – an, wenn er schreibt, dass die Sixtinische Madonna „nicht an eine bestimmte Kirche gebunden sei, nicht nach einer bestimmten Aufstellung verlange".[38] Eine solche Vorstellung einer scheinbar ortlosen und zeitentbundenen Kunst lehnt Heidegger entschieden ab: Hierin drücke sich eine ästhetische Haltung aus, die für die materielle Dimension des Werks und dessen Verwurzelung blind bleibt. Die Sixtinische Madonna sei untrennbar mit ihrem Ursprungsort verbunden, nämlich der Kirche San Sisto in Piacenza: „Wo immer künftig dieses Bild noch ‚aufgestellt' sein mag, dort hat es seinem Ort verloren. Es bleibt ihm versagt, sein eigenes Wesen anfänglich zu entfalten, d. h. diesen Ort selber zu bestimmen. Das Bild irrt, verwandelt in seinem Wesen als Kunstwerk, in der Fremde."[39] Die Sixtinische Madonna, die Thomas Mann als das „größte ästhetische Erlebnis" feierte, gehört für Heidegger nun in die Reihe jener Kunstwerke, die, wie die Giebelskulpturen aus Ägina in der Münchner Glyptothek oder eine Sophokles-Tragödie in moderner kritischer Ausgabe, „aus ihrem eigenen Wesensraum herausgerissen sind" (GA 5, 26).

Erwähnenswert ist in diesem Zusammenhang noch das dritte Beispiel, das Heidegger 1935 bemüht, in der Ausarbeitung der Nachkriegsjahre aber streicht: das sogenannte „Straßburger ‚Bärbele'",[40] eine oberrheinische gotische Porträtbüste, die zusammen mit ihrem männlichen Pendant, Jakob von Lichtenberg, das Portal der Straßburger Neuen Kanzlei zierte. Im Zuge des deutsch-französischen Krieges waren die Büsten abmontiert und schließlich als Kriegsgut in die Pfalz gelangt. Anders als das männliche Gegenstück war die ‚Bärbel' bei seiner Wiederentdeckung nicht an Straßburg zurückgegeben, sondern 1935 in Frankfurt aufgekauft worden, wo es seitdem im Liebighaus ausgestellt ist. Während die ‚Bärbel' im Kontext der 1930er Jahre und den Annexionsansprüchen auf das Elsass am Oberrhein ein geläufiges Gesprächsthema war, ist nachvollziehbar, warum Heidegger nach 1945 (und damit nach der endgültigen Rück-

---

[37] Wilhelm Lübke, Grundriss der Kunstgeschichte, Stuttgart 1860, 578–579.
[38] Theodor Hetzer, Die sixtinische Madonna, Frankfurt 1947; jetzt in: Theodor Hetzer, Bild als Bau. Elemente der Bildgestaltung von Giotto bis Tiepolo, hrsg. von Gertrude Berthold, Stuttgart 1996, 145–198.
[39] Heidegger, Über die Sixtina, GA 13, 120.
[40] Heidegger, Vom Ursprung des Kunstwerks (Erste Ausarbeitung), 150.

gabe von Elsass-Lothringen an Frankreich) auf dieses dritte Beispiel verzichtet.[41]

Doch zurück zur Sixtinischen Madonna. Für Lacoue-Labarthe ist Heideggers Essay darüber „in jeder Beziehung gegen [Walter] Benjamin gerichtet",[42] von dem im gleichen Jahr die von Theodor und Gretel Adorno herausgegebene zweibändige Ausgabe der Schriften erschienen war, darunter prominent der Aufsatz *Das Kunstwerk im Zeitalter seiner technischen Reproduzierbarkeit*. Die Dresdner Madonna spielt darin eine beispielhafte Rolle, um die Differenz zwischen Kultwert und Ausstellungswert zu veranschaulichen. Benjamin ruft Hubert Grimms ikonographischen Nachweis in Erinnerung, wonach die Sixtinische Madonna ursprünglich als Schutzbild im Rahmen der öffentlichen Aufbahrung von Papst Sixtus in einer Seitenkapelle vom Petersdom in Auftrag gegeben worden sei.[43] Indem die Madonna die Ausstellung des Sarges vor der Gemeinschaft der Gläubigen gewährleistet, sei ihr fortan der Status des gewöhnlichen Kultbildes verwehrt und daher wurde das Bild von Rom nach Piacenza überführt: „Der Grund dieses Exils liegt im römischen Ritual. Das römische Ritual untersagt, Bilder, die bei Bestattungsfeierlichkeiten ausgestellt worden sind, dem Kult auf dem Hochaltar zuzuführen."[44] Die *Sixtinische Madonna* hat für Benjamin insofern einen ausnahmehaften Charakter, da sie, obwohl kultischen Ursprungs, innerhalb des Kultwerts eine expositive Dimension eröffnet, die die Rückkehr zum auratischen Ort des Kultes verbietet und das Werk zur Wanderschaft zwingt. Hierin liegt wohl die Grunddifferenz zwischen Heideggers Deutung der Kunst und Benjamins Thesen, die er für Lacoue-Labarthe direkt oder indirekt rezipiert hat: Für Heidegger wäre die „Entschälung des Gegenstandes aus seiner Hülle"[45] nicht Eröffnung einer *anderen* Kunst, sondern das Ende von Kunst schlechthin.

---

[41] Vgl. Adriano Ardovinos kommentierte italienische Edition des Kunstwerksaufsatzes: Martin Heidegger, Dell'origine dell'opera d'arte e altri scritti, hrsg. von Adriano Ardovino, Palermo 2004, 51.
[42] Lacoue-Labarthe, La Vraie Semblance, 78.
[43] Herman Grimm, Das Rätsel der Sixtinischen Madonna, Zeitschrift für bildende Kunst (1922), 41–49.
[44] Walter Benjamin, Das Kunstwerk im Zeitalter seiner technischen Reproduzierbarkeit (Zweite Fassung), Gesammelte Schriften, hrsg. von Rolf Tiedemann, 2. Auflage, Frankfurt am Main 1978, Band I/2, S. 471–508, hier 483, Fußnote 11.
[45] Benjamin, Das Kunstwerk im Zeitalter seine technischen Reproduzierbarkeit, GS I/2, 479.

Gleichwohl weist schon bei Benjamin die *Sixtinische Madonna* nicht nur auf die Verschiedenheit, sondern auch auf die innere Verwobenheit von Kult- und Ausstellungswert. Dass das Gemälde nunmehr in einer Gemäldegalerie Gegenstand ästhetischer Kontemplation wird, ist nicht erst das Ergebnis einer industriellen Entsolidarisierung des Kunstwerks von seinen Entstehungsbedingungen, sondern leitet sich gleichsam aus dem kultischen Kontext ab, der durch die postrituelle Entsakralisierung das Werk zum profanen werden lässt. Der Verlust der Aura lässt den Kult nicht hinter sich, sondern ist ein wesentliches Moment desgleichen. Umgekehrt produziert auch die Ausstellungssituation neue Sakralisierungen, die Heidegger ebenso unterstreicht, wenn er erklärt, das Werk werde durch die Musealisierung zum bloßen „Erlebnis" (GA 5, 67). Zwischen dieser Ritualisierung des Kunstbetriebs und dem authentischen Ursprung des Kunstwerks liegt indes ein entscheidender Unterschied: Das wahre Kunstwerk ist nicht aufgestellt, sondern seinem Wesen nach „aufstellend", es steht nicht *im* Raum, sondern eröffnet diesen allererst durch den ihm eigentümlichen „Auf-Riss". Damit das Werk mehr sei als ein bloßer „Überfall" auf den Zuschauer (GA 5, 10–11), muss es in dem ruhen, worin es gründet, nämlich in der Erde als dem Tragenden. Erst dadurch, dass das Werk niemanden bedrängt und sich selbst nicht bedrängen lässt, erst dadurch, dass es wie die „eigenwüchsigen" Dinge selbstständig aus dem Boden herausragt (GA 5, 14), richtet das Werk die Erde ein, genauer: Es *stellt die Erde her*. Für ein „geschichtliches Volk" besteht die Herstellung des Werks in der Herstellung „seiner Erde" (GA 5, 63).

Die Deutungen dieser Textpassagen fielen verschieden aus. Für Jean Beaufret bleibt der 1935 und 1936 gehaltene Vortrag eine offene Herausforderung der goebbelschen Kulturpolitik dar, da er nach wie vor entartete Künstler wie etwa Paul Klee verteidigt,[46] für die meisten anderen jedoch zelebriert er jenen „Nationalästhetizismus", den Lacoue-Labarthe und Nancy anderweitig analysierten.[47] Besondere Beachtung findet vor diesem Hintergrund die spätere Veröffentlichung des 1929 an den Vizepräsidenten der Deutschen Forschungsgemeinschaft gerichteten Brief, in dem Heidegger angesichts der „wachsenden Verjudung" das „bodenständige" Deutsche verteidigt.[48]

---

[46] Jean Beaufret, Dialogue avec Heidegger III, Paris 1974, 155–156.
[47] Vgl. Jean-Luc Nancy/Philippe Lacoue-Labarthe, Le mythe nazi, La Tour d'Aigues 1991.
[48] Vgl. Ulrich Sieg, Die Verjudung des deutschen Geistes. Ein unbekannter Brief Heideggers, in: Die Zeit, 22.12.1989, 50.

Diejenigen französischen Philosophen, die nicht in den hysterischen Anti-Heideggerianismus einstimmen, sehen – wie etwa Levinas – in der Verteidigung der Bodenständigkeit weniger ein Anzeichen von Heideggers NS-Ideologie als vielmehr und grundlegender die Fortführung eines abendländischen Pathos' der Eigentlichkeit. In einem kleinen, 1961 in einer jüdischen Zeitschrift veröffentlichten Essay hatte Levinas Heideggers Rückwärtsbewegung zur Erde mit Juri Gagarins gerade erfolgter Ablösung davon kontrastiert. Heideggers Suche nach dem „Geheimnis der Dinge, eines Krugs, der abgetretenen Schuhe einer Bäuerin" deutet Levinas als Figur eines neopaganen Denkens, das die Quellen und ihre Geister verehrt und dabei die Erfahrung von Transzendenz verfehlt.[49] Zwei Jahre zuvor hatte Maurice Merleau-Ponty in einer Vorlesungsnotiz vermutet, Heidegger wolle zurück in eine „prätechnische, vorplanetarische, heidnisch-bäuerische Vergangenheit".[50] Wie Jean-Luc Nancy später ausführt, ist das Heidentum eine Religion der Präsenz: der *paganus* ist an den Ort (*pacus*) gebunden und der Heide an die heimatliche Heide bzw. Allmende.[51] Wer den *genii loci* huldigt, verlässt – so Levinas – die Vorhandenheit nie; die Technik ist daher nicht nur ein Instrument der Reifizierung, sondern verspricht auch die Emanzipation vom „Aberglauben des Ortes".[52] Es ist jener Gedanke einer umherirrenden Wahrheit, die damit auch stets das Risiko des „Irrtums" in Kauf nimmt, der auch dem in unmittelbarer Nähe dazu entstandenen Aufsatz von Maurice Blanchot „Die Eroberung des Raumes" durchzieht.[53] In seinem Schwebezustand habe Gagarin

---

[49] Emmanuel Levinas, Heidegger, Gagarine et nous (1961), in: Difficile liberté. Essai sur le judaïsme, Paris 1984, 323–327; deutsch: Emmanuel Levinas, Heidegger, Gagarin und wir (1961), in: Schwierige Freiheit. Versuch über das Judentum, übersetzt von Eva Moldenhauer, Frankfurt am Main 1992, 173–176.
[50] Arbeitsnotiz für die Vorlesung *La philosophie aujourd'hui* von 1958–1959 am Collège de France (Merleau-Ponty, Notes de cours 1959–1961, hrsg. von Claude Lefort und Stéphanie Ménasé, Paris 1996, 139): „passé pré-technique, préplanétaire, païen-rural".
[51] Jean-Luc Nancy, Paysage avec dépaysement, in: Au fond des images, Paris 2003, 101–120, hier 101; Deutsch: Jean-Luc Nancy, Entwurzelnde Landschaften, übersetzt von Emmanuel Alloa, in: Jean-Luc Nancy, Am Grund der Bilder, Berlin/Zürich 2006, 91–108, hier 91.
[52] Levinas, Heidegger, Gagarine et nous, 325; Levinas, Heidegger, Gagarin und wir, 175.
[53] Maurice Blanchot, La conquête de l'espace (1961), in: Ecrits politiques, hrsg. von Eric Hoppenot, Paris 2008, 125–128; Deutsch: Maurice Blanchot,

einen Augenblick lang „den Menschen aus der Utopie der Kindheit hinaus [geführt ...] (falls es zutrifft, dass das Kind im jedem von uns Menschen die Rückkehr an den Ort sucht)" und zeigt, warum die Wahrheit in ihrem Wesen „nomadisch ist".[54] Gegen jeden Reterritorialisierungs-Versuch – etwa Gagarins Weltraumflug als sowjetische Großtat zu interpretieren – sei die Loslösung von der Erde und ihren Quellgeistern der Anfang eines nicht mehr attributiven oder zueignenden Denkens. Wenngleich er anerkennt, dass in Blanchots eigener literarischen Reflexion viele Heideggersche Motive bereits früh eingeflossen sind, vermutet Levinas, dass Kunst bei Blanchot keine andere Funktion mehr besitzt, als das „Heideggersche Universum zu entwurzeln" (*déraciner l'univers Heideggerien*).[55]

3. Wider eine Ästhetik der Restitution

Jacques Derridas „Restitutionen – von der Wahrheit nach Maß" (*Restitutions – de la vérité en pointure*)[56] muss – obwohl vordergründig eine Auseinandersetzung mit dem amerikanischen Kunsthistoriker Meyer Schapiro – nicht zuletzt auch als innerfranzösische Antwort auf Levinas' und Blanchots Deutungen des Kunstwerkaufsatzes verstanden werden. Der Aufsatz, der für das Buch *Die Wahrheit in der Malerei* später titelgebend ist, war erstmals im Zusammenhang eines Dossiers der Zeitschrift *Macula* über ‚Heidegger und die Schuhe Van Goghs' erschienen. In französischer Übersetzung wiederabgedruckt worden war in dem Dossier ebenfalls der Text „The Still-Life as Personal Object" (1968), mit dem sich Meyer Schapiro an einem Band zu Ehren von Kurt Goldstein beteiligt hatte,[57] dem deutschstämmigen Physiologen, der Schapiro an der Columbia-Universität, wo beide unterrichteten, erstmals mit Heideggers *Ursprung des Kunst-*

Die Eroberung des Raumes, übersetzt von Emmanuel Alloa, ATOPIA 10 (2007); online (www.atopia.tk).
[54] Blanchot, La conquête de l'espace, 128.
[55] Emmanuel Levinas, Sur Maurice Blanchot, Montpellier 1975, 25.
[56] Jacques Derrida, Restitutions – de la vérité en pointure, in: La vérité en peinture, Paris 1978, 291–436; Deutsch: Jacques Derrida, Restitutionen – von der Wahrheit nach Maß, in: Die Wahrheit in der Malerei, übersetzt von Michael Wetzel, Wien 1992, 301–442.
[57] Meyer Schapiro, The Still-Life as Personal Object. A Note on Heidegger and van Gogh, in: Marianne L. Simmel (Hrsg.), The Reach of The Mind. Essays in Honor of Kurt Goldstein, New York 1968, 203–209.

werks vertraut gemacht hatte. Während Heidegger Rektor wurde, war Goldstein als Jude ins Exil gezwungen worden und schrieb von 1933 bis 1936 sein Hauptwerk *Die Struktur des Organismus* in Amsterdam, wo Heidegger einige Jahre zuvor, anlässlich einer Vortragsreise, eine Van Gogh-Ausstellung besucht hatte.[58] Als Hommage an den älteren Universitätskollegen Goldstein verfasst Meyer Schapiro einen Aufsatz über die Funktion des Van Gogh-Gemäldes in Heideggers Argumentation, der die darin dargestellten Schuhe vorschnell als die Schuhe einer Bäuerin identifiziert habe.

An den ausgenutzten Schuhen nimmt Schapiro Derrida zufolge einen Versuch der Reparation vor: Die Schuhe als die der Bäuerin auszuweisen sei das Ergebnis einer ideologischen Projektion; überhaupt trage Heidegger keinen Augenblick lang der Tatsache Rechnung, dass es nicht „ein paar Bauernschuhe" gibt, sondern der holländische Maler zahlreiche Schuhbilder malte. Aus Heideggers brieflicher Antwort entnimmt Schapiro, dass der Philosoph in Amsterdam das Werk Nr. 255 des De-la-Faille-Index gesehen haben muss.[59] Dieses Werk lasse sich nun aufgrund einer entsprechenden Aufschrift auf das Jahr 1886 datieren und damit könne das Bild keine Bauernschuhe darstellen, denn im Jahr 1886 habe sich Van Gogh in Paris aufgehalten und damit – so Schapiros Argumentation – keine Bauernschuhe malen können. Die eindeutige Datierung beweist, dass das von Heidegger besprochene Werk keine Bauernschuhe darstellt, sondern lediglich die Schuhe des Malers selbst: „They are clearly pictures of the artist's own shoes".[60]

Gegen die zwei klassischen Grundhaltungen der Philosophen gegenüber der Kunst – der *Projektion* eigener Weltanschauungen in die Werke bzw. umgekehrt der *Subsumption* des Werks unter den Begriff – ist Schapiro bemüht, das Gemälde in seinen Entstehungskontext zurückzustellen und seinem Erzeuger Gerechtigkeit widerfahren lassen. Eben weil Heidegger verkannt habe, dass die verschiedenen Schuhe einer Serie entstammen, behandle er sie wie austauschbare Serienware. Indem Schapiro das Bildsujet seinem rechtmäßigen Besitzer – dem malenden Subjekt (dem Künstler) – zurückgibt, nimmt er indirekt auch eine Reparation an dem im Exil

---

[58] Vgl. Otto Pöggeler, Bild und Technik. Heidegger, Klee und die Moderne Kunst, München 2002, 168.
[59] Vincent van Gogh, Stilleben, Ein Paar Schuhe, 1886, 37,5 × 45 cm, Öl auf Leinwand, Rijksmuseum Van Gogh, Amsterdam. Abgebildet in der Titelei.
[60] Schapiro, The Still-Life as Personal Object, 205.

verstorbenen Kurt Goldstein, dem „nomadischen, emigrierten, städtischen Kollegen" vor.[61]

In seiner Replik auf Schapiro geht Jacques Derrida auf die Paradoxien dieser Restitution ein. Obwohl er Schapiros Kritik an Heideggers fehlendem Gespür für die Singularität des einzelnen Werks teilt, sieht er in dessen intellektueller Geste, die die Enteignung wiedergutzumachen versucht, eine neue Spielart des aneignenden Denkens. Schapiro schreibt denn auf seine Weise eine ikonographisch-ikonologische Tradition fort, die sich letztlich nicht für das Werkereignis interessiert, sondern für die Möglichkeit, das Werk und dessen Vorlage dingfest zu machen, „festzuschnüren" wie die Senkel von Van Goghs Schuhen. Die Ethik der Restitution, die auf einer reduktionistischen Ästhetik der Wiedergabe fußt, schreitet in den folgenden drei Schritten voran: „Identifizierung [...], Zuschreibung, Wiederaneignung".[62] Für Derrida ist Heidegger in seinen Beschreibungen der erdhaften und sichverschließenden Dimension des Werks bemüht, darauf hinzuweisen, dass sich kein Werk restlos in Sprache übersetzen noch unvermittelt auf Ereignisse rückführen oder an Personen rückübertragen lässt. Van Goghs Schuhe werden zu einer Allegorie des Nichtrückführbaren: Die zwei Schuhe auf dem von Heidegger beschriebenen Bild sind zueinander nicht passfähig und damit gleichsam *dis-parat*, ‚ent-paart'; die losen Senkel deuten auf eine grundsätzliche Entbundenheit hin. Wenn Heidegger betont, dass es nichts gibt, „wohin und wozu [die Schuhe] gehören könnten" (GA 5, 19), dann ist für Derrida damit ein im Werk untilgbarer Rest benannt, eine Widerständigkeit des Zeugs oder auch – mit einem von Derrida erfundenen Begriff – die Tatsache einer konstitutiven „*restance*".[63] Das Werk gibt nicht wieder, es ist selbst originäres *Es gibt*.

Mit seiner Heidegger-Deutung antwortet Derrida damit indirekt auch auf Blanchot und auf Levinas, gegen dessen Vorwurf, das Heideggersche Denken sei eines der Rückkehr zur Erde, nachdem er schon in anderem Kontext den ent-eignenden Ereignischarakter

---

[61] Derrida, Restitutions – de la vérité en pointure, 311; Derrida, Restitutionen – von der Wahrheit nach Maß, 321.
[62] Derrida, Restitutions – de la vérité en pointure, 417; Derrida, Restitutionen – von der Wahrheit nach Maß, 423.
[63] Derrida, Restitutions – de la vérité en pointure, 426: „parce qu'il y a de la restance picturale"; Derrida, Restitutionen – von der Wahrheit nach Maß, 432 (der Übersetzer gibt *restance* als „bildliches Bleiben" wieder).

und die Ungebundenheit betont hatte.⁶⁴ Wenn Levinas gegen Sartres *art engagé* betont, Kunst bestehe wesentlich in der „Ungebundenheit" (*désengagement*),⁶⁵ dann kommt dieser Gedanke aber wiederum einem von Derrida gelesenen Heidegger und dessen Idee von Kunst als Eröffnung einer „Lichtung" (*dégagement*) auffallend nahe. Blanchot geht noch einen Schritt weiter: die künstlerische Lichtung verdankte sich keiner einrichtenden Rodung, sondern vielmehr einem Rückzug, dem kabbalistischen Gott Isaak Lurias verwandt, der die Welt dadurch erschafft, dass er sich selbst zurücknimmt bzw. kontrahiert (*zimzum*).⁶⁶ Folgt man Marlène Zaraders Deutung, dann weist Heideggers *Lichtungs*-Begriff Spuren einer niemals explizit gemachten indirekten hebräischen Erbschaft auf, die das Bild einer ausschließlich griechischen Herkunft des Seinsdenkens korrigiert⁶⁷ und auch den Kunstwerkaufsatz in ein möglicherweise neues Licht rückt.

Überhaupt wird zunehmend fraglich, ob Schapiros Kritik an Heideggers vermeintlicher ‚Aneignung' des Werks, die er in einem Nachtrag noch mit weiteren Argumenten meint untermauern zu können,⁶⁸ wirklich sein Ziel trifft. Der Philosoph habe den Künstler enteignet, um die Schuhe seiner Projektion – einer Bäuerin – zuzu-

---

⁶⁴ Jacques Derrida, Violence et métaphysique, in: L'écriture et la différence, Paris 1967, 117–228, hier Fußnote 99; Deutsch: Jacques Derrida, Gewalt und Metaphysik, in: Die Schrift und die Differenz, 121–235, hier 220, Fußnote 99. Obwohl Heidegger den modernen Nihilismus vielfach als allgemeine „Entwurzelung" beschreibt (daran erinnert Derrida in: Jacques Derrida, Foi et savoir, Paris 2000, 76), sei letztlich Heideggers Denken selbst, wie schon Husserls, von einem Bestreben nach „Entwurzelung" getragen (Elisabeth Roudinesco/Jacques Derrida, De quoi demain. Dialogue, Paris 2001, 38).
⁶⁵ Emmanuel Levinas, La réalité et son ombre (1948), in: Les imprévus de l'histoire, Montpellier 1994, 123–148; Deutsch: Emmanuel Levinas, Die Wirklichkeit und ihr Schatten, übersetzt von Alwin Letzkus, in: Die Unvorhersehbarkeit der Geschichte, Freiburg/München 2006, 105–124. Zitiert nach: Bildtheorien aus Frankreich. Eine Anthologie, hrsg. von Emmanuel Alloa, Paderborn/München 2011, 65–87, hier 67.
⁶⁶ Maurice Blanchot, L'écriture du désastre, Paris 1980, 27, deutsch: Maurice Blanchot, Die Schrift des Desasters, übersetzt von Gerhard Poppenberg und Hinrich Weidemann, München 2005.
⁶⁷ Marlène Zarader, La dette impensée. Heidegger et l'héritage hébraïque, Paris 1990; Englisch: Marlène Zarader, The unthought debt. Heidegger and the Hebraic heritage, übersetzt von Bettina Bergo, Stanford 2006.
⁶⁸ Meyer Schapiro, Further notes on Heidegger and Van Gogh, in: Theory and Philosophy of Art. Style, Artist and Society. Selected Papers IV, New York 1994, 143–152

schreiben. Doch wie Heidegger in einer späteren Anmerkung seiner Reclam-Ausgabe bemerkt: Es lasse sich nicht endgültig feststellen, „wem sie [die Bauernschuhe] gehören" (GA 5, 18); überhaupt gibt es nichts „wohin und wozu sie gehören könnten" (GA 5, 19). Der Ort des Werks umschreibt mithin weniger eine „Bleibe" als das, was insofern offen bleibt, als es weiterhin aussteht. Die Inständigkeit ist dann nicht sosehr der Name eines In-sich-ruhenden Stehens als vielmehr der Hinweis auf ein, gerade weil noch bevorstehend-ausstehend, *inständiges* Werk.

Auf den Spuren Derridas ließe sich Heideggers Kunstdenken tatsächlich als eine Philosophie der Wiedergabe begreifen, nicht aber als Rückerstattung möglicher Besitzansprüche oder Eigentumsrechte, sondern gerade als unendliche Wiedergabe, die das, was sie in der Rückgabe wieder-holt auch stets zugleich hervorbringt, ins Werk setzt, mit einem Wort: produziert. Ein Begriff von Wieder-Gabe bahnt sich an, in dem „Wiedergabe und Hervorbringung keine Gegensätze mehr bilden".[69] Die Verpflichtung des Künstlers, die Welt so wiederzugeben, wie sie ihm erscheint und das Kunstwerk anzubinden an das, woraus es hervorgeht, geht immer schon mit einer umgekehrten Entbindung vom Gegebenen einher, die solches hervorkommen lässt, was sich in der Darstellung allererst herstellt. Nur da gibt (es) Kunst, wo sich die Gabe dem Kreislauf des Kredits entzieht und die Bildgebung einer bloßen Rückerstattung des Gegebenen grundsätzlich zuwiderläuft.

---

[69] Iris Därmann, Mehr als ein Abbild/kein Abbild mehr: Derridas Bilder, Phänomenologische Forschungen 1 (1996), 239–268, hier 266.

Morten Thaning

Rezeption in der philosophischen Hermeneutik

1. Hans-Georg Gadamer

Gadamers philosophische Hermeneutik ist ganz wesentlich Heideggers Denken verpflichtet, *Der Ursprung des Kunstwerkes* findet im Hauptwerk *Wahrheit und Methode* jedoch keine eigene Behandlung.[1] In Gadamers Einführung zur Reclam-Ausgabe von *Der Ursprung des Kunstwerkes* aus dem Jahre 1960 aber lässt sich eine indirekte Wirkungsgeschichte erkennen.[2] Hier identifiziert Gadamer in Heideggers Aufsatz eine Reihe von Gedanken, die für seine eigene Arbeit von entscheidender Bedeutung waren. Bei späterer Gelegenheit vermag Gadamer in einer Einleitung zu einer Sammlung von Texten über Heidegger auch eine gewisse Verwandtschaft zwischen *Der Ursprung des Kunstwerkes*, seiner eigenen Einführung und einigen der zentralen, in *Wahrheit und Methode* behandelten Fragen einzugestehen.[3] Mit Kenntnis seines Werkes lässt sich deshalb schildern, wie Gadamer in seiner philosophischen Hermeneutik

---

[1] John Sallis unternimmt einen ansonsten sehr fruchtbaren Vergleich zwischen *Der Ursprung des Kunstwerkes* und dem Kapitel über die Ontologie des Kunstwerk in *Wahrheit und Methode*, vermag jedoch nicht nachzuweisen, dass es sich in diesem Kapitel um eine eigentliche und ausdrückliche Rezeption von *Der Ursprung des Kunstwerkes* handelt, da Gadamer Heideggers Aufsatz nicht erwähnt oder sich mit seinen Grundbegriffen auseinandersetzt und auch im Übrigen nirgends anführt, dass dieses Kapitel einen Dialog mit *Der Ursprung des Kunstwerkes* bilden würde. Vgl. John Sallis, The Hermeneutics of the Artwork, in: Günter Figal (Hrsg.), Hans Georg Gadamer – Wahrheit und Methode, Berlin 2007, 45–57.
[2] Vgl. Hans-Georg Gadamer, Die Wahrheit des Kunstwerks (1960), in Gesammelte Werke (im Folgenden: GW), Band 3, Tübingen 1987, 249–261.
[3] Vgl. Hans-Georg Gadamer, Heideggers Wege, Tübingen 1983, 5; vgl. Sallis, The Hermeneutics of the Artwork, 46.

gerade diejenigen Gedanken aufgreift, ausarbeitet und berichtigt, die er in seiner Einführung zu *Der Ursprung des Kunstwerkes* als die grundlegenden kennzeichnet.

Gadamers Einführung lässt keinen Zweifel daran, dass er sich ganz entscheidend von Heidegger dazu anregen ließ, eine eigene Alternative zur kantischen Tradition auszuarbeiten, also die Wahrheit der Kunst jenseits der subjektivistischen Ästhetik zu artikulieren. In seinem Versuch, Heideggers Ansatz weiter auszuarbeiten, wendet Gadamer einen Gedanken Heideggers korrigierend gegen dessen eigene Konzeption. Um dies zu verdeutlichen, beginnen wir mit dem Schluss von Gadamers Einführung: „Das Denken, das alle Kunst als Dichtung denkt und das Sprachesein des Kunstwerks enthüllt, ist selbst noch unterwegs zur Sprache."[4] Diese Aussage bezieht sich auf die abschließenden Seiten von *Der Ursprung des Kunstwerkes*, auf denen Heidegger die These vom dichterischen Wesen aller Kunst entwickelt (vgl. GA 5, 69–60). Nach Heideggers Auffassung ist alle Kunst letztlich Sprachwerk. Mit anderen Worten ist das Kunstwerk nur innerhalb der Grenzen der Sprachlichkeit zu begreifen. Auf den ersten Blick scheint diese Auffassung eine illegitime Kolonisierung nicht-sprachlicher Kunstwerke zu betreiben. Architektur, Malerei und Bildhauerei bilden Beispiele von Kunstarten sinnlich-materiellen Charakters, die als solche eher das Gegenteil unserer Sprachlichkeit darzustellen scheinen. Zum Verständnis des Gedankens von der Sprachlichkeit des Kunstwerks ist es somit unerlässlich, ihn in Zusammenhang mit dem Gedanken vom weltkonstituierenden Charakter der Sprache zu betrachten. In *Der Ursprung des Kunstwerkes* drückt Heidegger diesen Gedanken folgendermaßen aus: „Wo keine Sprache west, wie im Sein von Stein, Pflanze und Tier, da ist auch keine Offenheit des Seienden und demzufolge auch keine solche des Nichtseienden und des Leeren." (GA 5, 61). Gadamer greift diesen Ansatz, den Heidegger bereits in *Die Grundbegriffe der Metaphysik* entwickelt hatte, in *Wahrheit und Methode* auf: „Die Sprache ist nicht nur eine der Ausstattungen, die dem Menschen, der in der Welt ist, zukommt, sondern auf ihr beruht, und in ihr stellt sich dar, dass die Menschen überhaupt *Welt* haben. Für die Menschen ist die Welt als Welt da, wie sie für kein Lebendiges sonst Dasein hat, das auf der Welt ist. Dies Dasein der Welt ist sprachlich verfasst."[5] Gadamer begründet diese These damit, dass die Erfahrung der Welt in dem von ihm anvisierten Sinne erfordert,

---

4 Gadamer, Die Wahrheit des Kunstwerks, GW 3, 261.
5 Gadamer, Wahrheit und Methode, GW 1, 446–447.

dass man sich zu ihr zu verhalten vermag, d. h. eine freie und distanzierte Haltung zu dem, was einem begegnet und zustößt, einzunehmen imstande ist. Man vermag mit anderen Worten zu überlegen, ob es ist, wie es scheint, oder wie es sich im Grunde verhalten mag. Dieses Vermögen, sich zu dem zu verhalten, was einem begegnet und zustößt, die den Menschen vor allen anderen Tieren auszeichnet, ist mit der Sprache gegeben. Unsere Vertrautheit mit der Sprache weiht uns insofern in die Welt ein, als ihre mannigfaltigen Phänomene sich erst so in ihrer Offenheit zeigen können, d. h. als selbständig existierende Dinge und Sachverhalte, die sich unterschiedlich zu Wort bringen lassen und uns in Anspruch nehmen und verpflichten können.[6] Anderen Tieren ist dieser ‚offene' Zugang zur Welt verwehrt, da ihr Leben sich nahezu ausschließlich darum dreht, auf biologische Bedürfnisse antworten zu müssen. Während andere Tiere ihr Leben in einer *Umwelt* leben, erfährt allein der Mensch die Welt *als* Welt.

Der kurze Aufsatz *Ästhetik und Hermeneutik* von 1964, der programmatisch die Sammlung von Gadamers Schriften zur Ästhetik eröffnet, zieht die kunsttheoretischen Konsequenzen aus diesem Gedanken des sprachlichen Charakters jeglicher Welterfahrung. Eben da uns das Kunstwerk wie alles andere Seiende in unserer sprachlich konstituierten Welt begegnet, „ist es für das Kunstwerk keine Metapher, sondern es hat einen guten und aufweisbaren Sinn, dass das Kunstwerk uns etwas sagt".[7] Insofern jedes Kunstwerk innerhalb eines sprachlich vermittelten Verständnishorizonts erfahren wird, stellen uns auch nicht-sprachliche Kunstwerke wie etwa Bauwerke und Skulpturen vor die hermeneutische Aufgabe, uns von ihnen in unserem Selbstverständnis in Frage stellen zu lassen. Die universale Sprachlichkeit der Hermeneutik umfasst für Gadamer somit die Kunst ganz allgemein und grundlegend. Wie Gadamer andeutet, greift *Der Ursprung des Kunstwerkes* Heideggers späteren Schriften vor, in denen die ontologische Bedeutung der Sprachlichkeit deutlicher und pointierter entfaltet wird.[8] In *Der Ursprung des Kunstwerkes* sei Heidegger noch „unterwegs zur Sprache".[9]

---

[6] In diesem Zusammenhang greift Gadamer auf Aristoteles' Bestimmung des Menschen zurück; vgl. Aristoteles, Politica 1253a.
[7] Hans-Georg Gadamer, Ästhetik und Hermeneutik, GW 8, Tübingen 1987, 1–8, hier 3.
[8] Gadamer, Die Wahrheit des Kunstwerkes, GW 3, 260.
[9] Gadamer, Die Wahrheit des Kunstwerkes, GW 3, 261. Die Formulierung spielt selbstredend auf Heideggers Aufsatzsammlung *Unterwegs zur Sprache* von 1959 an, in der gerade die ontologische Rolle der Sprache weiter entwickelt wird.

Mit seinem Gedanken vom dichterischen Wesen der Kunst möchte Heidegger nun jedoch nicht allein die Sprachlichkeit des Kunstwerks betonen. Er beschreibt den dichterischen Umgang mit der Sprache näher als ein „entwerfendes Sagen" und spricht in diesem Zusammenhang vom „dichtenden Entwurf der Wahrheit" und von der „Stiftung der Wahrheit" als dem Wesen der Dichtung (GA 5, 61 und 63). All diese Wendungen sollen zum Ausdruck bringen, dass in der Kunst als Dichtung etwas entscheidend Neues geschaffen wird. Heidegger warnt jedoch vor dem subjektivistischen Missverständnis dieses Schaffens als eines genialen Schöpfungsaktes (GA 5, 63–64). Vielmehr wird der radikale Neubeginn des Kunstwerks als ein „grund-legendes Gründen" beschrieben, das insofern „aus dem Nichts" kommt, als es sich nicht und niemals „aus dem Geläufigen und Bisherigen" ableiten lasse (GA 5, 64). Das Werk wird also vom Künstler ebenso wie vom Rezipienten als ein unverfügbares Ereignis erfahren, das gewöhnliche Erfahrungsmuster radikal überschreitet. Mit seiner Rede vom dichterischen Wesen der Kunst möchte Heidegger also die Fähigkeit der Kunst betonen, ein umwälzendes Ereignis so ins Werk zu setzen, dass es uns die Möglichkeit der Selbsterfahrung in einem völlig neuen Bedeutungszusammenhang bietet. Mit seiner Kennzeichnung des Kunstwerks als ‚Anfang', der sich als solcher nicht aus dem Bisherigen ableiten lässt, bringt Heidegger diese Fähigkeit, Diskontinuität ins Werk zu setzen, auf den Begriff. Pointiert heißt es: „Das Bisherige wird in seiner ausschließlichen Wirklichkeit durch das Werk widerlegt." (GA 5, 63).

Gerade in diesem Punkt stellt Gadamers philosophische Hermeneutik ein Korrektiv zu Heideggers Konzeption dar, insofern sie betont, dass das Kunstwerk nicht allein ein epochales Ereignis bildet, sondern ebenso sehr je schon einem Überlieferungszusammenhang zugehört. Um diesen entscheidenden Gedanken zu formulieren, greift Gadamer in seiner Einführung auf Heideggers These von der paradigmatischen Bedeutung der Dichtung für das Verständnis der Kunst zurück. Gerade anhand der Dichtung werde nämlich die Einseitigkeit von Heideggers Beharren auf der Diskontinuität offensichtlich: „Der Entwurf des dichterischen Kunstwerks ist an ein Vorgebahntes gebunden, das nicht von sich aus neu entworfen werden kann: die vorgebahnten Bahnen der Sprache. Auf sie ist der Dichter so sehr angewiesen, dass die Sprache des dichterischen Kunstwerks nur diejenigen zu erreichen vermag, die der gleichen Sprache mächtig sind. […] In Wahrheit ist […] das Dichten wie in zwei Phasen eingeteilt: in einen Entwurf, der immer schon geschehen ist, wo eine Sprache waltet, und einen anderen, der die neue dichterische Schöpfung aus diesem ersten Entwurf hervorgehen läßt."[10]

Vor dem Hintergrund seiner These von der sprachlichen Verfassung des menschlichen Weltverhältnisses vermag Gadamer diesen Gedanken zu generalisieren: Wenn uns ein Kunstwerk wie alles, was wir erfahren, innerhalb eines sprachlich konstituierten Horizonts begegnet, dann lässt sich seine Wahrheit nicht als völlig isoliertes Ereignis begreifen, sondern nur in ihrem Wechsel- und Zusammenspiel mit unserer Weltauffassung im Allgemeinen. Um überhaupt als Werk zur Geltung zu kommen und nicht bloß als absolut sinnlose Äußerung zu erscheinen, muss das Werk als an den Sinnzusammenhang der Tradition gerichtet verstanden werden. Diese Zugehörigkeit gilt für zeitgenössische Werke wie für solche vergangener Epochen, und damit wird die folgende These Heideggers in Frage gestellt: „Der Tempel gibt in seinem Dastehen den Dinge erst ihr Gesicht und den Menschen erst die Aufsicht auf sich selbst. Diese Sicht bleibt so lange offen, als das Werk ein Werk ist, so lange als der Gott nicht aus ihm geflohen." (GA 5, 29). Für Gadamer ist der Sinn eines Werkes nicht an einen spezifischen Horizont gebunden: Insofern es sich tatsächlich um ein Kunstwerk handelt, können wir seinen Sinn auch in unserem aktuellen geschichtlichen Horizont ‚anwenden', wie er es ausdrückt.[11] Die Möglichkeit einer Horizontverschmelzung ist prinzipiell jederzeit gegeben, da unser gegenwärtiger Horizont und der vergangener Zeiten je schon zusammengehören als zwei Ansichten einer und derselben sprachlich konstituierten Welt. Horizontverschmelzung und Anwendung sind jedoch keine Wiederholung: In unserem gegenwärtigen Horizont werden wir im Tempel nicht die Anwesenheit der Götter, sondern ihre Abwesenheit erfahren. Aber auch diese Erfahrung der Götterflucht kann eine Weise sein, den Sinn dieses Kunstwerkes zu verstehen.

Ein solcher *Traditionalismus* untergräbt nicht die Möglichkeit radikaler Originalität oder Diskontinuität, er schränkt sie auch nicht ein. Gadamer leugnet keineswegs die Möglichkeit von Werken, die bestehende Traditionen kategorisch in Frage stellen. Sein Korrektiv möchte lediglich daran erinnern, das auch ein Werk, das einen gegebenen Sinnzusammenhang – in Heideggers Terminologie: eine Welt – radikal umstößt, indem es einen neuen eröffnet, sich nur begreifen lässt durch ein Verständnis von seiner Umwälzung eines

---

[10] Gadamer, Die Wahrheit des Kunstwerkes, GW 3, 261.
[11] Gadamer, Wahrheit und Methode, GW 1, 312–346.

je schon bestehenden Zusammenhangs. Gerade weil im Kunstwerk Verständnis und somit Wahrheit auf dem Spiel stehen, lässt sich nicht behaupten, dass es eigenmächtig seine Welt völlig unabhängig von jeglichem Sinnzusammenhang eröffnet. Gadamers Gedanke vom Zusammenhang von Sprachlichkeit und Welt bedeutet, kurz gesagt, dass das Ins-Werk-Setzen der Wahrheit in der Kunst als ein Überlieferungsgeschehen betrachtet werden muss.

Völlig unabhängig davon, ob die Intention des Künstlers darauf geht, ein hermetisches oder ein zugängliches Kunstwerk zu schaffen, ist das Werk als sprachlich konstituiertes Überlieferungsereignis je schon ein Versuch, einen Empfänger zu erreichen. Gadamers Verständnis des Kunstwerks als eines Ereignisses in einem sprachlichen und geschichtlichen Kontext hat somit zur Folge, dass er der Beschreibung unserer Begegnung mit dem Werk erhöhte Aufmerksamkeit widmen muss. Diese Perspektive hat für Heidegger kein entsprechendes systematisches Interesse. Zwar setzt sich auch Heidegger in aller Kürze mit der adäquaten Erfahrung des Kunstwerks auseinander, die er als *Bewahrung* des Werks bezeichnet, doch ist Gadamers Darstellung der Erfahrungsperspektive weitaus ausführlicher und systematischer, und so kann man von einer Verschiebung von einem nahezu ausschließlichen Interesse am Kunst*werk* bei Heidegger zu einer größeren Berücksichtigung der Kunst*erfahrung* bei Gadamer sprechen. Gadamers Definition des Kunstwerks als „Darstellen für jemanden" spiegelt als solche schon die innere Relation zum Empfänger wider.[12] Gadamer beschreibt den adäquaten Zugang zum Kunstwerk in unserer Begegnung mit ihm im ersten Teil von *Wahrheit und Methode* unter anderem mit den Begriffen „Dabeisein" und „Gleichzeitigkeit";[13] doch auch Gadamers vielleicht bekanntester Beitrag zur Philosophie, seine hermeneutische Erfahrungstheorie im zweiten Teil, muss in diesem Licht betrachtet werden.[14] Zwar ist diese Theorie nicht eigens auf die Kunsterfahrung ausgerichtet, sondern vielmehr durchgängig am Textverständnis orientiert, doch da es sich um eine generelle Theorie handelt, beanspruchen ihre zentralen Begriffe auch Gültigkeit für unsere Erfahrung mit der Kunst.

Dass im Kunstwerk nicht allein eine Erfahrung von Wahrheit mit im Spiel sei, sondern dass gerade das Werk uns lehren könne, wie das

---

[12] Vgl. Gadamer, Wahrheit und Methode, GW 1, 114.
[13] Vgl. Gadamer, Wahrheit und Methode, GW, 1, 129–133.
[14] Vgl. Gadamer, Wahrheit und Methode, GW, 1, 270–384.

Phänomen der Wahrheit als solches zu verstehen sei, bildet einen Grundgedanken von *Der Ursprung des Kunstwerkes*. Entsprechend betont Gadamer in seiner Einführung zu Heideggers Aufsatz, dass die Kunst uns behilflich sein kann, Heideggers Gedanken von der *Gegenwendigkeit der Wahrheit* zu begreifen, denn es ist „offenkundig eine Spannung zwischen dem Aufgang und der Bergung, die das Sein des Werkes selber ausmacht. Seine Wahrheit ist nicht das plane Offenliegen von Sinn, sondern vielmehr die Unergründlichkeit und Tiefe seines Sinnes. So ist es seinem Wesen nach Streit zwischen Welt und Erde, Aufgang und Bergung".[15] Gadamer verfolgt die Idee, dass das Kunstwerk uns zu zeigen vermöge, was Sinn und Wahrheit eigentlich sind, selbständig weiter. Hier seien lediglich zwei Beispiele dieser eigenständigen Fortführung dieses Themas erwähnt. Erstens ergibt es sich als entscheidende Konsequenz aus Gadamers Wahrheitsbegriff, dass sich nicht mehr sinnvoll von universalen Wahrheiten im herkömmlichen Verständnis sprechen lässt. Nicht etwa, weil alle Wahrheit sich in partikulären Kontexten auflösen würde, sondern weil die Universalität einer Wahrheit nur konkret zum Ausdruck kommen kann, indem sie begriffen wird als eine motivierte Äußerung, als Antwort auf eine Frage, die wir zum Verständnis der Wahrheit erst rekonstruieren müssen. Auch für Gadamer birgt das Werk eine Wahrheit: Es hat uns etwas zu sagen. Sein Sinn steht uns jedoch nicht handgreiflich zur Verfügung, so dass er sich in einer Anzahl von Aussagen über das Werk erfassen ließe. Mit Bezug auf Heidegger schreibt Gadamer, dass das Werk seine Wahrheit derart in sich berge, „daß dieselbe auf keine andere Weise offenbar ist als im Werk".[16] Damit möchte Gadamer betonen, dass die Wahrheit des Kunstwerks an seine materiale Erscheinung gebunden ist, und wenn wir meinen, dass ein Kunstwerk uns etwas zu sagen habe, müssen wir somit stets daran denken, dass in der Kunst alles darauf ankommt, *wie* etwas gesagt wird.[17]

Zweitens hebt Gadamer wiederholt die Unendlichkeit des Verstehenshorizonts hervor. In Verbindung mit seiner These, dass jede Aussage als eine Antwort auf eine Frage verstanden werden müsse, damit sich ihre Wahrheit beurteilen lasse, schreibt er: „Es ist sicherlich nicht immer leicht, die Frage zu finden, auf die eine Aussage wirklich Antwort ist. Es ist vor allem deshalb nicht leicht, weil auch

---

[15] Gadamer, Die Wahrheit des Kunstwerkes, GW 3, 259.
[16] Gadamer, Die Sprache der Metaphysik, GW 3, 229–238, hier 233.
[17] Vgl. Gadamer, Ästhetik und Hermeneutik, GW 8, 6.

eine Frage wiederum kein einfaches Erstes ist, in das wir uns nach
Belieben versetzen können. Denn jede Frage ist selber Antwort. Das
ist die Dialektik in die wir uns hier verstricken. Jede Frage ist motiviert. Auch ihr Sinn ist niemals vollständig in ihr anzutreffen."[18]

Die Kunsterfahrung erinnert uns ausdrücklich an diesen
unendlichen Horizont des Verstehens. Gadamer spricht in diesem
Zusammenhang von der Sprache der Kunst, die für den ihrer Unerschöpflichkeit zugrunde liegenden Sinnüberschuss einsteht, der das
Werk gegenüber jeglichen Versuch auszeichnet, es auf den Begriff
bringen zu wollen.[19] Der von Heidegger *Erde* genannten Dimension wird von Gadamer jedoch nicht eine vergleichbar privilegierte
Stellung zugeschrieben. Gadamer bezweifelt die Möglichkeit einer
phänomenologisch ausweisbaren Erfahrung eines radikalen Entzugs, also jener Verborgenheit oder Verhaltenheit, die Heidegger
im Kunstwerkaufsatz mit der Erde verknüpft. Zwar betont auch
Gadamer, dass uns die Wahrheit eines Kunstwerkes nicht auf solche Art und Weise zur Verfügung steht, dass wir sie in einer Anzahl
Aussagen über das Werk erfassen könnten. Unsere Interpretationen
können niemals die ganze Wahrheit des Werkes erschöpfen, sondern
lediglich stets erneut auf sie hinweisen. Die Frage, die Gadamer und
Heidegger trennt, besteht jedoch darin, ob uns diese phänomenologische Tatsache zur Annahme einer radikalen Verhaltenheit zwingt.

2. John Sallis

Das abschließende Kapitel seiner Kunstphilosophie *Tranfigurements*
hat John Sallis einer Auslegung von *Der Ursprung des Kunstwerkes*
gewidmet.[20] Hier bestimmt er Heideggers Aufsatz in seinem Verhältnis zur Ästhetik Hegels und Nietzsches und beschreibt in diesem
Zusammenhang seinen eigenen kunstphilosophischen Ansatz in der
kritischen Nachfolge von Heideggers Bemühen. Sallis geht aus von
Heideggers Anmerkung im Nachwort zu *Der Ursprung des Kunstwerkes*, dass es noch zu früh sei, eine Entscheidung über Hegels Ausspruch zu fällen, dass die Kunst „ein Vergangenes" sei (GA 5, 25).
In Sallis' Auslegung beruht die Entscheidung nämlich darauf, ob es

---

[18] Gadamer, Was ist Wahrheit, GW 2, 53.
[19] Vgl. Gadamer, Ästhetik und Hermeneutik, GW 8, 7.
[20] Vgl. John Sallis, Transfigurements. On the True Sense of Art, Chicago/London 2008, 152–187.

möglich sein wird, das metaphysische Verständnis vom Verhältnis des Sinnlichen und Intelligiblen zu überwinden, das den Rahmen von Hegels kunstphilosophischem Ansatz bildet. Sallis macht deutlich, dass Hegels Urteil über das Schicksal der Kunst untrennbar mit seinem Verständnis der Kunst als sinnlicher Erscheinung der Wahrheit verbunden ist. Da Hegel der Auffassung ist, dass es ab einem bestimmten Punkt in der Geschichte des Geistes möglich gewesen ist, die Wahrheit geradewegs, ohne den Umweg über die Sinnlichkeit, darzustellen, bedürfen wir seither auch nicht mehr der Kunst zur Erkenntnis der Wahrheit und zur Erfüllung unseres innersten Bedürfnisses.[21] Diese metaphysische Tradition will Heidegger mit seiner Neukonzeption des Wahrheitsbegriffs überwinden, die die Wahrheit untrennbar mit dem Sinnlichen verknüpft. Das wiederum beinhaltet eine Neufassung des Sinnlichen, die sie nicht mehr als „an image of remote intelligibility" auffasst.[22] Vor dem Hintergrund der Vorlesungen über Nietzsche, die Heidegger in derselben Periode hielt, in der er auch an *Der Ursprung des Kunstwerkes* arbeitete, erinnert Sallis daran, dass das Problem der Überwindung des metaphysischen Verständnisses vom Verhältnis des Sinnlichen und des Intelligiblen nicht damit gelöst wäre, dass man wie Nietzsche die herkömmliche Hierarchie zugunsten des Sinnlichen umwendete.[23] Sallis folgt somit Heidegger in seiner kritischen Auslegung von Nietzsches Versuch eines ‚umgekehrten Platonismus', der die Kunst als höchsten Wert über Religion, Moral und Philosophie einsetzt.[24] Die scheinbare Aufwertung der Sinnlichkeit und der Kunst täuscht nämlich darüber hinweg, dass Kunst und Sinnlichkeit ebenso wie bei Hegel lediglich Mittel des Subjekts bilden und somit ihres Eigenwerts beraubt werden. Bei Hegel kommt dies dadurch zum Ausdruck, dass die Kunst – und das Sinnliche im Allgemeinen – als Mittel zur Darstellung der Wahrheit nur bis zu jenem Punkt in der Geschichte dient, an dem es möglich wird, die Wahrheit direkt und universal und somit auch angemessener darzustellen. Bei Nietzsche zeigt sich die Instrumentalisierung laut Sallis in der Auffassung vom sinnlichen Rausch als Mittel zur Selbstüberschreitung des Subjekts.[25]

---

[21] Vgl. G. W. F. Hegel, Vorlesungen über die Ästhetik I, Frankfurt am Main 1986, 20–25; vgl. Sallis, Transfigurements, 155.
[22] Sallis, Transfigurements, 157.
[23] Vgl. Sallis, Transfigurements, 160–170.
[24] Vgl. Sallis, Transfigurements, 161; vgl. Heidegger, Nietzsche I, GA 6.1, 108.
[25] Vgl. Sallis, Transfigurements, 168–169.

Darüber hinaus jedoch betont Sallis, dass Nietzsche, obgleich er nach Heideggers Auslegung der metaphysischen Ästhetik verpflichtet bleibt, zugleich auch über diese Tradition hinausweist, insofern er ihre Möglichkeiten erschöpft und sie somit in eine aporetische Situation bringt.[26] Hier, am Rande der metaphysischen Tradition, stellt Nietzsche zumindest mittelbar die Aufgabe einer Neubestimmung von Wahrheit und Sinnlichkeit, die ihren Eigenwert zu bewahren vermag und sie nicht zum Mittel der Selbstentfaltung des Subjekts reduziert. Gerade in diesem Punkt bezeichnet *Der Ursprung des Kunstwerkes* für Sallis „a momentous and irreversible advance".[27] Insbesondere hebt Sallis hervor, dass Heidegger mit seinem Begriff der Erde darlegt, wie das Kunstwerk eine unhintergehbare Sinnlichkeit ins Werk zu setzen vermag, die sich nicht instrumentalisieren lasse. Er betont in diesem Zusammenhang ausdrücklich eine Passage, aus der hervorgehe, dass Heidegger von Anfang an seinen Aufsatz mit dieser irreduziblen Sinnlichkeit vor Augen ausgearbeitet habe: „Das Steinerne ist im Bauwerk. Das Hölzerne ist im Schnitzwerk. Das Farbige ist im Gemälde. Das Lautende ist im Sprachwerk. Das Klingende ist im Tonwerk." (GA 5, 4). Unter Berufung auf dieses Zitat kritisiert Sallis Gadamer für das Stillschweigen, dass er in seiner Hermeneutik über die ‚Erde' bewahrt.[28]

In *Transfigurements* macht sich Sallis zur Aufgabe, dieses Schweigen zu brechen, um das Anwesen des Sinnlichen im Kunstwerk neu fassen zu können. Der titelgebende Neologismus verweist auf Sallis' These, dass das Sinnliche im Kunstwerk in ein Scheinen verwandelt wird („transfigurement into shining"). In diesem Punkt findet Sallis eine entscheidende Anregung in Hegels Überlegungen zur Malerei, die quer zu seiner metaphysischen Bestimmung der Kunst stehen: „Referring to a kind of painting occupied less with content than with the production of shining, he [Hegel] praised its capacity to capture, among other things, the ‚shinings of the sky, of the time of day, of the lightning of the forest, the shinings and reflections of clouds, waves, seas'–in short, its capacity to set forth various elements through transfigurements into shining."[29]

---

[26] Vgl. Sallis, Transfigurements, 169.
[27] Sallis, Transfigurements, 171.
[28] Vgl. Sallis, Hermeneutics of the Artwork, 56.
[29] Sallis, Transfigurements, 187. Vgl. Hegel, Vorlesungen über die Ästhetik III, Frankfurt am Main 1986, 36.

Sallis entwickelt seinen Gedanken vom besonderen Vermögen des Kunstwerks, Elemente und Strukturen unserer sinnlichen Erfahrung an den Tag zu bringen, die als solche nicht unmittelbar in ihr zugänglich sind, anhand einer ganzen Reihe unterschiedlicher Kunstgattungen. Darin lässt sich eine Weiterentwicklung von *Der Ursprung des Kunstwerkes* erblicken. Sallis sieht es als eine Begrenzung dieser Schrift, dass sie nicht weiter thematisiert, wie die Wahrheit der Kunst sich unterschiedlich in verschiedenen Kunstgattungen manifestiert.[30] Seinen Begriff der Sinnlichkeit der Kunst verdeutlicht Sallis insbesondere in seiner Auslegung der Malerei im ersten Kapitel des Buches, in dem er zwei Arten, wie die Malerei etwas Unsichtbares darstellen könne, einander gegenübergestellt.[31] Sallis betont, dass die Malerei, um nicht schlechthin überflüssig zu sein, etwas zutage bringen müsse, was unserer gewohnten Wahrnehmung nicht unmittelbar augenfällig ist. Die Malerei habe somit einen doppelten Charakter, insofern sie einerseits zwar unsere gewöhnliche Erfahrung zur Voraussetzung habe, dieser andererseits jedoch auch etwas hinzufüge. Diese Zufügung stellte der herkömmlichen Auffassung zufolge den Bezug zu einer metaphysischen Essenz jenseits des Sinnlichen her. Die Überwindung der Distinktion zwischen dem Sinnlichen und Intelligiblen erfordert jedoch einen anderen Zugang zum Doppelcharakter der Malerei: „What is required is that this double character be reconceived within the context of the sensible, that the doubling be set, as it were, entirely within the visible."[32] Die Zufügung des Unsichtbaren in der Malerei bezieht sich somit nicht mehr auf eine abwesende Intelligibilität, sondern bringt etwas Unsichtbares *im* Sichtbaren selbst zum Vorschein. Genauer gesagt vermag die Malerei unsichtbare Elemente ans Licht zu bringen, die das Sichtbare strukturieren und ermöglichen. Sallis führt in diesem Zusammenhang Monets umfangreiche Bilderserie von Heuschobern aus den Jahren 1889–91 als Beispiel an. Die Gemälde bilden nicht den Versuch, die Idee oder die Essenz des Heuschobers darzustellen. Vielmehr zeigen sie, wie das Licht auf die Heuschober fällt und mannigfaltig gebrochen wird. Damit lenken diese Bilder die Aufmerksamkeit auf ein Element, dass in unserer alltäglichen Wahrnehmung nahezu unsichtbar bleibt: „They make visible the light

---

[30] Vgl. Sallis, Transfigurements, 179.
[31] Vgl. Sallis, Transfigurements, 11–22.
[32] Sallis, Transfigurements, 19.

that grants to things their visibility; for normally what we see are visible things and illuminated scenes, not the light that makes them visible, that illuminates them."[33]

3. Günter Figal

Im Zentrum von Günter Figals philosophischem Interesse steht die Frage nach der Gegenständlichkeit, die zwar auch für die Analyse in *Der Ursprung des Kunstwerkes* entscheidend ist, anders als Gadamer oder Sallis hat Figal Heideggers Kunstwerkaufsatz jedoch keine selbständige Abhandlung gewidmet.[34] In seinem jüngsten Buch *Erscheinungsdinge* mit dem Untertitel *Ästhetik als Phänomenologie* spielt Heideggers Werk keine privilegierte Rolle, sondern bildet einen Gesprächspartner neben einer ganzen Reihe anderer bedeutender Werke der Tradition philosophischer Ästhetik. Figal nimmt in seinem Buch wiederholt Bezug auf *Der Ursprung des Kunstwerkes*, im Allgemeinen handelt es sich dabei jedoch um eine kritische Stellungnahme zu Heideggers Konzeption.

Figal verortet Heideggers Ansatz in einer kunstphilosophischen Tradition, die von Hegel und Schelling über Nietzsche bis zu Gadamer und Adorno reicht. Trotz ihrer verdienstvollen Analysen der Struktur des Kunstwerks neigt diese Tradition laut Figal dazu, „diese Struktur geschichtsphilosophisch oder anthropologisch zu überfrachten oder zu instrumentalisieren. Dabei ging verloren, dass die Kunst bei aller Eingebundenheit in Lebenszusammenhänge als Kunst nur identifizierbar ist, wenn sie auf eine Weise erfahren wird wie ihren Werken vergleichbare Lebensmomente oder Kultur-

---

[33] Sallis, Transfigurements, 21.
[34] Die Frage, inwiefern das Kunstwerk ein Ding sei, bildet den Leitfaden für Heideggers Untersuchung; vgl. GA 5, 4–5. In *Gegenständlichkeit* kritisiert Figal den misslungenen ‚Entgegenständlichungsversuch' von Heideggers Denken bis einschließlich *Sein und Zeit*; vgl. Günter Figal, Gegenständlichkeit. Das Hermeneutische und die Philosophie, Tübingen 2006, 130. Laut Figal bildet die Analyse der Dinglichkeit des Kunstwerks in *Der Ursprung des Kunstwerkes* eine frühe Phase von Heideggers Versuch, eine alternative und nach Figal adäquatere Untersuchung des Dinges, die sich nicht auf eine Beschreibung des Dinges in unserer pragmatisch strukturierten Lebenswelt beschränkt, in der die Dinglichkeit gerade nicht explizit thematisiert wird; vgl. Figal, Gegenständlichkeit, 134, FN. 199.

zeugnisse nicht".[35] Zwar erkennt Figal an, dass Heidegger mit dem Gedanken, dass das Kunstwerk eine Welt erschließe, das Kunstwerk aus den pragmatischen und kulturellen Strukturen unserer Lebenswelt herauszulösen vermag, er besteht jedoch darauf, dass dieser Gedanke der *Welteröffnung* zu begrenzt in Richtung der Präsentation eines geschichtlichen Zusammenhangs ausgelegt wird. Für Figal ist das, was im Kunstwerk erschlossen wird, „keine geschichtliche Welt".[36] Die Begegnung mit dem Kunstwerk ist mit anderen Worten nicht als geschichtliches Wahrheitsereignis zu begreifen, das unser Selbstverständnis umstürzt, sondern vielmehr als eine Erfahrung des Schönen, die ihrerseits eine ästhetische Einstellung vom Empfänger verlangt.

Solches Vorhaben zielt auf eine Rehabilitierung der philosophischen Ästhetik ab und positioniert sich damit entschieden außerhalb von Heideggers Fragehorizont. Vor diesem Hintergrund kann es kaum verwundern, dass Figals positive Artikulation des Kunstwerks und der ästhetischen Erfahrung stattdessen bei Kant seinen Ausgangspunkt nimmt. Figal arbeitet Kants Gedanken aus, dass die Erfahrung des Schönen „das freie Spiel der Erkenntnisvermögen" auslöst.[37] In diesem Spiel präsentiert die Einbildungskraft dem Verstand eine strukturierte Mannigfaltigkeit, die sich der Verstand seinerseits auf den Begriff zu bringen bemüht. Dem Verstand gelingt eine solche umfassende Einheitsbestimmung der präsentierten Mannigfaltigkeit jedoch nicht. Die von ihm angewandten Begriffe genügen nicht, die strukturierte Mannigfaltigkeit einzuholen.

Obgleich Figal betont, dass sich die ästhetische Erfahrung nicht auf den Begriff bringen lasse, macht er deutlich, dass es sich bei ihr nicht etwa um einen völlig opaken Eindruck handle; das freie Spiel der Erkenntniskräfte sei vielmehr zu verstehen als eine Art der Reflexion, die sich artikulieren und somit mitteilen und mit anderen erörtern lasse. Diese Artikulation ist selbstredend von der konkreten Auseinandersetzung mit dem Werk nicht zu trennen, sondern vollzieht sich, „indem sie die ästhetisch erfahrene Sache auf möglichst vorurteilsfreie, an die Äußerungen anderer anschließende und in sich

---

[35] Günter Figal, Erscheinungsdinge. Ästhetik als Phänomenologie, Tübingen 2010, 2.
[36] Figal, Erscheinungsdinge, 43. Vgl. GA 5, 31.
[37] Vgl. Figal, Erscheinungsdinge, 57. Vgl. Immanuel Kant, Kritik der Urteilskraft, B 28, in: Kants gesammelte Schriften, hrsg. von der Königlich Preußischen Akademie der Wissenschaften, Band V, Berlin 1913, 166–485, hier 217.

stimmige Weise zur Sprache" bringt.[38] Letztlich ist die Möglichkeit der Artikulation der ästhetischen Reflexion darin verankert, dass etwas gegenständlich gegeben ist, auf das auch andere sich beziehen können, obgleich es sich nicht um eine Gegenstandserfahrung im üblichen Sinne handelt. Indem Figal somit darauf beharrt, dass das Korrelat unserer Kunsterfahrung nicht bewusstseinsimmanent, sondern ein wirkliches Ding ist, von dem sich Erkenntnis erlangen lässt, entgeht Figal dem Subjektivismus, der für Heidegger wie für Gadamer eine fatale Konsequenz der kantischen Ästhetik bildet.

Es ist für Figal von entscheidender Bedeutung, dass das Kunstwerk eine *strukturierte* Mannigfaltigkeit bildet; er spricht in diesem Zusammenhang von ‚dezentralen Ordnungen'. Damit hebt er einen formalen Zug an dem im Kunstwerk Erscheinenden hervor, mag es sich dabei nun um etwas handeln, was eine Malerei sichtbar werden lässt, oder auch um das, von dem ein Roman erzählt. Die Zufügung ‚dezentral' gibt an, dass von einer unregelmäßigen Ordnung die Rede ist, die sich grundsätzlich nicht auf einen Begriff bringen lässt. Dezentralität ist jedoch nicht mit Vagheit zu verwechseln. Dezentrale Ordnungen können durchaus bestimmt und präzise sein; entscheidend ist in diesem Zusammenhang, dass diese Ordnung sich einzig in der Begegnung mit dem Werk erschließen lässt und man sich also auf diese Begegnung einlassen muss, um sie erfahren zu können.[39] Die Ordnung des Kunstwerks ist mit anderen Worten dezentral, weil es sie nur gibt, insofern sie erscheint.[40]

Da das Werk nun also strukturell betrachtet Erscheinung ist, kann Figal an den in Husserls klassischen Analysen entwickelten Phänomenbegriff anknüpfen. Figal verhält sich jedoch kritisch zum ontologischen Primat, das Husserl dem Bewusstsein vor den Erscheinungen oder Phänomenen zuerkennt.[41] Andererseits schließt er sich aber sehr wohl dem Gedanken Husserls an, dass Phänomene sich lediglich vor dem Hintergrund erfahren lassen, dass ihre reale Gegebenheit „‚eingeklammert', in ἐποχή gesetzt" wird.[42] Diese

---

[38] Figal, Erscheinungsdinge, 60.
[39] Vgl. Figal, Erscheinungsdinge, 72.
[40] Vgl. Figal, Erscheinungsdinge, 5.
[41] Vgl. Figal, Erscheinungsdinge, 87.
[42] Figal, Erscheinungsdinge, 91. Vgl. Edmund Husserl, Ideen zu einer reinen Phänomenologie und phänomenologischen Philosophie. Erstes Buch, Husserliana III.1, hrsg. von Karl Schuhmann, Den Haag 1976, 61–66. Zum Begriff der ἐποχή vgl. Husserl-Lexikon, hrsg. Hans-Helmuth Gander, Darmstadt 2009.

Bedingung gilt in paradigmatischer Weise für das, was im Kunstwerk erscheint: „Eine Stadt zum Beispiel, die in einem Roman vorkommt – Paris in Prousts *A la recherche du temps perdu*, Wien in Heimito von Doderers *Strudlhofstiege*, Boston in den *Bostonians* von Henry James – ist nichts als Erscheinung. Man weiß, dass es Paris, Wien oder Boston gibt, aber man wird die Schilderungen des Romans, sofern man ihn als Kunstwerk und nicht als Kulturdokument liest, nicht auf die realen Städte beziehen."[43] Diese ἐποχή der Einbettung in reale, pragmatische, geschichtliche und anthropologische Zusammenhänge vermag Heidegger laut Figal nicht genügend zu beachten, und gerade das hindere ihn, die ästhetische Phänomenalität in ihrer Eigenart zu artikulieren. Was Heideggers Phänomenbegriff betrifft, so vertritt Figal genauer gesagt die Auffassung, dass Heidegger fälschlicherweise Phänomenalität als Hervortreten aus dem Verborgenen verstehe. Das habe zur Folge, dass ein Phänomen kein Phänomen mehr sei, sobald es voll in Erscheinung getreten ist. Mit diesem Ansatz sei es also nur folgerichtig, dass Heidegger die Phänomenalität als einen Ausnahmezustand begreife, als ein „Aufblitzen oder Aufleuchten, das in die Nacht der Selbstverständlichkeit das Leuchten des Sichzeigenden bringt, aber diese Nacht nur für einen Augenblick erhellt".[44] Diese Auslegung der Phänomenalität als Ausnahmezustand, die nach Figal insbesondere in demjenigen Verständnis vom Kunstwerk zur Geltung komme, das in *Der Ursprung des Kunstwerkes* entfaltet wird, abstrahiert jedoch von der Frage, wie wir die Phänomenalität des Kunstwerks in der Kunsterfahrung erfahren. In der ästhetischen Einstellung verweilen wir beim Kunstwerk, das muss auch Heidegger einräumen (vgl. GA 5, 54); gerade dieses Verweilen ist jedoch mit der Vorstellung vom Kunstwerk als einem Ausnahmeereignis unvereinbar. Dieses Verweilen erfordert für Figal vielmehr ein Verständnis der Kunsterfahrung als einer Kontemplation einer ruhigen Präsenz.[45]

Nicht weniger kritisch wendet sich Figal gegen Heideggers Gedanken der φύσις und sein Konzept der Erde, das u. a. besagt, dass alles, was im Kunstwerk erscheint, grundlegend von Verborgenheit charakterisiert ist. Somit spricht Heidegger davon, dass das Kuntwerk einen „Streit zwischen Welt und Erde" austrage, in dem die Welt „das Offene" und die Erde „das Sichverschließende"

---

[43] Figal, Erscheinungsdinge, 91.
[44] Figal, Erscheinungsdinge, 106.
[45] Figal, Erscheinungsdinge, 106.

darstelle (GA 5, 35). Heideggers Gedanke der Verborgenheit wirkt überzeugend in Bezug auf organische Reife- und Wachstumsprozesse, die stets ein unenthülltes Potential in sich bergen, das niemals zur Gänze zutage tritt.[46] Die Ordnung des Kunstwerks lässt sich für Figal jedoch nicht nach diesem Modell begreifen. Das Kunstwerk ist nämlich „rückhaltlos zeigend".[47] In unseren gewöhnlichen Lebenszusammenhängen erfahren wir z. b. Freude niemals *als* Freude, das heißt als Phänomen. Sie ist stets in gewissem Maße verhüllt oder verborgen, allein schon weil sie als Eigenschaft erscheint, als jemandes Freude. Im Kunstwerk dahingegen kann Freude als Phänomen erscheinen. Sie zeigt sich nicht als Eigenschaft des Werks, sondern als solche. Mit anderen Worten vermag das Kunstwerk gewisse Aspekte befreit von ihrer Einbettung in die pragmatischen Strukturen der Lebenswelt darzustellen, die uns ansonsten den Blick für ihre Phänomenalität trüben. Das gilt auch für Qualitäten natürlicher Gegenstände, die erst in ihrer Bearbeitung zutage treten, wie etwa die Äderung von Marmor oder die Maserung von Holz: „Es gibt Qualitäten des Natürlichen, die nicht offen zutage liegen. Sie sind aber nicht im Sinne Heideggers verborgen oder sichverschließend, sondern, für sich genommen, nur unscheinbar. In der Kunst werden sie zum Erscheinen gebracht."[48] Da Figal zugleich, wie erwähnt, den Gedanken abweist, dass das Kunstwerk eine geschichtliche Welt erschließe, muss er also von Heideggers Beschreibung des Kunstwerks als eines Streits zwischen Erde und Welt, die einen Eckpfeiler der Kunstauffassung in *Der Ursprung des Kunstwerkes* bildet, insgesamt Abstand nehmen. Figal plädiert dafür, diese Beschreibung mit seiner Bestimmung des Kunstwerks als freies Spiel in dezentraler Ordnung zu ersetzen.[49]

Dennoch sollte der Abstand zu Heidegger nicht übertrieben werden. Heideggers Gedanke, dass sich im Kunstwerk stets eine Verborgenheit geltend mache, beinhaltet, dass die von der Kunst erschlossene Unverborgenheit sich nicht auf einen Begriff bringen oder in Aussagen festmachen ließe, um unabhängig von der Kunsterfahrung mitgeteilt oder vermittelt zu werden. Es handelt sich um eine Offenheit, die im Kunstwerk verborgen ist und sich somit einzig einem Verständnis des Werks selbst erschließt. Wie schon erwähnt

---

[46] Vgl. Figal, Erscheinungsdinge, 199.
[47] Figal, Erscheinungsdinge, 109.
[48] Figal, Erscheinungsdinge, 204.
[49] Vgl. Figal, Erscheinungsdinge, 201.

betont auch Figals Bestimmung des Kunstwerkes dieses Grundverhältnis, und somit weist auch er die Vorstellung zurück, dass man sich der Kunst begrifflich oder gar in naturwissenschaftlich nähern könne. Heideggers Gedanken vom dichterischen Wesen aller Kunst dahingegen lehnt Figal kategorisch ab, da dieser Vorrang der Dichtung seiner Auffassung nach in *Der Ursprung des Kunstwerkes* unbegründet bleibe.[50] Figal nimmt nicht ausdrücklich Bezug auf Gadamers Auslegung dieses Gedankens, die ihn im weltkonstituierenden Charakter der Sprache begründet. Wie jedoch aus seinen Überlegungen zur Wahrnehmung hervorgeht, stimmt Figal in diesem wesentlichen Punkt weder mit Heidegger noch mit Gadamer überein.[51] Figal setzt an bei der Intentionalität unserer gewöhnlichen Wahrnehmung; sie ist je schon mit den Bedeutungen verknüpft, in denen das alltägliche Leben sich befindet und orientiert.[52] Diese Intentionalität bildet jedoch nicht die grundlegende Ebene der Wahrnehmung, die vielmehr darin besteht, was Figal die *Textur* des Wahrgenommenen nennt: „Diese Fülle des Wahrgenommenen, sein texturales Wesen also, ist immer da. Sie bildet den Bereich, in dem Einzelnes, zum Beispiel diese hervortretende, ins Auge stechende Farbe, die Aufmerksamkeit in Anspruch nehmen kann. Sobald das geschieht, tritt die Fülle des Wahrgenommenen zurück. Sie ist da, aber sie wird nicht eigens gesehen; man sieht sie nur mit – so wie man das Rauschen des Windes und das Murmeln des Wassers nur noch mithört, sobald die Aufmerksamkeit auf den Ruf eines Vogels gerichtet ist. Der Vogelruf war aus dem Grundgeräusch des Windes in den Bäumen und des Wassers hervorgetreten und gehört doch in dieses Grundgeräusch, in die hörbare Textur also, hinein."[53] Figal verleiht, und das ist hier das Entscheidende, dieser phänomenologischen Analyse des Verhältnisses von Gegebenem und Mitgegebenem in der Wahrnehmung jedoch eine polemische Zuspitzung mit seiner Kennzeichnung dieses texturalen Unterschieds als *die originäre Ebene der Wahrnehmung*. Die texturale Fülle des Wahrgenommenen bildet die Bedingung der Möglichkeit dafür, dass etwas als distinkte Bedeutung, als *Text*, vor

---

[50] Vgl. Figal, Erscheinungsdinge, 166.
[51] Vgl. Figal, Erscheinungsdinge, 206–230.
[52] Vgl. Figal, Erscheinungsdinge, 206–207. Figal verweist hier auf Heideggers Begriff der Bedeutsamkeit. Vgl. Heidegger, Sein und Zeit, GA 2, 111–119.
[53] Figal, Erscheinungsdinge, 223.

anderem hervortreten kann. Eine Wahrnehmung, die sich dieser primordialen Ebene öffnet, ist selbst primordial. Damit stellt Figal die These von der sprachlichen Weltkonstitution in Frage. Mit seinem Gedanken der primordialen Erscheinung und der primordialen Wahrnehmung möchte Figal kurz gesagt in kunstphilosophischem Zusammenhang Merleau-Pontys Vorstellung vom Primat der Wahrnehmung gegenüber einer die Sprache priorisierenden hermeneutischen Phänomenologie rehabilitieren. Dieser Gedanke bildet somit letzten Endes auch die Voraussetzung für seine programmatische Erklärung in der Einleitung zu *Erscheinungsdinge*, dass „die Wahrnehmbarkeit der Kunstwerke für ihre Wesensbestimmung mehr Gewicht als ihre Verständlichkeit" habe.[54]

---

[54] Figal, Erscheinungsdinge, 5.

Namensregister

Adorno, Theodor W.   11, 14, 241, 258, 277
Althusser, Louis   252
Aristoteles   34, 38, 67, 96, 113–114, 139, 223–224

Badt, Kurt   223
Barbarić, Damir   11, 107
Bauch, Kurt   223
Beaufret, Jean   259
Beckett, Samuel   248
Benjamin, Walter   11, 258
Blanchot, Maurice   13, 254, 260–261
Blochmann, Elisabeth   16
Blumenberg, Hans   188, 225
Boehm, Gottfried   13, 213
Boileaus, Nicolas   46
Brentano, Franz   67
Breton, André   253

Cézanne, Paul   216–217, 219, 225
Char, René   217, 254
Chillida, Eduardo   223–225
Crowell, Stephen   68, 226

Dahlstrom, Daniel   226
Dastur, Françoise   251
Descartes, René   51, 160
Derrida, Jacques   11, 13, 219, 261, 263–265

Dürer, Albrecht   46, 53, 64, 221, 225

Eagleton, Terry   13
Escoubas, Eliane   251

Fichte, Johann Gottlieb   160
Figal, Günter   11, 33, 56, 61, 80, 86, 226–227, 277–283
Fink, Eugen   11, 107
Führ, Eduard   13

Gadamer, Hans-Georg   11, 89, 222, 266–273, 275, 277, 282
Galilei, Galileo   223
George, Stefan   237
Georgiades, Thrasybulos   109
Gilbert, Paul   251
Gogh, Vincent van   26–29, 50, 52, 66, 77, 102, 132, 147, 217–221, 261–263
Goethe, Johann Wolfgang von   13, 189
Granel, Gérard   251

Haar, Michel   198, 251
Harries, Karsten   13, 18, 22, 55
Hebel, Johann Peter   238
Hegel, G. W. F.   71, 110, 134, 160–162, 167–169, 171, 177–178, 273–274, 275, 277
Heisenberg, Werner   223

Held, Klaus 226
Heraklit 53, 102, 139, 173, 183
Hetzer, Theodor 221, 223, 257
Hölderlin, Friedrich 12–13, 40, 95, 98–102, 118, 134–135, 138, 173–184, 187, 193–194, 200, 204–205, 238
Husserl, Edmund 53, 74–76, 78, 125, 226–228, 279

Ingarden, Roman 13
Iser, Wolfgang 13

Jamme, Christoph 18
Janicaud, Dominique 250–251
Jantzen, Hans 223
Jaspers, Karl 217
Jauß, Hans-Robert 11, 13
Jünger, Ernst 105

Kant, Immanuel 12, 60, 73–75, 82, 90, 160, 220, 267, 278
Kästner, Erhart 215
Kern, Andrea 93
Klee, Paul 210–211, 213, 215–219, 223–225
Körte, Werner 223

Lacoue-Labarthe, Philippe 256–259
Lessing, Gotthold Ephraim 213
Levinas, Emmanuel 260–261
Loreau, Max 251
Löwith, Karl 217, 250

Magritte, René 255
Maldiney, Henry 251
Malpas, Jeff 68, 82
Man, Paul de 13

Marc, Franz 217–221
Marion, Jean-Luc 252
Merleau-Ponty, Maurice 250, 252, 260, 283
Meyer, Conrad Ferdinand 70–71, 187, 193
Michelangelo 221
Monet, Claude 276

Nancy, Jean-Luc 11, 61–62, 251, 259–260
Newton, Isaac 51, 223
Nietzsche, Friedrich 12, 184, 200–208, 273–275, 277

Petzet, Heinrich Wiegand 216
Platon 34, 69–70, 73–74, 84, 108, 157, 183, 200, 205–207
Pöggeler, Otto 211, 215, 262
Putscher, Marielene 221

Raffael 221–223
Rilke, Rainer Maria 13, 97, 195
Rubio, Roberto 97

Sallis, John 11, 18, 77, 215, 273–277
Sauer, Joseph 223
See, Christoph 11
Schapiro, Meyer 219, 261–264
Schatzki, Theodor R. 13
Schelling, F. W. J. 160, 168–171, 277
Schiller, Friedrich 13, 189
Schmidt, Georg 214
Schwarte, Ludger 13
Seubold, Günter 225
Shikaya, Takako 23
Sophokles 130–131, 135, 257

Taminiaux, Jacques 11, 17, 79, 251
Thomä, Dieter 55
Trakl, Georg 235–236

Vöge, Wilhelm 223

Waelhens, Alphonse de 254

Wagner, Richard 202, 204
Weizsäcker, Carl Friedrich von 253
Wesche, Tilo 84

Ziegler, Susanne 99–100
Zumthor, Peter 13

Sachregister

Abbild, s. a. Mimesis 73, 192, 244
Abbildung 70
Abendland 137
Abgrund 93
Absolute, das 163
  absolute Idee 168
Abstand 45
Abstraktion 215, 225
adaequatio s. ὁμοίωσις
αἴσθησις 142–143
  αἰσθητόν 142
ἀλήθεια 68, 82
  ἀληθεύειν 38, 148–149, 154
  λήθη 82
Allegorie 21, 189
Alltäglichkeit 24
Andere, das 58
Anfang 86, 89, 135–136, 193, 248, 269
  anderer Anfang 172
Anschauung 162, 217, 227–229, 231
Antwort 272–273
Anwesenheit, Anwesen, Anwesung 89, 150–151, 153–158, 227, 232
Anzeige, formale 129
Architektur 13
Ästhetik 164, 278–280
Aufriss 105
Aufstellen, das 30, 83

Aufstellung (Werk-) 222
Auge 210–211
Augenblick 109
Aura 258–259
Aussage, Aussagesatz 67, 75, 77, 84, 89, 142–143
Aussehen 35, 158
Avantgarde 225

Bauen Wohnen Denken (M. Heidegger) 223
‚Bauernschuhe' (V. van Gogh) 219–220
Bauhaus 210
Bedeutung 282
Befindlichkeit 95–96, 99
Befreien, das 29
Begriff 278
Bereich 77
Berückende, das 103
Beschreibung 76
Besinnung 171
Bestand 39, 42–43, 45
Betrachter 222
Bewahrung, das Bewahren 44, 100, 103, 133–134, 137 171, 271
Bewandtnis 57
Bewegtheit 157
Bewegung 106, 128, 151, 156–518, 214
Bewusstsein 78, 227–228, 279

Bezug 27, 125
Bild (εἶδος) 73, 162, 213–216, 225, 257
 Ikonischer Logos
  (G. Boehm) 215–217
 Kultbild 222
Bleibe 265
Blick 216
Blitz 101
Blaue Reiter, der 220

Darstellung 219–220
Dasein 15, 26, 51, 68–69, 72, 79, 86, 96, 127, 138, 146, 153, 198, 228–230
Daß, das 36
Deduktion 76
Dekonstruktion 11
Denken, das 188, 217, 233
Der Rhein (F. Hölderlin) 187
Der römische Brunnen
  (C. F. Meyer) 187
Destruktion 141, 143–145, 159, 229, 255–256
Dialektik 242
Dichten, das 112, 188
Dichtung 11, 64, 95, 104, 111–112, 117, 186, 231, 244
Die Kunst und der Raum
  (M. Heidegger) 224
Dienlichkeit 24–25, 29, 34, 62, 143, 147
Differenz 60
Ding 14, 20–21, 32, 39–40, 45, 51, 72–75, 77, 80, 84, 109, 138–141, 143, 146–147, 151, 154–156, 169, 189, 219, 220, 230–232, 259–260, 270, 279
 bloßes Ding 22, 144, 146
 Ding an sich 55

Duktus 219
Dynamik 126, 128, 130, 136
δύναμις 155, 158

εἶδος 148, 151, 155–156
Eigene, das 119
Einbildungskraft 278
Einheit, Einsheit, das Einssein, das Eine 106–107
Einstellung 74
Einzigkeit 92
Eigenständigkeit 40
Eigenwüchsigkeit 230–231
Ekstase (ἔκτασις) 34, 245
Element 276
Emanzipation 246
Emergenz 106
ἐνέργεια 155–158, 225
Ende der Kunst s. Kunst
Entdecktheit 67
Entbergung 31
Entgegenblick 221–222
Entrückende, das 103
Entscheidung 86, 88
Entsprechen, das 116–117
Entstehen, das 39, 135
Entwurf 49
Entzug 31, 81, 134, 168, 171
Epistemologie 87
ἐποχή 88, 279–280
Epoche 15, 73, 75, 81
Erde 26, 28–30, 32, 43–44, 46–47, 53–54, 58, 82–84, 88, 101, 105–108, 117, 131–132, 136, 152, 168–169, 189, 211, 259, 273, 275
 Erde und Welt s. Welt und Erde
 Erdhafte, das 32, 104
Ereignis, Ereignen 15, 40, 63, 91, 93–94, 128, 136–137, 157,

166, 198, 215, 230–233 245, 263, 269–271, 278, 280
Erfahrung 76, 82, 86, 141, 216, 271, 273
 Erfahren, das 126
 voraussetzungslose Erfahrung 81
Erkenntnis 12, 77, 82, 85, 88, 90
 Erkenntnisgrenze 89
Erlebnis 130
Eros 108
Erscheinen, das 55, 83, 281
Erscheinung 54
Erschlossenheit 35, 78, 152
Erwartungshorizont 60
Evidenz 216–217
Explikation 141

factum est 235
Fakt 138
Faktizität 29
Farbe (auch Kolorit) 56, 219, 282
Feldweg 102, 108
Fertigsein 30
Figur 215
Form 35, 62, 142–143, 147, 151, 230
Frage, das Fragen 166, 272–273
Freiheit 40, 80, 87
Fremde 119, 222, 257
Fülle 93, 108, 282
 Fülle des Lebens 105
Funktion 25, 27

Gabe 265
Ganze, das 105, 107
Gebrauch 19, 21, 26, 39, 220
Gefahr 41

Gegebenheit 74
Gegend 49
Gegenstand 72, 75, 130
Gegenständlichkeit 76, 211
Gehaltssinn 125
Geist 274
Geisteswissenschaften 12, 87, 223
Gelassenheit 36, 43
Gemeinschaft 100, 117–119, 137
Genie 14
Gesang 109
Geschehen 36, 42, 44, 133, 136, 156, 166, 172
Geschehnis 30, 91, 151
Geschichte 49, 54, 74, 129, 131, 138, 164, 228, 248
 Geschichte des Geistes 274
 Geschichte des Werdens (P. Klee) 213
 Realgeschichte 247
 Wirkungsgeschichte 222
Geschichtlichkeit 54, 98, 163, 229, 231, 233, 259
Gespräch 116–117
Gestalt 37, 42, 61, 104, 106–108, 215
Gestaltung 213
Gestell 37, 40–42
Gestimmtheit, s. a. Stimmung 244–245
Geviert 32, 167
Göttlichen, die 32
Grenze 106
Grund 106, 136–137
Grund(Ursache) 54, 169, 214
Grundbegriffe der Metaphysik (M. Heidegger) 220
Gründung, das Gründen 135, 137, 164–165, 269

Grundstimmung 98–103, 105, 109
Gute, das 146, 148

Handwerk 35, 38
Heimat 54, 117, 238
Herausfordern, das 38
Herkunft 87
Hermeneutik 11, 127, 219–220, 222, 228–230
Herstellung, das Herstellen, s. a. ποίησις 30, 33, 62, 83, 144, 147, 149,
Hervorbringen, das, s. a. ποίησις 31, 38, 42, 265
Himmel 32
Hintergrund 279
Historie 129
Hören, das 237–239
Horizont 270, 272
  Horizont des Verstehens 273
  Horizont der Zeit (G. Boehm) 213–214, 224

Idee 69–71
Ikon, *ikonischer Logos* (G. Boehm) s. Bild
Ikonographie 219
Ikonologie 219
Immanenz 248
Impressionismus 216
In-der-Welt-sein 97, 228
Individuum 246
Inhalt 162
Innestehen, das 133
Insichruhen 30
Insichstehen 230–231
Installation 222, 224

Inständigkeit 256, 265
Intelligible, das 274, 276
Intentionalität 72, 78–79, 86, 227–229, 282
Interpretation 141
Intuition 227–228
Irrtum 84

Japanische Kunst/ Kultur 223–225
Jetzt, das 134
Jubel, s. a. Schrecken 103, 109
Kampf 154
Kategorie 85–87, 90
κίνησις 156, 159
Klang 56
Klee-Notizen (M. Heidegger) 215, 221–225
Komposition 219
Konkretion 54, 128–129
Konstitution 75, 81
Kontemplation 259
Kontext 128
Kontinuum 107
Korrelation 52
Korrespondenz 66
Kraft 213–214
Kreisbewegung 106
Kritik 215
Kunst 46, 63, 226, 230–231
  Ende der Kunst 258
  große Kunst 255
  Kunstbetrieb 64
  Kunsterfahrung 108, 271, 273
  Kunstgeschichte 215, 221–223, 225
  Kunststück 64
  Kunstwerk 62–63, 88, 146, 231
  moderne Kunst 215, 221

Langeweile 98
Leben 106, 141, 145, 282
Lebenswelt 281
Leere 224
Leiden 248
Le Thor, Seminare
 (M. Heidegger) 217
Licht 276
Lichtung 44, 50, 59, 79–81,
 83, 107, 132, 134, 166, 214,
 216, 232–233, 264
Lied von der Glocke
 (F. Schiller) 189
Linie 214
Literatur 13
Logik 76
λόγος, s. a. *Ikonischer
 Logos* 41, 142, 154, 246

Magie 253
Malerei 213, 215, 217, 219,
 275–276
Man, das 58
Manifestation 31
Markt 130
Maß 137
Material 88, 230
Materialität 47
Medialität, intentionale 57
Mehr, das 106
Melos (μέλος) 214
Mensch 94, 220
Metaphysik 78, 161, 163, 186,
 243, 253, 274
Methode 74, 93
Mimesis (μίμησις), s. a. Abbild,
 Nachahmung 225, 244
minimal art 224
Mitwelt 26
Moderne 38, 45, 213,
 216–217, 225

Mögliche, das 40
Möglichkeit 48
μορφή, s. a. ὕλη 154–155,
 157
Musik (μουσική) 13, 109
 Instrumentalmusik 109

Nachahmung 46, 71
Nähe 28, 44
Natur, s. a. φύσις 21–22, 26,
 30, 39, 46, 53, 63, 87, 128,
 144, 146, 150, 155, 210, 220,
 225, 244–245–248
 Naturschöne, das 245
 Naturwissenschaft 87
Nennen, das 115
Nennkraft 235
Neuzeit 37
νοῦς 142

Oberfläche 56
Objekt 52
Objektivität 72–73, 75, 87,
 249
Offene, das 83, 107, 166, 198,
 213, 280
 Offenheit 43, 50–52, 57,
 63, 71, 78–80, 83, 86, 133,
 137, 230, 232, 268
 Öffnung, das Öffnen 51–52,
 136, 214, 224
Öffentlichkeit 255
ὁμοίωσις (*adaequatio*) 145
Ontologie 20–21, 25, 72, 76,
 79, 87, 137, 150, 241
 ὄν (ens) 140–141, 149–150,
 157
 ontologische Differenz 217
Opfer 101
Ordnung, dezentrale
 (G. Figal) 61, 279, 281

Ort 92, 128, 132, 222–224, 257–258, 260–261, 265
οὐσία 150, 157

Paganismus 260
παλίντροπος ἁρμονίη 60
Paradigma 77
Pathos 96
πέρας 105, 157
  ἄπειρον 105
Phänomen 67, 75, 79–81, 94, 227–233, 280
  Phänomenalität 83–84, 88, 227–233, 280–281
  abgründige Phänomenalität 93
Phänomenologie 15, 74, 80, 90, 93, 127, 226–233
  phänomenologische Reduktion 227
Philosophie 90, 188, 244
φρόνησις 140, 144, 146–147, 149–150
φύσις, s. a. Natur 38–39, 41–42, 53–55, 106, 152, 156, 158–159, 166, 213, 276–277, 280
  φύειν 153
pictor philosophus 217
Plastik 223–224
Plastizität 224
Poesie 111, 186
ποίησις, s. a. Hervorbringen, Herstellung 33, 38, 40–42, 147–148, 150–151, 153,
Politik 90–91
Portrait 215
primordiale Erscheinung (G.Figal) 283
Prädikation 142
Präsenz 44, 151, 280
πρᾶξις 147–148

Prinzip 93
Privation 86
Produktion 31
Prozess 126, 128, 131, 133, 137
Publikum, s. a. Öffentlichkeit 256

Quelle 187

ratio 247
Raum, Räumlichkeit, das Räumen 50, 131, 215, 222–224, 259
  Raum und Zeit 78
Rausch 274
Rätsel 165, 245
réalisation (P. Cézanne) 216
Realität 169
Rede 99
Referenz 85
Reflexion 169
  ästhetische Reflexion 279
Religion 90, 253
Repräsentation 73
res cogitans 127
Responsivität 116–117
Rest 263
restance (J. Derrida) 263
Rettung 40–43, 45
Rhythmus 109
Richtigkeit 71, 75, 79, 88
Riss 61, 105, 214
Rückkehr 261
Ruhe 106, 133, 151, 157

Sache 67, 77, 226–227, 232
  Sache selbst 74, 93
Sachverhalt 66, 77
Sagen, das 235, 237–238
Sammlung 154, 156

Sachregister

Schaffensprozess 213
  Schaffen, das 29
Schein 105, 137, 245
Schenkung 135–136
Schematismus 220
Schicksal 231, 233
Schönheit, das Schöne 71, 90, 103–104, 109, 167, 207–208, 245–247, 278
Schrecken 103, 109
Schwingungsgefüge 99, 101, 104, 108–109
Sehen, nichtrepräsentationales 58
Seiendes 220
Sein 20, 24, 28, 78, 98, 100–101, 154, 156, 171, 220, 229–233, 242
  Geschichte des Seins 89
  Geschick des Seins 40
  Seinlassen 56
  Seinsfrage 63
  Seinsgeschichte 40, 163, 165–166, 171
Sein und Zeit (M. Heidegger) 213, 223
Selbst, das 72, 137
Selbsttäuschung s. Täuschung
Seltene, das 101
Sicht 150
Sichzeigen/Sichzeigende, das 79, 87, 94, 242, 280
Sinn 60–61, 132–133, 138, 272
Sinnliche, das/Sinnlichkeit 54, 60, 65, 274–276
Sinnverstellung 57
Über die Sixtina (M. Heidegger) 223
Sonette an Orpheus (R. M. Rilke) 196

Sorge 146
Spiel 132
  freies Spiel der Erkenntnis 278, 281
Sprache 57, 64, 99, 113, 133, 231, 244, 267–270, 282
Sprachnot 234, 239
Staunen, das 63
Stand 91
  Ständigkeit 90
Sterblichen, die 32
Stiftung 68, 135–136, 159
Stille 236
Stilleben 217
Stimmung, s. a. Grundstimmung, Urstimmung 57, 71, 95–96, 102
Stoff 29, 35, 43, 142–143, 147, 151, 168, 230
Stoß 29, 136
Streit 30, 47, 59–60, 82–83, 89, 92, 101, 105, 108, 133–134, 153, 156, 158, 166, 182–185, 190, 196, 234
  πόλεμος 153
  Streit von Welt und Erde 82, 105, 167, 171, 183, 211, 214, 231, 246, 280–281
Strom 106
  Strömen, das 109
Subjekt 52, 78, 128, 274
Subjektivismus 269
Substanz 133, 142, 150
Substrat 142–143, 145
Surrealismus 215
Symbol 21, 189
System 165

Täuschung 84, 88
  Selbsttäuschung 84

τέχνη 31, 33–34, 38–40, 42, 146, 148–149, 189
Technik 33, 37–40
Teile, die 105
τέλος 155
Temporalität 214
Text 134, 282
Textur 282
θέσις 41–42, 159
θεορία 144, 146
Theorie 227–228
Tiefe 272
Tier 220
Tod 102, 108–109
Ton 104, 108, 168
Tonphänomen 104, 109
Tönen, das 109
τόπος, s. a. Ort 223–224
Totalität 40
Tradition 229, 270
Tragödie 102, 130–131
transfigurement (Verwandlung) 275
Transzendentalphilosophie, t. Argument 68–70, 74–77, 80, 82
Transzendenz 247–248, 260

Übereinstimmung 66, 75
Überfluss 136
Überschuss 245
Überwindung der Metaphysik 215, 224
ΰλη, s. a. μορφή 152, 154–157,
Umgang 26
Umriss 105–106
Umsicht 144
Umstimmung 100, 102–103
Umwelt 24, 26, 220, 228, 268
Unaufdringlichkeit 25

Unauffälligkeit 24–25, 28
Unaufsässigkeit 25
Ungegenständliche, das 48
Unsichtbare, das 276
Unverborgenheit 27, 41, 66–67, 78–81, 89, 132, 137, 153, 281
Unwahrheit 83, 88
ὑποκείμενον 141–142, 145, 150
Ursprung 124, 133, 186, 249, 259
Ursprünglichkeit 186
Urstimmung 103–104
Urstreit 83, 91, 101, 166, 169, 196
Urteil 89

Veränderung 155–156
Verbergen, Verbergung 31, 59, 82, 84–85, 132, 134, 168
Verborgenheit 53, 55, 151, 158, 168, 281
Verbrauch 43
Vergegenständlichung 130, 219
Verkörperung 224
Verlässlichkeit 24, 28
Vernehmen (αἴστησις) 194, 245
Verrückung 248
Versagen, das 85, 91
Versammlung 154, 156, 231–232
Verstand 278
Verstehen 26, 273
Verstellung 72, 76, 84, 89, 91
Verwechslung 84
Verweigern, das 83
Verweilen, das 74, 248, 280
Vielheit und Einheit 106

Volk 100–101, 117–119, 136, 259
Vollzug 134, 137–138, 213, 242
Vollzugssinn 126, 135
Vorhandenheit, Vorhandenes 27, 71, 132, 136, 143–144, 228, 230
Vorstellung 76

Wahrheit 12, 14, 27, 34, 36, 66, 100, 103, 105, 109, 111, 132, 134, 136–137, 149, 151, 153, 157, 162–163, 165–166, 171–172, 191, 222, 224, 230, 261, 272, 274–275, 278
Wahrheitsbedingung 77–78, 80, 85, 88
Wahrheit und Methode (H.-G. Gadamer) 222
Wahrheitsgeschehen 101, 104
Wahrnehmung 282–283
Wahrnehmbarkeit 283
Walten, das 136, 151–152, 156
Welt (s. a. Lebenswelt) 26–30, 40, 44, 46–48, 50, 57, 82–83, 86–87, 96, 101, 105, 107, 131–132, 134, 136–137, 145, 190, 211, 213, 220, 227–230, 232–233, 267–268, 270, 278
Weltarmut 220
Weltbildung 50
Welteröffnung 136
Weltgeladenheit 97–98, 104
Weltlosigkeit 220
Welt und Erde 87, 101, 213–214, 216, 219, 246

Werk (ἔργον) 14–15, 20, 29, 31, 34, 44, 52, 61, 66, 88, 90–91, 133–134, 151, 155, 157, 189, 219, 224–225
Werkerfahrung 96
Wesen 71, 87, 124, 130, 153, 187, 242
Wiederholung 136
Widerständigkeit 263
Winken, das 101
Wirklichkeit 21
Wirkungsgeschichte s. Geschichte
Wissen 34, 135
Wissenschaft 49, 90, 130
Wohnen, das 28, 32

Zauberei 244
   Entzauberung 248
Zeichen 61, 242
Zeichnung 213–215
Zeigen, das 85, 194, 281
Zeitlichkeit 213
Zenbuddhismus 224
Zerstörung 256
Zerfall 134
Zeug 34, 36–37, 62, 143, 147, 168, 219, 228–230
Ziel 155
Zuhandenheit 25, 27, 143–144, 146, 228, 230
Zukunft 137–138, 170, 172
Zukünftigkeit 171
Zweck 37, 155
   Zweckmäßigkeit ohne Zweck 60

Autorenverzeichnis

Emmanuel Alloa, geboren 1980, ist gegenwärtig als wissenschaftlicher Mitarbeiter am NFS Bildkritik in Basel tätig. 2009 promovierte er an der Universität Paris I und der FU Berlin zum Begriff des Diaphanen zwischen Aristoteles und der Phänomenologie. Aus seinen Publikationen: *La résistance du sensible. Merleau-Ponty critique du sensible* (Paris 2008; Spanische Übersetzung Buenos Aires 2009); *Nicht(s) sagen. Strategien der Sprachabwendung im 20. Jahrhundert* (hrsg. mit Alice Lagaay, Bielefeld 2008), *Penser l'image* (Hrsg.), Dijon 2010; *Bildtheorien aus Frankreich. Eine Anthologie* (Hrsg.), München/Paderborn 2010; *Du sensible à l'oeuvre. Merleau-Ponty et les arts* (hrsg. mit Adnen Jdey), Brüssel 2011; *Das durchscheinende Bild. Konturen einer medialen Phänomenologie*, Berlin/Zürich 2011.

Diana Aurenque, geboren 1981, 2010 Promotion in Freiburg, ist akademische Mitarbeiterin am Institut für Ethik und Geschichte der Medizin der Universität Tübingen. Sie studierte Philosophie in Santiago de Chile und Freiburg. Ihre Forschungsschwerpunkte sind Phänomenologie und Hermeneutik insbesondere bei Heidegger, Levinas und Merleau-Ponty, die Lebensphilosophie Schopenhauers und Nietzsches sowie die praktische Philosophie Kants. Sie ist unter anderem Mitglied des redaktionellen Beirats des *Bulletin heidéggerien*. Derzeit arbeitet sie zu Fragen der medizinischen Ethik unter dem Blickwinkeln der hermeneutisch-phänomenologischen Tradition. Von Diana Aurenque liegt vor: *Ethosdenken. Auf der Spur einer ethischen Fragestellung in der Philosophie Martin Heideggers*, Freiburg 2011.

Antonio Cimino, geboren 1979, 2007 Promotion, studierte Philosophie an der Scuola Normale Superiore di Pisa. Forschungsaufenthalte in Tübingen, Freiburg im Breisgau, Fribourg und Wuppertal. Forschungsschwerpunkte: Geschichte der antiken Philosophie, Phänomenologie, Philosophische Hermeneutik, Praktische Philosophie. Bisher liegt von Antonio Cimino unter anderem vor: *Ontologia, storia, temporalità. Heidegger, Platone e l'essenza della filosofia*, Pisa 2005.

Francisco de Lara, geboren 1974, 2006 Promotion in Freiburg und Madrid, lehrt neuzeitliche und zeitgenössische Philosophie an der Pontificia Universidad Católica de Chile. Er studierte Philosophie in Barcelona. Seine Forschungsschwerpunkte sind Phänomenologie und Hermeneutik insbesondere bei Heidegger. Er ist Herausgeber der Internationalen Zeitschrift für Phänomenologie und Hermeneutik ALEA. Von Francisco de Lara liegt vor: *Phänomenologie der Möglichkeit. Grundzüge der Philosophie Heideggers 1919–1923*, Freiburg 2008, und (Hrsg.), *Entre fenomenología y hermenéutica. In memoriam Franco Volpi*, Madrid 2011, sowie eine Übersetzung von Heideggers *Denkerfahrungen*, Madrid 2010.

Antonia Egel, geboren 1980, hat 2007 das erste Staatsexamen in den Fächern Deutsch und Geschichte an der Universität Freiburg abgelegt. Dort ist sie derzeit Doktorandin im Fach Neuere Deutsche Literaturgeschichte und Mitarbeiterin am Lehrstuhl ihres Doktorvaters Werner Frick. Veröffentlichung: „Einzig das Lied überm Land heiligt und feiert". Rilkes Sprach-Musik, in: Dieter Martin/Thomas Seedorf (Hg): Lied und Lyrik um 1900, Würzburg 2010, S. 63–71.

David Espinet, geboren 1977, 2008 Promotion, ist am Philosophischen Seminar der Albert-Ludwigs-Universität Freiburg akademischer Rat auf Zeit. Er studierte Romanistik und Philosophie in Freiburg, Paris und Boston. Seine Forschungsschwerpunkte sind die Phänomenologie Husserls, Heideggers und Merleau-Pontys, die Ästhetik Prousts und Valérys, Kants theoretische und praktische Philosophie sowie antike Konzeptionen der Wahrnehmung, insbesondere bei Platon und Aristoteles. Derzeit arbeitet er an einer Habilitation zu Husserls genetischer Phänomenologie im Ausgang von Kants Begriff der Synthesis. Von David Espinet liegt vor: *Phänomenologie des Hörens. Eine Untersuchung im Ausgang von Martin Heidegger*, Tübingen 2009.

Matthias Flatscher, geboren 1975, 2006 Promotion, arbeitet als Assistent am Philosophischen Institut der Universität Wien (derzeit beurlaubt). Er studierte Philosophie und Germanistik in Wien und arbeitet an einer Habilitation zum Thema „Konzeptionen der

Inter-Subjektivität. Eine kritische Auseinandersetzung mit Phänomenologie und Dekonstruktion". Er ist seit 2010 als Stipendiat der Alexander von Humboldt-Stiftung am Husserl-Archiv der Universität Freiburg tätig. Veröffentlichungen u.a. im Bereich der klassischen und nachklassischen Phänomenologie sowie der Dekonstruktion.

Toni Hildebrandt, geboren 1984, Magister Artium 2009, ist seit März 2010 wissenschaftlicher Mitarbeiter des NFS Bildkritik „eikones" und Doktorand an der Universität Basel. Er studierte Kunstgeschichte, Musikwissenschaft, Philosophie und Romanistik in Jena, Weimar und Rom sowie als Stipendiat am „Istituto Italiano per gli Studi Filosofici" in Neapel. Zu seinen Forschungsschwerpunkten zählen Fragen der Bildkritik, Ästhetik und kunsthistorischen Hermeneutik sowie die Geschichte und Theorie der Zeichnung von Leonardo da Vinci bis in die Gegenwart.

Tobias Keiling, geboren 1983, 2009 Magister Artium, studierte in Freiburg und Paris. Die Magisterarbeit wurde mit dem Wetzstein-Preis ausgezeichnet. Im Rahmen seines binationalen Promotionsprojektes (Boston College/Universität Freiburg) arbeitet Tobias Keiling zur Zeit an einer Dissertation zu Heideggers Spätphilosophie. Neben der Ästhetik bilden die Ethik der Gelassenheit und die metaphysischen Grundprobleme in Phänomenologie, Hermeneutik und Dekonstruktion seine Forschungsschwerpunkte.

Nikola Mirković, geboren 1983, 2008 Magister Artium mit einer Arbeit über den Begriff der Übersetzung, studierte in Freiburg und Moskau Philosophie, Psychologie und Ostslavische Philologie. Seit 2009 arbeitet er an einer Promotion zur Kunstphilosophie Martin Heideggers. Im akademischen Jahr 2010/2011 Forschungsaufenthalt am Boston College. Neben Heideggers Kunstphilosophie und ihren Bezügen zu Hölderlin und Nietzsche bilden vor allem antike Philosophie und Hermeneutik sein philosophisches Interesse.

Adrián Navigante, geboren 1971, Promotion 2007, ist wissenschaftlicher Mitarbeiter am Institut für Fundamentaltheologie der Universität Wien. Er studierte Altphilologie, Literaturwissenschaft und Philosophie an der Universität Buenos Aires. Von 2001 bis 2003 war er dort wissenschaftlicher Assistent am Lehrstuhl für zeitgenössische Philosophie, von 2007 bis 2010 hatte er zahlreiche Lehraufträge an den Universitäten Freiburg, Darmstadt, Heidelberg und Marburg inne. Derzeit arbeitet Adrián Navigante an einem Forschungsprojekt über Individuation und Leiden. Von ihm liegt vor: Der (Nicht-) Ort des Nichtidentischen in der Philosophie Theodor W. Adornos: Zu einer neuen Semantik des Subjektbegriffs, Würzburg 2009.

Michail Pantoulias, geboren 1981, Studium der Musik an der Nationalen Musikschule Athen 2003, Studium der Musik und Musikwissenschaft an der Universität von Athen 2005, M.A. in Philosophy and History of Sciences, Athen 2007. Er promoviert seit 2007 in Freiburg mit dem Thema: Ontologie und Aussage bei Heidegger und Aristoteles. Forschungsschwerpunkte: Sprachphilosophie, antike Philosophie, früher Heidegger und Phänomenologie.

Manuel Schölles, geboren 1979, 2007 Magister mit Auszeichnung, studierte in Tübingen Philosophie, Griechische Philologie und Allgemeine Rhetorik, lebt heute in München. In seinem Dissertationsprojekt bei Anton Friedrich Koch (Heidelberg) rekonstruiert er die Lehre des Pythagoreers Archytas von Tarent im Hinblick auf die Philosophie Platons. Das Forschungsprojekt wird von der Konrad-Adenauer-Stiftung gefördert. Seine Forschungsschwerpunkte sind die klassische antike Metaphysik und die Phänomenologie Heideggers.

Sebastian Schwenzfeuer, geboren 1979, Promotion 2010, studierte von 2000 bis 2006 Philosophie, Neuere Deutsche Literaturgeschichte und Sprachwissenschaft des Deutschen an der Albert-Ludwigs-Universität Freiburg i. Br. Er ist seit 2009 Lehrbeauftragter am Philosophischen Seminar Freiburg, seit 2010 Wissenschaftlicher Mitarbeiter bei der Koordinationsstelle des Ethisch-philosophischen Grundlagenstudiums des Interdisziplinären Ethik-Zentrums Freiburg. Seine Forschungsschwerpunkte sind Naturphilosophie, Naturethik, die Philosophie Kants und des deutschen Idealismus, das Denken Martin Heideggers.

Morten Sørensen Thaning, geboren 1975, 2009 Promotion, ist Post Doctorate Scholar und Assistant Professor am Institut für Philosophie, Copenhagen Business School. Er studierte Philosophie und Altphilologie in Kopenhagen, Tübingen und Freiburg. Er hat Forschungsbeiträge zu Platon, zur griechischen Tragödie (Sophokles), zu Kierkegaard, zur Hermeneutik (Heidegger und Gadamer), zu

Foucault und John McDowell publiziert. Derzeit arbeitet er an einer Habilitation zum Begriff der Freiheit. Von ihm liegt vor: *Foucault*, Kopenhagen 2008, deutsche Ausgabe *Foucault. Ein Studienhandbuch*, München 2010 zusammen mit Sverre Raffnsøe und Marius Gudmand-Høyer.

Jerome Veith, geboren 1981, studierte Psychologie und Philosophie an der Universität Seattle und promoviert derzeit am Boston College. Sein Dissertationsthema ist das geschichtliche Verstehen bei Gadamer. Neben den Schwerpunkten in der Hermeneutik und der Phänomenologie Heideggers zählen zu seinen weiteren Forschungsbereichen die Aristotelische Ethik, die Dekonstruktion, Bildungsphilosophie und das geschichtliche Denken seit der Aufklärung. 2009 erschien bei Indiana University Press seine englische Übersetzung des von Günter Figal herausgegebenen *Heidegger-Lesebuchs*.

Fredrik Westerlund, geboren 1975, 2002 M. A. in Philosophie an der Universität Helsinki. Er studierte Philosophie und Literaturwissenschaft in Helsinki und Stockholm. Seine Forschungsschwerpunkte sind Phänomenologie und Sprachphilosophie bei Heidegger, Husserl, Derrida und Wittgenstein. Derzeit arbeitet er an einer Dissertation zu Heideggers Begriff der Phänomenalität.

Günter Figal
Zu Heidegger.
Antworten und Fragen
2009. 248 Seiten
ISBN 978-3-465-04076-7
Heidegger Forum Band 1

Der überragenden philosophischen Bedeutung Martin Heideggers entspricht eine umfangreiche und kaum noch überschaubare Forschung. Die Reihe Heidegger Forum möchte der offenen und weiterführenden Auseinandersetzung mit Heidegger einen besonderen Raum geben. Die Reihe ist auf keine bestimmte Richtung der Heidegger-Deutung festgelegt, sondern einzig auf philosophische und wissenschaftliche Qualität. Sie soll die erhellende Auslegung ebenso einschließen wie die kritische Erörterung, die Darstellung von Heideggers Denken im geschichtlichen Zusammenhang ebenso wie die sachliche Weiterentwicklung seiner Motive und Gedanken.

Dieser erste Band versammelt Arbeiten von Günter Figal zu Heidegger, die fast alle in den letzten zehn Jahren entstanden sind und denen ein Ansatz gemeinsam ist: Sie nehmen Heideggers Denken auf, um es in seinen systematischen wie geschichtlichen Zusammenhängen zu sehen. In diesen Zusammenhängen wird Heideggers Denken geprüft, auch kritisch diskutierbar gemacht.

Vittorio Klostermann
Frankfurt am Main
Online: www.klostermann.de
E-Mail: verlag@klostermann.de

Heidegger und Husserl.
Neue Perspektiven

Herausgegeben von Günter Figal
und Hans-Helmuth Gander
2009. 208 Seiten
ISBN 978-3-465-04077-4
Heidegger Forum Band 2
(zugleich: Schriftenreihe der Martin-
Heidegger-Gesellschaft Band 9)

Dieser Band enthält die Vorträge, die anlässlich
der Tagung der Martin-Heidegger-Gesellschaft vom
12.–14. Oktober 2007 an der Universität Freiburg
gehalten wurden.

Inhalt:
Günter **Figal**: Phänomenologie und Ontologie
Jean-Luc **Marion**: Die Wiederaufnahme der
Gegebenheit durch Husserl und Heidegger
Rudolf **Bernet**: Leiblichkeit bei Husserl und
Heidegger
Dan **Zahavi**: Phänomenologie und Transzendental-
philosophie
Michael **Großheim**: Phänomenologie des
Bewusstseins oder Phänomenologie des „Lebens"?
Husserl und Heidegger in Freiburg
Hans-Helmuth **Gander**: Phänomenologie der
Lebenswelt. Husserl und Heidegger
Mario **Ruggenini**: Die Zukunft der Phänomenologie.
Zwischen Sinngebung der Subjektivität und dem
Fragen nach der Wahrheit
John **Sallis**: Die Logik des Denkens

Vittorio Klostermann
Frankfurt am Main
Online: www.klostermann.de
E-Mail: verlag@klostermann.de

Heidegger und Husserl im Vergleich

Herausgegeben von Friederike Rese
2010. 342 Seiten
ISBN 978-3-465-04102-3
Heidegger Forum Band 3

Der Band ist aus einem internationalen Kolloquium für Nachwuchsforscher hervorgegangen, das im Oktober 2008 in Verbindung mit der Jahrestagung der Martin-Heidegger-Gesellschaft an der Universität Freiburg stattfand.

Aus dem Inhalt:
Andrew **Inkpin**: Formale Anzeige und das Voraussetzungsproblem
Fredrik **Westerlund**: Phenomenology as Understanding of Origin
Friederike **Rese**: Phänomenologie und Skeptizismus bei Heidegger und Husserl
Antonio **Cimino**: Phänomenologie als strenge Philosophie
David **Espinet**: Intentionaler Blick und aufmerkendes Aufhorchen
James N. **McGuirk**: The Phenomenology of Truth in Husserl and Heidegger
Timo **Miettinen**: Husserl, Heidegger and the Crisis of Europe
Stefano **Micali**: The Plurality of Time in Husserl´s Phenomenology

Vittorio Klostermann
Frankfurt am Main
Online: www.klostermann.de
E-Mail: verlag@klostermann.de

Schreiben Dichten Denken
Zu Heideggers Sprachbegriff

Herausgegeben von David Espinet
2011. 270 Seiten
ISBN 978-3-465-04106-1
Heidegger Forum Band 4

Der Band geht aus einem internationalen Kolloquium für Nachwuchsforscher im Oktober 2009 hervor, das in Zusammenarbeit mit der Martin-Heidegger-Gesellschaft am Deutschen Literaturarchiv Marbach stattfand.

Aus dem Inhalt:
Diana **Aurenque**: Literatur, Öffentlichkeit und Geheimnis
Arkadiusz **Żychliński**: Heidegger und die Kunst des Romans
Stefano **Marino**: Some Remarks on Richard Rorty's Heidegger-Interpretation
Carolyn **Culbertson**: On the Theme of Entanglement in Heidegger's *Unterwegs zur Sprache* and Barthes' Literary Theory
Patrick **Baur**: Heidegger und Pindar. Die Häuslichkeit der Dichtung
Marcello **Barison**: Seynsgeschichte und Erdgeschichte. Zwischen Heidegger und Jünger
Tobias **Keiling**: Ort und Zeit im Meridian. Heidegger in Derridas Celan-Interpretation
Jean-Baptiste **Dussert**: Chemin faisant. Heidegger et Char

Vittorio Klostermann
Frankfurt am Main
Online: www.klostermann.de
E-Mail: verlag@klostermann.de